高等学校"十四五"新形态教材
高等院校公共基础课系列教材

大学体育与健康教程

周伟 尤洋 主编

中国石油大学出版社
CHINA UNIVERSITY OF PETROLEUM PRESS

山东·青岛

图书在版编目(CIP)数据

大学体育与健康教程/周伟,尤洋主编. -- 青岛:中国石油大学出版社,2022.3(2024.8重印)

ISBN 978-7-5636-7420-6

Ⅰ.①大… Ⅱ.①周…②尤… Ⅲ.①体育－高等学校－教材②健康教育－高等学校－教材 Ⅳ.①G807.4 ②G647.9

中国版本图书馆 CIP 数据核字(2022)第 048906 号

中国石油大学(华东)规划教材

书　　名:大学体育与健康教程
　　　　　DAXUE TIYU YU JIANKANG JIAOCHENG
主　　编:周　伟　尤　洋

责任编辑:穆丽娜(电话　0532-86981531)
封面设计:王凌波

出 版 者:中国石油大学出版社
　　　　　(地址:山东省青岛市黄岛区长江西路66号　邮编:266580)
网　　址:http://cbs.upc.edu.cn
电子邮箱:shiyoujiaoyu@126.com
排 版 者:青岛友一广告传媒有限公司
印 刷 者:沂南县汇丰印刷有限公司
发 行 者:中国石油大学出版社(电话　0532-86981531,86983437)
开　　本:787 mm×1 092 mm　1/16
印　　张:24.5
字　　数:628 千字
版 印 次:2022 年 3 月第 1 版　2024 年 8 月第 2 次印刷
书　　号:ISBN 978-7-5636-7420-6
定　　价:46.00 元

《大学体育与健康教程》编委会

主　编　周　伟　尤　洋

副主编　李承伟　王海滨　赵延敏　焦喜便　化　夏

编　委　张　帆　李仁熙　牛　静　王　峰　王海燕
　　　　　吕　娜　欧阳勇强　于晓红　牟小刚
　　　　　杨　宏　梁国强

前 言

为了深入贯彻落实习近平总书记关于教材工作的重要指示精神,落实全国教材工作会议精神和立德树人根本任务,促进高校学生身心和谐发展,以《关于全面加强和改进新时代学校体育工作的意见》为基础,在总结近年来高等学校公共体育课程建设和教学改革经验的基础上,特编写本教材。教材以服务学生全面发展、增强体育素养为目标,坚持健康第一的教育理念,帮助大学生在体育锻炼中享受乐趣、增强体质、健全人格、锤炼意志,培养德、智、体、美、劳全面发展的社会主义建设者和接班人。本教材主要体现出以下几个特色:

1. 全面落实高等教育课程思政要求

坚持正确的政治方向和价值导向,全面落实课程思政要求,将课程思政建设的总体目标、主题内容、载体形式等融入教材建设,围绕推进习近平新时代中国特色社会主义思想进教材、进课堂、进头脑,详细阐述高校体育与课程思政的相互关系,深挖每个体育项目所蕴含的思政元素,注重在潜移默化中坚定学生理想信念、厚植爱国主义情怀、加强品德修养、增长知识见识、培养奋斗精神,提升学生综合素质,培养学生对党和国家的政治认同、思想认同。

2. 突出理论与实践相结合的特点

本教材以"健康第一"教育理念为指导,以"体育"为载体,重视培养学生的体育锻炼意识和技能,重视培养学生的团结协作精神及沟通能力,总结体育教学实践中的诸多经验,使广大学生既能学到科学、全面的基本理论和方法,又能学以致用,成为学校体育实践活动的积极参与者。本教材包括体育基础理论篇和不同类型的技能实践篇,既清晰地阐述了体育、体育锻炼与健康的相互关系,又介绍了多类体育项目的基本技术、战术、竞赛规则以及运动损伤与急救方面的知识。

3. 突出新形态教材形式

通过探索纸质教材的数字化改造,利用形式灵活、信息技术应用适当的融媒体形式,遵循新时代高等教育教学规律和人才成长规律,充分利用现代信息技术所带来的便利,在符合大学生认知特点的基础上,形成可听、可视、可练、可互动的数字化教材新形态,体现出新时代体育教育的先进理念。通过二维码技术将教学视频与教材知识点相对应,方便学生利用移动终端进行自主学习,同时也使教材更具立体感和生动性。

4. 突出中华优秀传统文化特色

本教材将射艺、舞龙、太极等民族传统体育项目纳入内容体系,充分挖掘中华优秀传统文化中的道德元素,促进学生德技并修,注重爱国主义教育和传统文化教育,培养学生顽强拼搏、奋斗有我的信念,激发学生提升全民族身体素质的责任感。

本教材参照以往同类教材进行了重新设计和架构,在教材的结构设计和内容选取上,紧密结合"双一流"建设体育教学实际,依需而设,依实而立,充分体现新时代特色;根据高校各专业特点设计教材内容,将所有内容整合为基础理论、球类运动、艺术体育、时尚体育、民族传统体育共五篇,二十二章。第一篇为"基础理论",主要包括体育与健康、体育锻炼的科学方法与计划制订以及运动损伤与急救;第二篇为"球类运动",主要介绍足球、篮球、排球、乒乓球、羽毛球、网球等球类项目;第三篇为"艺术体育",主要介绍体育舞蹈、健美操、啦啦操、排舞等项目;第四篇为"时尚体育",主要介绍轮滑、瑜伽、攀岩、定向、健美、跆拳道等项目;第五篇为"民族传统体育",主要介绍射艺、舞龙、太极扇、太极拳等项目。

本教材由周伟、尤洋担任主编,李承伟、王海滨、赵延敏、焦喜便、化夏担任副主编。周伟负责本教材的设计及统编工作,尤洋负责全书的统稿与校对工作,其中,第一、二、三章由周伟编写,约10万字;第四章由李仁熙编写,约3万字;第五章由牟小刚编写,约3万字;第六、十四、十六、二十一章由尤洋编写,约10万字;第六章规则部分由王峰编写,约2万字;第七章由张帆编写,约5万字;第八章由欧阳勇强编写,约3万字;第九章由杨宏编写,约3万字;第十章由焦喜便编写,约3万字;第十一、十二章由吕娜编写,约3万字;第十三章及规则部分由王海燕编写,约5万字;第十五章由牛静编写,约3万字;第十七章及规则部分由化夏编写,约5万字;第十八章由梁国强编写,约3万字;第十九章由于晓红编写,约3万字;第二十章及规则部分由李承伟编写,约5万字;第二十二章太极扇及规则部分由赵延敏编写,约5万字;第22章太极拳及规则部分由王海滨编写,约3万字。上述编写字数包含数字资源文字字数。

本教材是中国石油大学(华东)公共体育学科各专项领域教师通力合作的成果,在编写过程中参阅了众多的专业书籍,采用了前人部分研究成果,在此谨表示诚挚的谢意。

由于编者水平有限,书中不足之处在所难免,恳请读者批评指正!

目 录

第一篇 基础理论

第一章 体育与健康 ……………………………………………………………… 2
第二章 体育锻炼的科学方法与计划制订 ……………………………………… 41
第三章 运动损伤与急救 ………………………………………………………… 56

第二篇 球类运动

第四章 足 球 …………………………………………………………………… 74
第五章 篮 球 …………………………………………………………………… 83
第六章 排 球 …………………………………………………………………… 92
第七章 乒乓球 …………………………………………………………………… 105
第八章 羽毛球 …………………………………………………………………… 119
第九章 网 球 …………………………………………………………………… 139

第三篇 艺术体育

第十章 体育舞蹈 ………………………………………………………………… 148
第十一章 健美操 ………………………………………………………………… 170
第十二章 啦啦操 ………………………………………………………………… 181
第十三章 排 舞 ………………………………………………………………… 190

第四篇 时尚体育

第十四章 轮 滑 ………………………………………………………………… 210

第十五章　瑜　伽 ·· 226

第十六章　攀　岩 ·· 248

第十七章　定　向 ·· 265

第十八章　健　美 ·· 296

第十九章　跆拳道 ·· 310

第五篇　民族传统体育

第二十章　射　艺 ·· 324

第二十一章　舞　龙 ·· 344

第二十二章　太极运动 ·· 359

参考文献 ··· 383

第一篇 基础理论

第一章 体育与健康

主要知识点

☆体育的概念和功能
☆科学的健康观
☆体育锻炼与健康

第一节 体 育

一、体育的起源与发展

（一）体育的起源

体育活动是人类文明的重要组成部分，是伴随人类经济社会的蓬勃发展而逐步形成和发展起来的。它诞生于原始社会时期，与当时人们最基本的生活需求和早期的工业生产劳动实践具有直接联系。任何生物适应环境都必须要有运动，此种运动即"体育"。在遥远的原始社会，原始人在当时十分困难的生存条件下，逐步学会了奔跑、舞蹈、射击、攀岩、爬越、游泳及其他技能，但这些技能的掌握都是为了生存，而不是进行体育锻炼或增强体质。后来随着人类劳动生产经验的累积，以及劳动工具与技术的改进提升，人类在劳作之余开始进行各项培训与教育活动，并向后代传递了各项科学知识和技术，这样便形成了人类最初的高等教育，当中亦包括体育教学。现代体育的很多项目仍相当程度地保持着人类原始生产生活与劳作中的内容，从根源上讲都是从人体最基本的活动技术中发展而来的。

（二）体育的发展

体育随着历史的发展和人类文明的进步而进一步发展，主要包括原始体育萌芽阶段、古代体育发展阶段、近现代体育形成和完善阶段三个阶段。其中，竞技体育在体育发展中起到了至关重要的作用。

1. 原始体育萌芽阶段

原始社会中由于生产力和社会经济技术水平的提升,各部落、族群内部的战争此起彼伏。在斗争中,人类逐渐发现利用体育运动这种手段可以让人强身健体,也可以为社会发展造就更多的劳动者,还可以为战争胜利训练出更为卓越的战士。该阶段的体育既是为了训练出更优秀的身体,也是为了满足社会生活、战争等的需要。

2. 古代体育发展阶段

进入奴隶社会以后,随着社会经济的发展,战事依旧频发,国家需要教育培养更多身强体壮的士兵。到了封建社会时期,体育运动蓬勃发展,文武双全成为评价人才的重要准则,而军事武艺在社会上受重视的程度也愈来愈高。这一时期的体育项目明显丰富,如到五代和宋朝时形成了武学,具体有弓箭、武艺和阵法等。另外,养生术和养生思想也蓬勃发展。

3. 近现代体育形成和完善阶段

近现代运动学家重视并广泛利用近现代科学的成果,将其作为研究体育运动的理论基石,现代运动开始具有更加突出的竞赛性和国际性。体育运动已成为社会造就全面发展的人才的主要内容和手段,而社会上对它的需求也日益增加。在社会主义制度下,体育事业不断发展壮大,不管从内涵、形态、深度、广度上来看,还是从其在社会主义物质文明和精神文明建设过程中所起的重要作用上来说,都是历史上其他社会形态的运动所无法比拟的。

"十三五"期间,我国体育事业获得了良好的发展和显著的进步。基于"十三五"期间的发展基础,党的十九届五中全会作出了到2035年全面建成体育强国的战略部署。"十四五"期间,我国体育发展的系统性部署和规划主要体现在以下几个方面:第一,坚决贯彻落实习近平总书记针对体育发展问题所作出的重要论述;第二,贯彻落实以人民为中心的发展思想;第三,坚决贯彻高质量的发展主题;第四,注重统筹体育发展的安全问题;第五,注重规划的可操作性。体育强国建设工作开展实施的具体工作内容为:第一,落实全民健身的国家战略,推进健康中国的建设进程;第二,基于举国体制和市场机制相结合的形式,创新竞技体育发展模式;第三,加强体育融合,促进青少年发展;第四,坚持供需共同发力,推进体育产业高质量发展;第五,强化体育领域思想引领,促进体育文化健康发展;第六,构建体育对外开放的新格局;第七,促进我国冰雪项目取得突破性发展;第八,完善体育发展法律制度体系;第九,落实国家区域发展战略,促进体育事业协调发展。

(三)体育的定义

1. 广义的体育概念

广义的体育是指以身体练习为基本手段,以增强体质、促进人的全面发展、丰富社会文化生活和促进精神文明建设为目的的一种有意识、有组织的社会活动,通常也称为体育运动。它是社会文化的一部分,其发展受一定的社会政治和经济的制约,也为一定的社会政治和经济服务。它包括狭义的体育、竞技运动、身体锻炼和身体娱乐三大部分。

2. 狭义的体育概念

狭义的体育是指通过身体活动来增强体质,并传授锻炼身体的知识、技能和技术,以培养道德和意志品质为宗旨,有目的、有计划的教育过程。它是教育的组成部分,对人的全面发展起着重要作用。

二、体育的构成

根据体育进行的场所、目的和对象,通常将体育划分为学校体育、竞技体育和社会体育三部分。

(一)学校体育

学校体育是学校教育的重要组成部分,是在学校开展各项体育活动的总称,是全民体育的基础。其目的是通过身体活动增强体质,传授体育知识、技术和技能,培养学生良好的道德品质和顽强进取的拼搏精神,使学生养成良好的体育锻炼习惯。学校体育是体育教师有组织、有目的、有计划地对学生进行教育的一种过程,可使学生在德、智、体、美、劳各方面得到全面发展。

(二)竞技体育

竞技体育是为了最大限度地发挥个人和集体在体格、体能、心理和运动能力等方面的潜力,取得优异的运动成绩而进行的科学、系统的训练和竞赛。在我国,竞技体育主要是在体育总局系统内开展和进行的,目的是通过训练和竞赛充分挖掘人的潜能,创造和取得优异的运动成绩。竞技体育的主体是专业(半专业)的运动员、教练员、裁判员和管理人员。竞技体育具有鲜明的竞争性,运动员具有角色的代表性和强烈的功利性,竞赛过程具有公开公正性,竞赛具有一定的观赏性和商业性,其结果具有社会性。

(三)社会体育

社会体育(即群众体育、大众体育)的对象主要是社会大众和团体,是以健身、治疗、娱乐、休闲、人际交流、兴趣爱好、陶冶情操、精神享受为目的而进行的身体活动。社会体育的特点是活动的"自主性"、形式的"多样性"、时间场所的"随意性"和参与的"自愿性"。2016年颁布实施的《"健康中国2030"规划纲要》对我国体育发展产生了十分深远的影响。人们不仅开始关注并参与各种体育运动,而且更加注重健康投资,譬如家庭引进各种健身器材,参加诸如网球、高尔夫、台球等消费水平较高的休闲娱乐体育项目。此外,各种体育俱乐部、健身娱乐中心的建设与开办吸引了大批体育爱好者,这表明我国的社会体育进入了一个新的历史发展阶段。

三、体育的功能

体育的功能取决于体育自身的特点和社会的需要,主要体现在促进社会物质文明建设和精神文明建设两个方面。体育的功能基本可归纳为八个方面:健身功能、娱乐功能、促进个体社会化功能、社会情感功能、教育功能、政治功能、军事功能和经济功能。

(一)健身功能

科学实验和实践表明,合理、科学地进行体育锻炼可以达到增进健康、增强体质的目的。体育的健身功能主要表现在以下几个方面:

(1) 促进人体生长发育。
(2) 改善和提高人体内脏器官的机能。
(3) 提高人体运动系统的机能和运动能力。
(4) 改善和提高中枢神经系统的工作能力,提高大脑的工作效率。
(5) 通过身心互动,改善心理状态,调节情感。
(6) 增强人体的免疫力,提高对环境的适应能力。
(7) 防病治病,推迟衰老,延年益寿。

(二)娱乐功能

参与体育活动和欣赏体育比赛,不仅能够愉悦身心、陶冶情操、增进交往,而且能够缓解压力、降低焦虑,使身心得到放松和调节。体育运动由于其技术的高难性与简单性、动作造型的艺术性、配合的默契性和易于接受的朴素性等,成为现代人线下生活的重要组成部分,起着丰富社会文化生活、愉悦身心、调节情感、满足精神需求的作用。参加体育活动者从活动中获得乐趣,获得愉悦的感觉,无论这种感觉来自生理还是心理。获得愉悦感、轻松感和满足感是体育娱乐的直接目的。现代奥林匹克发起人——皮埃尔·德·顾拜旦在其《体育颂》中这样写道:"啊,体育,你就是乐趣!想起你,内心充满欢喜,血液循环加剧,思路更加开阔,条理更加清晰。你可使忧伤的人散心解闷,你可使快乐的人生活更加甜蜜。"

(三)促进个体社会化功能

人不仅具有生物属性,更具有社会属性。在人的社会化进程中,人的生物属性逐渐被社会属性所取代,这个过程就是人的社会化过程。在此过程中,教育起到了决定性作用。只有通过教育完成社会化的人,才能更好地适应社会,更好地在社会中生存。体育是学校教育的组成部分,也是社会文化的一部分。体育通过体育教育、体育竞赛和体育活动来教导生活技能和社会行为规范,发展人际交往,宣传体育方面的知识技能,传播和宣传社会的价值观和人生观。

(四)社会情感功能

随着社会的发展和进步,体育的社会情感功能更加显著,尤其是现代通信技术的普及与提高,使得信息的传播速度和覆盖面获得了极大发展。重大的国际体育赛事可在100多个国家和地区实现同步转播,观众数量多达30亿。由于体育竞赛具有竞争性、结果的不确定性、功利性、角色的代表性、观赏性和社会性等因素,人们在参加竞赛和观赏竞赛时,能够引发各种情感体验,其深度和广度是其他任何文学、艺术及活动都无法相比的。良好的情感体验能够触动人的心灵,增强生活信心,甚至改变人生观念。

(五)教育功能

体育的教育功能主要表现在两个方面:一是在社会中的教育作用,二是在学校中的教育作用。

1. 体育在社会中的教育作用

体育竞赛具有群众性、国际性、竞争性、技艺性和礼仪性等特点,这使得它在振奋民族精神、激发爱国热情、培养社会公德等方面具有特殊的社会教育意义。由于体育竞赛具有角色代表性,因此本属于技艺、技能、体能、心理较量的竞赛往往变成国与国之间、地区与地区之间、城市与城市之间的竞争,使得竞赛本身超越了体育自身的价值,产生了不可估量的作用。当五星红旗在奥运会赛场上升起,《义勇军进行曲》在赛场上奏响时,人们无论是置身其中,还是在电视机前,都会感到作为一名中国人的自豪与骄傲。20世纪80年代,中国女排成为中国体育的一面旗帜,祖国至上、团结协作、顽强拼搏、永不言败、敢于牺牲、敢于胜利的"女排精神"给中国人民带来了巨大鼓舞。"团结起来,振兴中华"成了时代的最强音,它鼓舞和影响了一代甚至几代人,它带给国人的精神激励和示范效应已远远超越了体育范畴。

2. 体育在学校中的教育作用

早在2 000多年前,我国古代教育家孔子就提出要教授"六艺"。所谓"六艺",即礼、乐、射、御、书、数,其中射、御和乐中的舞都具有体育的要素。古希腊哲学家亚里士多德曾率先提出"体育、德育、智育是相互联系的整体",体育应先于智育。

体育作为学校教育的重要组成部分已经得到了广泛认同,其作用在学校教育中是不可替代的。对于教育而言,德、智、体三者犹如金字塔之三面,而非鼎之三足。学校体育在学生获得科学锻炼的体育理论知识,掌握一些普遍而必要的运动技能,学会科学锻炼身体的方法,提高运动实践能力,养成系统从事体育锻炼的习惯和树立终身体育的思想等方面发挥着重要的作用,同时肩负着对受教育者进行思想政治、道德观念、意志品质和自身发展等方面的教育与培养的使命。

(六)政治功能

体育,特别是竞技体育,与政治关系密切,受一定的政治制约,并以特殊的方式为政治服务,具体表现在以下三个方面。

1. 提高国际声誉,振奋民族精神

国际体育竞赛从一个侧面反映了一个国家的国力、地位、政治面貌和精神状态,是一个国家政治、经济、文化水平的窗口。比赛的胜负直接关系到国家的荣辱,竞赛牵动着各国民众的国家(民族)情结。因此,世界各国无不重视体育的政治意义,以体育表现实力,扩大影响,提高国际声誉,振奋民族精神。我国体育健儿多年来在奥运会赛场上频频传出捷报,从中国女排的"五连冠"到中国乒乓球队囊括世界乒乓球锦标赛所有比赛项目的金牌,极大地提高了中国的国际声誉,振奋了民族精神。

2. 为外交服务

在国际事务和国际交往中,体育服务于本国的政治外交,主要体现在两个方面:

(1)促进各国人民之间的了解和友谊,通过体育加强国与国之间的文化交流与合作。体育使者常被称为"外交的先行官",如被誉为以小球推动大球的"乒乓外交",就是一个体育为外交服务的典型实例,它翻开了冷战以来中美关系新的一页。

(2)体育在维护国家主权和民族尊严方面显示出鲜明的政治立场。比如,为抗议种族歧视,非洲国家体育组织曾集体抵制了1976年蒙特利尔奥运会;在国际奥委会承认的140余个国家和地区中,公开抵制和拒绝参加1980年莫斯科奥运会的约占43%;1984年在美国洛杉矶举行的第23届奥运会也同样遭到了以苏联为首的东欧国家的抵制。

3. 安定团结，构建和谐社会

体育，尤其是群众体育活动的开展，有助于人际交往，提高群体的凝聚力，对保持社会安定、民族团结和民众和睦有着积极的作用。

（七）军事功能

1. 增强体能，提高战斗力

体育是增强士兵体能最积极有效的手段。体能在冷兵器时代是直接的战斗力，是军队实力的组成部分。

2. 培养意志品质

体育对培养士兵的集体意识、勇敢顽强和坚忍不拔的意志品质具有良好作用，是其他训练手段难以取代的。现代军体训练不只是为了提高体能，更是为了培养士兵忍耐艰难困苦的意志力。

3. 丰富军营文化生活

体育活动是军营文化娱乐活动的重要组成部分，对丰富军营文化生活、活跃军营气氛有着积极的作用。

（八）经济功能

体育的经济功能从1984年洛杉矶奥运会开始逐渐被人们所认识，尤其是进入20世纪90年代，随着竞技体育的商业化，健身、休闲、娱乐体育的不断发展，体育需求与消费日益增多，体育的经济功能在世界范围内日益显现。

1. 举办大型运动会

一场精彩的体育比赛可以吸引成千上万的观众，可以给一个国家带来巨大的商机。大型运动会除了可以从销售门票，出售电视转播权，发行邮票、纪念币、彩票，收取广告费，印刷宣传品等方面直接获得收入外，还可以带动旅游业、商业、交通、电信和新闻出版等行业的发展，并从中得到相当可观的经济效益。例如，1964年东京奥运会加速了日本经济腾飞，1988年汉城奥运会的成功举办推动了韩国经济的发展。

2. 体育消费

伴随着体育社会化、娱乐化和终身化，体育人口不断扩大，体育消费支出大幅度增加，带动了运动器材、体育场地设施以及体育用品的生产、建设和供应，体育健身、体育娱乐和体育旅游业都在迅速发展，在国民经济中逐渐形成一个庞大的体育产业。

第二节 健康及影响健康的因素

一、健康的概念

健康是一个具有强烈时代感的概念，是随着社会和医学的发展而逐步演化的。古往今来,人们对健康这一概念有着不同的解释。随着人们对健康的认识不断更新和发展,健康的内涵和外延也在不断发展和深化。

近代,随着社会发展和科学进步,人们对健康的认识不断发展,许多学者根据自身对健康的认识提出不同的解释。例如,日本学者认为吃得快、便得快、睡得快、说得快,即健康;美国学者贝克尔认为健康是"一个有机体或者有机体的一部分处于安宁状态,其特征是机体有正常的功能,没有疾病"。

我国传统的中医理论以阴阳、五行学说,提出了"阴平阳秘,精神乃至""天人合一"的整体观,进而把人的健康与人自身的阴阳协调和自然环境的阴阳协调联系起来,对健康作出了另一种诠释。

20世纪开始,人们逐渐认识到健康除了没有疾病外,还与自然环境、社会环境、遗传、生活方式等因素有着密切关系。1948年,联合国世界卫生组织(简称WHO)成立时就在其宪章中明确指出:"健康不仅仅指没有疾病,而且指身体上、心理上和社会上的完好状态或完全安宁。"美国学者奥林斯提出"健康三维观"概念,强调从生物、心理和社会三个方面来评价人的生命状态。美利坚大学的国家健康中心提出了一个被称为"健康五要素"的健康定义,即个体只有身体、情绪、智力、精神和社交五个方面都健康,才称得上真正的健康。1979年,世界卫生组织在《阿拉木图宣言》中对健康给出了新的定义:健康不仅是疾病和体弱的匿迹,而且是身心健康、社会幸福的完美状态。

目前,世界上普遍采用的健康概念是世界卫生组织于1989年提出的,即健康不仅是躯体没有疾病,而且还应具备心理健康、社会适应良好和道德健康,只有具备了上述四个方面的良好状态,才是一个完全健康的人。这个定义从身体、心理、社会和道德四个方面全方位判断人类的健康,更具有科学性、完整性和系统性。

二、健康的内涵

现代健康的观念突破了人们长期以来对健康的认识和理解,它将人的自然属性和社会属性进行了统一,认为人的健康不但受生物因素的影响,同样也受到社会、心理和社会适应的制约。

(一)身体健康

身体健康是指人体生理方面的机能正常,没有疾病。它主要体现在发育正常,身材匀称,体重适宜,体内代谢过程稳定,能够适应外界环境的变化,对一般性疾病具有一定的抵抗力,精力充沛,体格健壮,反应敏捷等方面。

(二)心理健康

心理健康是指人的心理状态良好,没有精神及心理疾病。它主要体现在有良好的情感、正常的智力、稳定的情绪、坚定的意志、统一协调的行为,能够正确评价自己和他人,正确对待客观影响,具有表达能力、控制情绪能力以及独立能力等方面。

保持心理健康的简易方法如下:

1. 豁达法

应有宽阔的心胸,不要因为一些小事与他人斤斤计较,能够做到豁达大度。平时做到性格开朗、合群、坦诚、少私心、知足常乐、笑口常开,这样就会减少不必要的烦恼。

2. 松弛法

在生活或工作中,被人激怒后或十分烦恼时,可以迅速离开现场,做深呼吸运动,并配合肌肉的松弛训练,甚至可做气功放松训练,以意导气,逐渐入境,使全身放松,摒除脑海中的一切杂念。

3. 节怒法

主要靠高度的理智来克制怒气暴发,可在心中默默背诵名言"忍得一肚之气,能解百愁之忧""将相和,万事休""君子动口不动手"等。万一节制不住怒气,应迅速离开现场,与亲朋好友倾诉不平后尽快将心静下来。

4. 平心法

尽量做到"恬淡虚无""清心寡欲",不为名利、金钱、权势、色情所困扰,看轻身外之物,同时培养自己广泛的兴趣爱好,陶冶情操,充实和丰富自己的精神生活。

5. 自脱法

经常参加一些有益于身心健康的社交活动和文体活动,广交朋友,促膝谈心,交流情感。可根据个人的兴趣爱好培养生活的乐趣。要做到劳逸结合,工作、学习之余应常到公园游玩或到郊外散步,欣赏乡野风光,体验大自然的美景。

(三)社会适应良好

社会适应良好是指通过对心理活动和行为的自我调节,能够很好地适应各种社会环境及其复杂变化,具备实现社会角色、为社会做贡献的能力,能够建立良好的人际关系,并具有良好的生活行为方式等。

(四)道德健康

道德健康包括思想品德健康和人格健康两部分,指具有正确的价值观以及辨别善恶、美丑、荣辱、是非的能力,能用社会公认的道德标准和社会准则约束自己的言行,具有能够为他人和社会做奉献的思想与行为。

三、健康的标准

健康的标准有很多,为了让大家更好地认识健康、了解健康,现将世界卫生组织近年来制定的一些健康标准提供如下,以便自我对照评价。

(一)身体健康标准

身体健康标准包括:

(1)有足够充沛的精力,能从容不迫地应对日常生活和工作压力而不感到过分疲劳与紧张。

(2)处事乐观,态度积极,乐于承担责任,事无巨细,不挑别。
(3)善于休息,睡眠良好。
(4)应变能力强,能适应外界环境的各种变化。
(5)能抵抗一般性感冒和传染病。
(6)体重适中,体形匀称,站立时头、臂、臀位置协调。
(7)眼睛明亮,反应敏锐,眼睑不发炎。
(8)牙齿清洁,无空洞、痛感和出血现象,齿龈色泽正常。
(9)头发有光泽,无头屑。
(10)肌肉和皮肤富有弹性,走路感觉轻松。

(二)心理健康标准

心理健康标准包括:
(1)智力正常。
(2)善于协调和控制情绪。
(3)具有较强的意志和品质。
(4)人际关系和谐。
(5)能主动适应和改善现实环境。
(6)保持人格的完整和健康。
(7)心理行为符合年龄特征。

(三)道德健康标准

因自然地理条件、历史传统、文化形态、民族特征等因素的不同,不同地域和国家对道德健康有不同的解释,因此道德标准也不尽相同。但人们在道德健康的本质上有基本的共识,可归结为以下四个层面:
(1)具有正确的是非观和价值观,能对是非、善恶、美丑、荣辱等做出自己的判断。
(2)具有社会公德,即能遵守法律,能用社会公认的道德标准和准则约束自己的言行。
(3)具有责任感,能够从思想和行为上为他人、集体、社会和国家做奉献。
(4)具有仁爱之心,珍爱生命,亲和万物,关爱老、幼、病、残,宣扬人道主义精神。

四、影响健康的因素

人类的健康受多种因素影响,目前尚没有一个统一的认识。近年来的研究成果表明,影响健康的主要因素可以分为先天因素和后天因素。

(一)先天因素

遗传是影响健康的先天因素。身高、体重、皮下脂肪、血压等多项形态和生理指标都有不同程度的家族倾向性。目前已发现5 000多种疾病与遗传有关,如血友病、镰刀细胞贫血症、蚕豆病等主要由遗传因素造成,常见的糖尿病、心血管疾病、部分肿瘤及某些精神障碍性疾病也与遗传有关。遗传病是当前医学领域中严重危害人类健康的重要因素。

(二)后天因素

1. 行为和生活方式

行为和生活方式是人在社会化过程中逐步形成的习惯,包括饮食规律、风俗习惯、起居习惯、个人嗜好、体育锻炼等。良好的习惯可对健康起到促进作用,不良的行为和生活方式会给个人、群体乃至社会的健康带来直接或间接的危害。

经济的发展使人们的生活方式发生了急剧改变,不良的生活方式,如吸烟、超量饮酒、高糖高脂饮食、食物过细过精、身体活动少、睡眠不足等急剧增加。这些不良的生活方式所带来的健康问题日趋严重,高血压、冠心病、糖尿病、肥胖、恶性肿瘤等的发病率逐年上升,在人们享受舒适生活的过程中,疾病也在不知不觉地向人们靠近,越来越多的人患上了所谓的"文明病""富贵病"。科学研究成果表明,对于死亡率前十的疾病,不良行为和生活方式在致病因素中的比例,美国约为70%,我国约为44.7%。可见,生活方式对人类健康的影响十分大,必须引起高度重视。

虽然我们改变不了外界环境,但可以改变自己的生活方式。行为和生活方式具有较大的可塑性,可通过戒除不良嗜好、调整起居时间、纠正不良生活习惯、积极参加体育锻炼来养成健康的生活方式,远离"社会文明性疾病",做到健康、幸福、快乐地生活、学习和工作。

2. 情绪和精神状态

生活于社会之中的人必须承担起一定的社会责任,扮演好自己的社会角色。在扮演社会角色的过程中,每个人都会产生七情六欲。具有良好情绪和健康状态的人,一般都有乐观向上的生活态度、对美好生活的憧憬和充实的精神世界;而情绪低落、喜怒无常、多疑、猜忌、怨天尤人等状态,则容易让人形成焦虑、神经衰弱、抑郁等精神疾病,影响身体健康。

在日常生活中,应努力保持良好稳定的情绪,控制好自己的喜怒哀乐,不断提高自己的社会适应能力,适量参加社交活动,与他人友好相处,形成和谐的人际关系,这样有助于心情舒畅,形成积极乐观的生活态度,增进身心健康。

3. 自然环境

自然环境是人类赖以生存的物质基础,人类的各种生命活动都与自然环境的变化息息相关。无论是原生态的环境,还是改造后的次生态环境,对健康而言都存在着有利因素和危害因素。在经济飞速发展的今天,人类在改造世界的同时,也让人类赖以生存的环境受到严重污染和破坏,制造出诸多新的危害健康的因素。人类生存所必需的空气、水、食物正在受到病原微生物、化学物质的污染,氟利昂对大气层的破坏使人类患皮肤癌的概率上升了4%,温室效应、噪声、辐射、雾霾等对人类的健康构成了严重威胁。

4. 社会环境

构成社会环境的主要因素有社会经济发展状况、社会秩序、教育发展水平、医疗卫生条件和卫生服务水平等。每个人都是社会的一分子,都与社会密不可分,这些因素都可能直接或间接地影响人的健康状况。

五、健康的四大基石

世界卫生组织给健康的定义是:不仅没有疾病和虚弱,而且心理适应处于完美的状态中。如何才能做到这一点?该组织在著名的《维多利亚宣言》中提出了健康的生活方式,即健康的四大基石:合理膳食、适量运动、戒烟限酒、心理平衡。

(一)合理膳食

合理膳食是指选择健康的食物,并且搭配要合理。一日膳食中要求食物构成多样化,各种营养元素品种齐全,如供能食物,即蛋白质、脂肪和碳水化合物等;非供能食物,即维生素、矿物质元素、微量元素及纤维素等。要做到粗细混合,荤素混合,合理搭配,供给用膳者必需的热能和各种营养素。

(二)适量运动

生命在于运动。适量运动是保持体力和脑力协调,预防、消除疲劳,防止亚健康的一个重要因素。有关调查显示,久坐少动的生活方式成为越来越多疾病的诱因。因此,适量运动被世界卫生组织列为健康的第二大基石。运动可以使人的心肺系统、血液循环系统、消化系统、内分泌系统等得到充分锻炼,提高神经系统的反应能力,使肌肉、骨骼更加强有力地发展。切忌在疲劳到极点时参加运动,此时运动对人体有害无益。对待运动的科学态度是"贵在坚持,贵在适度"。

(三)戒烟限酒

烟酒是大学生身体健康最大的杀手之一。吸烟成瘾,会促发高血压、冠心病,引起肺癌等多种癌症和气管炎、肺气肿等;过量饮酒则伤肝,易引起肝硬化甚至肝癌。要做到健康地生活,就要少吸烟甚至不吸烟,喝酒也要节制,不要喝高度烈性酒,一日饮酒量不宜超过15克酒精。

(四)心理平衡

在四大健康基石中,心理平衡最为重要,但也是最难做到的一项。在生活中,要正确认识自我,自觉控制自己,正确对待外界影响,从而使心理保持平衡协调。心理平衡是保持健康最重要的手段,它的作用甚至超过一切健康措施的总和。

六、亚健康

20世纪80年代中期,苏联学者布赫曼研究发现,在人体健康状态和疾病状态之间还存在着一种非健康非患病的中间状态,他把这种状态称为亚健康状态。

(一)亚健康的概念

亚健康是机体介于健康与疾病之间的一种生理功能低下的特殊状态。在这种状态下,机体尚无器质性病变,但体力降低,反应能力下降,适应能力减退,精神状态欠佳,机体免疫功能低下,对社会不适应,这时身体已有了患病的危险和倾向。

现代医学将健康称为第一状态,将疾病称为第二状态,将介于健康与疾病之间的生理功能低下的状态称为第三状态,也称为灰色状态、病前状态、亚临床期、临床前期等。

亚健康状态在经济发达、社会竞争激烈的国家和地区的人群中普遍存在,而且处于亚健康状态的人数呈现逐年增多的趋势。世界卫生组织的一项全球调查表明,75%的人处于亚健康状态。在"2002年中国国际亚健康学术成果研讨会"上,有专家指出,目前我国有70%左右的人处于亚健康状态。

(二)亚健康的症状

1. 躯体亚健康

具体表现为体质下降、慢性病多发,经常出现乏力、困倦、低热、头晕、感冒、胸闷、心悸等症状,已严重影响了工作和生活。

2. 心理亚健康

最常见的是焦虑,主要表现为担心、恐慌。这种发自内心的不安若持续存在,就会造成心理障碍,常表现为烦躁、易怒、失眠、不安、心慌等症状。

3. 人际交往亚健康

主要表现为与他人之间的心理距离加大,交往频率下降,人际关系不稳定,如对人、对事的态度冷淡,常有空虚、自卑、无助、无望等感觉,出现猜疑、自闭的症状。

4. 慢性疲劳综合征

这是亚健康状态最主要的表现形式,具体表现为疲劳、低热、咽喉痛、肌肉疼痛、关节痛、头痛、注意力不易集中、记忆力下降、睡眠障碍和抑郁等。

5. 过劳死

这是一种未老先衰、突发疾病猝死的生命现象。其原因是工作节奏加快,精神压力增大,机体长期超负荷运转,积劳成疾,引发心脑血管疾病的急性障碍,从而导致死亡。

(三)亚健康的预防

调查表明,亚健康产生的根源是:① 对健康没有正确的认识,降低了对威胁自身健康的各种因素的应激反应能力;② 生活习惯不良、疲劳以及社会和工作带来较大的精神压力等。当知道自己处于亚健康状态时,不要掉以轻心,也不要过分紧张,应当积极应对。应对的方法有:

(1)克服不良的生活习惯。吸烟、过度饮酒、高脂肪或过量饮食、缺少运动、睡眠不足、不吃早餐、经常熬夜等不良生活习惯,都会使身体由健康状态逐渐转变成亚健康状态,最后导致各种疾病的发生。

(2)调整好个人心态,适应瞬息万变的社会。当今社会竞争激烈,工作、生活节奏加快,使人们的心理压力增加,精神负担增大。心理压力过大会导致心理失衡,使神经系统功能失调,内分泌紊乱,正常生理功能发挥不出来,抵御疾病的能力明显下降,进而引起各种疾病。

(3)及时消除疲劳,努力提高身体素质。经常感到疲惫不堪是典型的亚健康状态。当代大学生紧张的学习、生活节奏会造成体力和脑力的疲劳状态。疲劳是人体的一种生理性预警反应,长时间的超负荷工作会产生疲劳积累,长期下去必会引发疾病。

(4) 有针对性地选用保健食品。有目的地服用一些适宜的保健食品,可以帮助消除亚健康状态。

第三节 体质与健康

一、体质的概念

从社会发展的角度来看,体质和健康属于人类自身所拥有的基本属性,先天遗传和后天生存环境对其均有不同程度的影响。国民体质的强弱不仅关系个人的身体健康,而且关系一个国家的前途。在人类历史的发展进程中,不同国家、不同时期的体质研究工作者对体质概念的理解各不相同。

国内体育界对体质权威的定义是体质研究分会于1982年做出的:体质是人体的质量,它是在遗传性和获得性的基础上表现出来的人体形态结构、生理功能、运动素质、心理因素、适应性和社会性的综合的、相对稳定的特征。

体质的概念

二、体质与健康

体质与健康有不可分割的密切关系,体质是健康的基础,健康是体质的外在表现形式。从外延来看,健康包含着体质,体质只是健康的一个方面,增强体质与增进健康具有一致性,增强体质最终是为了增进健康,增进健康是最终目标。体质与健康具有相关性,但两者并非成线性关系。体质的状况在一定程度上能反映出健康水平,如果一个人有良好的体质,就表示他有良好健康的可能性,或者说,他可能会有较高的健康水平,因为较高的健康水平是建立在良好的体质基础上的。但有良好的体质未必就有健康,健康与体质并不成正相关关系。另外,健康与否也能在一定程度上反映出体质的强弱。但应注意,同是健康的人,其体质可能千差万别;体质差不多的人,其健康状况也可能大相径庭。

体质与健康的区别在于,体质是一种"质量",健康是一种"状态",体质是健康的前提和基础。体质是身心发展长期的"相对稳定"的特征,而健康是表示一个人身心的完美状态,具有流动性、易变性等特点。体质是一种"能力",健康是这种能力和其他因素(不可抗拒的流行性疾病和自然灾害等)相互作用的外在"体现"。体质是人体的质量,质量有好有坏,能力有高有低,好的质量对应高的能力。一个人具有形态结构、生理机能和心理因素方面的"能力",就可以很好地适应各种自然和社会的变化,具有很高的适应能力。而健康是这种能力的表现结果,如果这种能力征服了自然、改造了社会,那么该个体就表现出很好的健康水平;否则,健康水平就差。增强体质是"手段",是达到健康的一个过程、一个条件,健康是良好体质的归宿和最终目标。我们通过多种手段增强体质,最终是为了增进健康,享受生活。总之,体质与健康之间既有联系又有区别,既有共性的特征,又有个体的差异。体

体质与健康的关系

质和健康是从不同侧面、不同范畴来看待人体状况的两个相互关联的概念。人类对体质健康的理解是随着时代不断发展的,同样,对体质健康全面测试和评价的方法也处于不断的探索和研究之中。

第四节　国家学生体质健康标准

一、《国家学生体质健康标准》评价体系与测试方法

(一)《国家学生体质健康标准》的内涵

《国家学生体质健康标准》的内涵是测量学生体质健康状况和锻炼效果的评价标准,是国家对不同年龄段学生体质健康的基本要求,是学生体质健康的个体评价标准。健康的概念包括身体健康、心理健康和社会适应。《国家学生体质健康标准》涵盖了与学校体育密切相关的学生身体健康范畴。为了界定它的内涵,且避免与三维的健康概念相混淆,在"健康"之前加上了"体质"这一定语。《国家学生体质健康标准》名称的外延涉及它的教育和激励功能、反馈功能以及引导锻炼功能。

我国学生体质健康评价制度的演变与发展

(二)《国家学生体质健康标准》的功能

1. 教育和激励功能

《国家学生体质健康标准》是促进学生体质健康发展、激励学生积极进行身体锻炼的教育手段,所选用的指标可以反映与身体健康关系密切的身体成分、心血管系统功能、肌肉的力量和耐力以及关节和肌肉的柔韧性等要素的基本状况。《国家学生体质健康标准》的实施可使学生和社会对影响身体健康的主要因素有更加明确的认识和理解,引导和帮助人们去积极追求身体的健康状态,实现学校体育的目标。《国家学生体质健康标准》的实施办法规定,对达到合格以上等级的学生颁发证章,以激发学生对体育锻炼的内在积极性。

2. 反馈功能

《国家学生体质健康标准》是学生体质健康的个体评价标准,并规定各校应将每年测试的数据按时上报至国家学生体质健康标准数据管理系统。该系统具有按各种要求进行统计、分析、检索的功能,并定期向社会公告。该系统为学生及其家长提供了在线查询和在线评估服务,向学生提供了个性化的身体健康诊断,使学生能够在准确地了解自己体质健康状况的基础上进行锻炼;该系统还可为各级政府机关、教育行政部门、学校提供翔实的统计和分析数据,使之了解学生的体质健康状况,及时采取科学的干预措施。

3. 引导锻炼功能

《国家学生体质健康标准》增加了一些简便易行、锻炼效果较好的项目,并提高了部分锻炼项目指标的权重,对引导学生进行体育锻炼具有较强的实效性。通过国家学生体质健康标准数据管理系统,学生还可以查询到针对性较强的运动处方,可以因地制宜地进行科学的体育锻炼,提高身体健康水平。

(三)《国家学生体质健康标准》测试内容与方法

在实施《国家学生体质健康标准》的过程中,各项目正确的测试方法是所有体育教师和参测人员迫切需要了解的内容。测试工作与所使用的测试仪器有关,而测试器材多种多样,有全手工操作的仪器,也有电子仪器。手工操作仪器与电子仪器的操作流程不完全相同。例如,使用带有IC卡的测试仪器就可以减少测试人员的记录和计算工作。但无论使用何种仪器,对测试人员的基本的操作要求是一致的。本章以中国石油大学(华东)为例对《国家学生体质健康标准》中各个项目基本的测试方法及其操作要求进行介绍。对于不同的测试器材,可参考相应测试器材的说明书。

1. 身高、体重

1)测试意义

身高标准体重是将身高和体重综合起来,以每厘米身高的体重分布,确定学生的体形匀称度,可反映学生是营养不良、正常体重,还是超重或肥胖。

2)测试方法

受试者按语音提示刷身份证,背向立柱站立在身高体重计的底板上,按"确认"键进行测试。

3)注意事项

躯干自然挺直,头部正直,两眼平视前方,耳屏上缘与眼眶下缘最低点呈水平位,上肢自然下垂,两腿伸直,两足跟并拢,足尖分开约60°,足跟、骶骨部及两肩胛间与立柱相接触,成"三点一线"的站立姿势。

身高、体重

4)身体形态评价

人体是一个整体,身体各部分是根据一定的比例关系发育的,身高、体重指标单一评价仅能反映出某些人体的一般特征、规律。因此,我们需要将两个或两个以上的指标通过一定的公式联系起来构成某种指数,用以评价身体形态、生理功能和运动能力的发展状况,这种评价体质水平的方法称为指数法。身体发育指数是在人体测量的发展过程中产生和逐渐发展起来的。《国家学生体质健康标准》使用的是BMI指数。

BMI指数即身体质量指数,简称"体质指数",又称"体重指数",英文为body mass index,是用体重除以身高的平方得出的数值,是目前国际上常用的衡量人体胖瘦程度以及是否健康的一个标准。BMI主要用于统计用途,当需要比较及分析一个人的体重对于不同高度的人所带来的健康影响时,它是一个中立而可靠的指标。

2. 肺活量

1)测试意义

肺活量(vital capacity, VC)是指在不限时间的情况下,一次最大吸气后再尽最大能力所呼出的气体量,它代表肺一次最大的机能活动量,是反映人体生长发育水平的重要机能指标之一。

2)测试方法

受试者首先将吹嘴装在进气口上,按语音提示刷身份证,按"开始"键进行测试。受试者手握手柄,头部略向后仰,尽力深吸气直到不能再吸气为止;然后,将嘴对准吹嘴缓慢地呼气,直到不能呼气为止。此时,显示屏上显示的数值即为肺活量。测试两次,记录最大值,以毫升为单位,不计小数。

3) **注意事项**

测试应使用一次性吹嘴,如果需重复使用,必须严格进行消毒;测试时,受试者呼气不可过猛,防止漏气;受试者在呼气开始后至测试结束前不能吸气。

肺活量

4) **生理功能指标的评价**

肺活量指数通常采用肺活量/体重来计算。肺活量与人的呼吸密切相关。生理学研究表明:人体的各器官、系统、组织、细胞每时每刻都在消耗氧,机体只有在氧供应充足的情况下才能正常工作。该指数能更准确地反映身体呼吸能力的大小,对研究青少年的体质和有氧工作能力均有重要的意义。

3. 坐位体前屈

1) **测试意义**

坐位体前屈是用于反映人体柔韧性的测试项目。柔韧素质与健康的关系极为密切,柔韧性的提高对增强身体的协调能力,更好地发挥力量、速度等运动素质,提高技能和技术水平,避免运动创伤等都有积极的作用。

2) **测试方法**

受试者坐在平地上,两腿伸直,两脚平蹬测试纵板,两脚分开10～15厘米,上体前屈,两臂向前伸直,用两手中指尖逐渐向前推动游标,直到不能前推为止。测试计的脚蹬纵板内沿平面为"0"点,向内为负值,向前为正值。测试两次,记录最大值,以厘米为单位,保留1位小数。

3) **注意事项**

身体前屈,两臂向前推游标时两腿不能弯曲;受试者应匀速向前推动游标,不得突然发力。

坐位体前屈

4. 800米、1 000米跑

1) **测试意义**

800米跑(女)、1 000米跑(男)用以评价学生的心肺功能和耐力水平。耐力是衡量人的体质健康状况和劳动工作能力的基本因素之一,是从事各项运动必不可少的一种运动素质,因此测试耐力水平对于评价学生体质健康状况有着非常重要的意义。

2) **测试方法**

受试者至少2人一组进行测试,站立式起跑,当听到"跑"的口令后起跑。计时员看到旗动开表计时,当受试者的躯干部到达终点线垂直面时停表。

3) **注意事项**

检查学生服装、鞋帽、随身物品是否存在安全隐患并及时处理;测试前要做适当热身,测试完成后要原地观察10分钟,确定无异样后进行后续测试;受试者视自身身体情况可随时终止测试。

800米(女)、1 000米(男)跑

5. 引体向上（男）

1）测试意义

引体向上是反映男生肩臂最大力量和力量耐力的典型指标。引体向上是以自身力量克服自身重量的悬垂力量练习，要求学生有一定的握力、上肢力量和肩带力量，这个力量必须能克服自身的体重才能完成一次。引体向上对发展上肢悬垂力量、肩带力量和握力有重要作用。

2）测试方法

受试者跳起，双手正握单杠，两手与肩同宽，呈直臂悬垂；静止后，两臂同时用力引体（身体不能有附加动作），上拉到下颌超过单杠上缘为完成一次。

3）注意事项

受试者应双手正握单杠，待身体静止后开始测试；引体向上时，身体不得做大的摆动，也不得借助其他附加动作撑起；两次引体向上的间隔时间超过10秒即停止测试。

引体向上

6. 仰卧起坐（女）

1）测试意义

仰卧起坐是测试腹肌力量和耐力的一个项目。仰卧起坐的测试可促使学生在青少年时期积极地发展腰腹肌力量。

2）测试方法

受试者仰卧于垫上，两腿稍分开，屈膝约成90°角，两手指交叉贴于脑后。同伴压住受试者踝关节，以固定其下肢。受试者坐起时两肘触及或超过双膝为完成一次，仰卧时两肩胛必须触垫。测试人员发出"开始"口令的同时开表计时，记录1分钟内完成次数。1分钟到时，受试者虽已坐起但肘关节未达到双膝者不计该次数。计数精确到个位。

3）注意事项

如发现受试者借用肘部撑垫或臀部起落的力量起坐，则该次不计数；测试过程中，观测人员应向受试者报数；受试者双脚必须放于垫上。

仰卧起坐

7. 立定跳远

1）测试意义

立定跳远是测试爆发力的项目。爆发力要求在最短时间内发挥最大的力量，其大小不仅仅取决于力量，还取决于力量和速度的结合。

2）测试方法

受试者两脚自然分开站在起跳线后，脚尖不得踩线（最好用线绳作为起跳线）。两脚原地同时起跳，不得有垫步或连跳动作。丈量起跳线后缘至最近着地点后垂直距离。每人试跳3次，记录其中最好一次成绩，以厘米为单位，不计小数。

3）注意事项

发现犯规时，此次成绩无效；2次试跳均无成绩者，应允许再跳，直至取得成绩为止；不得穿钉鞋、皮鞋、塑料凉鞋参加测试。

立定跳远

8. 50 米跑

1）测试意义

50 米跑是国际上通用的测试项目,通过较短距离的高强度跑来测试受试者的速度素质。速度素质的测试可以反映人体中枢神经系统的机能状态和神经与肌肉的调节机能,也可以综合反映人体的爆发力、灵敏、反应、柔韧等素质。

2）测试方法

测试分组进行,每组至少 2 人。受试者站在起跑线后准备,听到"跑"的口令后开始起跑,当受试者胸部到达终点线的垂直面时停表。

3）注意事项

充分热身,防止摔倒;最大速度冲过终点。

二、《国家学生体质健康标准》成绩提升策略与运动处方

（一）运动处方概述

1. 运动处方的概念

运动处方是对从事体育锻炼者或病人,通过医学检查(包括运动试验和体能测试),根据其健康、体力、心血管功能状况,结合其生活环境条件和个人运动爱好的特点,以处方的形式规定适当的运动种类、时间和频率,指出运动中的各种注意事项。锻炼者或病人据此有计划地进行锻炼,从而达到健身或治疗的目的。科学的运动处方规定锻炼的体育内容、运动强度、运动时间和要求等,制定合理的和有效的锻炼计划,以确保实现预期目标。

2. 制定运动处方

1）运动目的

通过有目的地运动锻炼,达到预期的效果。每个人的情况千差万别,运动处方的类型可根据活动的目的来区分,如健身、娱乐、减肥、治疗等。

2）运动项目

运用运动处方为锻炼者提供最合适的运动锻炼项目,它关系到锻炼的有效性和持久性。关于运动项目的选择,要考虑运动的目的,如健身或治疗等;要考虑运动的条件,如场地和器材、休闲时间、气候以及体育爱好等。

3）运动强度

运动强度指运动时的剧烈程度,是衡量运动量的重要指标之一,可以用心率来表示。一般认为,学生的心率在 120 次/分以下为低强度,120~150 次/分为中强度,150~180 次/分或 180 次/分以上为高强度。测量运动强度的简单方法是:运动以后 10 秒脉搏 × 6,也就是 1 分钟的运动强度。适宜的运动强度范围可用靶心率来控制,以本人最大心率的 70%~85% 强度作为标准。

4）运动时间

运动时间是指一次运动的持续时间。与它密切相关的是运动强度,强度越大,时间应该越短;强度越小,时间应该越长。有氧运动一般在 30 分钟左右就可以达到较好的效果。

5）运动频度

运动频度指每周锻炼的次数。关于运动频度,日本的池上晴夫研究表明,一周运动1次,肌肉酸痛和疲劳每次发生,运动后1~3天身体不适,效果不累加;一周运动2次,酸痛和疲劳相应减轻,效果会有累加现象,但是不明显;每周运动3次,没有疼痛和疲劳,但累加效果是明显的;一周锻炼4~5次,效果更加明显。可见,一周运动3次及以上的效果才明显。

3. 实施锻炼方案

实施锻炼方案即按照运动处方的要求进行锻炼。经过一段时间的锻炼后,应该进行身体健康检查、运动负荷和体力测试。这样一方面可以根据锻炼的效果来评价运动处方;另一方面也可以提供反馈信息,用于修改和发展制定出新的运动处方,调整训练过程,从而保证锻炼过程与个体的身体状况相适应。运动处方的制定和实施流程如图1-1所示。

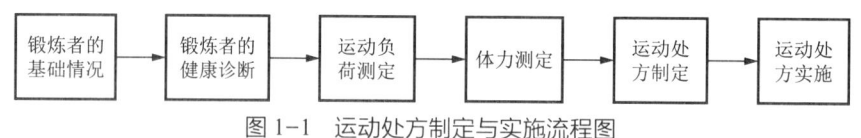

图1-1 运动处方制定与实施流程图

一个完整运动处方方案的基本要素有五个:运动项目、运动强度、运动时间、运动频率、运动量。

1）运动项目

一般的健康者和慢性病锻炼者的运动项目可以分为以下五大类:

(1) 耐力性锻炼项目,如散步、长跑、骑自行车、长距离游泳、登山、徒步旅行,从生理机制的角度来看属于有氧运动。

(2) 力量性锻炼项目,如拉力器、哑铃、杠铃以及克服自身体重的练习(如引体向上)、多功能练习器等。此类的实践锻炼性质往往与改善体形练习、健美运动练习相匹配。

(3) 放松性锻炼项目,如散步、旅行、打太极拳等。

(4) 一般健身性锻炼项目,如各种球类运动、广播体操、徒手或器械体操、八段锦等。

(5) 专业体操锻炼项目,如医疗体操,为不同比赛的参与者设计的矫正体操、健美操等。

2）运动强度

运动强度是单位运动时间内的运动量,而运动量是运动强度与运动时间的乘积。运动强度是运动处方的核心部分,反映机体运动时用力的大小和机体紧张度,它会影响身体的承受能力,又直接关系到锻炼的效果。运动量也是取得锻炼效果与安全性的关键,二者的表示方法有多种,可根据需要分别使用。

$$运动强度 = 运动量 \div 运动时间$$

$$运动量 = 运动强度 \times 运动时间$$

最常用的运动强度控制方法有以下几种:

(1) 用耗氧量控制强度。这是因为运动强度越大,氧的消耗也越大。通常以运动的耗氧量占最大摄氧量的百分比来控制运动强度。

(2) 用能源消耗量控制强度。这是因为运动强度和身体的能量消耗是成正比例的。具体的能源消耗派生指标有瓦(Watt)、能量消耗量(kJ/m)、能量代谢率(RMR)以及代谢当量。

(3) 用心率控制运动强度。直接测定耗氧量和能量消耗比较复杂,在日常运动处方中使用是不现实的。在运动处方锻炼中,心率等指标常用来控制运动强度。通常用10秒脉搏率乘以6得到运动时的每分钟心率。运动适宜心率 = 180(或170) - 年龄。如果是60岁以上或体质较差的中老年人,则用170减去年龄。这种方法适用于身体健康的人。

3) 运动时间

运动的持续时间根据个人资料、体检等情况来确定。研究表明,运动时间阈值是不小于3分钟,最长持续时间一般不超过60分钟。

4) 运动频率

从理论上讲,只有不引起疲劳的积累并形成过量的恢复效果的那种运动频率才是最理想的,因此每周锻炼3~5次比较合适,基本上每隔1天运动1次较为适宜,运动的时间间隔不宜超过3天。如果每周锻炼少于2次,则运动累加效果不明显。如果采用小运动负荷或从事非残留疲劳运动,则每天运动是可取的。

5) 运动量

适量运动量的标志是运动后一般微汗,轻松愉快,会有良好的食欲和睡眠,虽然觉得有点累,肌肉酸痛,但休息后可以消失,次日感到精力充沛,有运动的欲望。若锻炼后大汗淋漓、头晕眼花、胸闷、非常疲倦、乏力、烦躁不安、睡眠不足,脉搏在运动后15分钟仍未恢复,或次日有浑身乏力、缺乏运动欲望等现象,则表明运动量过大,应减少运动量;若运动后身体无发热感,无微汗,脉搏无变化或在2分钟内很快恢复,说明运动量不足,没有对心肺功能产生刺激作用,不会产生运动效果。

(二)体重指数测试成绩提升策略与运动处方

大学生大多19~24岁,男女学生在这个阶段的形态指标的增长基本定型,身高基本稳定,体重逐年增加。在此期间,女生身体的皮下脂肪增厚,体重明显增加,乳房发育基本成熟,显示出曲线的形体;骨盆发育也日趋成熟,髋部和大腿部明显增粗,小腿围度增长较多,但肩带窄,胸廓小,因而形成下肢粗短、上肢单薄窄细的体形。男生上身体围宽度增长较快,形成上身宽厚、下肢修长的体形。男生肌肉增长较快,肌肉纤维增粗明显,肌肉强度显著增加,而女生脂肪相对较多。大学生处于青春发育后期,身体发育逐渐成熟,通过积极参加体育锻炼,男生可使肌肉更加健美,女生则可减少体内脂肪堆积,使体态健美匀称。这一时期女生主要的锻炼部位是胸部、腰背部、大腿和臀部,男生则主要进行肩带、上臂、胸廓和腰部以及腿部的练习,通过一些徒手或器械练习,增加肌肉力量,形成结实而健美的体形。

1. 大学女生身体形态练习的运动处方

根据这一时期的生长发育规律,女孩喜静厌动,腰、腹、臀和腿脂肪堆积比较多。因此,这一时期女生的练习应以腰、腹、背、臀和腿的针对性练习为主,应该进行有一定强度、持续时间较长的有氧运动。

1) 波浪练习

站立、跪立位的波浪练习是一种全身运动,是踝、膝、髋、腰、胸、颈等全方位的屈伸。练习内容有向前全身波浪、向后全身波浪和向侧身体波浪。向前全身波浪要求从两腿直立、双臂上举开始,然后体前屈,做一个手臂波浪,再低头含胸,踝关节、膝关节、髋关节、腰部、胸部、颈部依次向前挺出,手臂经前、下、后绕至上举,最后提踵立。需要各关节依次前挺充分,动作连贯、柔和。

2）腰、腹部练习

通过腰部侧屈、前后屈和收腹练习来改善腰、腹部线条,同时对腹腔和盆腔内的器官起到很好的按摩作用。腰腹肌练习要平衡发展,每次练习完成后要进行放松练习,可屈膝抱腿将膝拉至胸部或轻拍腹部。

3）臀部和腿部练习

臀部练习可以起到固定骨盆的作用。臀部是女性美感的主要部位,基于收缩臀部肌肉为主的练习有助于提高臀部中心,使臀部的肌肉富有弹性,改善下肢的体形。下肢匀称是形体美的一部分,通过大小腿肌肉的练习可以减少脂肪的积累,使腿部的肌肉结实而丰润,围度适中,提高小腿围重心,使下肢显得修长。

4）把杆练习

把杆练习是一种身体形态练习的辅助手段,对于建立准确的肌肉感觉、改善腿形和形成正确的腿部姿势有很大的作用。可以结合不同的动作进行操作练习,如一位擦地结合移重心,一位、二位蹲交替进行;也可改双手扶杆为单手扶杆,侧对把杆进行练习。

5）体操和韵律操练习

结合各种步伐和身体的姿势,配以节奏欢快的音乐,以有氧练习为基础,如球操等,可改善形体,使之更具女性柔美特征,同时也可增加女生的协调性、柔韧性和审美意识等综合素质。可进行全国健美操大众锻炼标准1~3级的练习,组合各种步伐及手臂的动作,动作由简到繁,幅度由小到大,速度由快到慢,运动量和难度逐渐增加。由于这些操以有氧练习为主,所以有助于体内脂肪的全面消耗,使身体全面协调发展。

2. 大学男生身体形态练习的运动处方

男生在此阶段主要进行肌肉力量练习,包括静力性和动力性的力量练习,以增加肌肉的体积和围度,使肌肉更强壮,更具男子健力美感。

1）上肢练习

主要进行常见的发展力量练习以锻炼三角肌、肱二头肌、肱三头肌、斜方肌、胸大肌;也可进行徒手操练习,或持小哑铃,如果没有哑铃,可将矿泉水瓶装满水或沙子来代替,适当地调整练习的次数与速度。

2）腰、背、腹部练习

主要进行腹直肌、腹斜肌、肋间肌、背阔肌的锻炼,可以采用一些设备器械、负重物或利用体操器械进行练习。

3）下肢锻炼

主要进行臀肌、股四头肌的锻炼,使下肢肌肉结实和饱满。以跑、跳练习为基础,进行蹲跳起、各种踢腿动作和跳跃练习。

4）器械体操练习

通过器械体操练习,如双杠支撑摆动、拉臂撑前摆上、分腿坐前滚翻成分腿坐、分腿坐慢起成肩倒立、单杠的慢翻身上成支撑、骑撑前回环、支撑后回环以及跳马的分腿腾越,可以充分锻炼全身肌肉。进行篮球、排球、足球等其他全身性的运动也有助于改善身体的形态。

5）全身体形锻炼

颈部肌肉、肩部肌肉、手臂肌肉、胸部肌肉、背部肌肉、腰腹肌肉、臀部和腿部肌肉可采用头颈前后左右屈伸、肩部提沉左右转、双臂前平举、两臂侧平举、提铃耸肩、两臂弯举、头上臂屈伸、反握引体向上、腕屈伸、双杠屈伸、攀杠、俯卧撑、仰卧飞鸟、双杠屈伸、倒立支撑、引体向上、负重躬身、仰卧举腿、两头起、悬垂举腿、屈膝蹲伸、负重提踵、单腿蹲伸、俯卧后举腿等方法进行锻炼。

（1）胸大肌：位于胸部皮下，为扇形扁平肌肉，分为胸上肌和胸大肌两部分。它的功能是使上臂向内、向前、向下、向上以及向内旋转。可通过飞鸟、双杠臂屈伸、仰卧上拉、俯卧撑、重锤双臂侧下拉来训练。

（2）肱二头肌：位于上臂前面皮下。它的功能是弯屈肘部，掌心向上放下前臂，前臂向前弯曲至肩部。训练方法是各种方式的弯举、划船动作。

（3）胸锁乳突肌：最显著的颈部浅肌肉。它的功能是使头部和颈部侧曲，头部和颈部旋转，颈部向前或向后弯屈。可以通过戴颈帽的动作、摔角的角力桥、助力和自我抗力动作来锻炼。

（4）腹直肌：由上腹肌和下腹肌两部分组成，位于腹前壁正中线两侧。它的功能是使脊柱向前弯曲，压缩腹部，压迫肋骨。训练方法是各种仰卧起坐、直腿上举。

（5）斜方肌：位于颈部和背部的皮下，在一侧呈三角形，在左右两侧构成斜方形，故称为"斜方肌"。它的功能是上举和放下肩带、移动肩胛骨、头部倒向后面和侧面。可以通过耸肩、力量上举、颈后推举、侧平举、划船动作等进行训练。

（6）三角肌：位于肩膀皮下，是一个呈三角形的肌肉，肩部的外凸形状是由此肌肉形成的，其两侧的肌肉纤维呈梭形，中央纤维呈多羽状，这种结构的肌肉体积小却有较大的力量。它的功能是使手臂举到水平位置，手臂分别向前、中、后举动到一定的高度。可以通过各种哑铃和杠铃推举、卧推（前束）等进行训练。

（7）肱三头肌：位于上臂后面皮下。它的功能是使手臂伸直和拉向后方。可以通过臂屈伸、屈臂下拉、窄握仰推、各种臂屈伸运动及划船动作来训练。

（8）肱桡肌：位于前臂肌的最外侧皮下，呈长扁形。近固点时，可使前臂屈；远固点时，可使上臂向前靠拢。可采用负重弯举和引体向上等练习发展该肌肉的力量。

（9）背阔肌：位于腰下背部和胸部后下侧皮下，是全身最大的阔肌。它的功能是使手臂向下和向后拉，肩带下压，躯干侧向一边。可以通过各种方式的引体向上、重锤下拉、划船动作、仰卧上拉进行训练。

（10）上背肌群（大圆肌、小圆肌、冈下肌、菱形肌）：位于上背部。它的功能是使手臂向内和向外旋转、向后划，使肩胛上升、旋转、向下。可以通过练习深蹲、硬拉、划船动作进行训练。

从上述发展全身各部肌肉的典型动作可以看出，增加肌肉体积采用最多的是动力性力量练习。这是由于运动肌肉的血液循环和物质新陈代谢加以改进，容易取得发达肌肉的效果。此外，也可以采用静力性紧张练习，它是在肌肉收缩时长度不发生变化，并维持某一特定姿势的肌肉力量练习。可用不同重量或自身负荷维持一种姿势，使肌肉紧张用力6～8秒，然后放松再做，如此反复进行。用动力性力量练习发展肌肉时，采用的负荷不同，增加肌肉体积与肌力的效果也是不同的。

一般来说，增加肌肉的体积必须增加负重练习的总量，它是由每次负重量与负重次数（组数）的乘积得出的。每次负重量和负重次数（组数）之间存在相互依存和相互成反比的关系。每当增加负重量时，负重的次数可能减少，而能通过很多次完成的动作，其负重量也必定小。以增加肌肉体积为主要目标并在此基础上增加肌力的负重量安排，要同时考虑这两个因素。采用本人最大力量的90%以上的负重量，有利于发展肌肉力量，但重复相对较少的次数和组数对增加肌肉体积并不明显。

采用小负荷（最大负荷的40%以下）能改善肌肉的血液循环，增加骨骼肌中毛细血管的数量，对增加肌肉体积有所帮助，但需要重复很多次才能达到效果。从增加肌肉力量的角度来看，小负荷有助于保持已经获得的肌肉力量，提高肌肉耐力，但对发展绝对力量作用不大。因此，用于增加肌肉体积最为有效的负重量应该是中等和中等偏大的负重量（60%~85%），并力争重复更多的次数（组数），从而使负重总量较高。这种负荷一方面能改善肌肉组织的物质供给和新陈代谢，使肌肉体积增大；另一方面又能改善神经系统对肌肉收缩的协调作用，改善肌肉间协调和肌肉内协调，使肌肉力量得以增加。这种负荷特别适合于健美爱好者和力量型运动员。

3. 肥胖人群

单纯性肥胖是由人体体内脂肪沉积过多造成的，吃进的食物若长期超过机体的需要，那么多余的热量将转化为脂肪储存起来。肥胖引发的往往是慢性疾病，在不知不觉中侵蚀着我们的身体，危害着我们的健康。高血压、糖尿病、动脉硬化、脑血管和心血管疾病都是肥胖的"铁杆伴侣"。世界卫生组织也把肥胖列为十大慢性疾病之一。在《国家学生体质健康标准》中身体形态是占分最高的指标之一，从测试成绩上看，肥胖不仅仅影响身体形态单项成绩，同时也对其他6项成绩产生极大的负面影响，仅对肺活量的影响相对较小。因此对于肥胖人群而言，想要获得好的测试成绩，减肥是明智之举。

肥胖的危害

肥胖的判定

1) 肥胖类别

单纯性肥胖：绝大多数机能正常的肥胖者都属于这一类。此类肥胖的原因是每天或每周摄入的能量物质（脂肪、糖、蛋白质）高于身体的需求量，而能量物质的节余转变为体脂藏于皮下，尤其是在腰腹部，积累越多，人就越胖。

继发性肥胖：由各种内分泌腺的器质性病变（包括头部损伤、脑炎或其他疾病）引起，而胰岛素分泌过多，脂肪合成旺盛，也可能导致肥胖。减肥的主要途径是在正常饮食的情况下积极地运动，使之消耗高于身体需求的摄入量。这种方法不仅可以改善心肺功能，提高神经肌肉的灵活性，对于美化形体、培养良好的心理品质也有重要作用。

2) 饮食控制

运动后，尤其高强度运动后，我们都能感受到食欲降低，这非常有利于减肥。但约7小时后食欲就会恢复，并且饮食量会增加，这种饮食量增加就是代偿饮食。因此在运动减肥过程中，至少要保持原有的饮食量，如果代偿饮食倾向超出了你的控制能力，那么就应降低运动负荷，因为一味地通过加大运动负荷来弥补饮食量的增加会陷入"越减越肥"的尴尬境地。

减肥者的饮食

3）运动处方

（1）运动项目：可以选择长跑、散步、游泳、划船、爬山，也可以选择有氧体操、健美操、迪斯科和球类运动等。

（2）运动强度：一般运动强度应为本人最大吸氧量的60%～70%，或本人最大心率的70%～80%。

生活化减肥　　HIIT减肥

（3）运动频率：很多年轻肥胖者有强烈的减肥意愿，为提高健身减肥效果，运动频率可以适当增加，以每周练习4～5次为适宜。

（4）运动时间：每次的运动时间应不少于1小时，持续的具体时间按减肥的要求来定；晚餐前2小时运动最佳。减肥者应结合自己的实际情况在实践中不断自我观察、总结，长期坚持锻炼，就可以达到很好的效果。只要减肥者机体健康无病，按照循序渐进的原则进行锻炼，是有百利而无一害的。

越来越多的研究发现，类似于狩猎——采集者低强度但相当稳定的活动与短时间高强度的活动交替进行，更有利于完美体形的塑造与保持。如果希望长期拥有精壮、灵巧的身材，除了前面讲的中低强度运动外，最好每周再进行2～3次每次3分钟的高强度训练。但是要注意的是，这里说的"3分钟"并不意味着"开始就是高强度3分钟倒计时"。一个完整的运动流程包括热身—运动—放松，所以一次运动大概需要10分钟。

4. 瘦长或弱（小）人群

瘦长或弱（小）人群是肌肉不发达、身材瘦长、体重低于正常范围者。前文已述，肥胖不仅仅影响身体形态单项成绩，同时也对其他6项成绩产生极大的负面影响，其实瘦长或弱（小）的身体形态也表现出与肥胖相似的规律，如BMI为13的学生的立定跳远、肺活量、引体向上／仰卧起坐成绩均很差。因此，这类人群应主要选择如体操、负重练习等锻炼，使身体壮实、肌肉丰满，促使身高和体重的比例更加协调，全面提升体测成绩。

体形和体态相伴而生，消瘦体型最易受到影响的是脊柱，进而形成头前伸、肩胛外展、驼背、腰椎前凸过度、脊柱侧弯等不良体态；而肥胖体型最易受到影响的是下肢，膝外翻、足外翻、平拓足的体态比较常见。体态异常不仅仅影响美观，还会引发健康问题。对于绝大多数久坐族而言，都或多或少存在一些体态问题，很难保持一个理想的坐姿，甚至在纠正坐姿时引发新的疼痛。这时就必须针对体态进行再教育，至少要学会判断身体左右是否对称，前后是否平衡。

异常体型与错误体态

从正面看，我们的鼻尖、胸骨上窝、肚脐、双腿中线应在一条直线上，如果不在一条直线上，就会出现单侧下肢关节或韧带疼痛。从侧面看，耳垂、肩、髋、膝、踝关节外缘也应在一条直线上。常见的异常是耳垂、肩前移，这种体态会使颈肩部压力呈2～6倍地增加，并伴生无病理解剖学改变的非特异性疼痛，而这些非特异性疼痛又以方向特异性、周期性慢性最为常见。周期性慢性疼痛很好理解，就是时疼时不疼，长期存在，反复发作。方向特异性疼痛从字面上理解就是疼痛的发生和消失与方向有直接关系，如头向左倾时斜方肌上束疼，向右倾就不疼；再如向右弯腰痛，向左弯不疼。

体态评估

根据现有的研究成果,无论从塑造完美体态的美学角度,还是从防治疼痛的运动康复学视角,伸展运动都是最好的选择。落实到日常生活中就是久坐1～2小时后做些伸展运动。

伸展运动

特殊体态的运动处方:

1) 驼　背

驼背是一种较为常见的脊柱变形,是由胸椎后突引起的形态改变,主要由背部肌肉薄弱、松弛无力所致。矫正练习的目的是加强背部伸肌的力量,并牵拉胸部前面的韧带。可以采用下面的运动方法进行矫正练习。

(1) 手扶墙压胸腰练习:距墙一步距离站立,两臂上举,扶墙,上体尽量向前压,挺胸、凹腰,腹部不能前移,胸贴住墙,保持4拍再还原。这个练习应经常做,以逐渐形成挺胸拔背的姿势。

(2) 两臂翻握挺胸腰练习:背对杠一步距离站立,两臂内旋后举翻握杠,然后抬头,挺胸至最高,两臂尽量内收夹拢,两腿直立,保持4拍再还原,做6～8次,注意呼吸自然。

(3) 背手挺胸练习:两腿开立,两手体后十指交叉握紧,两肩胛骨后锁,两臂后上举至最高,挺胸立腰,再还原,2拍1动,做16次。

(4) 坐位挺腰背:椅背上绑一物(不要太硬),如小皮球等,人正坐于椅子上,臀部尽量靠里边,后背顶住物体,两手向后扶住椅子后背,然后尽量内夹两臂,抬头挺胸。4拍完成1次,做6～8次。

(5) 扩胸运动:两腿开立,两臂前平举,两臂向侧打开扩胸,再还原,如此反复练习16～20次。要求向后扩胸速度快,有一定力度,扩胸时抬头、挺胸、收腹。

(6) 俯卧两头起:俯卧地上,膝关节伸直,绷脚尖,两臂前举,两臂与两腿同时抬起,腰背肌肉紧缩,然后还原,做8～12次。要求起时两腿夹紧,抬头挺胸。

(7) 仰卧拱背:仰卧,两臂于体侧伸直拉地,背部离地,用力向上挺胸,保持2秒,再还原,做8～10次。要求挺胸时,背部离地面至最高点,脖子不能放松。

(8) 持棍绕肩:两腿开立,两手握棍比肩略宽,举棍过头,双臂后绕,木棍落至后背,然后双臂再从后背绕至前边,做12～15次。要求前后绕肩时手臂要伸直,挺胸收腹。

2) 脊柱侧弯

脊柱侧弯是青少年发育阶段比较常见的一种脊柱畸形现象,它是指脊柱向左或向右,超过正常的弯曲。初期表现是肩膀不等高,腰凹不对称,此时进行矫正效果比较好。其目的是通过矫正练习,加强肌力,恢复脊柱周围肌力的平衡。矫正练习为:脊柱左弯便向左侧屈练习,脊柱右弯便向右侧屈练习。

(1) 手拉肋木体侧屈:一侧对肋木站立,一手拉住肋木,另一手上举,做体侧屈,练习3组,每组30～50次。要求抬头、挺胸、收腹,上体不能前倾。

(2) 俯卧,两臂弯曲体前撑地,将脊柱侧弯一侧的腿用力向上抬起,同时异侧手臂伸直前举,保持3～4秒,再还原,练习3组,每组10～15次。

(3) 两腿开立,侧弯一侧的手臂自然下垂,另一侧手臂肩侧屈抱头,上体向侧弯一侧弯曲,手自然伸至最低,保持3秒,还原,练习3组,每组10～15次。或侧弯一侧手臂提一重物(如哑铃、书包等)进行练习。

(4) 向脊柱侧弯方向侧卧,两臂屈臂撑地,外侧腿用力向肩侧方踢腿至最大限度,再还原,练习 25～30 次。踢腿时身体要正,踢腿幅度要大。

3. 溜 肩

溜肩是指肩膀和颈部的角度较大,主要原因是肩部锁骨和肩胛骨周围的肌肉群不发达、无力,导致锁骨和肩胛骨远端下垂。溜肩是青少年中比较常见的现象,可以采用适当的运动方法进行矫正练习。

(1) 侧平举:两脚开立,双臂下垂,双手握拳,拳眼向前,或手持重物,然后双臂侧平举,保持手臂与肩平位置 3～4 秒,再还原。练习 3 组,每组 12～15 次。

(2) 俯卧撑:练习 3 组,每组 8～15 次。要求俯撑时肘外展,并保持两肘与肩在同一水平线上。

(3) 屈臂提肘:两腿开立,两手于体侧持一哑铃或其他重物,然后上体前屈,两臂屈臂提肘上拉至上臂与地面水平,肘外展,保持 3 秒再还原。

(4) 坐推:双手持重物或哑铃垂直向上推起至两臂完全伸直,保持 3 秒再还原,每组 10～12 次,练习 3 组。要求保持挺胸、收腹、立腰。

(5) 推小车练习:帮助者双手抱练习者两腿于体侧,练习者两手支撑向前爬行,爬行时手臂伸直,不塌腰,臀不能左右摇摆,至爬不动停止,练习 3 组。

(三) 肺活量测试成绩提升策略与运动处方

大学生处于青年期的中后期,其身体器官系统发展趋于完善,身体发育基本稳定,肌肉力量不断增强,骨骼骨化过程趋于完成,血压趋于稳定,自身运动能力和运动协调能力进一步提高。这一时期增进大学生身体机能的运动处方应为:采取必要的锻炼手段,以促进大学生呼吸系统、心血管系统等各系统机能的进一步提高。应适当加大强度,适当延长时间。

日常生活中,可以用爬楼的方法来自我检测。例如,处于人体心肺功能最佳状态的大学生,如果连续爬 4 层楼梯后呼吸自然,只是稍感急促,说明肺活量基本正常;如果感觉呼吸困难,喘气厉害,则说明肺活量可能低于正常标准,需要加强锻炼。年龄较大的人在检测时可以减慢速度,减少楼层。

1. 呼吸法

1) 深呼吸法

首先慢慢地由鼻孔吸气,使肺的下部充满空气,这时胸廓向上抬,横膈膜向下,腹部会慢慢鼓起;然后继续吸气,使肺的上部也充满空气,这时肋骨部分会上抬,胸腔扩大,这个过程一般需要 5 秒;最后屏住呼吸 5 秒。经过一段时间的练习,可以将屏气时间增加为 10 秒,甚至更多。肺部吸足氧气后,再慢慢吐气,肋骨和胸骨渐渐回到原来的位置。停顿 1～2 秒后,再从头开始,反复 10 分钟。练习时间长了,能成为一种正常的呼吸方法。

2) 静呼吸法

将右手大拇指按住右鼻孔,慢慢地由左鼻孔深呼吸,有意识地想象空气是朝前额流去的,当肺部空气饱和时,用右手的食指和中指把左鼻孔按住,屏气 10 秒再呼出;然后按住左鼻孔重新开始。每边各做 5 次。

3) 睡眠呼吸法

躺在床上,两手平放于身体两侧,闭上眼睛开始做深呼吸,同时慢慢抬起双臂并举过头部,紧贴两耳,手指触床头。这一过程约 10 秒,双臂同时还原,反复 10 次。此法有助于睡眠。

4）运动呼吸法

在行走或慢跑中主动加大呼吸量,慢吸快呼。慢吸时随着吸气将胸廓慢慢地拉大,呼出要快。每次锻炼不少于 20 次,每天可若干次。

2. 有氧锻炼法

有氧运动对大学生的身体机能有促进作用,有氧锻炼方法是让锻炼者通过呼吸来满足运动对氧气的需要。这个锻炼过程中的运动负荷强度中等,在较长的运动时间下,以提高心血管系统和呼吸系统的功能为主要目标,是近年来国内外比较流行的锻炼方法。

有氧锻炼中最流行的三种方式是长跑、游泳、骑自行车。此外,步行、原地跑、耐力体操和球类运动等体育锻炼项目的特点是持续时间比较长,而运动负荷强度相对较小,运动负荷相对变化不大。

1）有氧锻炼的注意事项

（1）从事有氧锻炼之前应做相应的体检,以确定身体能否从事有氧运动。这种检查的目的是了解心、肺、血管和其他器官是否正常,是否有可能在运动中发生事故。

（2）要根据有氧锻炼的特点选择锻炼项目。有氧锻炼以提高心血管系统和呼吸系统功能为目的,以有氧耐力水平的提高为标志,其项目特点是长时间、小强度、匀速运动。

（3）锻炼要因人而异。每个个体在不同的年龄阶段,其心血管系统和呼吸系统的功能是有差异的,有氧锻炼的强度也应有所不同。为此,首先要用耐力测验的结果来衡量锻炼者的体力情况,据此定出个人的有氧锻炼方案。

（4）要做好准备活动和整理活动。心血管系统和呼吸系统从相对安静的状态转入功能较高的运动状态,要有一个准备过程。若运动结束后马上坐下休息,则容易发生眩晕或昏迷,因此在有氧锻炼后进行 5 分钟左右的走步或慢跑是合适的。

2）有氧锻炼的运动方法

（1）中、慢速度的持续跑锻炼。慢速度的持续跑锻炼方法是用一个舒适的速度慢速跑动,行进一段较长的距离,但要比快走的速度快。这属于有氧运动,是各种运动锻炼水平者都可以参与的休闲运动,每日早晚皆可,其持续时间一般为 20～60 分钟,心率一般应控制在 130～150 次/分。在运动过程中,呼吸要放松,以没有感觉呼吸困难为适宜。中等速度的持续跑锻炼方法适用于体质较好者,练习时间不宜过早或过晚,持续运动时间一般为 20～40 分钟,心率一般应控制在 140～160 次/分。这种锻炼方法比慢速长距离速度更快,在锻炼过程中需要调整好呼吸,以有氧代谢供能为主。

（2）健身步行。步行是一种简单、方便,受场地、服装和其他条件限制较少的极佳的健身训练方式,每日万步走的社会健身活动已在发达国家得到了极为广泛的推广。我国学生每天步行 1 000～8 000 步,教职工每天步行 5 000～8 000 步,均不到 10 000 步。因此,应积极行动起来,重视健身步行,并科学规划,形成良好的生活习惯。

（3）游泳。游泳的锻炼价值和跑步有很多相似之处,二者之间的主要区别是游泳以手臂和腿的运动推动人体在水中前进,同时还必须消耗一定的能量使身体免于下沉。在水中游泳,行进相同的距离,其体能消耗为跑步的 4 倍。人体克服阻力向前运动获得了对肌肉的力量和耐力的锻炼。同时,水的浮力可以减少身体关节承受的负荷,水的良好导热性又帮助锻炼者散发运动时产生的热量。游泳运动虽消耗更多的能量,但心率却仍保持在一个较低的水平,因此它是一种有效提高心肺功能的有氧健身方法。

(4)跳绳。跳绳是一种全身运动,跳跃前需要做好准备活动,跳完后也需要做整理活动。跳绳时应前脚掌着地,不宜穿硬底鞋和皮鞋,可以根据个人的身体条件来定速度,应该由慢到快。跳绳是一项很好的锻炼心肺耐力的练习。据测定,以120次/分的速度连续跳5分钟,其运动量约为中速跑步750米,产生179.75千焦的热量消耗。如果你觉得运动负荷大,可采用间歇性跳跃,每次跳30秒,共跳10次,这样累计也就达到了5分钟。每天最好练习2次,如隔天练习1次,其效果只能达到预期的90%。这种活动简单、方便,除了能增强人体内脏器官的功能外,对促进跳跃能力、敏捷性、力量、耐力和其他素质方面也有很好的作用。

(5)登楼梯。登楼梯是一项理想的室内健身训练方法,对促进身体健康可起到很大的帮助。

跑楼梯法:用30秒到1分钟的原地跑作为准备活动,然后采用正常跑步的动作跑楼梯。脚步用力均匀,前脚掌着地,先跑上2~3层楼,往返80~90台阶,然后逐渐跑上4~5层。每趟3~4分钟,每次锻炼不超过5趟,时间为15~18分钟,每趟间歇时间不超过2分钟。

跳台阶法:屈膝、下蹲、弯腰、背手,在楼梯上按台阶逐级"兔跳"。可逐级跳跃,每跳10~14级台阶便变步走下楼;也可连续跳跃,即跳上一阶段(如5层)再走下楼。跳跃速度为每级1秒左右,锻炼时间不超过10分钟。

持重登楼梯法:手提重物登楼梯也是加大运动量的锻炼方式之一。一般手持总重量约为5千克;为保持平衡,应双手同时提取等重量的重物,但是要注意重物的体积不宜过大。

3.呼吸操

在没有条件进行体育锻炼时,做呼吸操对提升肺活量也有效果。呼吸操是运用呼吸的节奏,并结合简单的动作编制的运动呼吸训练。此运动有利于调节呼吸的频率,增加肺泡的利用率,减缓肺功能的衰退及改善经常头晕、注意力无法集中等问题。

(1)首先慢慢地由鼻孔吸气,使肺的下部充满空气。吸气过程中,由于胸廓向上抬,横膈膜向下,腹部会慢慢鼓起。然后再继续吸气,使肺的上部也充满空气,这时肋骨部分就会上抬,胸腔扩大,这个过程一般需要5秒。最后屏住呼吸5秒。经过一段时间练习,可以将屏气时间增加为10秒,甚至更多。肺部吸足氧气后,再慢慢吐气,肋骨和胸骨渐渐回到原来的位置。停顿1~2秒后,再从头开始,反复10分钟。练习时间长了,能成为一种正常的呼吸方法。

(2)站立且双臂下垂,两脚间距同肩宽。吸气,两手经体侧缓慢向后上方伸展,尽量扩展胸廓,同时抬头挺胸,呼气时还原。

(3)转体呼吸,站姿同上。吸气,上身缓慢地向右后方转动,手臂随之弯曲并向右后方转动,然后恢复到起始动作,同时呼气。向左侧转动时,动作相同,方向相反。

(4)交叉抱胸坐位,两脚自然踏地。深吸气,然后缓缓呼气,同时两臂交叉抱于胸前,上身稍前倾,呼气时还原。

(5)双手挤压胸,体位同上。两手放于胸部两侧,深吸气,然后缓缓呼气,同时两手挤压胸部,上身前倾,吸气时还原。

(6)抱双膝压胸直立,两脚并拢。深吸气,然后缓缓呼气,同时屈膝下蹲,双手抱膝,大腿尽量挤压腹部及胸廓,以协助排除肺中存留的气体,吸气时还原。

以上呼吸操每天做2～3次,每次重复5～8组。做操时以腹式呼吸为主,要求吸气深长,尽量多吸;呼气缓慢,尽量呼尽。在做完每一个动作时,应保持姿势数秒钟,然后再做下一个动作。

4. 慢性气管炎锻炼方法

慢性气管炎是指由于经常伤风感冒或长期吸入刺激性气体和尘埃、大量吸烟等引起的疾病,其主要症状是长期反复咳嗽,有痰,冬季加剧,久病严重者或可发展为肺气肿。

运动治疗:症状轻者可以进行一般的体育活动,如跑步、打羽毛球、打太极拳、做健美操等;症状严重者可以呼吸操为主,并多在户外散步。

呼吸动作:鼻吸气,多练习腹式呼吸。为了加强呼气,可按节拍专门延长呼气时间,吸气与呼气的比例一般为1:3或1:4,逐渐延长呼气时间,呼气时主动收缩腹壁,可做弯腰或压腹呼吸。专门性呼吸操每天做1～2次,每次5～10分钟,且最好与一般健身活动配合进行。

(四)大学生身体素质成绩提升策略与运动处方

随着大学生生长和发育的基本完善,其在身体素质方面渐入佳境,如力量、速度、耐力素质比高中时期有所提高,灵活、柔韧性与高中时相类似,但不经常锻炼会加快退步速度。大学生身体素质是衡量个人体质水平的一个重要标志。我国现行的《国家学生体质健康标准》是促进广大青少年身体正常生长发育、身体素质和运动能力全面发展、简便易行的一项重要措施,因而发展身体素质可以结合《国家学生体质健康标准》的项目进行锻炼。

1. 坐位体前屈

1)锻炼原则

(1)采用静力性练习来拉长肌肉、肌腱、韧带和皮肤,拉伸力量的大小应以感到酸、胀、痛为限,并保持10～30秒,重复8～10次即可。

(2)动力拉伸法。每次动力性练习(如踢腿、摆腿等)控制在5～30次,不宜用力过猛,以防发生伤害事故。

(3)实践中经常把动力性和静力性练习结合起来,把主动练习和被动练习结合起来,可以收到更好的效果。

2)锻炼方法

(1)拉伸大腿后部。① 坐压腿:双腿分开坐在地面上,一条腿屈膝,脚跟接触伸展腿的内侧;呼气,上体前倾贴近伸展腿大腿的上部;伸展腿膝部保持伸直,动作幅度尽量大。② 压腿:在高台前站立,一条腿伸直并放在台上,另一条腿支撑地面;呼气,双腿膝关节伸直,髋关节正对台子;上体前倾,贴近台上大腿上部,双手扶踝关节前部,伸展腿膝部和背部保持伸直,动作幅度尽量大。③ 站立拉伸:背贴墙站立,呼气,直膝,抬起一条腿;同伴用双手抓住踝关节上部,帮助腿上举,同时,练习者呼气,动作幅度尽量大。

(2)拉伸大腿内侧。① 直膝分腿坐压腿:双腿尽量左右分开,坐在地面上,双手体前扶地;呼气,转体,上体前倾贴在一条腿上,双手扶在身体前倾一侧腿的踝关节前部,充分伸展双腿和腰部。② 弓箭步拉伸:弓箭步站立,双脚间距离约60厘米,后脚左转90°,双手叉腰,呼气,前脚继续前移,髋部下压后腿,换腿重复练习,动作幅度尽量大。

（3）拉伸腰腹部。① 跪立背弓：在垫上跪立，脚尖向后；双手扶在背上部，上体后仰，背部肌肉收缩，送髋；呼气，加大动作幅度，逐渐把双手滑向脚跟，动作幅度尽量大；拉伸25秒，做3～5组。② 体前屈蹲起：双脚并拢，俯身下蹲，双手逐渐下降至脚两侧，手指向前，躯干贴在大腿上部，伸膝至最大限度，动作幅度尽量大，手不能离地。③ 跨栏坐：双腿尽量左右分开，坐在地面上，呈跨栏坐姿势，呼气，转体，上体前倾贴在一条腿上，双手扶在身体前倾一侧腿的踝关节前部，充分伸展双腿和腰部。

（4）拉伸背部、肩部。① 站立伸背：双脚左右开立，双手扶在栏杆上，略高于头，上体前倾至与地面平行；四肢保持伸直，屈髋；呼气，上体下压，使背部下凹形成背弓，动作幅度尽量大；采用动静拉伸训练，动力拉伸15个，静力拉伸25秒，共3～5组。② 坐立拉背：坐立，双膝微屈，胸贴在大腿上部，双手抱腿，肘关节在膝关节下面；呼气，上体前倾，双臂固定在大腿上，向前下拉背，双脚保持与地面接触，动作幅度尽量大。③ 背向压肩：背对墙站立，双臂向后抬起，尽量与肩同高，直臂扶墙，手指向上；呼气，屈膝，降低肩部高度，动作幅度尽量大。

2. 立定跳远

1）锻炼方法

力量是提高立定跳远成绩的基础，因此在熟练掌握立定跳远技术的同时，必须强化腿部力量练习。

（1）蹲跳起。这是主要发展腿部肌肉力量和踝关节力量的练习。动作要领：双脚左右开立，脚尖平行，屈膝向下深蹲或半蹲，两臂自然后摆，两腿迅速蹬伸，使髋、膝、踝三个关节充分伸直，同时两臂迅速有力地向前上摆，并用脚尖蹬离地面向上跳起，落地时用前脚掌着地并屈膝缓冲，接着再跳起。每组练习15～20次，重复3～4组。

（2）单脚交换跳。这是发展小腿、脚掌和踝关节力量的练习。动作要领：上体正直，膝部伸直，两脚交替向上跳起。跳时主要是用踝关节的力量，用前脚掌快速蹬地跳起；离地时脚面绷直，脚尖向下。原地跳时，可规定跳的时间（30秒～1分钟）或跳的次数（30～60次）；行进间跳时，可规定跳的距离（20～30米）。重复2～3组。

（3）踺跳步。主要发展腿部后群肌肉和踝关节的力量，训练身体的协调性。动作要领：用右（左）腿直膝向前上方跳起，同时左（右）腿屈膝向上举，右（左）腿落地，然后换腿，用同样的方法跳，两臂配合腿前后大幅度摆动。跳时踝关节和前脚掌要用力，整个动作要轻快。它与舞蹈的"踺跳步"动作类似。

（4）纵跳摸高。这是发展腿部肌肉和踝关节力量经常采用的一种练习方法。动作要领：两脚自然开立呈半蹲预备姿势，一臂或两臂向上伸直，接着两腿用力蹬伸并向上跳起，用单手或双手摸高。每组练习10次左右，重复3～4组。

（5）蛙跳。这是发展大腿肌肉和髋关节力量的练习。动作要领：两脚分开呈半蹲姿势，上体稍前倾，两臂在体后呈预备姿势，两腿用力蹬伸，充分伸直髋、膝、踝三个关节，同时两臂迅速前摆，身体向前上方跳起，然后用全脚掌落地，屈膝缓冲，两臂摆成预备姿势。连续进行5～7次，重复3～4组。

（6）障碍跳。这是主要发展腿部肌肉和踝关节爆发力的练习。动作要领：地上放6～10块小海绵垫，每块距离1米左右，练习者站在垫后，两脚左右开立，脚尖平行，屈膝向下，两臂自然后摆，用脚掌力量向前上方跳过障碍，两臂配合向前上方摆动，落地时屈膝缓

31

冲,落地后迅速做下次跳跃。重复5～6组。

(7) 跳台阶。主要发展腿部力量和踝关节力量。动作要领:两手背在身后,两脚平行开立,屈膝半蹲,用前脚掌力量做连续跳台阶动作。一组可跳20～30个台阶,重复3～4组。

3. 50 米

50米锻炼方法为:

(1) 小步跑,体会脚趾的"扒地"感觉。

(2) 高抬腿,提高动作频率和增大步幅。

(3) 后蹬跑,提高后蹬力量。

(4) 变速跑,发展速度耐力。

(5) 变向跑,提高反应速度。

(6) 10米距离的起跑与加速跑结合练习,提高起跑加速能力。

(7) 30米距离的加速跑,提高加速能力,改善ATP-CP供能能力。

(8) 扶墙后蹬练习,提高步频。

4. 仰卧起坐

1) 锻炼方法

(1) 负重仰卧起坐。平躺仰卧起坐有两种训练方法:不负重,高次数;负重,低次数。根据实践经验,后者更加有效。建议采用5～10千克的杠铃片做负重仰卧起坐,每组个数视个人情况10～30个不等。

(2) 仰卧举腿。腹肌练习有两种模式:一种是"弯屈",也就是仰卧起坐;另一种是"牵拉",也就是仰卧举腿。事实上,仰卧举腿的效果比仰卧起坐还好。因此,仰卧起坐与仰卧举腿按4∶6的比例来练习,效果更好。

(3) 斜面仰卧起坐:头朝下斜躺在仰卧起坐斜板上,双脚勾住支撑板,双臂在胸前抱住杠铃片,然后用力将上体向上弯起,直到上体与双腿垂直。整个过程中大腿保持静止。

(4) 斜面仰卧举腿:头朝上斜躺在仰卧起坐斜板上,双手勾住支撑板,用力向上抬起双腿,直到上体与双腿垂直。整个过程中上体保持静止,大小腿始终保持在一条直线上。如腿部负重,效果更好。

2) 注意事项

(1) 练习时尽量快起、慢下,尤其在身体(腿部)落下的时候,一定要慢慢落下,不要不加控制地随意下落。

(2) 做仰卧起坐时,躺下应吸气,起来应呼气,一定要保持呼吸与动作的协调和节奏。如呼吸急促,可稍微停1～2秒。

(3) 刚开始锻炼时,可能腹肌会比较疼,这是正常的生理反应,应坚持锻炼,一段时间后就不疼了,然后再慢慢加量,始终在适应—不适应—适应中上升。

5. 正手引体向上

1) 锻炼方法

(1) 吊杠。这是最简单也是测试手臂力量和耐力最直接的动作。双手握住单杠,两手间距与肩同宽或稍宽于肩,根据考试标准正握吊杠。每次吊杠都应该做到自己的极限,休息几分钟后接着做第二组,一般每天做3～5组即可,最好单次能够坚持30秒以上。

(2) 屈臂过杠。这个动作是用来加强力量的,因力量薄弱而做不了借力引体向上的同学一定要练习这个动作。这是实现标准引体向上非常有效的一个训练动作。先找一根矮的单杠,然后正手或反手握杠,做臂屈伸姿势。

(3) 力量不足的辅助练习。① 悬垂:屈臂悬垂练习者站于地上,两臂全屈反握横杠,两手与肩同宽,使横杠位于颌下,然后双脚离地做静止用力的悬垂姿势,但下颌不得挂在杠上。为了提高握杠力量,可以做负重悬垂;为了发展力量耐力,可以逐渐延长悬垂时间。直臂悬垂时,手要握紧,身体放松,呼吸自然,练习2～4次。② 斜身引体:两手与肩同宽,正握杠,身体挺直,两脚前伸蹬地,使两臂与躯干成90°斜悬垂,脚不得移动,由同伴压住两脚,做屈臂引体,使下颌触到或超过横杠,然后伸臂复原为一次。不能利用臀部上下摆动的力量。30～45次为1组,练习3～4组。③ 哑铃弯举:站姿,双脚与肩同宽,膝盖略曲,双手握哑铃,放身体两侧,拳眼朝外,将哑铃用肱二头肌的力量弯举,过90°即可,身体不可摇晃,不要借力,可双手同时动作,也可交替动作。每组10个,做6～8组。

此外,还有俯卧撑等很多科学练习方法。

2) 注意事项

(1) 背部是引体向上的主要训练部位,自然就用上了背部和胸部的力量,做引体的时候千万要记得挺胸,这是重点。

(2) 髋关节要随着挺胸动作往上送。从原理上说,腰部用力往上顶,能加倍用上背部的力量来帮助完成引体向上。

(3) 在引体时,要用上胸背部的力量,就要求身体成为一个反弓形,挺胸收背,让身体有一定的角度,而不是直上直下。

(4) 引体向上是上肢力量耐力项目,练习有一定的难度,同样需要持久性意志力。

(5) 对引体向上一个也完不成的同学可进行帮助,即由同伴托腰向上推举辅助练习。

(6) 能完成一个以上的同学,要增加练习的次数,力争达到较高水平,而且要持之以恒。

6. 800米、1 000米跑

1) 锻炼方法

(1) 专项速度。采用距离为300米、600米、1 200米跑的练习,可用上述三个距离来检查400米、800米、1 000米的专项成绩,要求心率达到160次／分左右。具体组合:① 按照300米—600米—1 200米的顺序跑完为1组,每个距离间隔5～8分钟,每次练习2组,组间间隔10分钟;② 300米×(5～6)个,间隔5～8分钟,要求以最快速度80%的强度完成;③ 600米×(3～4)个,间隔10～12分钟,要求以最快速度70%的强度完成;④ 1 200米×(2～3)个,间隔14分钟,要求以接近个人跑1 000米的最快速度完成。

(2) 专项耐力。① 以200米间歇跑为主,心率达到160次／分以上,待心率降到110～120次／分后再进行下一个,跑4～5个为1组,练习3～4组;② 采用"4—3—2—1"形式的变速跑,即400米—300米—200米—100米,上述每个距离之间有100米的慢跑,要求慢跑100米在60秒之内跑完(间歇的慢跑)即可,每次练习3组。

(3) 一般耐力。中长跑的耐力练习一般是以有氧耐力为主的跑的练习,可改进氧气输送系统和肌肉代谢的功能。可采用以下练习方法:① 3 000米、4 000米、5 000米等距离跑,如在田径场练习,根据练习者的耐力水平,每圈可在2分～2分30秒之间完成,最后3～5

圈可逐渐加快速度;② 30 分钟跑完一项长距离的练习,每次练习时记录所完成的实际距离,作为练习的参考,心率在 150～160 次/分,同时注意呼吸的节奏。以上两种练习方法可交替进行,每周可练习 1～2 次。

(4) 速度耐力。速度锻炼是长跑中必不可少的,通过严格的速度练习可提高频率。通常采用短距离变速跑、原地快速高抬腿、80 米加速跑、150 米重复跑、行进间快频率小步跑接快速放松跑等练习方法。上述练习力求多种形式,每次练习时间不宜过长,多采用比赛形式进行,这样练习时不觉枯燥。每周 2 次速度锻炼,总距离 0.5～0.8 千米。具体练习方法为:① 100 米变速跑,即在田径场上,直道 100 米冲刺跑,弯道 100 米慢跑,2 圈为 1 组,每次练习 2～3 组;② 80 米加速跑 ×（4～6）个,以站立式起跑方式快速跑 80 米,每个间歇 2～3 分钟;③ 150 米 ×（3～5）个,以最快速度 90% 的强度完成,每个间歇 3～5 分钟。

(5) 动作辅助练习。① 上体姿势练习:控制住腰部关节和肩关节,跑步中练习上身不左右晃动技术。② 摆臂姿势练习:原地和跑步过程中练习以肩关节为轴的摆动。③ 腿部动作练习。由单个辅助动作练习过渡到原地腿部动作练习,再进一步过渡到跑动过程中整套腿部动作练习。④ 整套动作练习:由单个上体姿势练习、摆臂姿势练习、腿部动作练习后过渡到整套动作的练习。⑤ 呼吸和跑的节奏配合练习:原地跑步,练习呼吸和步子的协调配合,逐渐过渡到途中跑,保持呼吸和步子的协调配合。

2) 注意事项

(1) 呼吸:中长跑的距离长,消耗能量大,对氧气的需求量也大,因此掌握正确的呼吸方法至关重要。中长跑时,为了保证机体对氧气的需求,呼吸必须有一定的频率和深度,还必须与跑的节奏相配合,一般两步两吸,两步两呼。随着速度的加快和疲劳的出现,呼吸的频率有所增快。

(2) 抬高大腿:跑步的速度是由步幅和步频共同决定的,因此有大的步幅是非常重要的,而要获得大的步幅最重要的就是抬高大腿,只有抬高了大腿才能使前脚迈得更远。

(3) 迈出小腿:迈出小腿时送髋并加强脚步后蹬。要想获得大的步幅,只抬高大腿是不够的,还要把小腿充分迈出去,这就需要送髋并加强支撑脚的后蹬。由于迈小腿对大腿根部韧带的柔性要求较高,所以可以加一些大腿根部柔韧性的练习(如正压腿、侧压腿)。

(4) 前脚掌后扒地:跑步的原理是脚步受到向前的摩擦力,使身体向前移动。跑步过程中获得更大的向前的摩擦力是非常重要的。根据作用力与反作用力原理,脚步给地面一个向后的力,地面自然会给脚面一个向前的摩擦力,而要做到这一点就要靠前脚掌向后扒地。

《国家学生体质健康标准》测试指标与评分标准

第五节　体育锻炼与健康

一、体育锻炼与身体健康

"生命在于运动"在自然界里是颠扑不破的真理。野生动物为了生存,不断地奔跑跳跃,因此其寿命是家养动物寿命的几倍。例如,野兔寿命可达 15 年,而家兔只有四五年;牧羊犬

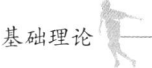

寿命可达 27 年,而家犬只有十二三年。虽然人的体质强弱、寿命长短受多种因素的制约和影响,但体育锻炼无疑是增强体质最积极、最有效的手段。

体育锻炼能增进身体健康是体育的本质功能,许多运动生理学、运动生物化学的研究结果表明,适宜的体育锻炼能够提高人体各器官系统的机能水平,促进人体各组织和器官的新陈代谢,促进生长发育,塑造体形,增强免疫力,改善大脑机能,全面提高运动体适能和健康体适能的各项指标,从而提高人们的健康水平。

身体的健康维系于人体各器官系统正常的发育和稳定的代谢。通过体育锻炼,可以促进器官发育,提高运动、呼吸、循环和神经系统的机能水平。

(一)提高运动系统的机能水平

运动系统由肌肉、骨骼和关节组成,经常进行体育锻炼可以提高肌肉力量,增加骨密度,加强关节的稳定性和活动范围,从而增强人体活动能力,提高运动系统的机能。

人体的任何运动都是通过肌肉收缩来实现的,因此体育锻炼对肌肉的改变尤为明显。首先,体育锻炼能使肌肉的形态结构发生适宜性变化。经常进行体育锻炼,可使肌纤维增粗、肌肉体积增大。一般,人的肌肉重量占体重的 35%~40%,而通过体育锻炼可增至 50%。其次,体育锻炼可提高肌肉的兴奋性和灵活性,明显改善肌肉的协调性。最后,体育锻炼可提高血液运输氧和营养物质的能力,以及对代谢废物的排泄和中和能力,从而提高肌肉的物质代谢水平。

身体锻炼可以对骨的形态和结构产生良性影响。骨骼组成的支架对人体有支撑作用,使各种运动成为现实。经常参加体育锻炼,可使骨密质增厚,骨面肌肉附着处突起明显,骨小梁的排列因张力和压力的变化更加清晰、有规律,从而在形态和结构上产生良好的适应性变化。随着这种变化,骨骼变得更加粗壮和坚固,抗折、抗压缩和抗扭转能力都有所提高。

人体中骨与骨连接并能够活动的地方为关节,中间骨末端的软骨和软骨垫等物质作为缓冲物,周围的韧带、肌腱起固定作用。首先,体育锻炼可以增加关节面软骨和骨密质的厚度,并可使关节周围的肌肉力量增强,关节囊和韧带增厚,从而可使关节的稳固性和抗负荷能力增强;其次,科学、系统的体育锻炼可提高韧带和关节周围肌肉的弹性和伸展性,从而使关节的运动幅度和灵活性大大增加。

体育锻炼能促进儿童、青少年长高。对骨骼生长起主要作用的是骨骺的生长和发育。体育锻炼可促进血液循环,提供骨骺生长所需要的营养物质,并通过对内分泌系统功能的刺激促进骨骺生长,从而使身高增加。据调查,同样性别、年龄的青少年,经常参加体育锻炼的人比不经常参加体育锻炼的人身高平均高出 4~7 厘米。

在青少年中,不乏身体形态上有缺陷(如肩窄、肋骨显露、脊柱弯曲、斜肩等)的人,体育锻炼可使肌肉发达,矫正畸形,塑造健美身躯。

(二)提高呼吸系统的机能水平

体育锻炼能改善人体各呼吸器官的功能,改善呼吸系统的机能。人体内的能源物质转化为生命活动所需能量的过程是靠氧的帮助完成的。人类的呼吸系统主要完成吸入氧气、呼出二氧化碳的工作。参加体育锻炼时,人体对氧的需求量增加,呼吸频率加快,各个呼吸器官的工作能力也在适应这一需求的过程中得到提高。因此,经常进行体育锻炼,可使呼吸肌变得发达,肺活量、摄氧量、肺通气量显著提高,呼吸深度加大,呼吸频率降低等,增强各呼吸器官的功能,从而改善呼吸系统的机能。

(三)提高血液循环系统的机能水平

血液循环系统的机能在体育锻炼中能得到很好的改善。血液循环系统又叫心血管系统,由心脏和血管组成。在心脏的动力作用下,血液在血管里流动的同时,把氧气和各种营养物质传送给各组织和细胞,同时把组织和细胞的代谢物运送至相应器官,排出体外。体育锻炼时,体内的能量大量消耗,需要补充大量氧气和各种营养物质,此时心脏搏动加快,血液循环加速,使心血管系统的机能在整个血液循环过程中得到锻炼。

1. 体育锻炼使心脏容积增大、心肌增厚

经过长期体育锻炼的刺激,心脏容积增大、心肌增厚,从而使心脏每搏输出量增加,这是心脏具有较高工作能力的标志。在每分钟总输出量一定的前提下,随着每搏输出量的增加,心率就会降低,心脏每次收缩后的间歇也很充分,心脏可以得到充分的休息,使心脏工作出现"节省化"现象。一般人安静时心率约为75次/分,经常参加体育活动的人,心率约为55次/分,优秀运动员甚至会减少到40次/分。

2. 体育锻炼使血管弹性增加

坚持体育锻炼能增加血管弹性。在运动过程中,人的血压随着运动强度的增加而升高,长期锻炼的刺激可使血管壁的弹性增加,从而使血压得到很好的控制,降低动脉硬化和高血压的发病率。

目前,世界上死于心血管疾病的人越来越多。心血管疾病被称为"文明病",缺乏体育锻炼是其主要致病因素之一。经常进行体育锻炼,提高心血管系统的功能,可以防止这类疾病的发生。

(四)提高神经系统的机能水平

体育锻炼能促进大脑的生长发育。体育锻炼能使血液循环加快、血流量增多,使脑细胞得到充足的氧气和营养物质,从而促进脑细胞的生长、代谢,进而促进智力的发展。

体育锻炼可使大脑皮质的兴奋性增强。人体的各种行为都受神经系统控制,经常参加体育锻炼,神经系统的兴奋性和灵活性可以得到提高,从而使大脑神经细胞的工作能力提高,反应加快,动作更加灵活迅速、准确协调。比如,在进行篮球比赛时,比赛场上的情况瞬息万变,这就要求运动员能在复杂的情况下做出分析判断,各部分肌肉及时准确地完成动作。

体育锻炼可促使兴奋与抑制两种功能保持平衡。根据高级神经活动的负诱导规律,运动中枢的兴奋性增强,会使其他中枢的兴奋性得到抑制,大脑因此得到积极性休息。大脑的兴奋和抑制更加集中,就会提高人们的学习和工作效率,增强大脑的记忆力和智力水平,还能预防由功能性神经衰弱等神经系统机能障碍引起的种种疾病。

总之,科学地进行体育锻炼,可以提高运动、呼吸、循环、神经系统的机能水平。这些系统机能水平的良性改善可以促进青少年的生长发育,全面提高灵敏性、平衡性、速度、爆发力、协调性等运动体适能,从而达到改善身体成分、增加肌肉力量、增强肌肉耐力、提高心血管机能、发展柔韧性等健康体适能的目的,增强免疫力,全面增进健康。

但是，过度的体育锻炼有可能对人体造成伤害，损害人的健康，甚至影响人的寿命。因此，应该科学、系统、有计划地进行体育锻炼。

二、体育锻炼与心理健康

体育运动通过身体活动促进人的全面发展。适当的体育锻炼可以消除疲劳、调节情绪，对个体气质和人格的培养起到积极作用。体育锻炼在增进人的相互交往、克服孤独感、培养心理适应能力等方面也具有重要作用。因此，体育锻炼已作为一种心理治疗手段被广泛应用。

（一）提高认知能力、增强自我意识

体育锻炼的各个运动项目都有一个共同特点，即在运动中要求运动者既能对外界物体（如球、器械等）做出迅速准确的感知与判断，又能迅速感知、协调自己的身体以保证动作的完成。这样，长期的运动便能促进人的感觉与知觉能力的发展，提高人的反应速度，提高人的直觉判断能力，使人变得敏锐、灵活。有些运动项目还能充分锻炼人的思维能力、判断能力和记忆能力，如围棋、象棋、国际象棋等，而体操、跳水、花样滑冰、健美操等运动项目则能充分发展运动员的想象力和美的表现力。因此，体育锻炼能有效地提高认知能力。

简单地说，自我意识就是有自知之明，能够正确认识自己和评价自己。正是由于人具有自我意识，才能对自己的思想和行为进行自我控制和调节，形成完整的个性。体育锻炼主要从两方面提高个人的自我意识：一是在体育锻炼过程中，根据周围人群对自己的评价，加以正确判断和分析，不断对自己进行再认识；二是通过体育锻炼，改善身体形态并提高运动能力，使精神面貌焕然一新，从而增强自信心。

学生处在自我意识的发展与完善的重要阶段，经常参加体育锻炼，可通过不断地自我认知、自我评价以及自我改造、自我完善，逐渐形成健康的自我意识，使自己成为更符合社会需要、更能适应社会的人。

（二）给人以良好的情绪体验

情绪状态是影响心理健康的主要因素之一。良好的情绪可以激发人的斗志，使人产生乐观向上的态度；不良的情绪可能导致生理和心理异常，甚至行为过激。

体育锻炼能直接给人带来愉快和喜悦的情绪体验，并能减少紧张和不安，起到调控人的情绪状态、改善心理健康的作用。体育锻炼者经常会体验到由成绩的提高、极限的突破和团队的获胜所带来的愉悦情感。科学实验表明，在体育锻炼过程中，人体内会产生一种叫内啡肽的物质，这种物质可使人产生愉悦的感觉，从而使人心情愉快，精神放松，精神压力得到缓解。

在生活和工作中，总会有不尽如人意的事情发生，使人产生不良情绪。体育锻炼中大强度的肌肉刺激、身体对抗和比赛场上的激烈拼争，以及观众在观看比赛时的呐喊助威，都可使这种情绪得到宣泄，进而对不良情绪起到疏导和缓解的作用。

在体育锻炼过程中，经常会因对手侵犯、裁判误判、队友指责、发挥失常和状态低迷等现象而产生不良情绪，但由于受到项目规则、社交礼仪与道德规范的约束，不能随心所欲地发

泄个人情绪或者做出过激行为。这样,情绪经常受到控制,久而久之,自己对情绪的控制能力就会得到提高,使得自己今后在生活中也能较好地控制情绪,从容面对各种事情。

(三)促进人格的全面发展

人格指人的整体精神面貌,即一个人在一定社会条件下形成的、具有一定倾向的、比较稳定的心理特征的总和。构成人格的要素有思想、态度、兴趣、气质、能力、性格、理想和信念等。人格既有稳定的一面,又有可塑的一面。

体育锻炼能发展人的多方面的能力,如身体运动能力、协调能力、操作思维能力、直觉思维能力和应激能力等,从而使人学会竞争、合作、欣赏、分享、表现自己。

体育锻炼能锻炼人的性格。经常进行体育锻炼,能够纠正傲慢、冲动、胆怯、自卑、孤独等性格缺陷,使人变得坚强、刚毅、开朗、乐观,逐渐形成良好的性格。

体育锻炼能锻炼人的意志品质。体育锻炼的过程是一个不断挑战自己生理和心理极限的过程,是一个长期坚持的过程,因而能培养坚韧顽强、勇敢拼搏的意志品质。

(四)促进和谐的人际关系

随着社会的发展,人们的生活节奏不断加快,人与人之间越来越缺乏交往。良好的社会交往能够给个体带来心理上的益处。体育锻炼是人与人之间一种特殊的相互联系、相互交流的方式,它对协调人际关系有很大帮助。

体育锻炼是在一定社会环境中进行的,因此参加者不可避免地要与队友、教练、裁判和对手等进行交流和联系,表现为同伴间的相互鼓励、与教练的默契、与观众和媒体的沟通等。

这些交流和联系能帮助人学会更好地与他人相处的方法,进而在现实的社会生活、学习和工作中与他人和谐相处,提高社会适应能力。

(五)调适心理障碍

体育锻炼的手段已越来越多地被运用到心理疾病的治疗中。通过体育锻炼,人体的健康水平得到提高,心理健康水平也随之提高。锻炼时,注意力的集中能够抑制紧张、焦虑等不良情绪,对有心理障碍和心理疾病的患者能起到很好的调适作用。实践证明,体育锻炼中的有氧运动是缓解轻度或中度抑郁症的有效手段之一。体育锻炼还能有效治疗自卑和焦虑症。

体育竞赛是磨炼人的意志力的有效方法。体育锻炼者经常参加不同级别、不同规模的体育竞赛,就要不断接受胜利与失败的考验,磨炼心理承受能力。在面对挫折和失败时,不逃避、不惧怕,勇敢地面对,积极主动地适应,顽强地拼搏,天长日久,心理承受挫折的能力就会不断得到提高,形成不畏困难、敢于面对挑战的意志品质。经过这样的磨炼,即使生活中面对再大的困难和挫折,也不会悲观失望,而是自信乐观地面对人生,迎接生活和工作的挑战。

三、体育锻炼与道德健康

体育锻炼在促进身心健康方面的作用已经被人们公认。在促进道德健康方面,体育锻炼同样也具有重要的作用。体育锻炼可以增强公德意识,使人讲文明、重礼仪,还可以培养协作精神和团队意识,培养拼搏意识和责任感,陶冶情操,提高审美情趣。

(一)增强公德意识

所谓"公德意识",就是在公共场合自觉遵守约定俗成的规则、秩序的意识。公共道德反映了社会公众的共同利益和社会生活的基本准则。为了使社会交往和公共活动有序、正常地进行,要求人们有较高的公德意识,遵守规则、规程和秩序;否则,社会无法正常运行。

体育活动都是在公平、公正的情况下进行的。无论是皇室成员,还是"赤脚"选手,只要站在体育赛场上,就是站在同一条起跑线上。参与体育活动的人能在体育中自由地展示自我,最大限度地发掘自身潜能,享受到公平、公正的快乐。热爱体育的人总是鄙视投机和作弊者。因此,体育运动不自觉地扮演了公平、公正的教育者与代言人的角色。正如顾拜旦在《体育颂》中所说:"啊,体育,你就是正义!你体现了社会生活中追求不到的公平合理。"服用兴奋剂者会被舆论批判,违规越轨者会被取消资格……人们在为体育这片净土坚守的同时,也在不断强化公德意识。参加体育比赛或活动,受到公平、公正原则的熏陶,公德意识就会提高,就会自然而然地将公平、公正的原则应用于社会生活中。可见,公平、公正的原则在建设和谐社会的过程中也会起到非常重要的作用。

人们为了实现体育竞技中的公平、公正,为了使体育竞技有序地进行,为了进一步向自然、向极限挑战,制定了体育运动中的规则。参加体育比赛或活动,身在其中就一定会受到规则的约束。参加比赛要受到规则的约束,观赏比赛要受赛场秩序的约束,进行体育锻炼同样也要遵守运动场馆的管理规定及一些约定俗成的规矩。从某种意义上说,体育的规则正如日常生活中的社会法律,参加体育运动的过程就是接受遵纪守法教育的过程。因此,体育是培养公德意识的有效方法。

(二)使人讲文明、重礼仪

体育赛场上有各种形式的礼仪,比赛前的礼仪有柔道、跆拳道、空手道的鞠躬礼,击剑的举剑礼,武术的抱拳礼等环节;比赛中的礼仪有举手示意、观众的加油喝彩等;比赛后的礼仪有双方教练员和队员的相互拥抱、握手、向观众致谢等。可以说,文明礼仪在体育运动中无处不在。体育需要竞争,但需要的是文明的竞争,不是野蛮的竞争。因此,这些礼仪并非多余,它们证明了人类的体育运动是追求更快、更高、更强的理智行为,同时也表达了人们对从竞争对手和观众身上获得帮助的感激之情。置身于体育运动中的人,在行礼的同时能够体会到文明礼仪在体育和社会生活中的必要性,从而自觉提高自身的文明礼仪水平。

(三)培养协作精神和团队意识

当今社会非常强调个性的发展,但更强调协作精神和团队意识,体育正是培养协作精神和团队意识的极好途径。很多体育运动项目都是有多人参加的集体项目,如篮球、排球、足球、曲棍球、棒垒球等需要大家的通力协作方能取胜。即便是个人项目,运动员也不是个人单打独斗,还要与教练、陪练、医生等人员相互配合,相互协作,才能使自己的成绩不断提高。体育比赛都是在详细的计划下、周全的策略中进行的。训练时,教练员制订切实可行的训练计划,运动员按照计划刻苦训练(技术、战术);比赛时,教练员和运动员要制订相应的战术,同伴间需要相互鼓励、默契配合、共同努力,才能形成一个战斗的集体。这样的例子不胜枚举,如在花样游泳集体项目中,正因为有许多队员在水下托举,我们才能看到美轮美奂的造型及精彩的翻腾;在排球场上,扣球队员身后必定有防守队员,正是因为有了这些网下的防守,才能保证全场比赛的攻防一致,得到最佳的比赛成绩……胜利时队友间的相互拍手和拥抱,失败时队友、同伴的鼓励和信任,都会成为继续拼搏的动力。

个人的力量是有限的,集体的力量是无穷的,只有将个人融入集体,与他人团结协作,才能使自己的才智和能力发挥出来。不断地将个人融入集体,协作精神和团队意识就会得到培养和加强。

(四)培养拼搏意识和责任感

意志品质是在克服困难的过程中培养起来的。体育锻炼和体育比赛本身就是一个战胜困难、战胜自我的过程,因此体育锻炼能够磨炼人的意志品质,培养拼搏意识。在体育运动中,不但要克服环境条件、气候条件等客观困难,还要应对胆怯、畏惧、懒惰等主观感觉,以及伤病的困扰。"梅花香自苦寒来",要想取得成绩上的些许进步和水平上的点滴提高,就要付出艰苦的努力,克服主客观方面的困难。在克服困难和战胜困难的过程中,意志品质会得到磨炼,升华的意志品质又会引导人们向更高的目标迈进。乒乓球名将邓亚萍身材矮小,有人断言她不适合搞竞技体育,但是她以一种永不服输的精神刻苦训练,战胜了各种困难,取得了一个又一个冠军。生活中我们经常看到,有人缺乏毅力,遇到困难就畏惧不前,不能善始善终,往往一事无成。

责任感是指对自己义务的知觉,以及自觉履行人生义务的一种态度或意愿。责任感是决定一个人能否健康发展的核心品质之一。责任感既包括对自己言行和人生道路承担责任的态度,又包括对自己履行职责的过失和责任的态度;既包括对自己负责的意识,也包括对他人和社会负责的意识。体育参加者承担着对自我、集体、社会以及国家的责任。当作为一个国家的代表站在世界体育舞台上时,自己与国家的荣誉紧密联系在一起,一种强烈的责任感便油然而生。当看到运动员们不负国家和人民的期望,为国家争得荣誉,顽强拼搏,让国旗升起、国歌奏响时,这种责任感和荣誉感成为一种震撼式的教育。

经常参加体育锻炼,可以提高面对困难的勇气和解决困难的能力,勇于承担起对个人、集体、社会的责任,有利于摆正个人、集体、社会和国家的利益关系。

(五)陶冶情操,提高审美情趣

体育运动的美有动作美、风度美、素质美、体态美、体形美、技术美、战术美、风格美等,这些美无处不在。人们在运动中伸展身躯,调动身体每一处关节,张紧每一块肌肉,都是对美的塑造。顾拜旦在《体育颂》中赞叹:"啊,体育,你就是美丽!……可使人体运动富有节律,使动作变得优美,柔中含有刚毅。"

迅猛的空中灌篮、灵动的水中芭蕾、凌厉的空中抽射、旋转飞舞的冰上"蝴蝶"……无论是参与者还是观赏者都能得到美的享受。在运动的风格和技战术的运用中,同样可以清晰体会到人类聪明才智的美。即便是在艰苦、单调的练习过程中,也能体现出坚韧不拔、勇于进取的美好品质,让人陶冶心灵,提高审美情趣。

第二章 体育锻炼的科学方法与计划制订

主要知识点

☆体育锻炼方法
☆大学生锻炼计划的制订

第一节 体育锻炼方法

体育锻炼方法是根据人体发展规律,运用各种身体练习和自然因素,以提高身体素质的途径和方法。

一、通用的体育锻炼方法

(一)程序锻炼法

程序锻炼法是指锻炼者按照锻炼过程的时序性和锻炼内容的系统性,将多种锻炼内容有序地、合乎逻辑地编制成锻炼程序,按照预定程序进行锻炼,并对锻炼过程实施科学控制的方法。

(二)分解锻炼法

分解锻炼法是指将完整的技术动作或战术配合过程合理地分成若干个环节或部分,然后按照环节或部分分别进行锻炼或学习的锻炼方法。运用分解锻炼法可集中完成专门的锻炼任务,加强主要技术动作和战术配合环节的锻炼,有针对性地进行锻炼,从而获得更好的锻炼效果。

(三)完整锻炼法

完整锻炼法是指从技术动作或战术配合的开始到结束,不分部分或环节,完整地进行练习的锻炼方法。完整锻炼法有利于锻炼者完整地掌握技术动作或战术配合,保持技术动作或战术配合的完整结构与各个部分之间的内在联系。

(四)单项重复锻炼法

单项重复锻炼法是指锻炼者在相对固定的条件下,按照计划和要求反复练习同一内容的锻炼方法。这种方法适用于:

(1)运动负荷较小或用时较短的项目,如多组跑的专项练习。

(2)动作技术比较复杂且难以掌握的项目,如拳击的组合拳练习(一人固定防守,一人练习)。

(3)运动负荷安排较大,难以一次完成的练习,如用多组400米或800米跑来提高3 000米跑的能力。

(五)循环练习锻炼法

循环练习锻炼法是指根据身体的需要,确定循环练习的各项练习内容,在一次练习中依次循环进行练习的锻炼方法。这种练习方法可以弥补单一练习对身体发展作用的不足,使各练习之间的作用互相补充,有利于身体的全面发展。此外,由于锻炼内容多样,因此该方法能够调动锻炼者的积极性。

(六)群项组合锻炼法

群项组合锻炼法是指根据锻炼需要,将两个以上不同身体发展项目搭配起来,在一次锻炼中依次练习的锻炼方法。这种练习方法可以弥补某些项目对身体发展作用比较单一的缺点,使各项目的功能互为补充,达到全面发展身体的目的。此外,由于锻炼内容变化多样,所以该方法更易激发和调动锻炼者的情绪。

(七)变换锻炼法

变换锻炼法是指在改变锻炼内容、强度和环境的条件下进行锻炼的方法,如变换锻炼项目、提高或降低运动负荷、调整练习要素、变更练习地点等。运用变换锻炼法能够提高中枢神经系统的灵活性,发展身体的调节能力和适应能力,同时对于修订锻炼计划、活跃锻炼气氛也具有一定的意义。

(八)竞赛与表演锻炼法

竞赛与表演锻炼法是指锻炼者在互相比较、彼此竞争的情况下进行锻炼的方法。此方法较其他锻炼法对锻炼者提出了更高的要求。

二、发展心肺功能的体育锻炼方法

心肺功能主要包括有氧耐力和无氧耐力。

有氧耐力又称一般耐力,指机体在氧气供应较充足的情况下能够坚持较长时间工作的能力,主要用于维持身体健康。有氧耐力的训练目的在于提高人体输送氧气的能力,促进机体的新陈代谢。

无氧耐力又称速度耐力,指机体在氧气供应不足的情况下能够坚持较长时间工作的能

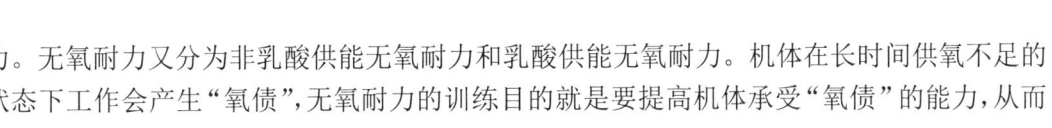

力。无氧耐力又分为非乳酸供能无氧耐力和乳酸供能无氧耐力。机体在长时间供氧不足的状态下工作会产生"氧债",无氧耐力的训练目的就是要提高机体承受"氧债"的能力,从而提高运动竞技水平。

(一)有氧耐力的练习

1. 有氧耐力的练习方法

1)持续练习

持续练习是指在相对较长的时间里以较为恒定的速度持续地进行练习。

采用持续练习方法发展有氧耐力时的注意事项有:

(1)练习强度。单纯发展有氧耐力的练习强度相对较小,应低于最大强度的70%,以有氧供应为主。对于普通练习者,其心率可控制在120~140次/分。

(2)练习时间。有氧耐力的练习时间一般可根据个人运动水平而定,但维持适宜心率的时间应超过10分钟,总锻炼时间至少要20分钟,如果身体条件允许,可延长到2小时。只有坚持较多的负荷数量,才能达到发展有氧耐力的目的。

2)重复练习

重复练习不改变动作结构和外部负荷表面数据,是在相对固定的条件下,按照既定间歇要求,在机体完全恢复的情况下反复进行练习。

3)间歇练习

间歇练习是在一次或一组练习之后,按照规定的间歇负荷和积极性间歇方式,在机体未完全恢复的情况下开始下一次或下一组练习。

采用间歇训练法发展有氧耐力的注意事项有:

(1)练习强度。间歇练习的强度比持续练习的强度大,最高心率可达180次/分;如果运动距离长,练习强度减弱,则心率可适当降低。

(2)负荷数量。负荷数量通常以距离(米)和时间(秒)两个指标来表示。以距离表示负荷数量时,可控制在50~200米之间。以时间指标来表示时,因为间歇训练法运动强度大,一次练习的持续时间太长会导致锻炼效果的改变,所以一般持续时间不超过两分钟,少则几秒钟。

(3)间歇时间。每一次练习完成后,机体尚未完全恢复时就开始下一次的练习。间歇时间因个人情况和项目的不同而不同,一般当心率恢复到110次/分时就开始下一次练习。休息时可采取积极性休息,如慢跑或走等。

4)循环练习

在选择和设计循环练习的各项内容及其编排上,必须符合专项特点的要求,同时应根据"渐进负荷"或"递增负荷"的原则安排练习。

5)游戏练习

游戏练习是指运用各种长时间游戏的方式进行有氧耐力练习。

2. 有氧耐力的练习手段

有氧耐力的练习手段包括1分钟立卧撑、连续深蹲跳、连续跑台阶、连续单脚交换跳台阶、跳绳(单摇或双摇)、越野跑、中长跑、爬山及长距离变速跑。

(二)无氧耐力的练习

1. 无氧耐力的练习方法

无氧耐力的练习以短距离的重复跑和间歇跑为主。

2. 无氧耐力的练习手段

无氧耐力的练习手段包括20～80米加速跑、高抬腿转加速跑、折返跑以及对抗性球类比赛。

3. 无氧耐力练习的注意事项

1) 强度

一般采用大强度,达到最大吸氧量的90%左右,心率在180次/分以上。

2) 距离和时间

无氧耐力练习距离和持续时间要短,一次负荷的持续时间一般为3～8秒(如20～80米跑,8～20米游泳等)。

3) 重复次数与组数

一般重复练习的次数和组数都较少,如重复练习3或4次,重复组数可选择5或6组。

4) 间歇时间

无氧耐力练习的间歇时间要短些,一般少于1分钟。组与组之间的间隔要相对长些,一般为3～5分钟,但不宜过长。如果间歇时间过长,神经系统的兴奋性会降低,从而影响练习效果;一般心率恢复到120次/分时就开始下一次练习。另外,间歇时应做积极性休息。

三、发展肌肉力量的体育锻炼方法

(一)发展力量的方法

1. 静力性力量练习

静力性力量练习的特点是肢体不产生明显位移,而是维持或固定于一定位置或姿态上。静力性力量练习主要用于提高肌肉耐力。在发展肌肉最大力量的练习中,可采用较大的负荷强度。

(1) 对抗性静力练习:根据发展某部位肌肉的需要,基本姿势保持固定不变,用极限力量对抗固定的物体。

(2) 负重静力练习:根据发展某部位肌肉的需要,固定重量,确定姿势并保持不变。

(3) 慢速力量练习:动作速度较慢,靠肌肉紧张、收缩来完成,如肩负杠铃深蹲慢起立等。

2. 动力性力量练习

动力性力量练习的特征是在练习时产生明显的位移或较快速推动其他物体产生运动。

(1) 绝对性力量锻炼:一般以最大负荷量的80%～100%进行锻炼。锻炼时,以较少的次数(1～3次)完成最大重量或接近最大重量的练习。

(2) 速度力量锻炼:主要锻炼肌肉短时间内快速收缩的能力。锻炼方法以中等或中小重量(最大负荷量的60%～80%)为宜,练习的重复次数少,以最快的速度完成。

(3) 力量耐力锻炼:采用最大力量的40%～60%,重复次数达到12次以上,不追求速度,但要求加大重复次数和坚持时间,如俯卧撑、仰卧起坐、引体向上、举重、哑铃等,一般练到极限。

(二)发展力量的具体手段

1. 发展上肢力量的练习手段

(1)引体向上:双手分开抓住单杠,同时用力提升身体,使下颌接触单杠,然后下降至双臂完全拉直。

(2)双杠臂屈伸:双手抓紧双杠,双臂伸直将身体支撑离地;身体下降时,屈臂直到肘部与双杠平齐,双脚保持离地状态。

(3)屈臂悬垂:两手反握单杠,用力提升身体至下颌超过杠面。练习时尽量长时间保持该姿势。

(4)肘部弯举:手持杠铃或哑铃做肘关节的屈伸动作。练习时应注意勿使两肘的位置移动。

(5)仰卧推举:仰卧于凳上,将杠铃持于胸部并连续上举。

(6)俯卧撑:掌心平放在地面上,双手距离与肩同宽,双腿挺直,足尖着地,双臂弯曲至胸腹部触地,接着双臂伸直,将身体推起。

2. 发展背肌和腹肌力量的练习手段

(1)仰卧起坐:压住双脚,双手抱头,双腿保持弯曲状态,然后连续起坐。

(2)收腹举腿:仰卧在地,双腿并拢,双手抱头或自然放在身体两侧,然后双腿抬起,与地面成45°以上,脚尖绷直,接着轻放双腿,到快触地时再抬起,重复练习。也可在单杠或肋木上做此练习。

(3)俯卧背屈伸:俯卧,压住双脚,双手抱头,双腿保持挺直状态,然后将身体抬起至最高点,再缓慢下落,重复练习。

(4)肩负杠铃体前屈:直立,双脚与肩同宽或略宽于肩,抓紧杠铃使其在双肩上保持平衡,然后将身体前屈至与地面平行,再将身体缓慢抬起。

(5)两头起:仰卧,双腿伸直并拢,两臂伸直于头上,然后同时抬起双腿和上体,让手指与脚尖在躯干上方相触,再放回原位,重复练习。

3. 发展下肢力量的练习手段

(1)跳跃练习:如单脚或双脚连续跳台阶、深蹲跳、蛙跳、多级跳。

(2)负重深蹲:负重做蹲起动作。练习时应缓慢屈膝,快速蹬伸。

(3)负重提踵:肩负杠铃进行提踵练习。练习时两腿绷直,脚跟高抬,重复练习。

四、发展身体柔韧性的体育锻炼方法

人们通常将柔韧素质称为柔韧性。武术、竞技体操、艺术体操、跳水、花样滑冰、散打、柔道及游泳项目都能很好地发展柔韧素质。

(一)发展柔韧性的方法

发展柔韧性通常采用拉伸法,拉伸法可分为动力拉伸和静力拉伸两种。动力拉伸法是指有节奏地多次重复同一动作,使肌腱和韧带逐渐被拉长的练习。静力拉伸法是指在某一位置静止一段时间,将肌腱和韧带缓慢拉长的方法。练习时应将动力拉伸法和静力拉伸法结合起来,这样才会达到最佳效果。

(二)发展柔韧性的手段

1. 发展肩关节柔韧性的手段

(1)体前屈压肩,即双人手扶对方肩,体前屈直臂拉肩。
(2)背对肋木或双杠站立,双手反握肋木或双杠,下蹲拉肩。
(3)侧向肋木,一手上握、一手下握肋木侧拉。
(4)两手五指交叉,伸直手臂在头上翻腕,掌心朝上,前后摆动。

2. 发展腰腹柔韧性的手段

(1)体前屈,手握脚踝,尽量使头、胸、腹与腿相贴。
(2)后桥练习,即双手双脚撑地,体态呈后桥状,可逐渐缩小手与脚的距离。
(3)练习者跪立,手臂前伸,掌心触地,胸向下压。要求主动伸臂,挺胸下压。

3. 发展下肢柔韧性的手段

(1)将一只脚放在一定高度,另一只脚支撑,进行正压或侧压,尽量使上体(包括头)靠近腿部。
(2)原地或行进间踢腿练习,两腿尽量不弯曲。
(3)跨栏步压腿。
(4)原地或行进间弓箭步压腿。
(5)纵叉、横叉。
(6)跪坐,脚背着地,身体后仰压脚背。

五、发展灵敏素质的体育锻炼方法

灵敏素质是指迅速、准确改变身体的动作方向和空间位置的能力,它是技能和各种素质的综合表现,对大多数项目而言是非常重要的。

(一)发展灵敏素质的方法

发展灵敏素质的方法主要有:
(1)让练习者在跑、跳中迅速、准确、协调地做出各种动作,如快速改变方向的各种跑,各种快速突然的起动、急停及各种迅速转体等。
(2)各种调整身体方位的练习,如利用体操器械做各种较复杂的动作。
(3)专门设计的各种复杂多变的练习,如立卧撑、十字变向跑、"8"字跑及综合向跑等。
(4)各种变换方向的追逐性游戏和对各种信号做出应答反应的游戏等。

(二)发展灵敏素质的具体手段

(1)单人练习:快速折返跑、快速后退跑、弓步转体、不同方向的滑步、跳起转体、屈体跳等。

（2）单人器械练习：单杠悬垂摆动、双杠支撑摆动、挂撑前滚翻、双杠转体下，各种球类运动的运球、传球、顶球、颠球等。

（3）双人练习：模仿跑、躲闪摸肩、"撞拐"游戏、两人头顶球练习、篮球一对一攻防练习等。

（4）双人器械练习：篮球的行进间传球、运球追逐及抢球，双杠端支撑跳下、换位追逐等。

（5）组合练习：交叉步、后退跑、折返跑练习，前滚翻、后滚翻、侧手翻、跑跳起练习等。

六、发展跳跃能力的体育锻炼方法

（一）负重练习

（1）负荷强度：一般采用本人最大负荷量的 40%～50%。

（2）练习次数和组数：一般每组重复练习 5～10 次，做 3～6 组。组数的确定应以练习者不降低完成动作的速度为限。

（3）间歇时间：不宜过长，通常为 2～3 分钟。

（二）不负重练习

（1）跳绳：单摇或双摇，按规定时间和次数跳。

（2）单脚连续跳：在平地或台阶上均可进行练习。

（3）跳深：练习时可保持动作的连续性，具有爆发强的特征。该练习可用双足或单足跳，可通过连续跳台阶或跨栏进行练习。

（4）跳远：可采用立定跳远、立定多级跳（三级、五级、十级）进行练习。

（5）行进间单足跳：30～100 米跨步跳和单足跳练习。

（6）摸高：原地或助跑摸高练习。

（7）跳障碍物：跳栏架、跳跳箱等。

七、发展投掷能力的体育锻炼方法

投掷能力是指人体运用自身的能力，通过一定的运动形式，将手持的物体或器械进行抛射并尽可能获得远度的能力。

（一）徒手练习

徒手练习的方法有：

（1）俯卧撑。双手指尖撑地进行练习，通过加强手指、手腕及手臂的力量来提高投掷能力。

（2）仰卧起坐、收腹举腿、俯卧背屈伸等。腰腹肌的力量直接影响投掷能力，因此若想提高投掷能力，必须加强腰腹肌的力量。

（二）持器械练习

持器械练习的方法有：

（1）双手或单手持实心球于头上（身体呈反弓形），原地或上步向前投掷练习。

（2）原地正面或侧面用小沙袋、垒球等物掷准或掷远练习。

（3）提举哑铃至腋下或提举杠铃至胸前练习，杠铃重量为 5～20 千克。

(4)单手或双手拉一端固定的胶带练习。
(5)单杠引体向上,双杠臂屈伸练习。

第二节 体育锻炼计划的制订

一、制订体育锻炼计划

对于每一个锻炼者来说,应制订一个合理的体育锻炼计划,这样才能有效地提高自己的体能水平。锻炼计划应适合个人的需要,一般包括四部分:了解健康和体能现状、确定锻炼目标、选择锻炼模式、措施和要求。

(一)了解健康和体能现状

在制订锻炼计划前,有必要了解自身的健康与体能状况,这有助于制订符合自身实际状况的锻炼计划,有的放矢地选择锻炼方法和手段以改善健康和体能的不足之处。

(二)确定锻炼目标

确定锻炼目标是制订锻炼计划的重要环节,目标能促使我们实施锻炼计划,而达到目标后又能进一步提高我们的自信心,激励我们坚持体育锻炼。在设置个人的锻炼目标时,可以遵循以下几点建议:

(1)设置目标要有针对性,即针对自身健康和体能的薄弱环节设置锻炼目标。
(2)设置的目标必须是现实的,即通过努力能达到。
(3)目标设置应包括短期目标和长期目标的设置。短期目标的设置非常关键,因为短期目标比较容易实施和实现。
(4)根据总的锻炼目标,还应设置锻炼过程各个阶段的目标,即起始阶段目标、渐进阶段目标、维持阶段目标,从而保证总目标顺利实现。

(三)选择锻炼模式

锻炼模式包括锻炼方式、频率、强度、持续时间等。
(1)每一位参加体育锻炼的人要选择适合自己的运动项目作为锻炼的方式。
(2)锻炼频率是指每周锻炼次数,一般来讲每周应锻炼3～5次。
(3)运动强度是指锻炼时人体承受的生理负荷量。运动强度应根据锻炼者自身健康和体能状况以及所进行的不同运动类型来确定。
(4)锻炼持续时间是指每次锻炼中用在主要锻炼内容上的总时间。锻炼持续时间不包括准备活动和整理的时间。

锻炼过程划分为三个阶段,即起始阶段、渐进阶段、保持阶段。在各个阶段应合理安排锻炼的强度、频率、持续时间。

（四）措施和要求

措施和要求主要是指保证锻炼计划顺利实施的措施和安全告诫。

二、制订体育锻炼计划的依据

制订体育锻炼计划必须树立科学的态度，依据科学的原理，符合体育锻炼和人的身体发展规律，将现实锻炼目标的需要与现有的各种条件有机地结合起来。

（一）体育锻炼的客观规律

体育锻炼的规律包括体育锻炼生物适应性的产生与变化规律、体能发展规律、锻炼计划的连续性与阶段性、锻炼过程的多变性等。遵循体能锻炼过程的客观规律是科学化锻炼的本质特征。锻炼计划科学性的最主要表现就是遵循学生体能发展的客观规律，这也是保证体能锻炼效果的关键。

（二）体能的起始状态

体能的起始状态是确定锻炼目标的基础，是整个体能锻炼过程的出发点。为实现目标的变化而制订的锻炼计划，只有符合体能的现实状态，才能被人们所接受，达到提高体能的目的。

（三）客观条件的制约

进行体能锻炼需要一定的载体，必要的物质基础是进行有效的体能锻炼的重要条件。因此，制订体育锻炼计划时应该将锻炼的场地、器材、仪器设备、营养条件及恢复条件等考虑进去。

三、锻炼负荷的设计

（一）心肺锻炼负荷的设计

持续练习法是指练习强度较低、持续时间较长且不间歇地进行练习。例如，越野跑20～60分钟，自行车骑行30～60分钟，游泳1 000～2 000米，登山、远足40～60分钟，滑冰、滑雪30～60分钟，跳绳、踢毽子200～1 000次等。采用持续练习法设计周锻炼计划负荷时，重点要考虑的是锻炼频率（锻炼次数）、锻炼强度、锻炼持续时间。一般而言，体能水平低者，锻炼频率以隔天为宜，锻炼强度以小强度为佳，锻炼持续时间为20～30分钟。随着体能水平的提高，练习负荷的要求也相应提高。具体的锻炼负荷设计可参考表2-1。

表2-1 心肺锻炼负荷设计

模 式	有效锻炼区	目标区
频 率	3天/周	3～6天/周
强 度	60%×（最大心率－安静心率）	（60%～80%）×（最大心率－安静心率）
时 间	20～30分钟	20～60分钟

间歇练习法是指将全部练习负荷分为若干小段,每两段中间安排不充分的休息。由于间歇练习法对练习的距离、强度及每次练习的间歇时间有严格的规定,往往不等身体机能完全恢复就进行下一次练习,因此对机体机能要求较高,能引起机体结构、机能及生物化学等方面较深刻的变化,使心血管系统得到明显的改善。间歇练习法运用成功的关键是要根据不同的锻炼水平及不同的练习项目,合理地安排练习距离、练习强度、练习量及间歇时间。

(二)减少过多脂肪(身体成分)锻炼负荷的设计

1. 确定运动强度

判断运动强度的基本方法是测定锻炼时的心率。对于身体健康的健身减肥人群来说,为了达到锻炼效果,锻炼时的心率应达到最大心率的60%~70%。

$$最大心率 = 220 - 年龄(岁)$$

以20岁的人为例,最大心率为:220 - 20 = 200次/分。

20岁人群的运动强度为:心率达到120~140次/分(最大心率的60%~70%)。

对于减肥锻炼的人来说,不需要在高心率水平上运动,轻松愉快的锻炼对于减肥效果更好。在减肥锻炼的开始阶段,达到心率的下限强度就可以了,最好采用低强度、长时间的锻炼方式。

2. 确定运动时间

一般来说,要达到减肥效果,应以适中的强度运动30~40分钟(包括热身和放松活动);如果选择运动强度较小的运动项目,运动时间要延长,一般要达到60分钟。每周可进行3~5次有规律的运动锻炼或者每天进行一次锻炼。减少身体过多的脂肪,不仅要进行运动锻炼,还要注意合理地饮食控制。具体的方法可参考表2-2。

表2-2 减少过多脂肪锻炼负荷设计

模式	有效锻炼区		目标区	
	锻炼	饮食	锻炼	饮食
频率	每天增进热量燃烧为原则	减少过多的热量摄取,长期控制	每天进行	三餐正常
强度	慢、低强度有氧运动	减1磅脂肪要消耗3 500卡的热量	慢、低强度有氧运动,每周减少1~2磅脂肪	适当的热量摄取,每周减体重不多于2磅
时间	至少20分钟	正常饮食	30~60分钟	正常饮食

注:1磅 = 453.6克。

(三)肌肉力量锻炼负荷的设计

在力量锻炼过程中,可采用动力性力量练习和静力性力量练习相结合的办法,以动力性力量练习为主,以静力性力量练习为辅。动力性力量练习的效果主要取决于安排力量练习负荷的大小、重复的次数、完成动作的速度以及动作的结构。一般来说,重复次数少且阻力大的力量练习能有效地提高肌力;中等负荷强度且重复次数较多的力量练习能有效地增大肌肉体积;重复次数多且阻力小的力量练习能有效地发展肌耐力;重复次数少且强调完成动作速度快、负荷强度适宜的力量练习能有效地发展爆发力。具体的力量锻炼负荷设计可参考表2-3和表2-4。

表2-3　肌力锻炼负荷设计

模 式	有效锻炼区		目标区	
	动力性力量练习	静力性力量练习	动力性力量练习	静力性力量练习
频 率	3天/周	3天/周	隔 天	5天/周
强 度	第一组:50% 第二组:75% 第三组:100%	65%～70%	80%～100%	100%
时 间	3组,每组重复3次	1组,重复2～3次,每次持续2～5秒	3组,每组重复3～6次	1组,重复6次,每次持续6～8秒,每次间歇休息30秒

表2-4　肌耐力锻炼负荷设计

模 式	有效锻炼区		目标区	
	动力性力量练习	静力性力量练习	动力性力量练习	静力性力量练习
频 率	3天/周	3天/周	隔 天	5天/周
强 度	20%～30%	日常生活、工作或休闲时所需负重的50%～100%	40%～60%	等于或大于日常生活、工作或休闲时所需负重的50%
时 间	1组,每组8次	比计划时间短10%～50%,重复5～10次	2组,每组9～25次	等于或多于计划时间的20%,重复5～10次

（四）速度锻炼负荷的设计

位移的快慢主要取决于全程动作的频率以及每一个动作周期在特定运动方向上的位移幅度。锻炼时主要采用高强度的重复锻炼法和间歇锻炼法,锻炼负荷的设计应以保证最大速度完成为基本原则。一般来说,一次负荷的持续时间不宜太长,负荷强度应大一些,重复的次数少一些,间歇时间长一些。具体的速度锻炼负荷设计可参考表2-5。

表2-5　速度锻炼负荷设计

模 式	有效锻炼区	目标区
频 率	3天/周	3～4天/周
强 度	95%～100%	95%～100%
跑 距	30～40米	50～60米
时 间	快速运动,休息6～8分钟,反复6～8次	快速运动,休息4～5分钟,反复8～10次

（五）柔韧性锻炼负荷的设计

发展柔韧性的基本方法是直接伸展有关肌肉、韧带并力求大幅度地向不同方向做关节运动。锻炼时,既可采用主动性练习和被动性练习相结合的方法,也可采用动力性练习和静力性练习相结合的方法。所谓主动性练习,是指锻炼者靠自身肌肉的收缩来加大关节运动幅度及肌肉韧带的伸展性;所谓被动性练习,是指锻炼者依靠外力的作用来加大关节运动幅度及肌肉韧带的伸展性。在锻炼时,应根据锻炼的需要和锻炼的具体情况,将两者有机地结合。柔韧性锻炼的具体负荷设计(静力性练习)可参考表2-6。

表2-6　柔韧性锻炼负荷设计(静力性练习)

模　式	有效锻炼区	目标区
频　率	3天/周	3～7天/周
强　度	尽量伸展,以不痛为原则	尽量伸展
要　求	慢慢伸展,停在关节最大活动范围处	停在关节最大活动范围处
时　间	10秒1组,每组5～10次	10～60秒,1～3组,每组5～10次

四、设计体育锻炼负荷应注意的问题

(一)循序渐进地增加负荷

从生物适应的视角看,生物机体对外界刺激所产生的适应过程是渐进性的,是在多次重复刺激下产生的。因此,体能锻炼负荷设计一定要遵循循序渐进的原则,即负荷设计要从易到难、从小到大,既不能急于求成,又不能停滞不前。

(二)寻求适当的临界值

锻炼者的体能水平发展到一定程度后,若要进一步增进体能,其锻炼负荷应该超过以往的常量负荷,使机体产生新的适应。一般来说,在生理范围内超负荷越大,适应的效果和体能的提高就越显著。至于超负荷到什么程度,就要结合个体的情况,寻求适当的负荷临界值。

(三)要结合人的身心发展特点

在进行体能锻炼负荷设计时,不但要考虑到大学生本身的生理特点、身体生长发育的可接受性,而且要尽可能地做到负荷的设计有利于其身体的生长发育。

(四)要适应个体特点

每个人的条件都不尽相同,这种差别不但反映在年龄、性别、生长发育、体能基础、锻炼的适应能力上,而且反映在能够承受负荷的能力上。因此,在进行体能锻炼负荷设计时,一定要适应个体特点,按照个体锻炼目标的不同,设计具有针对性的锻炼负荷。

(五)负荷量与强度要有适宜的比例

构成运动负荷的主要因素是量和强度。在进行锻炼时,要注意恰当处理量和强度的关系。强度大,量就要相应减少;强度适中,量可以相应增加。作为以健身为目的的锻炼,应将重点放在运动量方面。

1. 通过心率来控制

一般采用心率百分法。直接测量个人的最高心率比较困难,一般男女均可用220减年龄来估算每分钟的最高心率。例如某人20岁,其锻炼过程的运动强度应控制心率在$(220-20)\times(60\%\sim70\%)=120\sim140$次/分的范围内,这被称为有氧锻炼的适宜负荷量。

2. 通过精神状态来控制

锻炼后应精神饱满,精力充沛,没有困倦疲劳症状;若状态相反,则说明锻炼负荷过大。

3. 通过锻炼的出汗量来控制

一般来讲,进行锻炼达到刚出汗或出小汗的程度较为合适。不出汗说明负荷量不够,大汗淋漓说明运动量过大。

4. 通过锻炼后的饮食来控制

锻炼后如果食欲很好,食量也略有增加,则表明负荷量较为恰当;若状态相反,则说明运动量过大。

5. 通过工作效率来控制

通过体育锻炼,若体质增强,记忆力加强,学习与工作的效率提高,则表明运动量恰到好处;如果身体消瘦、多病,学习与工作效率下降,则说明运动量不恰当,应及时加以调整。

(六)正确处理疲劳与恢复的关系

在体育锻炼过程中,疲劳和恢复是辩证统一的关系,两者相互依存、相互制约、相互促进。生物学上疲劳的定义是机体生理过程不能持续在特定机能水平上进行,或不能维持预定的运动强度。运动过程中和运动后供能物质量的变化是消耗和恢复过程保持平衡的结果。运动时以消耗过程为主,恢复过程跟不上消耗过程,表现为能源物质数量下降;运动后的休息期以恢复过程为主,因此能源物质逐渐恢复,达到或超过原来的水平。为了使体能锻炼取得最佳的效果,必须把恢复视为锻炼的一个重要组成部分,从内容和时间上加以落实。

在设计锻炼负荷时,不仅要考虑负荷的量度,还应同步考虑采取什么样的恢复手段、方法,以及多长时间才能恢复。

五、体育锻炼计划的基本内容

体育锻炼计划的基本内容包括以下几个方面:

(1)自身体能的现实状态诊断与评价;
(2)锻炼指标(远景、阶段、具体指标);
(3)各锻炼过程的阶段划分和时间安排;
(4)各个锻炼时期、阶段的锻炼任务;
(5)各个锻炼阶段的目标完成情况检查(时间、形式、次数及指标等);
(6)各个锻炼阶段负荷的动态变化趋势;
(7)各个锻炼过程的锻炼内容、方法、手段的选择与安排;
(8)各种锻炼方法、手段的负荷要求(量、强度、总负荷的节奏);
(9)各个锻炼阶段的恢复手段措施;

(10)对锻炼过程监测评定的内容、时间和标准。

上述十个要点是任何一个锻炼计划都应该包含的。

六、不同时段锻炼计划的制订

在此主要阐述年度体育锻炼计划、阶段体育锻炼计划、周体育锻炼计划和次体育锻炼计划的制订。

(一)年度体育锻炼计划的制订

年度体育锻炼计划是组织运动锻炼过程中最主要的计划,其结构是由气候、环境和体能发展的阶段性所决定的。体能锻炼要和体能测试结合起来。体能测试可以安排在体育课上进行,一般以学期为单位,在学期末安排考试或测试,在寒暑假也可以根据阶段任务安排锻炼内容。

年度体育锻炼计划主要分为两个时期:春夏时期和秋冬时期。

(1)春夏时期(3—7月)。此时期要以发展专项身体锻炼水平为主,完善专项技术,多进行完整专项技术练习,同时要培养战术思维能力,提高比赛能力和自信心,使学生形成最佳的竞技状态,在测试中创造好成绩。此时期的负荷总量要稳定,负荷强度增加并达到最高点且保持稳定。为了保持最佳身体状态,锻炼的量和强度还可以根据测试的需要进行适当的调整。

(2)秋冬时期(9月—次年1月)。此时期的主要任务是提高一般身体锻炼水平,进一步发展力量和其他身体素质,改进技术。在此季节,天气已经转凉,不适合进行大强度的测试,应进行一些有氧运动,发展综合运动素质,促进体能的积累和提高。在技术锻炼上应注重基本技术的锻炼,同时改进明显的技术缺陷。此时期的负荷应以大运动量练习为主,各种练习要数量多、范围大,但强度较低。

(二)阶段体育锻炼计划的制订

阶段体育锻炼计划一般由数月或者数周组成,也称为中周期,是构成大周期的基本单位。在制订阶段计划时,重要的是根据锻炼目标确定小周期之间的序列和节奏。

值得注意的是,不同锻炼水平、不同项目的锻炼者,在阶段锻炼安排中负荷的变化不是统一的,应该依据学生的现实状况做出合理的调整。

(三)周体育锻炼计划的制订

周体育计划的主要任务是通过负荷的改变引起新的生物适应现象,提高身体能力。

周体育锻炼内容安排的主要依据是实现锻炼目标的需要以及进行不同锻炼内容负荷后机体的反应和恢复状况,也就是说,小周期的锻炼必须与本周期锻炼所要达到的目的、任务相吻合,包括身体、技术、战术和心理锻炼等。

不同锻炼水平的个体负荷结构在锻炼日和锻炼次数上有显著差别。在进行初期锻炼时,可选择每周2～3次,最多锻炼4次。随着锻炼水平的提高,锻炼次数可增加。增加锻炼次数的途径是从增加锻炼的日数开始的,即由每周2～3个锻炼日增加到6～7个锻炼日,每天锻炼一次。负荷变化的途径主要有:

（1）增加负荷量,同时保持负荷强度不降低。

（2）提高负荷强度,负荷量保持不变或减小。

（四）次体育锻炼计划的制订

次体育锻炼计划是构成小、中、大周期锻炼计划的最基本的实施方案。锻炼课的长短不一,短者不足 30 分钟,长者可达 2 小时。

锻炼计划应包括三个部分,即准备部分、基本(主要)部分和结束(整理)部分。

（1）准备部分。其主要练习目的是使身体与心理达到适应基本部分练习的要求,时间为 10～20 分钟。

（2）基本部分。在个体身体处于工作能力稳定的状态下完成锻炼课的任务。其内容多在周体育锻炼计划中明确规定,但更为具体,时间为 0.5～1.5 小时。

（3）结束部分。该部分主要是放松。练习结束后必须安排 10～20 分钟的放松活动。

第三章 运动损伤与急救

第一节 运动损伤的预防

运动损伤是指在体育运动过程中发生的各种损伤。运动损伤、一般生活中的损伤及工农业劳动中的损伤存在很多差异。运动损伤的发生与运动的训练安排、运动项目、技术动作、训练水平、运动环境及条件等因素有关。因此，除运动医学工作者外，体育教师、教练员、参与锻炼者也应了解并掌握一些运动损伤预防与处理的相关知识，以确保采取正确的运动损伤预防措施，遇到损伤时能采用恰当及时的处理手段，为安全、科学地参与体育运动保驾护航。这也是更有效地发挥体育锻炼对增强体质的作用、不断改进体育教学和训练方法、提高运动成绩的前提保障。

运动存在的风险

一、运动损伤的分类

（1）按受伤的组织结构分类，运动损伤可以分为软组织损伤、骨折、脑震荡等。

（2）按受伤后皮肤或黏膜是否完整分类，运动损伤可以分为开放性损伤和闭合性损伤。

损伤的分类

① 开放性损伤是指受伤的皮肤或黏膜破裂，伤口与外界相通，有血液或组织液从伤口渗出，容易引起感染。常见的开放性损伤有擦伤、撕裂伤、刺伤、开放性骨折等。

② 闭合性损伤是由一次较大的暴力所致，损伤的皮肤或黏膜未破裂，伤口不与外界相通。常见的闭合性损伤有挫伤、扭伤、肌肉拉伤及腱鞘炎等。

（3）按受伤的病理过程分类，运动损伤可以分为急性损伤和慢性损伤。

① 急性损伤是指由瞬间遭受直接或间接暴力造成的损伤。

② 慢性损伤是指由劳损或陈旧性劳损造成的损伤。

二、运动损伤的基本原因

造成运动损伤的原因是多方面的，根据目前国内外有关运动损伤原因

预防运动损伤注意事项

的综合研究材料,可将运动损伤的基本原因归纳为以下几方面。

(一)对预防运动损伤的意义认识不足

运动损伤的发生往往与体育活动的体育教师、教练员、运动员或体育锻炼者对运动损伤的认识不足,缺乏必要的预防运动损伤知识有关。不重视预防运动损伤的人常有一些错误思想,如"运动损伤在所难免""运动损伤不过是些小伤小病,关系不大,休息几天就好了"等。有些教练员由于缺乏基本运动安全知识,不善于对学生进行安全教育,也不懂得采取各种行之有效的预防措施,在发生损伤后既不会分析原因,又不会总结经验教训,致使伤害事故时有发生。此外,有些人,特别是青少年,因好胜心强,好奇心大,安全生活经验不足,思想上麻痹大意,没有预防运动损伤的概念和意识,不顾客观的条件,盲目冒失地进行运动,也容易发生损伤。还有一些人,在体育运动中有急躁情绪,急于求成,因而忽略了循序渐进、量力而行等基本原则;有些人则胆小畏难,过于恐惧、犹豫或紧张,造成运动中安全注意意识分配不足。还存在极少数人,"锦标主义"严重,体育道德作风恶劣,故意伤害对方。

(二)准备活动存在问题

缺乏准备活动或准备活动不正确,是造成运动损伤的常见原因。在准备活动中,一般存在下列问题:

(1)未做准备活动或准备活动做得不充分,神经系统和内脏器官没有充分调动起来,身体缺乏必要的协调性,肌肉的温度没有提高,力量和伸展性都不够等,这些原因都容易致伤。

(2)准备活动的内容与运动的基本内容结合得不好,或缺乏专项准备活动,运动中负担较重部位的机能没有改善,也容易致伤。

(3)准备活动的量过大。准备活动的量过大,使身体已经疲劳,当进入正式运动时,身体机能不是处于良好状态,而是有所下降,这样也容易致伤。

(4)准备活动距离正式运动的时间过长。在进行正式运动时,准备活动的作用已经消失,因此在正式开始运动时等于缺乏准备活动。

(三)技术上存在问题

(1)技术动作上存在缺点和错误,违反了身体结构机能特点和运动时的力学原理,容易造成运动损伤,如足球运动中的快速转身起动,若脚后跟没有及时抬起,则会造成膝关节半月板损伤、内侧副韧带损伤或膝关节内部交叉韧带损伤等。

(2)训练水平不够。一般身体素质训练、专项技术训练、战略战术训练以及心理品质培训不够与运动损伤的发生有密切关系。一般身体素质不良时,肌肉力量和弹性就较差,反应迟钝,关节灵活性和稳定性也较弱,因而容易致伤。专项技术训练不够,往往动作要领掌握不好,技术动作不正确,这是导致损伤的首要原因。战略战术训练不够而致伤的情况虽较少发生,但易被忽视,如耐力运动中的速度分配不当,赛车比赛时"超越"的时间、地点选择不合理等。此外,对运动员的心理品质培养不够,运动员缺少勇敢顽强、坚毅果断、胜不骄、败不馁的自控能力,也是致伤的原因。

(四)运动量过大

运动量安排不当,尤其是运动量过于集中,使局部负荷量过大,是在运动训练,特别是专项训练中造成损伤的主要原因。

第三届全运会武术运动员及第五届全运会击剑运动员的损伤调查表明,局部负荷量过大是引起损伤的最主要原因之一。

(五)运动参加者的生理、心理状态不良

1. 生理状态不良

睡眠或休息不好,带伤、带病或伤病初愈,以及身体疲劳时,生理机能相对较低,肌肉力量较弱,动作协调性下降,容易引起损伤。此外,随着生理机能的下降,警觉性和注意力减退,机体的反应迟钝,也是造成损伤的因素。

2. 心理状态不良

运动员的心理状态与损伤的发生也有密切关系。如果运动员心情不好,情绪不高,对训练和比赛缺乏自觉性和积极性,思想不集中,也兴奋不起来,在这种情况下运动必然容易受伤。如果运动员情绪急躁,急于求成,信心不足,缺乏勇气,胆怯犹豫,自控能力差,赛前过于紧张,场上心慌意乱等,也容易导致损伤。

(六)教学、训练和比赛的组织方法存在缺陷

在组织教学、训练过程中,不遵守训练原则,不从实际出发,没有充分认识到不同年龄、性别的人,其生理、心理特点不同,即使年龄、性别相同,个体之间在身体发育、健康状况及身体素质、运动能力及技术水平上也存在很大差异,而是千篇一律地对待;在运动的安排上,不是从小到大、由简到繁地循序渐进,逐步提高;此外,缺乏必要的保护,场地上运动员过多,教学上缺乏细心的教导和正确的示范动作,允许没有训练基础的学生参加剧烈比赛,比赛的日程安排不当,比赛时间临时变动等,都可导致发生运动损伤。有些运动员在比赛中不遵守比赛规则,或在教学训练中相互逗闹,动作粗野,故意犯规等,这是篮球、足球等项目中发生损伤的重要原因。有时也会因缺乏运动经验和缺乏自我保护能力而致伤,如摔倒时用肘部或直臂撑地,会造成肘关节或尺、桡骨损伤。

(七)场地设备的缺点

场地不平,有碎石杂物,跑道过硬、过滑,沙坑过硬或坑沿太高,坑内有杂物,踏跳板与地面不平齐,器械表面不平,有裂缝或生锈等,以及器械的大小、重量与运动者的年龄、性别等不适应,器械的安装不牢固或安放不妥当等,均可引起运动损伤。此外,缺乏必要的护具,运动时服装、鞋子、袜子等不合适也容易引起损伤。

(八)天气或光线不良

气温过高容易产生疲劳和中暑;气温过低会使肌肉僵硬,动作协调性差。潮湿的气候使人容易出汗,影响体内水盐代谢,有抽筋或虚脱的风险。风速大、浓雾、光线不良等都可成为致伤的原因。

三、运动损伤的预防原则

(一)积极开展预防运动损伤的宣传教育工作,加强思想教育

首先要加强体育运动的目的性教育,使体育工作者和从事体育锻炼的人对预防运动损伤的意义有一个正确的认识。在体育教学训练中,必须把安全教育作为一项重要内容。体育教师应明确学校体育工作的目的和任务在于全面贯彻党的教育方针,促进学生身体全面发展;同时要加强对学生的组织性和纪律性教育,培养他们遵守纪律、爱护同学的良好道德品质。

科学健身四大原则

(二)合理安排教学、训练和比赛

(1)教师要认真钻研教材,充分了解教学训练内容中哪些技术动作不易掌握,容易发生损伤,做到心中有数,事先做好预防准备。

(2)要加强基本技术的教学训练,使学生确实掌握正确技术动作。

科学选择健身

(三)做好准备活动

准备活动的内容与量应依训练内容、比赛情况、个人机体状况、气象条件等而定。严禁不做准备活动就进入正式运动。

(四)加强易伤部位的训练

(1)加强易伤部位和相对薄弱部位的训练,提高它们的机能,这是预防损伤的一种积极手段。

(2)在发展肌肉力量的同时,要注意发展肌肉的伸展性,防止肌肉拉伤。

(3)为了预防关节扭伤,要增强关节周围的肌肉和韧带的力量,以加强关节的稳定性。

准备活动的重要性

(五)加强运动中的保护

在运动中应加强保护和自我保护。运动中适当的保护与帮助可增强运动员的信心,避免一些意外事故的发生。保护在竞技体操中尤为重要。此外,运动员也应学会自我保护的方法。如从高处落地时,必须以前脚掌着地,以增加缓冲作用,同时双腿屈膝并拢;当重心不稳而摔倒时,应立即屈肘低头,团身滚动,切不可直臂或肘部撑地;由高处跳下时,要用前脚掌着地,注意屈膝、弯腰,两臂自然张开,以利于缓冲和保持身体平衡;面对粗野动作,要及时闪避,不要"硬碰硬",尽量避免身体直接接触。运动员还必须学会各种保护支持带的正确使用。

运动负荷的监控方法

(六)加强医务监督,建立健全自我监督制度

经常参加体育运动的人要定期进行体格检查。在参加重大比赛前,要进行补充检查,禁止带病或身体状况不合格者参加比赛。伤病初愈的人参加体育教学训练时,应根据医生的意见进行。

在体育运动的过程中,要做好自我监督,随时注意自己的身体有无疲劳征象,特别要注

意运动器官的局部反应。当有不良反应时,就不宜加大运动量,也不宜练习难度较高的动作。

要加强对运动场地设备和个人防护用具的安全卫生检查,对场地、器械和防护用品要严格监督、管理,对已损坏的场地器械应及时维修,维修前一律禁止使用。禁止穿不合适的服装(包括鞋)进行运动。

拓展学习 1:如何根据自己的喜好选择适合自己的体育运动。

拓展学习 2:如何根据自己的身体特征选择适合自己的体育运动。

根据实际情况选择运动

选择适合的体育运动

第二节　运动中常见的生理反应及其处理

一、运动后肌肉疼痛和紧绷与延迟性肌肉酸痛

运动后肌肉疼痛是指开始从事运动的人或是很长一段时间没有运动的人,运动时产生的肌肉酸痛或紧绷的感觉。

延迟性肌肉酸痛是指在运动后 24 小时出现肌肉疼痛、肌肉酸痛或肌肉僵硬的现象。

(一)原因与症状

在运动后数小时内所产生的急性肌肉酸痛被认为与运动肌群缺乏血流量(氧含量)及肌肉疲劳有关。

延迟性肌肉酸痛是由细小肌肉纤维撕裂导致的,撕裂的数量(和疼痛程度)取决于运动的强度、时间以及运动类型。进行不熟悉的运动项目可能造成延迟性肌肉酸痛,肌肉的剧烈收缩会导致肌肉酸痛,这种现象很常见。

引起肌肉强烈收缩的运动包括下楼跑、下坡跑、降低重心和下蹲的运动及俯卧撑。这些运动会导致细小肌肉纤维撕裂,撕裂部位与肌肉肿胀共同构成肌肉酸痛。

(二)处理方法

1. 运动恢复

在体育比赛或高强度运动后,完全休息是恢复的最好方法。然而,研究也发现了通过运动恢复的一些优势。运动恢复是指训练后从事低强度运动。有关研究表明,低强度的有氧运动可增加血液流量,减少肌肉酸痛。因此,在剧烈运动或比赛后,可采用低强度的有氧运动帮助肌肉放松。

运动后科学的放松方式

2. 休息和恢复

在没有任何特殊处理的情况下,疼痛通常会在 3～7 天内消失。运动后保证足够的休息是必要的,以便肌肉组织尽快恢复、重建和加强。恢复时间对于任何训练计划都很重要,因为这是身体适应训练和产生真实训练效果的时间。

3. 按摩

按摩不但能够帮助减少肌肉疼痛和肿胀,而且不会影响肌肉的功能。治疗型按摩可治疗软组织疼痛和伤害。按摩有助于改善肌肉的灵活性,提高关节活动范围,减少肌肉僵硬,改善按摩区的血液流动,增加肌肉温度。此外,按摩还有助于减少焦虑和改善情绪。

4. 使用RICE方法

RICE是rice, ice, compression, elevation的首字母组合,中文意思为休息、冰敷、压迫和抬高伤肢的方法。如果运动中遭受如扭伤、肌肉拉伤或撕裂等损伤,可采用RICE法缓解疼痛、限制肿胀和保护受伤的软组织。

(三)预防措施

1. 减慢过程

最重要的预防方法是逐渐增加运动的时间和强度。短时间内迅速增加运动时间和强度是运动损伤的常见原因,健康专家建议新手和专业运动员采取10%的指导方针避免运动损伤和肌肉酸痛。这条指导原则说明增加的活动量每周不应超过10%,包括锻炼的距离、强度和时间,设置每周训练强度增加量的上限。例如,如果一个人每周跑20千米,他还想增加跑步的距离,那么在下周应遵循10%原则,即增加2千米;如果一个人举重为50千克,想增加举重的重量,则在下一周应遵循10%原则,即增加5千克的重量。一个刚开始运动的人,如果觉得增加10%负荷量太大,则可以每周增加5%。

2. 热身活动

适当的热身活动可以增加流向运动的肌肉的血液量,从而减少肌肉僵硬,降低受伤的风险,提高运动表现。此外,热身还可为生理和心理做好运动准备。典型的热身运动就是逐渐增加专项运动的强度。例如,对跑步的人而言,可以慢跑一会儿,并做几个冲刺型动作来动员所有的肌纤维。

以缓慢平稳的方式添加非专项动作,如健美操或柔韧性练习,以球为专项的球员经常以无关球的练习作为他们的热身活动。

拉伸肌肉最好的时间是在增加血液流量之后,这可避免受伤。天冷时拉伸肌肉会增加受伤的风险,因此最好在拉伸之前做有氧运动。运动之后做些拉伸练习可以使肌肉变软,增加血液流量并使肌肉温度升高。

3. 放松活动

运动后应以温和的伸展运动进行放松。伸展运动是提高体能和保证健康最基本的方式。伸展运动可以促进血液循环,扩大运动范围,改善体姿,减少关节僵硬,减小肌肉张力,提高放松的能力。

在进行伸展练习时,应注意以下几点:① 均匀地拉伸身体两侧的肌肉,不要只拉伸一边而不拉伸另一边;② 避免过度伸展,不要有疼痛或不适感,以感到轻微的紧张感为佳;③ 慢慢地、均匀地拉伸肌肉,保持姿势约15秒,同时也要慢慢地释放;④ 拉伸的时候不要反弹或猛拉,否则会导致肌肉损伤,拉伸应该流畅且缓慢;⑤ 练习时应放松,深呼吸是放松的关键,在拉伸时不要屏住呼吸。

二、运动中腹痛

运动中腹痛泛指在运动过程中或运动结束时产生的腹部疼痛。

腹痛处理方式

（一）原因与症状

引起腹痛的原因大体可分为两类：一类是腹内脏器病变，另一类是腹腔以外脏器或全身性病变。由腹内脏器病变所致者，又可分为器质性和功能性两种。

运动中腹痛的部位一般与有关脏器的解剖部位有关。腹部可分为上、中、下三部分或左、中、右三部分。右上腹痛者，多为肝瘀血、胆囊炎、胆石症等；中上腹痛者，多为胃痉挛、十二指肠溃疡、急性胰腺炎等；左上腹痛者，多为脾瘀血；腹中部痛者，多为肠痉挛、肠套叠或蛔虫症等；右下腹痛者，多为阑尾炎、右髂腰肌血肿；左下腹痛者，多为宿便刺激引起的肠痉挛或左髂腰肌血肿；腹直肌痉挛多在相应的部位疼痛，且比较表浅。但是，有的疾病在发病初期的疼痛部位并不一定与病变部位完全一致，如急性阑尾炎早期的疼痛部位多在上腹部或脐周围。也有些疾病虽然表现为急性腹痛，但病变部位在腹外器官，如急性心肌梗死、大叶性肺炎等。

1. 胃肠痉挛

胃肠痉挛引起的腹痛，轻者为钝痛、胀痛，重者为阵发性绞痛。饭后过早参加运动，运动前吃得过饱、喝水过多、喝冷饮过多或空腹锻炼引起胃酸或冷空气对胃的刺激等，都会引起胃痉挛，其疼痛部位在上腹部。运动前吃了产气或不易消化的食物，如豆类、薯类、牛肉等，腹部受凉或蛔虫刺激等，均可引起肠痉挛，其疼痛部位多在脐周围。宿便刺激也可引起肠痉挛，其疼痛部位在左下腹部。

2. 肝脾瘀血

肝脾瘀血肿胀，增加肝脾被膜的张力，使被膜上的神经受到牵扯，因而产生疼痛。肝痛在右季肋部，脾痛在左季肋部，疼痛性质为胀痛或牵扯痛。发生肝脾瘀血的原因可能是准备活动不够或开始运动时速度过快。当内脏器官的功能还没提高到应有的活动水平时，就加大运动强度，特别是心肌力量较弱时，心脏搏动无力，会影响静脉血回流心脏，致使下腔静脉压力上升，肝静脉回流受阻，从而引起肝脾瘀血肿胀。此外，剧烈运动会破坏均匀、有节奏的呼吸，引起呼吸肌疲劳或痉挛；膈肌疲劳后会减弱对肝的"按摩"作用，同时由于呼吸短浅，胸腹腔内压增大，会影响下腔静脉血的回流，这些都可使肝脾发生瘀血肿胀。

3. 腹直肌痉挛

夏季进行剧烈运动时，由于大量排汗，盐分缺失，会使水盐代谢发生紊乱，加上疲劳，可引起腹直肌痉挛。这种腹痛多发生在运动后期，疼痛部位比较表浅。

4. 髂腰肌血肿

在剧烈运动时，由于髂腰肌拉伤，会产生血肿而引起腹痛。

5. 腹部慢性疾病

慢性肝炎、溃疡病或慢性阑尾炎患者参加剧烈运动时，由于病变部位受到牵扯、震动等刺激，会产生疼痛。这种疼痛的部位同病变的部位一致。

（二）处理方法

运动中发生腹痛时，一般只要减慢跑速、加深呼吸来调整运动与呼吸的节奏，按压疼痛部位或弯着腰跑一段距离等，疼痛即可减轻或消失。如疼痛仍不减轻，甚至加重，就应停止运动，并做进一步的鉴别诊断和处理。若是由胃肠痉挛引起的腹痛，可口服溴丙胺太林，针刺或用指点、掐、揉内关、足三里、大肠俞等穴；若是腹直肌痉挛，则可进行局部按摩，或采用背伸动作拉长腹肌。如果上述措施均不见效，就应请医生进行诊断和处理。

（三）预防措施

合理安排膳食，运动前避免吃得过饱和饮水过多，饭后1.5～2小时才可进行剧烈运动，且在运动前应做好充分的准备活动。运动时要坚持循序渐进的原则，并注意呼吸与动作之间的节奏配合。夏季运动要适当补充盐分。若有各种腹部脏器的慢性疾病，应及早就医、彻底治疗，在疾病未愈之前应暂停训练，或只参加一些力所能及的活动。

三、运动性贫血

（一）原因与症状

贫血可由不同原因引起，它不是独立的疾病，而是一种症状。我国成年健康男性血红蛋白含量为120～160克/升，成年健康女性为110～150克/升。成熟红细胞的寿命约为120天，正常情况下，机体每天都有一定数量的红细胞在新生和衰亡，二者之间维持着动态平衡，使血液中红细胞与血红蛋白的数量保持在相对稳定的水平上。一旦这种平衡受到某些因素的破坏，即可引起贫血。由于血红蛋白减少，血液输送氧的功能不足，以致全身各器官、组织缺氧，从而引起各种临床症状。运动员在训练过程中如果生理负担量过大，也会导致贫血，这种贫血称为运动性贫血。

运动性贫血发病缓慢，主要表现为头晕、乏力、易倦、记忆力下降、食欲差等症状。运动时症状较明显，常伴有气喘、心悸等，主要的体征为皮肤和黏膜苍白，心率较快，心尖区可听到收缩期吹风样杂音等。症状的轻重程度与血红蛋白的数量及运动负荷的大小有密切关系。进行血液检查时，血红蛋白的含量减小，男性低于120克/升，女性低于110克/升，是诊断运动性贫血的标准。

（二）处理方法

适当减少运动量，必要时应停止训练，改善营养，尤其是补充富有蛋白质和铁的食物。口服硫酸亚铁片剂对治疗缺铁性贫血有明显的效果，同时服用维生素C和胃蛋白酶合剂，以利于铁的吸收。采用中西药结合来治疗运动性贫血也有较好的疗效。由其他原因引起的贫血则应及时查明原因，对症治疗。

（三）预防措施

合理安排运动量和运动强度，遵守循序渐进和个别对待的原则。多食用含蛋白质丰富的食物，克服偏食习惯。对大运动量训练的运动员可进行预防性补铁，建立合理的膳食制度，使运动与进食之间有一定的间隔时间。

四、运动性昏厥

运动性昏厥是指在运动中或运动后,由脑部一时性供血不足或血液中化学物质的变化引起突发性、短暂性意识丧失,肌张力消失并伴有跌倒的现象。

(一)原因与症状

运动性昏厥是由供应给大脑的血液和氧减少引起的。昏厥是一种临时的意识丧失,通常持续不到一分钟。运动性昏厥可能是由各种因素引起的,如严重的脱水、低血糖或高温。此外,在运动中晕倒也常常跟血液循环受到影响有关。

运动性昏厥多表现为头昏、眼花、面色苍白、全身乏力、出冷汗,进而出现意识丧失和瞳孔缩小,一般数秒钟内便可恢复,少数人在数小时后清醒,其他异常体征不明显。

(二)处理方法

对于病情较轻者,只要保持安静,取平卧位,注意保暖,并予以必要的对症处理,口服镇静剂,吃容易消化的食物等;对于心功能不全的患者,应保持安静,取端坐位,给患者吸氧,点、掐内关和足三里穴;对昏迷者可加点人中、百会、涌泉等穴,并保持呼吸道通畅;若患者发生呼吸、心搏骤停,则必须立即就地做人工呼吸和胸外心脏按压,同时速请医生做进一步处理。

晕厥的处理

(三)预防措施

预防昏厥,首先应加强体育锻炼,提高身体素质和机能水平;其次,在训练和比赛中,应结合身体实际情况量力而行。患病期间,可暂停训练,积极治疗并注意休息。伤病初愈者,要注意逐渐增加运动量。凡在重大比赛和大强度训练前均应做全面深入的体格检查。有高血压病史、心血管系统疾病史的患者或有家族病史者,应禁止参加剧烈运动和比赛。此外,饭后要休息2~3小时再进行运动和比赛。

五、肌肉痉挛

肌肉痉挛(俗称抽筋),是一种机体由于运动而产生的肌肉不自主的强直性收缩现象,其症状为局部肌肉僵硬、隆起、疼痛难忍,痉挛肌肉所涉及关节的伸屈功能有一定的障碍,且一时不易缓解。在体育运动中最易发生痉挛的肌肉是小腿腓肠肌,其次是足底的趾长屈肌。

抽筋产生的原因及处理

(一)原因与症状

肌肉发生痉挛时,局部肌肉坚硬或隆起,剧烈疼痛,且一时不易缓解。其主要原因为:

(1)大量排汗。平衡发生紊乱,体内氯化钠的含量过低,引起肌肉神经的兴奋性增强而发生肌肉痉挛。

(2)肌肉收缩失调。在运动中,由于肌肉快速地连续收缩,放松的时间太短,导致肌肉收缩与放松的协调交替关系发生破坏。特别是局部肌肉处于疲劳状态时,更易发生肌肉痉挛。

(3)寒冷的刺激。在寒冷的环境下进行体育活动时,若未做准备活动或准备活动不充分,肌肉受到寒冷的刺激时常会引起肌肉痉挛。此外,局部肌肉疲劳或有微细损伤时,也可引起肌肉痉挛。

(二)处理方法

牵引痉挛的肌肉,几分钟即可缓解,如图3-1～图3-4所示。例如,腓肠肌痉挛时,先让患者平坐或仰卧,伸直膝关节,然后牵引者双手握住患者足部,利用牵引者躯干前倾的适度力量将患足缓慢地背伸;趾长屈肌痉挛时,用力将足和足趾背伸,但切忌使用暴力。此外,可配合局部按摩,如重推、点穴(承山、涌泉、委中穴等),以缓解痉挛。

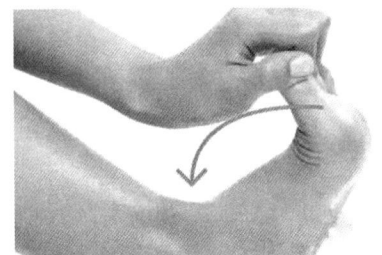

图3-1 足弓或拇趾抽筋的牵拉方法

图3-2 小腿抽筋的牵拉方法

图3-3 大腿后侧抽筋的牵拉方法

图3-4 大腿前侧抽筋的牵拉方法

(三)预防措施

运动前应做好充分的准备活动。容易发生痉挛的肌肉可事先做适当的按摩。冬季户外锻炼时要注意保暖,夏季进行剧烈运动时应注意补充盐分、水及维生素B_1等。游泳前要先用冷水淋湿全身,以提高机体对冷水刺激的适应能力。若水温较低,游泳的时间不宜太长,更不要在水中停止活动。若发生腓肠肌痉挛,切勿惊慌失措,可采用仰泳,一手划水,用患足对侧的手握住患侧足趾,用力将患肢的踝关节背伸;若上述措施无效或两侧腓肠肌同时痉挛,应立即呼救。

六、极 点

(一)原因与症状

训练不足及体适能状态较低的人,通常在运动(特别是长跑运动)开始后不久,就会有两腿发软、全身乏力、呼吸困难等感觉,在运动生理学中,这种现象称为"极点"。例如,在中长跑时,能量消耗大,下肢回流血量减少,氧债积累到一定程度,就会出现呼吸急促、胸闷难忍、下肢沉重、动作不协调,甚至恶心的现象,这就是出现了"极点"。

"极点"的产生主要是由内脏器官的惰性造成的。因为人体从相对安静的状态到剧烈运动时,四肢肌肉能迅速适应,进入工作状态,而内脏器官,如呼吸、循环系统等,则不能很快发挥其最高的机能水平,这就会造成体内缺氧,大量的乳酸和二氧化碳积聚,使植物(自主)神经中枢和躯体性神经中枢之间的协调遭到暂时破坏,表现为"极点"的产生。"极点"是一种正常的生理现象,与训练水平、运动前的准备活动有关。经常参加锻炼的人,"极点"出现得晚,持续时间短,身体反应也较轻;而很少运动者,"极点"出现得早,且持续时间长,身体反应也较严重。

(二)处理方法

运动中出现"极点"现象时,千万不要因此而停止运动,应适当地减慢运动速度,保持冷静并有意识地进行深长的呼气,坚持下去,上述生理反应将逐渐缓解和消失,随后身体情况得到改善,氧供应增加,运动能力得到提高,动作变得协调有力。这种现象标志着"极点"已经有所克服,生理过程出现新的平衡,运动生理学上称之为"第二次呼吸"。"第二次呼吸"出现以后,循环机能将稳定在较高的水平上。

(三)预防措施

"极点"与"第二次呼吸"是长跑运动中常见的生理现象,无须疑虑和恐惧,只要坚持经常锻炼且处理得当,"极点"现象是可以延缓和减轻的。

七、运动中暑

(一)原因与症状

在较高的温度下,长时间进行体育锻炼易发生中暑,尤其在温度高、通风不良的条件下,头部缺乏保护,被烈日直接照射,更容易中暑。

中暑早期会出现头晕、头痛、呕吐现象,后逐步发展为体温升高、皮肤干燥,严重者可出现精神失常、虚脱、抽搐、心律失常和血压下降,甚至昏迷等现象。

在野外环境下活动,活动者长时间在阳光下暴晒,体内的热温不能充分散发,致使体温升高,脑内的体温调节中枢遭到破坏,便会中暑。

(二)处理方法

(1)降温消暑:将患者扶到阴凉通风处休息,使其平卧,头部抬高,解开衣领。如果中暑者神志清醒,并无恶心、呕吐症状,可饮用含盐的清凉饮料、茶水或绿豆汤等,并补充生理盐水或葡萄糖生理盐水等,以起到降温和补充血容量的作用。

(2)人工散热:可采用电风扇吹风等散热方法,但不能直接对着患者吹风,以免造成其感冒。

(3)冰敷:可在头部、腋下或腹股沟等大血管处放置冰袋(将冰块、冰棍或冰激凌等放入塑料袋内，密封即可），并用冷水或30%的酒精擦拭直到皮肤发红。每10～15分钟测量一次体温。症状严重者，经临时处理后，应迅速送医院治疗。

（三）预防措施

在高温炎热的季节进行锻炼时，应适当减少运动量和运动时间，避免在烈日下长时间锻炼。夏天在室外锻炼时，应戴白色的凉帽，穿宽松透气的衣服；在室内锻炼时，应保持良好的通风，并准备低糖饮料。

八、运动无法忍受度

运动量和运动强度应该保持在安全范围内，可检验运动时的心率是否超出个人的目标范围。体适能较差或高危人群运动时心率超出了目标范围是不安全的。一些生理信号可以告知是否超出功能上的极限，这就是运动无法忍受度。当达到运动无法忍受度时，会伴随着心跳过速或不规则、呼吸困难、恶心、呕吐、头痛、晕眩、不正常的脸色发红或发白、极端疲惫、全身无力、发抖、肌肉酸痛、肌肉痉挛以及胸部憋闷等症状。因此，运动时要学会观察自己身体的反应，一旦发现有以上症状，应立刻停止运动。之后如果想继续运动，则需经检查后决定。

恢复心跳数可作为过度劳累的指标。从某种程度上说，恢复心跳数与体适能水平有关。运动后5分钟，心率应低于120次/分，否则表示运动过度或有其他心脏疾病。如果降低运动强度或减少运动的持续时间，运动后5分钟的心率仍有过快的现象，就应该请医生诊疗。

第三节　体育锻炼中的急救与处理

一、急救的基本知识

体育运动中，当发生骨折、关节脱位、脑震荡、休克等较重的损伤时要实施急救，因此掌握一些基本的急救方法是非常必要的。在发生重大损伤后，要判断情况，按顺序做如下处理：

（1）先呼叫伤者，判断伤者有无意识。

（2）判断是否有呼吸，如果是有呼吸的昏迷，应首先保证伤者的呼吸通畅，然后使其保持舒适的体态，对其实施保温措施；如果有外伤，要实施包扎等手段，并将其送至医院救治。

（3）如果没有呼吸，应立即施行人工呼吸。

（4）如果没有脉搏，要立即施行胸外心脏按压。

二、常见运动损伤的急救处理

（一）开放性软组织损伤

1. 擦　伤

擦伤是因皮肤受摩擦所致的皮肤黏膜伤。轻度擦伤可用2%汞溴红溶液（红汞）、1%～2%甲紫溶液（紫药水）或0.05%碘酒涂抹，无须包扎即可

开放性软组织损伤

痊愈。注意，涂抹时不宜直接涂抹伤口，可在伤口周围消毒。

重度擦伤应首先用生理盐水和过氧化氢冲洗消毒，然后用消过毒的敷料包扎。撕裂伤、刺伤、切伤等发生后，皮肤都会有不同程度的规则或不规则的裂口，早期处理主要是清创、缝合和抗破伤风。伤口内有异物者应先清除，然后止血、缝合、包扎。

2. 骨折与关节脱位

骨折和脱位是较严重的外伤，虽然在体育运动中的发生率较低，但是一旦发生，极易因为疼痛剧烈和其他的并发症而导致休克，而不正确的处理常会引起损伤的加重。运动中相互冲撞、蹬踏，跌倒时受到地面的反作用力等都可引起骨折和关节脱位，一般上、下肢的骨折和脱位发生较多。

骨折和关节脱位

骨折和脱位发生时会出现受伤部位的疼痛、肿胀、畸形和关节功能丧失等症状。对于骨折、脱位判断明确或疑似骨折、脱位时，均应在现场按骨折进行处理。

（1）止血。对有伤口出血的受伤者，首先应采取适当的方法止血，如用干净的布类或用无菌材料覆盖在伤口上，并稍加压包扎；对于上、下肢的骨折，如果有较大动脉的出血（出血急、量大、血色鲜红），可用胶皮管、毛巾或宽布条捆扎在伤口的近心端，但不可直接缠绕在患处，其间应垫以布片或棉花等软物，并放一卷垫物在动脉位置上，以加强效果，每隔15～20分钟要松放15秒，放松时应在伤口上用敷料压迫止血。注意，不要冲洗出血的伤口；露在伤口外的骨端未经处理不可放回伤口内，以免引起感染；应盖上干净的布类或无菌材料。

（2）就地固定受伤部位。及时的固定可以避免伤骨或脱位端移动，防止损伤加重并减轻疼痛，且有利于转运。因此，不要勉强解脱受伤者的衣服，尽量避免不必要的搬动，制止受伤者做各种活动，如下肢骨折时不要搀扶其行走；如果受伤肢体肿胀严重，可剪开其衣服。

未经固定的伤员，在没有把握或条件不充分的情况下，对骨折、脱位造成的肢体弯曲、扭转或畸形不可勉强复位。可就地用木棒、木板、毛巾、宽布条等物品，也可用受伤者的健侧肢体或躯干进行临时固定。固定的范围一般应包括受伤肢体的上、下两个关节，在固定物的两端、骨突处和空隙处要用软布或毛巾垫上，防止产生压迫性损伤。如果肢体明显畸形而妨碍固定，则可以将伤肢沿纵轴稍加牵引后固定。固定用的毛巾、宽布条应缚扎在受伤部位的上、下段。上面固定后，可用布条或衣物等悬挂于胸前，下肢固定后应与健侧捆缚在一起后再转运。固定一定要牢靠，松紧度要适宜。过松会失去固定的作用，过紧则会压迫血管神经。因此，在固定时应露出指（趾）端，以观察血液循环的情况。如果指（趾）端出现苍白、青紫、发麻、发凉、疼痛时，应立即调整松紧度或重新固定。

（3）正确转运。包扎固定后，不要慌张地背起受伤者就往医院跑，或采用一人抱头、一人抱腿的抬法，也不要让受伤者屈身侧卧，防止受伤处错动摩擦引起疼痛和损伤周围的血管、神经及器官。

对已判断有脊椎骨折或疑似脊椎骨折的受伤者，不能随意搬动和进行不必要的检查；无论受伤者是仰卧还是俯卧，尽可能不要变动原来的位置；禁止用被单或软物抬运，以免加重错位，使脊椎进一步损伤。理想的方法是三人搬运法，即三个人并排蹲着或跪在伤者一侧，用手分别托住其头、肩、背、臀部和下肢，使受伤者保持平卧姿势，然后三人同时抬起，步调一致地向前行进，将受伤者移送或轻轻放至硬板担架上。在送往医院途中，将受伤者四肢和躯干用布条固定在担架上,防止途中颠簸移动,增加受伤者的痛苦。疑似腰椎骨折时,如果受伤者处于仰卧位,可在腰部垫上沙袋或卷起的衣物;疑似颈椎骨折时,务必将头部固定于伤后位置,头颈两侧垫上沙袋或卷起的衣物,防止颈部屈伸或左右旋转。

(二)闭合性软组织损伤

1. 挫伤

挫伤是因外来钝性暴力作用或运动员相互撞击而受伤,一般会出现红热肿痛及功能障碍等现象,即俗称的"硬伤"。轻者可以按照闭合性软组织损伤处理;若伤及头部、胸部、腹部及睾丸等部位,合并其他内伤,出现脑震荡、休克等现象,则应注意观察,及时抢救,并迅速转送到医院。

闭合性软组织损伤

2. 肌肉拉伤

肌肉拉伤是体育运动中常见的损伤,在准备活动不充分或肌肉疲劳时较容易发生。另外,压腿或者劈叉时幅度过大也容易导致肌肉拉伤。肌肉拉伤会严重影响锻炼、生活和学习。发生肌肉拉伤后,轻者会出现少量肌纤维撕裂,可立即做冷敷、加压包扎和抬高患肢处理,然后让肌肉处于松弛位固定休息,中后期可以进行按摩、理疗和针灸等;严重者会出现肌肉完全断裂,应及时运送到医院进行缝合处理。

3. 腰肌劳损

慢性腰肌劳损是引起慢性腰痛的重要原因,主要表现为腰部活动过多,引起长期负荷过度,致使多次微细损伤的积累,或急性腰扭伤后治疗不彻底,与多次损伤合并而逐渐导致慢性损伤。长期姿势不正确或固定于某种体位、运动后受凉等都是致病因素。大多数患者都能坚持体育锻炼或中小运动负荷训练,表现为运动前后腰部疼痛,只有少数症状较重者完全不能运动。按摩、理疗、针灸和拔罐疗法等对治疗腰肌劳损的效果较好,运动时也可用腰部保护带(护腰),并注意加强腰背肌练习。

4. 踝关节扭伤

踝关节扭伤在足球、篮球项目中发生率较高,主要由运动时跳起落下重心不稳、踩在别人脚上或者场地凹凸不平引起。踝关节扭伤后要及时治疗,避免出现习惯性扭伤。

在发生踝关节扭伤后,要及时进行现场处理。最容易犯的错误是不检查、不包扎就放冷水冲,本想止血,但常常事与愿违,反而会因水的冲击使其迅速肿胀,不但达不到冷敷的目的,反而会使肿胀更加严重。较合理的处置措施是立即用手指压迫止血,同时做强迫内翻试验及踝关节抽屉试验检查,判断损伤的程度;也可使关节小的错动复位,然后用冰敷或蒸发冷冻剂喷洒降温,加压包扎,抬高患肢,并按闭合性软组织损伤处理,或送医疗单位处理。为避免习惯性扭伤,重新运动时要打弹性绷带进行包扎固定,并协助踝关节发力,限制踝关节过度内翻,这对预防二度扭伤有较好的作用。

5. 闭合性软组织损伤的处理方法

体育锻炼中出现的损伤多为闭合性软组织损伤,如扭伤、挫伤和肌肉拉伤等,这种损伤一般可分为三个时期:早期,伤后24~48小时,严重的可持续72小时;中期,伤后48小时到6周;后期,伤后3周至12个月。这三个时期之间并没有明显的界限,这三个时期除与伤势轻重相关外,还与伤后及时合理的急救处理、治疗及康复有关。处理得当,愈合过程可缩短,且可以不留或少留后遗症,否则将可能有相反的结果。

1) 早期

这一时期最长可持续72小时,主要是组织撕裂或断裂后出现血肿和水肿,出现反应性炎症,表现为不同程度的红肿热痛及功能障碍。此时,处理原则主要是防止内出血、制动、防肿和止痛。处理办法有:① 立即停止活动,以减少出血;② 用冷水浸泡或用冰块冷敷受伤部位以达到止血、防肿和止痛效果;③ 用绷带加压包扎,防止肿胀扩大。注意,早期肿胀形成越小,后期康复就越容易,早期的正确处理对于治疗运动损伤起着关键的作用。

2) 中期

这一时期从伤后48小时到6周,此时伤处开始消肿。热疗可在24～48小时内进行,以消除水肿,促进机体尽快吸收,并减少瘢痕形成。还可用针灸、按摩、理疗等治疗方法,并尽早进行受伤部位的功能锻炼。热疗和按摩在此时的治疗中极为重要。热敷时温度不要太高,时间不要太长,避免烫伤;按摩手法应从轻到重,从损伤周围到损伤局部,以免加重受伤部位,造成再出血。

3) 后期

这一时期从伤后3周开始至痊愈。此时期主要是提高肌肉、肌腱和其他组织的功能,治疗方法主要是加强受伤部位的功能锻炼,负荷可以逐渐增加,直至剧烈运动,另外配合热敷、按摩和理疗等治疗方法。

三、溺水的急救处理

游泳时,有时因肌肉痉挛或技术上的原因会导致溺水。溺水时,水经过口鼻进入肺内,造成呼吸道阻塞,或者因吸水的刺激,引起喉部肌肉痉挛,使气体不能进出,导致窒息和昏迷。如果时间稍长,则会因缺氧而危及生命。

窒息后,脸色苍白且肿胀,眼睛充血,口鼻充满泡沫,四肢冰冷,神志昏迷,胃腹因吸满水而鼓起,甚至呼吸、心跳停止。

(一) 溺水的急救方法

(1) 将溺水者救上岸后,清除其口腔中的分泌物和其他异物,并迅速进行倒水处理,但不要过分强调倒水而延误了宝贵的抢救时间。

(2) 立即进行人工呼吸。如果心跳停止,应同时施行心脏胸外挤压。人工呼吸和心脏胸外挤压以1∶4的比例进行,急救者之间应密切配合,进行积极且耐心的抢救,直至溺水者恢复自主呼吸。

(3) 待溺水者苏醒后,立即将其送往医院,做进一步的检查和治疗。在运送途中,必要时继续进行人工呼吸。

(二) 注意事项

(1) 施行倒水以前,首先应迅速清除口鼻内的分泌物及异物,若有活动假牙也应卸下取出,并将舌头拉出,以保持呼吸通畅。

（2）吹气的压力和气量开始时宜稍大些，10～20次后应逐渐减少，以维持上胸部轻度上升为度。

（3）人工呼吸与心脏胸外挤压最好由两人配合进行，两者频率之比为1∶4。若为单人操作，两者频率之比为2∶15。

（4）进行心脏胸外挤压时，救护者压迫的部位须在患者的胸骨下段，接触胸骨应只限于掌根部，不可将手平放，手指应向上稍翘起并与肋骨有一定距离。压迫时应带有一定的冲击力，而不是缓慢地下压，但用力不可过猛，以免造成肋骨骨折，压迫方向应垂直对准脊柱。

（5）挤压后能摸到颈动脉或股动脉搏动，上肢收缩压在8.0千帕以上，口唇、牙床的颜色较挤压前红润，或者呼吸逐渐恢复，扩大的瞳孔也随之缩小，说明挤压有效，应坚持做到出现自主心跳为止。若挤压后没有上述表现，说明挤压无效，应改进操作方法或寻找其他原因，但不可轻易放弃现场抢救。

（6）在就地抢救的同时，要迅速派人请医生来处理。

四、休克的急救处理

休克是指伤者在烦躁不安、呻吟、表情紧张、面色苍白、脉搏稍快、呼吸表浅而急促的几分钟或者几秒后，精神萎靡、表情淡漠、口渴、头晕、出冷汗、四肢发凉且无力，进而昏迷。

（一）休克的急救方法

（1）调整体位。使伤者平卧或将头和躯干抬高10°，下肢抬高20°，以增加回心血流，改善脑部血液回供。

（2）注意保暖。给伤者盖上毛毯或棉被，以免受凉，但不要加温，以免皮肤血管扩张，影响生命器官的血液灌注量和增加氧的消耗。

（3）维持呼吸机能。若呼吸道有分泌物，口、鼻、咽部有血块等，应及时清除。对昏迷的伤者，应将其头侧偏，并将舌牵出口外。

（4）控制出血。若伤口有大量的外出血，应及时采用相应的方法进行止血；若有内出血，应迅速送往医院抢救。

（5）止痛。务必使伤者安静，避免过多的搬动；对疑似骨折、脱位者，应初步进行包扎固定；除严重颅脑损伤外，剧烈疼痛时可给予止痛剂。

（6）针灸急救。针刺取人中、十宣、内关、百会、涌泉、足三里、太冲等穴，应用大幅度捻转等强刺激手法。针灸取百会、大敦、神庭、隐白、气海、关元等穴，以悬灸为主。

（二）注意事项

（1）了解引发休克的原因，在进行急救处理的同时，应尽早去除病因。

（2）应尽早补充循环血容量，否则到了休克晚期，毛细血管容积扩大，需要补足的循环血量也增大，而且晚期易产生酸中毒、电解质紊乱，以及心、肾功能损害等，增加抢救的困难。

（3）止痛剂的用量切忌过大，避免引起迷走神经亢奋，使心率减慢和血压下降，并导致呼吸抑制和缺氧加重。

第二篇
球类运动

第四章 足 球

学习目标

思政元素

在运动中健全人格、锤炼意志；能够相互尊重、有效互动、包容与合作，展现民主、文明、和谐的价值观；在赛训中，倡导自由、平等、公正、法治，不管遇到任何挑战都能遵守规则、公平竞争、勇于担责、永不言弃、团结协作；保持开放的心态，愿意学习和分享球场上展现爱国无私、刻苦精神和诚实、守信、善良品质的案例，践行爱国、敬业、诚信、友善的道德行为。

身体能力

在运动中增强体质、享受乐趣；身体形态、心肺耐力、运动素质等方面达到《国家学生体质健康标准》测试要求；学会足球的基本技术、战术，具有调整身体姿势与控球的能力，勤练、常赛以适应不同的运动情景。

认知能力

了解足球运动的起源与发展，理解足球锻炼的长短期益处，掌握足球增进身心健康的手段与方法；具有在不同运动情景中恰当运用足球技战术的能力，提高协调他人与周围环境、运用战术或策略解决问题的能力。

第一节 足球运动简介

足球运动是世界上开展最广泛、影响最大的体育运动项目之一，被誉为"世界第一运动"。足球运动起源于中国，在中国古代史料中就有蹴鞠运动的记载。当时的蹴鞠运动有两种活动方式：一种是非比赛性质的蹴鞠表演，即一个或几个人控制球进行表演，类似于今天的颠球表演；另一种是有一定场地和规则的蹴鞠比赛。有文字记载，世界最早的球是中国古代的"鞠"——内充毛发之物，外裹皮革之"毬"。我国是最早发明灌气球的国家。国际足联前主席布拉特在《世界足球发展史》的报告中明确指出"足球发源于中国，由于战争而传入西方"。1985年，国际足联前主席阿维兰热在北京举行的首届16岁以下世界青少年足球锦标赛上致辞说:"这项体育运动起源于中国,它在贵国已有千年的历史。"

1863年10月26日,在英国伦敦成立了世界上第一个足球运动组织——英格兰足球协会,现代足球运动正式确立。1904年5月21日,法国、比利时、丹麦、荷兰、西班牙、瑞典、瑞士七个国家的足协代表在法国巴黎聚会,成立了国际足球联合会(简称"国际足联",英文缩写为"FIFA",总部设在瑞士苏黎世。从1900年开始,奥林匹克运动会(简称"奥运会")即有足球比赛项目。当时只有英、法两国派队参加比赛,英国队获得冠军。1928年,国际足联在荷兰首都阿姆斯特丹举行会议,决定每四年举行一届世界足球锦标赛(后更名为"世界杯赛"),并规定每届比赛与奥运会相间举行。1930年,在乌拉圭首都蒙得维的亚举行了第一届世界足球锦标赛。

世界高水平足球赛事主要有世界杯足球赛、奥运会足球赛、世界青年足球锦标赛、世界少年足球锦标赛、女子世界杯足球赛、欧洲足球锦标赛(欧洲杯)、欧洲冠军联赛、美洲杯足球赛、欧洲五大联赛(西班牙足球甲级联赛、英格兰足球超级联赛、意大利足球甲级联赛、德国足球甲级联赛、法国足球甲级联赛)等。

第二节　足球基本技战术

一、足球基本技术

足球技术是指运动员在足球比赛中所采取的合理动作的总称,它是在比赛实践中逐步形成、发展和完善起来的。

足球技术可分为无球技术、有球技术、守门员技术。无球技术包括起动、快跑(直线跑、变向跑、侧身跑、变速跑、后退跑)、急停、转身(前转身、后转身)、跳跃(单脚和双脚)、移位(跨步移位、撤步、滑步、交叉步移位)、假动作等,是足球技术不可缺少的部分。有球技术包括踢球、颠球、停球、头顶球、运球、抢截球、假动作、掷界外球等。守门员技术包括接球、扑接球、拳击球、托球、掷球、抛踢球等。

(一)熟悉球性

(1)拨球:利用脚踝关节向外(内)侧的转动,达到用脚背外(内)侧触球,将球拨向身体的侧前(后)方。

(2)推拉球:一般是指用脚前掌触球上部,将球从前向后、从左(右)侧向右(左)侧拖球,用脚弓推球的动作。

(3)扣球:运用转身、急停或脚踝关节急转压扣的动作,用脚背内(外)侧触球,将球迅速停住或改变方向。

(4)颠球:当球落至膝关节时,膝踝关节适当放松,并柔和地向前上方甩动小腿,脚尖稍翘起,用脚背轻击球的底部,将球向上颠起。

(5)倒球:用脚内侧或脚背内侧触球的不同部位,使球向前、向后或原地运动(球在两脚之间)。

 拨 球　　 推拉球　　 扣 球　　 颠 球　　 倒 球

（二）踢球技术

踢球是运动员有目的地用脚的某一部位将球击向预定目标的技术动作，其方法很多，但都是由助跑、支撑脚站位、踢球腿摆动、脚触球和踢球的随前动作这五个环节组成的，其中，以支撑脚站位、踢球腿摆动和脚触球三个环节为决定踢球的力量、性质及准确性的重要环节。

1. 脚内侧踢球

（1）动作要领：直线助跑，支撑脚站在球的侧面约15厘米处，膝关节微屈，踢球腿大腿带动小腿，小腿加速前摆，膝关节外展，脚尖上翘，踝关节紧张，脚底与地面平行，触球后中部，身体跟随移动。

（2）易犯的错误：① 踢球腿膝关节外展不够，脚尖没有翘起；② 摆腿动作太紧张，呈直腿扫球动作；③ 踢球腿脚掌内翻。

脚内侧踢球、停球

（3）练习方法：① 向前跨一步的踢球模仿练习、助跑的踢球模仿练习；② 踢手提网袋里的球，包括原地踢和边走边踢，主要体会摆腿、触球部位、击球点等动作要领；③ 一人踩球，另一人做跨步踢球练习和助跑踢球练习，主要体会支撑脚的站位和该动作与摆腿的关系；④ 对墙踢球练习或两人一球对传练习。

2. 脚背内侧踢球

（1）动作要领：与出球方向成45°角斜线助跑，支撑脚踏在球的侧后方20～25厘米处，脚尖指向出球方向，踢球腿以髋关节为轴，大腿带动小腿，小腿爆发前摆，脚尖稍内转，脚面绷直，脚趾扣紧，脚尖指向斜下方，触球的后中部（踢高球时击球的中下部），踢球腿随球继续前摆。

（2）易犯的错误：① 支撑脚的位置偏后，踢球时上体后仰，易把球踢高；② 踢球脚脚尖外转不够，接触部位不正确；③ 没有直向出球方向摆腿，形成画弧动作，以致出球点偏外。

脚背内侧踢球

（3）练习方法：① 反复做无球的模仿练习；② 一人踩球，另一人做脚背内侧踢球练习；③ 对足球墙练习，开始距墙5～7米，力量小些，然后逐渐增加距离和增大踢球力量；④ 两人一组一球，相距20～25米进行踢球练习。

3. 踢球时要解决的问题与要求

① 助跑时要特别注意最后一步支撑脚的跨步选位动作，它直接影响着踢球动作的质量和出球的效果；② 踢活动球时，支撑脚的踏地选位应考虑到踢球腿的摆动时间；③ 腿的摆动是踢球力量的主要来源，因此动作要协调、正确，要特别注意小腿的曲屈与爆发式的前摆，否则踢球动作容易僵硬、紧张而不协调；④ 踢球脚在触球一刹那，踝关节一定要紧张用力，保持脚型的固定；⑤ 踢球时，摆腿的方向、脚的部位和击球的部位都应做正确；⑥ 踢球时，随时

观察场上情况和出球目标,并养成习惯。

踢球的方法还有脚内侧踢空中球、脚背正面踢球(侧身踢空中球、反弹球、倒勾球)、脚背外侧踢球、脚尖踢球、脚跟踢球。

(三)运球技术

运球是足球运动员在跑动中用脚连续推拨球,使球处于自己控制范围内的触球动作,由运球方法的选择和准备、跑动中间断触球、为下一动作的连接做好准备三个环节组成。

1. 脚内侧运球

动作要领:支撑脚稍向前跨,踏在球的前侧方,膝关节稍弯曲,上体前倾向里转,随着身体向前移动,运球脚提起,用脚内侧推球的后中部。

2. 脚背外侧运球

(1)动作要领:跑动步幅小,身体放松稍前倾,运球脚脚跟提起,膝关节弯曲,脚尖稍内转,在迈步前伸着地前,用脚背外侧推拨球。

(2)易犯的错误:① 只是低头看球,而不能随时观察场上情况,以致不能及时完成传球或射门;② 运球时不是推拨球而是击球,使球失去控制。

练习方法:① 走和慢跑中用单脚或两脚交替运球;② 队员分成两组成一路纵队,相距20米对面站立,直线运球;③ 运球绕过障碍;④ 沿中圈运球;⑤ 绕两个圆圈成"8"字运球;⑥ 区域内变向自由运球。

3. 运球时要解决的问题与要求

① 眼睛要看球并兼顾对手和场上情况,随时改变方向和速度,及时完成传球、射门等动作;② 运球跑动要自然,步子小而短促,重心要低;③ 用力不宜太大,使球始终处于自己的控制范围内;④ 遇到对手争抢时,要用身体掩护球或用距对手远侧的脚控制球。

脚内侧运球

脚背内外侧运球

(四)停球技术

停球是指运动员有目的地用身体的合理部位,把运行中的球停挡在所需要的控制范围内,由移动、停球部位和方法、削弱球的冲力、停球后的跟随移动等环节组成。

1. 脚内侧停球

(1)动作要领:支撑脚正对来球,膝关节微屈,停球腿屈膝外转并前迎,脚尖稍翘起,脚与球接触前的刹那开始后撤,后撤过程中用脚内侧接触球,把球控制在衔接下一个动作需要的位置上。

(2)易犯的错误:① 停球脚的踝关节过于紧张,不利于缓冲;② 停球时脚离地过高,使球漏过。

(3)练习方法:① 模仿动作练习,体会停球的动作方法和要领;② 停迎面地滚球,即两人对面站立,一人踢一人停;③ 对墙踢球,迎上去停反弹回来的球;④ 跑动中停正面来球。

脚内侧踢球、停球

2. 大腿停球

(1)动作要领:面对来球,停球腿大腿抬起,以大腿中部对准下落的球,肌肉适当放松。在大腿与球接触前的刹那,大腿迅速撤引挡球,使球落于衔

大腿停球

接下一个动作需要的位置上。

（2）易犯的错误：对球的下落时间判断不准，停不到球（或球弹起）。

3. 胸部停球

（1）动作要领：① 收胸停球一般用来停胸部高度的平直球。面对来球，两脚前后（或左右）开立，两臂自然张开，重心前移，挺胸迎球，当球运行到与胸部接触前的刹那，重心迅速后移，收胸、收腹挡压球，以缓冲来球力量，把球停在身前。② 挺胸停球一般用来停高于胸部的下落球。面对来球，收下颚，两臂自然张开，两脚前后（或左右）开立，重心落在两脚之间，两膝微屈，当球运行到与胸部接触前的刹那，两脚蹬地稍上挺，同时展腹，上体稍后仰，挺胸，使球弹起改变运行路线后落于体前。

胸部停球

（2）易犯的错误：① 停球时，球在空中的位置选择不准，未能用正确部位接触球；② 没有收下颚；③ 收胸停球时收胸和收腹过晚，未能缓冲来球力量。

（3）练习方法：① 自抛自停练习；② 两人一组，一人抛球一人停球练习。

4. 停球时要解决的问题与要求

① 身体或脚接触球时要放松，并做好迎撤动作，缓冲来球的力量；② 积极移动，迎着球停球，并掌握好停球的时机；③ 支撑脚要稳固，保证停球动作的自如，做好护球动作；④ 停球动作要与传球、运球、过人和射门紧密衔接，达到快速进攻或防守的要求。

5. 接球技术四字诀

① 准，就是对来球的落点判断要准，步法步点要踏准，动作方法和接球脚的部位要准；② 柔，即动作要协调、自然、放松，也就是在接球时用脚或身体的其他部位去适应球，而不是球去碰脚或其他部位；③ 顺，要顺球势，如接地滚球时，要顺势转向运球方向，接高空球时要顺势下撤，接平急球时要顺势后撤；④ 压，即在接落地反弹球时，接球脚离地面不要超过 15 厘米，与地面成 45°角，当脚接触球的刹那间，脚要带向运球方向，在接平胸来球时，胸部微收，触球时要下压。

停球的方法还包括脚内侧停空中球（反弹球）、脚底停地滚球（反弹球）、脚背外侧停地滚球（反弹球）、脚背正面停空中球、腹部停反弹球。

（五）头顶球技术

头顶球是指运动员有目的地用前额将球击向预定目标的动作，由移动选位、身体的摆动、头触球、触球后的跟随移动四个环节组成。

1. 原地前额正面头顶球

（1）动作要领：身体正对来球方向，眼睛注视运动中的球，两脚左右开立（或前后开立），膝关节微屈，重心置于两脚间（或后脚上），两臂自然张开。当球运行到头的正前方时，两腿用力蹬地，迅速向前摆体，微收下颚，在触球前颈部瞬间做爆发式前摆，用前额正面击球中部，同时上体随球前摆。

正面头顶球

（2）易犯的错误：① 顶球时闭眼、缩颈，不敢主动迎击；② 顶球点选择不准确，顶不到球或头部蹭到球；③ 击球用力过早，出球无力；④ 蹬地、摆体或收腹和颈部紧张动作不一致。

（3）练习方法：① 顶球模仿练习；② 一人双手举球至对方头高，另一人顶球练习；③ 顶吊在吊球架上的球；④ 自抛自顶球练习；⑤ 两人一组，相距3~5米，做一抛一顶练习。

2. 头顶球时要解决的问题与要求

① 消除恐惧心理，养成主动击球和目迎目送的习惯；② 顶球时，要充分利用腰、腹力量，要在身体摆到垂直部位时击球；③ 准确判断球的运行路线，选择击球点以及击球的时间；④ 在对抗情况下能争顶球。

（六）掷界外球技术

1. 原地掷界外球

动作要领：面对出球方向，两脚前后或左右开立，膝关节弯曲，上体后仰呈背弓，重心移到后脚上（左右开立时，重心在两脚之间），双手持球、屈肘将球置于头后。掷球时，后脚用力蹬地，两腿迅速伸直快速摆体，身体重心由后脚移到前脚，同时两臂急速前摆。当球摆到头上时，用力甩腕将球掷入场内。掷球时，后脚可沿地面向前滑动，两脚均不得离地面或踏入场内，但允许踏在线上。

掷界外球

2. 掷界外球时要解决的问题与要求

① 动作必须符合规则要求；② 把球举至头后，掷球动作要连贯，两臂用力一致，两脚均不得离地，掷球时要面向出球方向。

（七）抢截球技术

抢截球的目的是把对手控制的球夺过来，转守为攻。抢截球包括抢球和截球两部分内容。抢球是利用规则所允许的条件和动作，把对方控制的球夺过来、踢出去或破坏掉。截球是把对方队员间传出的球堵截住或破坏掉。抢截球由选位、抓住时机实施抢截动作、实施抢截动作后与下一个动作紧密衔接三个环节组成。

1. 正面跨步抢球

（1）动作要领：两脚前后开立，两膝微屈，身体重心下降并放在两脚间，面向对手，在对手运球脚触球后即将着地或刚着地时，支撑脚立即用力后蹬，抢球脚以脚内侧对着球跨出，膝关节弯曲，上体前倾，身体重心移至抢球脚上，另一脚立即前跨。如双方的脚同时触球，则要顺势向上提拉，使球从对方脚背滚过。同时身体重心要迅速跟上，把球控制好。在离球稍远抢不到的情况下，可用脚尖捅抢。

（2）易犯的错误：① 身体重心不能及时移到抢球脚上，抢球脚的踝关节放松，抢球无力；② 支撑脚没有迅速跟上，影响衔接下一个动作；③ 抢截时，运用不合理的冲撞而造成犯规；④ 抢球时机掌握不好，出脚过早或太迟而失误。

2. 侧面合理冲撞抢球

（1）动作要领：当与对手并肩跑动时，身体重心稍下降，同对手接触一侧的臂要紧贴身体。当对手靠近自己一侧的脚离地时，用肘关节以上部位冲撞对手相应的部位，使其失去平衡而离开球，乘机将球控制过来。

(2) 易犯的错误：① 冲撞时用手或肘、臂推对手，造成犯规；② 不是在对手靠近自己一侧的脚离地时进行合理冲撞，因而影响效果。

(3) 练习方法：① 两人一球，原地做抢球练习；② 两人一组，相距4～6米，中间放一球，两人同时启动做向前跨步抢球动作；③ 两人一组，相距10米，一人向前直线运球，另一人做正面跨步抢球；④ 两人并肩慢跑，做冲撞练习。

3. 抢截球时要解决的问题与要求

① 选择位置要恰当；② 判断要准确，行动要果敢，掌握好抢截的时机；③ 要利用合理冲撞；④ 要紧密衔接下一个动作。

二、足球基本战术

足球比赛攻守过程中，为了战胜对手，根据主客观的实际所采取的个人行动和集体配合总称为足球战术。一个球队战术质量、战术水平的高低与全队的技术、身体素质、心理品质紧密相关。技术、身体素质是战术的物质基础，心理品质是战术的思想保证。

足球战术包括进攻战术、比赛阵型、防守战术。

（一）进攻战术

进攻战术有基础战术（个人技术的合理应用、摆脱、跑位、二、三人的局部进攻配合）和全局性战术（边路进攻、中路进攻、定位球）。

进攻原则：制造宽度，加大深度，机动灵活，应变能力。

局部进攻战术"二过一"包括：① 踢墙式二过一；② 直传斜插二过一；③ 回传反切二过一；④ 交叉掩护二过一。

（二）比赛阵型

比赛阵型是指比赛场上队员的位置分布，是本队攻守力量搭配和职责分工的形式。比赛阵型的选择要根据本队队员的特点和与赛队的特点来选择。每个场上队员在明确基本位置和主要职责的前提下，应充分发挥自己的智慧，机动灵活地行动。阵型绝不是刻板僵死的规定，它非但不限制队员的行动，相反鼓励运动员的创造性活动。

(1)"四三三"阵型：在第7届世界杯足球赛中，巴西队创造了此阵型。采用灵活机动的左边锋打法，进攻时是锋，防守时是前卫，担任双重职责，既加强了防守力量，又不减弱进攻锐气。边锋战术把突破传中、包抄射门、回抢反击表现得淋漓尽致。

(2)"四四二"阵型：英国人在1966年第8届世界杯足球赛上创造了此阵型并获得了成功，第一次登上世界冠军的宝座。采用两中锋突前，长传冲吊，中场队员见机插上的打法。

(3)"三五二"与"五三二"阵型：20世纪80年代的欧洲足球锦标赛和第13届世界杯足球赛上出现了"三五二"阵型，法国、丹麦等队是采用这种阵型的代表。但是，比赛由攻转守时，对方经常会从两侧发动和发展进攻，边后卫就势必从中场撤回至边后卫的位置，防守对方的进攻，这实际上又变成了"五三二"。

（三）防守战术

防守战术有基础战术（选位与盯人，局部防守中的保护、补位、斜线防守，围抢）和全局性战术(人盯人防守、区域盯人防守、混合防守、全队防守,制造越位、定位球)。

定位球战术包括中圈开球、掷界外球、球门球、罚球、点球、任意球等的攻守战术配合。要做到攻守平衡,使比赛更加精彩,就必须掌握控球权,做到攻守结合,完成进攻→射门→取胜的目的。

防守原则:延缓对方的进攻,保持平衡、收缩、控制。

第三节　足球专项体能

一、项目特点

足球是一项对身体素质水平要求很高的运动项目,属于既要求速度、灵敏度,又需要力量、爆发力和耐力的少数几个运动项目之一。高水平运动员在一场比赛中跑动距离超过16 000米,同时还要进行频繁的加速、减速、改变方向和跳跃运动。由此可见,体能是足球选手从事技术与战术训练的基础。

二、专项体能训练

(一)力　量

1. 速度力量

练习强度为75%～90%,练习时间为5～10秒,间歇以完全恢复为宜,重复次数为4～6次,练习组数为3～4组。

2. 力量耐力

练习强度为60%～70%,练习时间以15～45秒为宜,间歇一般以心率恢复到120次/分左右为宜,重复次数为20～30次,练习组数为3～5组。

(二)力量训练方法

1. 发展颈部、上肢和肩背力量的练习

(1)两手扶头,在颈部转动时给予抵抗力。

(2)在垫上做颈桥并推举哑铃、壶铃或轻杠铃。

(3)俯卧撑,俯卧撑向侧、前跳移,双杠双臂屈伸,单杠引体向上。

(4)推小车:甲俯卧,两臂伸直,乙两手抬起甲的两脚,甲用两手向前"行走"。

(5)两人面对坐地,两腿分开,抛、传实心球或足球。

(6)哑铃和杠铃练习。

(7)联合器械的上肢拉伸练习。

(8)重叠俯卧撑:甲保持俯卧姿势,乙在甲的背上做俯卧撑或甲、乙二人同时做俯卧撑。

2. 发展腰腹力量的练习

(1)仰卧起坐、仰卧举腿、仰卧快速屈体。

(2)侧卧做体侧屈,俯卧做体后屈。

(3)仰卧,两脚夹球离地10～20厘米,以腰为圆心画圆。

(4)肩负杠铃做体前屈或转体、抓举杠铃。

(5)展腹跳:爆发起跳并充分展腹,向后屈膝,两手尽可能地触脚跟。

(6)跳起空中转体或收腹用力顶球。

(7)跳绳中的两摇一跳和三摇一跳。

(8)联合器械的腰腹练习。

3. 发展腿部力量的练习

(1)立定跳远、多级跳远、蛙跳、助跑跳远。

(2)肩负杠铃或手握哑铃连续向上跳。

(3)单腿或双腿起跳摸高或用头触球。

(4)连续向前并腿或单腿跳。

(5)利用不同高度的凳子、桌子或专设的跳台依次做连续的跳深练习。

(6)肩扛杠铃做提踵或脚掌走,肩负杠铃由站姿下降至深蹲。

(7)向前后连续快摆大小腿,腿上可绑沙袋。

(8)远距离传球和大力射门练习。

(9)斗鸡:相互用大腿撞或挑、压对方大腿,用肩冲撞对方或闪躲对方撞击,以将对方撞击成两脚着地者为胜。

(10)背人接力:全队分成两纵队,站在起跑点,听到"预备"口令时,一人将另一人背起,见教练员手势后起跑,跑过对面的标志后交换背人,跑回起点时拍第二对同伴手后第二对再跑。依次做完,最先跑到的一组为胜。

(11)小腿负重踢球。要求在不影响正确动作规格的前提下尽力踢球。

(12)负重方形"抢劫"游戏。

4. 发展全身力量的练习

(1)负重杠铃挺举。要求完成每一环节时都必须采取爆发性动作。

(2)拔河练习。

(3)二人抢夺球练习。

(4)合理冲撞练习:二人面向或侧向做跳起冲撞练习,或甲运球,乙贴身跟随并冲撞甲,甲要稳住重心;也可二人同时争顶并在其间运用合理冲撞。

(5)倒地起身:甲运球,乙从旁铲球,乙在铲球倒地后尽可能快地起身去追球。

(6)蹲跳顶球:连续蹲跳中顶球。要求取半蹲姿势,可负重。

足球竞赛规则

第五章 篮 球

学习目标

思政元素

在运动中健全人格、锤炼意志;能够相互尊重、有效互动、包容与合作,展现民主、文明、和谐的价值观;在赛训中,倡导自由、平等、公正、法治,不管遇到任何挑战都能遵守规则、公平竞争、勇于担责、永不言弃、团结协作;保持开放的心态,愿意学习和分享球场上展现爱国无私、刻苦精神和诚实、守信、善良品质的案例,践行爱国、敬业、诚信、友善的道德行为。

身体能力

在运动中增强体质、享受乐趣;身体形态、心肺耐力、运动素质等方面达到《国家学生体质健康标准》测试要求;学会篮球的基本技术、战术,具有调整身体姿势与控球的能力,勤练、常赛以适应不同的运动情景。

认知能力

了解篮球运动的起源与发展,理解篮球锻炼的长短期益处,掌握篮球增进身心健康的手段与方法;具有在不同运动情景中恰当运用篮球技战术的能力,提高协调他人与周围环境、运用战术或策略解决问题的能力。

第一节 篮球运动简介

篮球运动是1891年由美国马萨诸塞州斯普林菲尔德(旧名春田市)基督教青年会国际训练学校的体育教师、在加拿大出生的詹姆斯·奈史密斯发明的。由于当地盛产桃子,这里的儿童非常喜欢做将球投入桃子筐的游戏,这使他从中得到启发,并结合足球、曲棍球等其他球类项目的特点,创编了篮球游戏。1892年,篮球运动首先从美国传入墨西哥,并很快在墨西哥各地得到开展。这样,墨西哥成为除美国外第一个开展篮球运动的国家。此后,这项运动传入法国、英国、中国、巴西、捷克斯洛伐克、澳大利亚、黎巴嫩等国家,在世界范围内得到了开展、普及和发展。1896年,美国人鲍勃·盖利将篮球传入我国,首先在天津、北京等城市的青年会中开展起来。在1910年中国首届全国运动会上,篮球首次被列为表演项目。1913年,篮球被列为我国国内的正式比赛项目。篮球自1951年起一直是亚运会的正式比赛项目。1932年,国际业余篮球联合会成立,男子篮球被国际奥委会承认为奥运会正式比赛项目。1946年,美国出现职业篮球联赛,并发展为目前的NBA(美国职业篮球联赛)。女子篮球运动到20世纪初才开展起来。1976年,女子篮球被列为奥运会的正式比赛项目。

第二节　篮球基本技术

一、移动技术

(一)基本站立姿势

两脚自然开立,比肩稍宽,屈膝降低重心,左脚稍前,上体微前倾,一手前伸,另一手侧伸,含胸收腹向前看。

基本站立姿势

(二)滑　步

滑步是防守移动的一种方法,易于保持身体平衡,可以向任何方向移动。两脚平行站立,两膝较深弯曲,上体略前倾,两臂侧伸。向左侧滑步时,左脚向左迈出的同时,右脚蹬地滑动,向左脚靠近,两脚保持一定的距离,左脚继续跨出。向后滑步时,一只脚向后撤步着地的同时,前脚紧随向后滑动,保持前后两脚的距离。向前滑步时,前脚向前迈出一步,着地的同时,后脚紧随向前移动,保持前后开立姿势。注意屈膝降低重心。

滑　步

(三)跑

(1)变向跑:队员在跑动中突然改变方向的跑动方法。从右向左变向时,右脚落地制动,前脚掌内侧用力蹬地,同时脚尖稍内扣,屈膝,腰部左转,上体向左前倾,快速移动重心,左脚向左前方跨出,加速前进。

变向跑

(2)侧身跑:队员向前跑动中摆脱防守,抢位置接侧向传来的球而采用的一种跑动方法。在跑动时,头部和上体转向侧面或有球的一侧,两脚尖要朝向移动方向,既保持跑动速度,又保持身体平衡,同时两手放在腰间,观察场上情况。

侧身跑

(3)急停:队员在跑动中突然制动速度的一种动作方法,是各种脚步动作衔接变化的过渡动作。急停又分跨步急停和跳步急停两种。

(4)转身:队员以一脚做中枢脚进行旋转,另一脚蹬地向前或后跨出,改变原来身体方向的一种动作方法。转身又分为前转身和后转身。

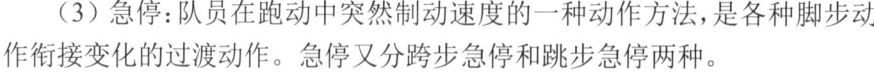

急　停　　转　身

① 前转身:移动脚蹬地,中枢脚前脚掌用力碾地,移动脚向中枢脚脚尖方向快速跨步,同时转腰转肩并保持身体平衡。

② 后转身：移动脚向中枢脚跟方向跨出，改变身体方向。转身时，中枢脚碾地旋转，移动脚蹬地并向身后撤步，腰胯主动用力旋转，身体重心跟着转移。控制重心，保持身体平衡。

二、传接球技术

（一）传球技术动作方法

（1）双手胸前传球：双手手指自然分开，拇指相对成八字形，用指根以上部位持球，手心空出。两肘关节自然位于体侧，将球放在胸腹之间的部位，身体呈基本站立姿势，眼睛平视传球目标。传球时，后脚蹬地发力，身体重心前移，两臂前伸，两手腕随之快速旋内，拇指下压，食指用力拨球并将球传出。球传出后，两手略向外翻转。

双手胸前传球

（2）单手肩上传球：双手持球于胸前，传球时（以右手传球为例），左脚向传球方向迈出半步，右手托球，同时将球引到右肩上方，肘部外展，大、小臂自然弯曲，手腕稍后屈，持球的后下方，左肩对着传球方向，重心落在右脚上。传球时，右脚蹬地发力，同时转体带动上臂，以肘领先前臂快速向前挥摆，手腕前屈，食指、中指拨球将球传出。球出手后，右脚随身体重心前移向前迈出半步，保持身体平衡。

单手肩上传球

（3）单手体侧传球：双手胸前持球，右手传球时，左脚向左侧前方跨步的同时，右手将球引至身体右侧，呈右手单手持球，拇指向上，手心向前，手腕后屈。传球时前臂向前做弧线摆动，手腕前屈，食指、中指拨球将球传出。

单手体侧传球

（二）接球技术动作方法

（1）双手接球：双手接球时，两眼注视来球，两臂伸出迎球，手指自然分开，两拇指呈八字形，手指向前方，呈半圆形。当手指触球时，迅速抓握球，两臂顺势屈肘后引缓冲来球的力量，两手持球于胸腹之间，呈基本站立姿势，做好传球、投篮或者突破的准备。

双手接球

（2）单手接球：接球手向来球方向伸出，五指自然分开，掌心正对来球，手腕、手指放松。当手指触球时，顺球的来势迅速收臂将球向后下引，置球于身体前方或者体侧，另一只手迅速扶球。双手持球于胸腹前，保持基本站立姿势。

单手接球

三、投篮技术

（一）原地投篮

原地单手肩上投篮：以右手投篮为例，双脚原地开立，与肩同宽，右脚稍向前，身体重心落在两脚掌上，右手五指自然分开，翻腕持球的后下部，左手持球的侧上方，持球于右眼的前上方，两膝微屈，目视球筐，上臂与肩平行，上臂与前臂约成90°。投篮时下肢蹬地发力，腰腹伸展，身体随之向前上方伸展，同时抬肘伸前臂，手腕前屈，手指拨球，将球柔和地从食指、中指端投出。球离手后手臂应自然跟随动作。

单手肩上投篮

（二）行进间投篮

（1）行进间单手肩上高手投篮：以右手投篮为例，当球在空中运行时，右脚向来球方向或投篮方向跨出一大步，同时接球，接着左脚跨一小步并用力蹬地起跳，右腿屈膝上抬，同时双手举球至前上方。当身体接近最高点时，右臂向前上方伸展，手腕前屈，食指、中指用力拨球，通过指端将球投出。

行进间高手投篮

（2）行进间单手肩上低手投篮：以右手投篮为例，右脚跨出一大步，同时双手接球，接着左脚跨一小步并用力蹬地起跳，右腿屈膝上抬，身体重心前移，双手向前上方举球；当身体接近最高点时，左手离球，右手外旋，掌心向上托球，并充分向球篮上方伸展，接着屈腕，食指、中指用力拨球，通过指端将球投出。

行进间低手投篮

（3）跳起投篮：以右手投篮为例，两手持球于胸前，两脚左右或前后开立，身体重心落在两脚之间，上体放松，目视球篮。起跳时，迅速屈膝，脚前掌用力蹬地向上起跳，同时双手举球到右肩上方，右手持球，左手扶球的左侧方。当身体接近最高点时，左手离球，右臂向前上方伸展，手腕前屈，食指、中指拨球，通过指端将球投出，落地时屈膝缓冲。

跳 投

四、运球技术

（一）高运球

运球时两腿微屈，上体稍前倾，目平视，以肘关节为轴，前臂自然伸展，用手指、手腕柔和而有力地按拍球的后上方。球的落点控制在运球手臂同侧脚的外侧前方，球的反弹高度在腰、胸之间。

高运球

（二）低运球

在遇到防守时，两腿应迅速弯曲，降低重心，上体前倾，球的落点在体侧，用上体和腿保护球，同时用手腕和手指短促地按拍球的后上方，将球控制在膝关节的高度，两脚用力后蹬，继续前进。

低运球

（三）运球急停急起

在快速运球中突然急停，采用两步急停，降低身体重心，手按拍球的前上方，使球停止向前运行。运球急起时，两脚用力后蹬，上体迅速前倾，同时用手按拍球的后侧上方，人、球同步快速前进。

（四）体前变向运球

以右手运球为例，运球队员从防守队员左侧变向突破时，先向其右侧做变向运球假动作，当对手移动防守运球时，突然用右手按拍球的右侧后方，使球经自己体前向左侧前方反弹。同时左脚迅速随球向左侧前方跨步，上体向左扭转，身体重心降低，侧肩贴近防守队员，将球压低。当球反弹至腹部高度时，右脚蹬地迅速前迈，左手拍球的后侧上方，超越防守队员。

（五）胯下运球

以右手运球为例，变向时，左脚在前，右手按拍球的右侧上方，将球从两腿之间运至身体左侧，然后上右脚，换手运球，加速前进。

胯下运球

（六）背后运球

以右手运球为例，在跑动中背后向左变向时，右脚前跨，同时右手按拍球的前上方，手臂迅速外旋，手指迅速向下，手心向前，在背后直臂按拍球的右侧后上方，使球向左脚的侧前方落地，随即迈左脚，球反弹后换左手继续向前按拍，加速前进。

背后运球

（七）运球后转身

以右手运球为例，当对手堵右侧突破时，迅速上左脚，微屈膝，将重心转移到左脚上，并以左脚前脚掌为轴做后转身，右手将球拉至身体的侧后方，并按拍球，使之落在身体的外侧方，然后换左手运球，加速前进。

后转身

五、持球突破

（一）持球交叉步突破

以右脚做中枢脚为例，两脚左右开立，两膝微屈，重心控制在两脚之间，持球于胸腹之间。突破时，左脚向左前方跨出半步，做向左突破的假动作，当对手重心向右移动时，左脚前脚掌内侧用力迅速蹬地，向对手左侧跨出一大步，同时上体右转探肩，贴近对手，球移至右手，向左脚右侧前方推放球，右脚迅速蹬地跨步，加速超越对手。

持球交叉步突破

（二）持球同侧步突破

以左脚做中枢脚为例，两脚左右开立，两膝微屈，重心控制在两脚之间，持球于胸腹前。突破时，左脚内侧蹬地，右脚迅速向对手左侧方跨出一大步，同时向右侧转体探肩，重心前移，右手放球于右脚侧前方，左脚迅速蹬地并向前方跨出，加速超越对手。

顺步突破

六、防守技术

防守技术是防守队员为阻挠对手的进攻，合理运用脚步移动和手臂动作，积极抢占有利位置，为达到控制球权的目的所采用的各种专门动作的方法。防守技术主要包括防守无球队员和防守持球队员。

（一）防守无球队员

（1）防守位置。防守位置选择非常重要。正确合理地抢占有利位置，是使防守主动的重要条件。一般来说，防守无球队员要做到人球兼顾，应与对手保持一定的距离和角度，站在位于对手与球篮之间偏向球一侧的位置上。① 强侧防守：防守距离较近的对手时经常采用面向对手、侧向球的斜前方站位防守的方法，又称"错位"防守。远离对手的外侧脚在前，屈膝，重心落在两脚中间，伸外侧手臂，手心向外，封锁对手的接球路线，干扰对手接球。② 弱侧防守：防守距离较远的对手时经常采用面向球、侧向对手的防守方法。靠近对手的脚在前，重心落在两脚之间，两臂伸于体侧，密切观察球与人的动作，积极封堵对手摆脱接球的路线。

防守无球队员

（2）防守姿势。应根据对手是处于强侧还是弱侧，以及防守者与对手和球的距离远近来选择采用何种防守姿势。

（3）移动步法。防守无球队员常用的移动步法有滑步、撤步、碎步、快跑和转身等。

（二）防守持球队员

（1）防投篮。防投篮时，防守者要站在对手与球篮之间，采用斜步防守，同对手保持一臂的距离。防守人要注意对手眼神和重心位置的变换，判断对手的进攻意图，当对手举球准备投篮时，防守人应随之靠近，伸直手臂用手腕封球，干扰其投篮弧度，并争取盖帽。

防守持球队员

（2）防突破。两脚平行站立，略比肩宽，降低重心，防守距离为一臂，两臂屈肘，掌心向下，放在对手胸前，干扰其手中的球。

（3）防运球。防运球遵循两条原则：一是堵中路，迫使其向边、角运球；二是堵其强手，迫使其用弱手运球。为了扩大防守面积，堵截对手向纵深方向运球时，应采取平步防守姿势。当对手开始运球时，防守者应将视线集中于对手运球的手和球上，并抢先快速向运球方向滑动，以身体的躯干对着球的落地点，阻止对手从中路运球突破。

（4）防传球。持球队员离球篮较远时，其主要的传球意图是向中锋传球。防守时要根据其位置和视线，判断其传球意图，控制其进攻性的传球。防守队员有时上前贴近对手，挥动手臂封堵其传球，最好将球打掉或干扰其传球路线、速度和落点，或迫使其向攻击威胁弱的位置传球。

（5）抢球。抢球是从进攻队员手中抢夺球。抢球时首先要接近持球队员，看准持球的空隙，双手突然抓住球猛拉或用转拖的动作将球抢过来。运用时要抓住持球队员注意力分散、转身和由空中获球下落、运球停止等时机，两手握球要准且快，用力要突然。

抢球

（6）打球。打球时接近对手是前提，掌握好时机，根据对手持球部位的高低和走势、运球时球反弹的方向和速度、投篮举球到出手前的过程等，分别由下向上、由上向下或从侧面快速伸出前臂，用腕、手指的力量拍击球，动作应快且短促。

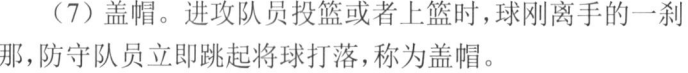

打球　　　盖帽

（7）盖帽。进攻队员投篮或者上篮时，球刚离手的一刹那，防守队员立即跳起将球打落，称为盖帽。

七、抢篮板球技术

(一)判断和抢占位置

球的反弹有一定的规律:中远距离投篮,球反弹的距离较远;篮下投篮时,球弹出的距离较近。投篮出手弧度与反弹距离也有关系,弧线高则反弹近。从左右两侧15°角投篮时,球反弹的方向一般是在球篮的另一侧15°区域或者反弹回来;从左右两侧45°区域投篮未中时,球反弹的方向一般是另一侧的45°区域或者反弹回同侧区域;左右正对着球篮区投篮时,球反弹的方向是在罚球线附近区域;在底线0°投篮时,一般球反弹的方向是球篮的另一侧区域或同侧区域。

(二)抢篮板球的技术动作

(1)抢进攻篮板球:当同伴或自己投篮时,处在内线的进攻队员首先应判断球的反弹方向,同时以假动作绕跨挤到对手的身前,利用跨步或者助跑起跳,跳到最高点补篮或抢篮板球。

(2)抢防守篮板球:当进攻队员投篮时,根据对手移动情况和位置,运用上步、撤步和转身等动作将进攻队员挡在身后,并抢占有利位置。

抢篮板球

第三节　篮球专项体能

一、腿部力量训练

(一)负重深蹲

站立,将一个杠铃放在颈后斜方肌上方,将其重量均匀地分散在两肩上。双脚比肩稍宽且朝外旋转约15°,背部尽可能打直,通过弯曲髋部和膝盖而缓慢下蹲,直到大腿与小腿成90°,大腿与地面平行。在下蹲期间,保持双肘向下且与躯干平行。躯干会稍微屈曲,以将杠铃保持在支撑面上。躯干应在骨盆处弯曲,同时保持脊柱位于正中。在到达练习的底部位置时不要弹起,要通过伸展髋部和膝盖来改变方向,上升至开始的位置。

负重深蹲

(二)硬　拉

站在地上的杠铃前,杠铃杆位于双脚中部上方。双脚间距比肩稍窄,以便在进行期间给双臂留出空间。握住杠铃,双臂伸直且垂直于地面,肩膀比杠铃杆稍高,双手放在双腿外侧。采用反握法(一个手掌朝下、另一个手掌朝上的方式)握住杠铃杆。缓慢地弯曲髋部和膝盖,同时保持背部挺直,下弯身体,直到小腿接触到仍在双脚中部位置的杠铃杆。抬高肩膀以伸直手臂,头部与位于正中的脊柱保持在一条线上。缓慢地伸展髋部和膝盖,肩部与髋部同时抬高,以从地面提起杠铃杆。保持手臂和背部打直,不要让背部弯曲。将杠铃保持在离身体很近的位置,直到站直。缓慢地屈曲髋部,然后屈曲膝盖,以将杠铃杆放回地面。

硬　拉

控制杠铃杆,直到其接触地面。

二、腰背部与核心力量练习

(一)双脚夹篮球仰卧膝手折叠两头起

仰躺在地面上,双腿伸直且并拢,双臂伸过头顶,将肚脐朝脊柱方向牵引,双手抓住一个篮球。双臂伸过头顶,坐起,将篮球从双手传到双脚之间。返回平躺在地面上,同时保持腹部收紧。双脚夹紧篮球,抬起双腿和骨盆,以将球传回到双手。缓慢地返回到平躺位置,让双臂、头和双腿舒适地放在地面上。按规定的重复次数练习。

双脚夹球两头起

(二)侧身支撑

右侧朝下侧躺,双脚、膝盖、髋部和肩膀在一条直线上,使用右肘和前臂支撑上半身。肘部应位于肩部正下方。收紧腹肌,就像在承受胃部遭到的重击。抬高髋部,直到其与膝盖和肩膀在一条直线上。坚持所需的时间,缓慢地将髋部降低到开始的位置。按规定的重复次数练习。用另一侧重复此练习。

侧身支撑

三、上半身力量练习

(一)俯卧撑

俯卧在地上,双手间距比肩稍宽,手指朝前,拇指与胸上部在一条线上,肘部靠近躯干,保持背部平直并收缩腹肌,手掌推地面,通过伸展手臂将身体移离地面。注意髋和肩必须同时抬起,缓慢地将身体降低到开始的位置,保持髋和肩部位置并控制下降速度。按照规定的重复次数练习。

俯卧撑

(二)引体向上

正手握住引体向上杆,手掌朝前,手臂完全伸展,身体处于悬垂状态,稍微弯曲膝盖,两脚踝交叉。首先朝上拉身体,保持肘部与身体在一条线上,直到胸部与引体向上杆在同一高度;身体缓慢下降,直到手臂在最初的悬挂位置上完全伸展。按规定的重复次数练习。

引体向上

四、爆发力练习

(一)团身跳

站立,双脚比肩稍宽,双臂放于身体两侧,弯曲膝盖、髋部和躯干,缓慢朝地面下降,快速伸展身体,同时双臂上抛而立即纵跳。双膝朝胸部弯曲(胸和膝应成90°角),同时用双臂环绕双膝,伸展身体时松开双臂。温和地着地,弯曲膝盖、髋部和躯干以减小冲击力,快速重复该动作,通过弯曲膝盖、髋部

团身跳

和躯干而跳跃。按规定的时间或重复次数练习。

(二)跳深接跳投

依据个人的力量和运动能力,双手持球站在规定高度的箱子上,身体靠近箱子边缘,朝前跨步(不要跳)的同时朝地面降低身体,双脚同时接触地面,然后立即快速跳起投篮。按规定的时间或重复次数练习。

跳深接跳投

(三)弓箭步蹲跳接加速跑

箭步下蹲,前腿伸展,髋部和膝盖弯曲90°,前脚朝前,后腿膝盖弯曲90°,朝向地面,并与髋部和肩部在一条线上(半跪姿势)。尽可能高地纵跳,同时保持箭步下蹲姿势。双臂应低于肩部,双手置于髋部,以着重使用双腿。着地时,保持箭步下蹲姿势,双腿交换前后位置,弯曲膝盖以吸收力,并立即冲刺规定的距离。按规定的重复次数和距离练习。

弓箭步蹲跳接加速跑

篮球竞赛规则

第六章 排 球

学习目标

思政元素

了解女排故事,弘扬女排精神,践行爱国、敬业、诚信、友善的道德行为,富有民族情怀,适应社会需求;学习女排之"竹棚精神",在排球运动中磨炼不怕苦、不怕痛、不怕累、不怕晒的顽强意志;继承女排"魔鬼训练"之志,不管遇到任何挑战都能克服运动带来的疲劳与痛楚,突破自己,挑战自己,能够遵守规则、公平竞争、勇于担责、永不言弃、团结协作。

身体能力

在运动中增强体质、享受乐趣;身体形态、心肺耐力、运动素质等方面达到《国家学生体质健康标准》测试要求;学会排球的基本技术、战术,具有调整身体姿势与控球的能力,勤练、常赛以适应不同的运动情景。

认知能力

了解排球运动的起源与发展,理解排球锻炼的长短期益处,掌握排球增进身心健康的手段与方法;具有在不同运动情景中恰当运用排球技战术的能力,提高协调他人与周围环境、运用战术或策略解决问题的能力。

第一节 排球运动简介

排球运动起源于美国,是威廉·摩根于 1895 年创造的一种比较温和的、老少皆宜的室内游戏。1896 年该游戏被命名为"Volleyball",并沿用至今。1897 年,摩根制定了排球比赛规则,有力地推动了排球运动的发展。1905 年排球传入中国,1906 年传到古巴,1908 年传到日本,1910 年传入菲律宾。排球运动在亚洲发展过程中先后经历了 16 人制、12 人制、9 人制的比赛形式,直到 1947 年国际排联成立后才正式开展 6 人制排球运动。国际排联成立至今,发展迅速,有较高的威望,目前在五大洲有 200 多个会员国,是国际体育单项组织中成员最多的一个组织。国际性的重要排球赛有奥运会排球赛、世界排球锦标赛、世界杯排球赛、世界青年排球锦标赛。1964年,排球被列为奥运会正式比赛项目。

一、我国排球运动发展概况

排球运动在20世纪初传入我国广东等地,1913年第一次亮相远东运动会,1914年列为全国性比赛项目,1921年女子排球在广东运动会上出现。中华人民共和国成立以后,排球运动和其他运动项目一样有了较快的发展。

我国各省根据各自的特点开始发展各自不同的风格和打法。20世纪60年代初,我国学习了日本队的训练经验,提出了"三从一大"(从难、从严、从实战出发,坚持大运动量训练)的号召。我国男排创造了"盖帽"拦网技术和"平拉开快球"扣球技术,还创造了前飞、背飞、拉三拉四的打法,女排发展了快速反击的打法,运动水平有了进一步的提高,推动了我国排球运动的发展。中国女排是中国各体育团队中成绩突出的体育团队之一,曾在1981年和1985年世界杯排球赛、1982年和1986年世界排球锦标赛、1984年洛杉矶奥运会上夺得冠军,成为世界上第一个"五连冠";又在2003年世界杯排球赛、2004年奥运会、2015年世界杯排球赛、2016年奥运会、2019年世界杯排球赛上五度夺冠,共十度成为世界冠军。中国女排是中国三大球中唯一一个拿到冠军奖杯的队伍。从1981年到2021年,回顾40年来中国女排获得的10个世界冠军,几经起伏,她们初心未改,形成了祖国至上、团结协作、顽强拼搏、永不言弃的中国女排精神。

二、排球运动的价值

排球运动是广大群众和青少年所喜爱的运动项目之一。其运动场地小,设备简单,运动量可大可小,既可比赛又可在空地上进行传垫球练习,不分年龄、性别,融竞技、娱乐于一体。不同技术水平的人都能从中获得愉快的情感体验,不仅有无穷乐趣,而且健身效果显著。排球运动是集体项目,没有时间限制,在激烈的对抗、快速运动、突然变化、复杂的竞争中进行,可使人的身体素质、心理素质得到锻炼,有利于培养机智灵活、勇敢顽强、积极果断的优良品质和团结协作的集体主义精神。

第二节　排球基本技战术

一、排球基本技术

(一)准备姿势和移动

准备姿势和移动是排球运动的基本动作,是完成各项技术动作的基础。尤其在当代,排球运动正迅速向快速、全面、多变的方向发展,参加比赛的队员如果未能掌握正确的准备姿势,就不可能迅速地移动选位和击球。因此,准备姿势和移动是万万不可忽视的基本功。准备姿势是指队员在排球场上处于不同位置,在完成各项技术之前所采用的不同姿势,而最常用、最基本的半蹲式是排球运动准备姿势的基础。

准备姿势和移动属于无球技术,是完成发球、传球、垫球、扣球和拦网等各项有球技术的前提和基础,对各项有球技术的运用起串联和纽带作用。准备姿势和移动相辅相成,准备姿势是为了移动,而要快速移动,又必须先做好准备姿势。

1. 准备姿势技术动作

准备姿势可根据膝关节及髋关节的弯曲度分为半蹲、稍蹲和低蹲三种。

(1)半蹲准备姿势:两脚左右开立,稍比肩宽,一脚稍前,脚尖内收,脚跟稍提起;膝关节保持一定的弯曲,其投影在脚尖前面;上体前倾,重心靠前;两臂放松,自然弯曲,双手置于腹前,目视来球,两腿保持微动。

(2)稍蹲准备姿势:动作方法与半蹲相同,只是身体重心稍高,多用于扣球和接发球前。

(3)低蹲准备姿势:比半蹲准备姿势的身体重心更低、更靠前,两脚左右、前后的距离更宽,膝部弯曲度更大,多用于接低重球。

2. 移动技术动作

移动是为了及时接近球,保持好人与球的位置,便于击球,利于迅速占据场上的合适位置。常用的移动方法有并步、滑步、交叉步、跨步、跑步等。

(1)并步与滑步:当来球距身体 1 米左右时可采用并步移动,如向左(右)移动,则外侧脚蹬地,同侧脚向来球方向跨出一步,外侧脚迅速并上,做好击球前的准备姿势。连续并步就是滑步。

移动并步、交叉步

(2)交叉步:当来球在体侧约 3 米时,可采用交叉步移动。向右移动时,上体稍右转,左脚从右脚前面向右交叉迈一步,然后右脚向右跨出一大步,同时身体转向来球方向,保持击球前的准备姿势。

(3)跨步:当来球较低,离身体 2~3 米时采用跨步,如向前移动,则后脚用力蹬地,前脚向前跨出一大步,膝部弯曲,上体前倾,身体重心移至前腿。

(4)跑步:球距人较远时采用跑步移动。跑步时,两臂要配合摆动,球在侧方或后方时应边转身边跑动。

(二) 垫 球

垫球主要用于接发球、扣球、拦回球和其他球,是比赛中争取少失分、多得分,由被动转为主动的主要技术。

1. 垫球技术的动作要领

(1)准备姿势:两脚左右开立,略比肩宽,脚尖内扣,稍屈膝,拇趾抠地,脚跟提起,身体重心着力点在前脚掌趾跟部,上体前倾,肩部放松,两臂自然弯曲置于腹前,手心相对,手指自然张开,两眼注视来球,两脚保持"静中待动"的状态。

(2)击球手形:掌跟紧靠,合掌互握,两拇指平行靠近朝前,两臂自然伸直,小臂稍外展靠拢。

(3)击球和击球点:当球飞至腹前一臂距离时,两臂夹紧前伸,插到球下,用前臂腕关节以上 10 厘米左右处桡骨内侧平面触球。

(4)击球用力:

① 若来球力量小、速度慢,击球主要靠手臂上抬力量,以增加球的反弹速度,同时配合

蹬地,使重心向前上方移动。

② 若来球有一定力量,迎击动作要大,速度要小,手臂适当放松,蹬地、提肩、压腕,向前抬臂。

③ 若来球是重球,不主动迎击球,收腹含胸,手臂随球后撤并适当放松,以缓冲来球力量,同时用微小的手臂和手腕动作控制垫球方向和角度。

2. 垫球练习方法

(1) 连续自垫:高垫、低垫、一高一低垫。

(2) 对墙垫球:近距离、中等距离(4~5步)、远距离连续垫击从墙上反弹回来的球。

(3) 距墙4~5步,对墙传、垫结合练习。

(4) 双人对垫,或自垫一次,再垫给同伴。

(5) 一人传,一人垫,达到规定次数,交换练习。

(6) 边垫球边前进(自垫),沿球场垫球一周,或钻过球网走到对场端线。

(7) 向前上步垫低球,转身追上去背垫一个高球。

(8) 跑向网前垫起一个入网球,转身追上去背垫一个界外球。

(9) 教师发球,学生轮流接发球。

(10) 隔网接发球、垫球。教师发出的球要根据学生的实际水平,在性能、位置、落点等方面加以控制。

(11) 三人接发球练习,规定发球方并提出要求,如接发球者将球垫至3号位。规定按接发球次数(总次数或成功次数)或时间,三人轮换一个位置,最后进行大组交换练习。

(三) 传 球

传球是排球运动中最主要的一项基本技术,在比赛中是阻止各种进攻战术的桥梁和枢纽。一个球队二传和全队调传水平的高低,直接影响着进攻威力的发挥。每一个排球运动的参与者都必须正确、熟练地掌握传球技术,并自如地运用于比赛之中。

移动传垫球

传球技术的动作要领如下:

(1) 准备姿势与迎球。稍蹲,上体抬起,但身体重心不后移,抬头看球,双手自然抬起,屈肘,放松,置于脸前。来球接近额头时,开始蹬地、伸膝、伸臂,两手微张,从脸前向前上方迎球。全身各部位动作应协调一致。

传球手形练习

(2) 传球手形。两手张开斜相对,手指微屈呈半球状,拇指相对呈八字或一字形,两肘自然弯曲,手腕后仰。

(3) 击球点。向前传球,在额前上方约一球距离处;向后传球,手臂比向前传球时偏后。

(4) 传球用力。

① 向前传球时,用蹬地、伸膝、向上展体和伸臂的顺序来协调手臂传球动作,迎球伸臂,由拇指、食指、中指负担球下落的力量,无名指和小指帮助控制球。手触球的刹那,手指和手腕应保持一定的紧张程度,用手指的弹力和手腕、手臂与身体伸展的协调力量将球弹击传出。

② 向后传球时,靠蹬腿、展腹、抬臂、伸肘动作,通过指腕弹力将球向后上方传出。手腕要始终保持后仰,大拇指应多发力。

(四) 发 球

发球是比赛的开始,是一项进攻性技术。发球技术掌握的方法多、运用灵活,发出的球性能好、质量高、变化大,不仅在比赛中可以破坏对方的战术组成,而且能够直接得分,起到动摇和瓦解对方士气、使本队处于主动地位的作用。在当前的国际比赛中,由于各国强队在战术打法上重视和强调了快速进攻,提高了一攻的水平,因此改进并提高发球的攻击性,增加得分率、破攻率或破坏对方快速进攻战术的发球方法,正进一步得到发展,如远距离站位发球、大力前冲发球、跳起发球等在最近的世界杯排球赛、世界排球锦标赛和奥运会排球赛中运用得越来越多。

发 球

由于发球的动作方法和发出球的性能不同,通常将发球分为下手发球、侧手发球、上手发球、旋转球、上手大力球、上手飘球、高吊球、远距离站位及跳发球等技术动作。

1. 下(或侧)手发球(右手为例)

(1) 准备姿势:面对球网,两脚自然开立,左脚在前,两膝微屈;上体稍前倾,重心在两腿之间,左手持球于腹前。

(2) 抛球:左手将球在体前右侧抛起。在抛球前,右臂伸直,以肩为轴向后摆动。

(3) 挥臂:右脚蹬地,身体重心随右臂以肩为轴向前摆动而移至前脚。

(4) 击球:指腕紧张,在腹前(或体侧)以全掌、虎口或半握拳击球。

(5) 击球部位:球的后下部。

(6) 击球后,身体随重心前移,迅速进场。

2. 正面上手发球(右手为例)

(1) 准备姿势:面对球网,两脚自然开立,左脚在前,左手托球于身前。

(2) 抛球:抬臂,手掌平托上送,将球平稳垂直地抛于右肩上方。

(3) 挥臂:在左手抛球的同时,右臂抬起,曲肘后引,与肩平,手掌自然张开,同时抬头、挺胸、展腹;然后蹬地,上体向左转动,同时收腹,带动手臂挥动,做鞭甩动作,以腰带动肩,肩带动前臂,前臂带动手腕。

(4) 击球:在右肩上方手臂伸直的最高点以全手掌击球,各手指自然张开吻合球,手腕以迅速主动的推压动作使球前旋飞行。

(5) 击球部位:球的后中下部。

(6) 击球后,身体随重心前移,迅速进场。

3. 发球技术练习方法

(1) 个人对着墙壁或挡网发球,目的是掌握或改进发球动作方法、性能,提高击球的准确性。

(2) 两人对发(隔网或不隔网)。

(3) 准确性发球。规定发球动作,要求发直线、斜线、前场、后场、中场、场角,或按场区顺序发到各区等。

（4）按规定的性能、方法发球，提高成功率。

① 连续发 10 次球为一组的发球比赛。如每个人必须成功发几个球才得 1 分，分队进行比赛，成功率高者为胜。

② 规定发若干次好球。

③ 连续发 5 次好球为一组，其中出现一个失误则此组无效，规定发若干组。

（五）扣　球

扣球是排球比赛中最积极、最有效的得分手段，是完成全队战术配合的最后一击。扣球成功与否往往能体现一个球队战术的质量，同时也反映一个球队的技术和战术水平，对一场比赛的胜负起着十分重要的作用。

扣　球

扣球的种类很多，从动作结构上可分为正面扣球和勾手扣球两种。正面扣球是比赛中运用最多的一项进攻技术，它既适于扣近网球，又可扣远网球。同时，正面扣球是各种扣球变化的基础，只有较好地掌握正面扣球技术，才能进一步掌握多种扣球技术，并能在比赛中为避开对方拦网和加强攻击性而灵活运用个人的进攻战术。因此，初学者掌握扣球技术，必须从学习正面扣球开始。

打　防

1. 扣球技术的动作要领

（1）助跑起跳：根据人与球网的距离不同，可用两步、三步或多步助跑，但最后要选择好起跳点和起跳时机，起跳一般采用两步或三步助跑。第一步决定助跑方向，第二步起到调节的作用，以选择良好的起跳点和击球点，因此当右脚跨出一大步时，左脚应迅速并上，两脚着地时两膝弯曲，两臂由体后向前上方挥摆，两脚用力蹬地起跳。

（2）空中击球：起跳后挺胸展腹，上体稍向右转，左臂向后上方抬起，身体呈反弓形。挥臂时以迅速转体收腹动作发力，依次带肩、肘、腕各关节，呈上肢鞭打状，向前上方挥动。击球时，五指微张呈勺形，并保持紧张，以全手掌包满球，击球的后中部。以掌心为击球中心，同时主动屈手腕和手指，做挥压动作，使扣出的球加速上旋。

（3）落地：前脚掌先着地，再过渡到全脚掌着地，同时顺势屈膝，收腹以缓冲下落力量，并立即做好下一个动作的准备。

2. 扣球练习方法

（1）对墙扣球。自抛自扣，连续扣反弹球；自抛高球，上步起跳扣球；起跳扣反弹球。

（2）两人对扣反弹球。自己将球抛起扣给同伴，再扣同伴传过来的反弹球。

（3）两人一组扣垫练习。一人扣球，另一人垫接球，两人相互打垫。

（4）不用球网的抛扣练习。两人一组，一人抛球、扣球，由易到难抛出不同落点的球。

（5）降低球网的扣球练习。原地自抛自扣球过网；一人抛球，另一人跳起扣球过网；远网自抛自扣球；远网一人抛球，另一人扣球过网。

（6）专人供球给教师，由教师传或抛球，学生轮流在 2、3、4 号位扣球。扣球后拣一个球放入排球车内，然后到队尾。

（7）扣、传、垫综合练习。要求扣、传、垫准确，连续不断。

（六）拦　网

拦网是防守的第一道防线,同时又是反攻得分或得发球权的有力手段。强有力的拦网可以削弱对方进攻的威力,减轻本方的防守负担,并为组织反攻创造有利条件。如能将球直接拦死,则可达到直接得分或得发球权的目的。因此,拦网技术在现代排球运动中一改过去纯防守的被动作用,成为一种积极的、带有一定进攻意义的技术,受到排球运动参与者的普遍重视。

拦　网

拦网技术由准备姿势、判断、移动选位、起跳、空中击球和落地六个环节紧密衔接而构成。在比赛中有单人拦网和集体拦网之分,集体拦网又分为双人拦网和三人拦网。单人拦网是集体拦网的基础,拦网的教学应先从单人拦网开始,在学生初步掌握扣球之后,即开始教拦网技术。拦网技术并不复杂,但战术要求较强。因此,在掌握了拦网的基本技术之后,应与扣球结合起来练习,采用扣、拦相结合的对抗性练习,这不但具有实践意义,而且可使二者相互促进,达到共同提高的目的。

1. 拦网技术的动作要领

（1）准备姿势与判断:正面近网站立,两脚左右分开,与肩同宽,两膝微屈,两臂自然弯曲并置于胸前。密切注视对方进攻队员和球的方位,随时准备移动和起跳。

（2）移动与起跳:根据对方传球和扣球的方向迅速跟随,用并步或交叉步沿网平行移动,拦网起跳时间一般比扣球者稍晚一点。

（3）空中击球:起跳时两手从额前贴近并平行球网向网上沿的前上方伸出,两臂伸直,两肩尽量上提,前臂靠近网,两臂保持平行。拦网时,在空中含胸稍收腹,双眼密切注意对方扣球的位置和动作。两臂尽量过网伸向对方上空,两手接近球,并自然张开,稍屈指。在击球瞬间,两手要突然紧张,手腕用力下压拦击来球。

（4）落地:落地时应含胸收腹。如已将球拦回,则可面对对方,以双脚前脚掌着地,屈膝缓冲;如未拦回球,则下落时要随球转头转体,立即准备做好下一动作。

2. 单人拦网练习方法

（1）两排交错站位(在两边场地面向网站立)。按照教师的要求,在原地做伸臂动作,再做伸臂后的压腕动作。

（2）两人一组,一人单手举球,另一人做伸臂拦击动作,体会拦网时的手形及触球部位。

（3）两排隔网,起跳做徒手模仿练习。

3. 集体拦网讲解和示范

集体拦网是在单人拦网的基础上进行的,因此要求在掌握个人拦网技术的基础上,抓好两人或三人间的动作配合。集体拦网应该注意以下几点:

（1）根据对方进攻区域,明确以谁为主,谁来配合。

（2）起跳时,切忌互相冲撞,以免造成犯规。

（3）空中拦击时要互相配合,两人或三人拦网的手不要重叠,手与手之间的距离不要超出一球,以免漏球。

（4）将弹跳力好、身材高大的队员放在主拦的位置上。

示范时要做主拦的各个位置的相互配合动作,让学生明确在各位置上因拦网任务的不同而有动作上的差异。

4. 集体拦网的练习方法

（1）学生成纵队，在半场各站三路，先做以 4 号位为主拦、3 号位配合的练习；再做以 3 号位为主拦、4 号位配合的练习；然后改为 2 号位与 3 号位之间的配合练习。

（2）三人一组在网前站好，看教师手势，做移动和起跳的配合拦网练习。

二、排球基本战术

排球战术是指排球比赛中，运用本队队员所掌握的各种技术和同伴间的协同配合，克制对方、夺取胜利的手段，它包括个人战术和集体战术两部分。个人战术是指比赛中靠队员个人技术动作的巧妙变化和灵活恰当的运用，达到有效地进攻和防守目的的手段；集体战术则是指全队或同队几个队员之间在比赛中有组织、有目的地协同配合，目的在于扬长避短、克敌制胜。

个人战术与集体战术相辅相成，互相促进，互相补充，缺一不可。因此，训练中必须在提高基本技术的基础上，加强全队集体战术的训练，并积极发展个人战术，使集体战术与个人战术训练紧密结合。

（一）接发球站位

接发球站位是为了合理有效地接起对方的发球并组织一攻的战术。根据对方发球的特点，采取不同的阵形。接发球的站位阵形按接发球的人数不同可分为 5 人接发球、4 人接发球、3 人接发球、2 人接发球。通常队伍采用 5 人接发球和 4 人接发球站位，高水平队伍也有采用 3 人或 2 人接发球站位的。

接发球站位

5 人接发球站位阵形主要有"一三二"站位，即"W"形，如图 6-1 所示。除 1 名二传员站在网前或从后排插上准备二传，不接发球外，其余 5 名队员都担负一传任务的接发球站位阵形。其优点是队员均衡分布，每人接发球的范围相对减小；接发球时，已站成了基本的进攻阵形，组织进攻比较方便，适合接发球水平不太高的球队。其缺点是队员之间地带较多，配合不默契时，容易出现互抢互让或前后排互相干扰的现象。

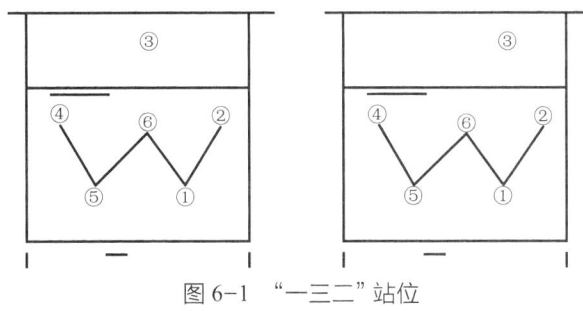

图 6-1 "一三二"站位

（二）阵容配备

阵容配备的目的是合理使用队员，充分发挥特长，有"四二"配备、"五一"配备等。

"四二"配备由 4 名进攻队员和 2 名二传队员组成,特点是容易组织进攻,如图 6-2 所示。

"五一"配备由 5 名进攻队员和 1 名二传队员组成。队员的站位与"四二"配备基本相同,只是要有 1 名同二传对角的队员作为接应二传,这样可以加强拦网和进攻力量。

二传	
主攻	副攻
二传	
副攻	主攻

图 6-2 "四二"配备

(三)进攻战术

进攻战术可分为"中一二""边一二""插上""二次球""后排进攻"五种,下面主要介绍"中一二"和"边一二"进攻战术。

1."中一二"进攻阵式

由 3 号位队员做二传,将球传给 2 号或 4 号位队员,组成进攻的配合形式,称为"中一二"。"中一二"进攻阵式是进攻战术之一,在进攻、反攻中都常采用,并且容易组织,比较简单,是初学者常用的进攻阵式,如图 6-3 所示。

2."边一二"进攻阵式

由前排 2 号(或 4 号)位队员做二传,把球传给 3 或 4 号(或 2 号)位队员进攻,这种进攻的组织形式称为"边一二"进攻阵式。"边一二"进攻阵式的优点是右手扣球者在 3 或 4 号位扣球都比较顺手,战术变化也比"中一二"多,如图 6-4 所示。

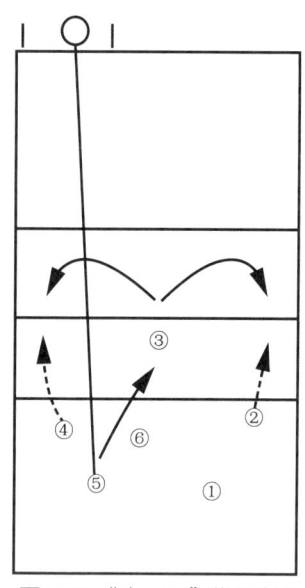

图 6-3 "中一二"进攻阵式

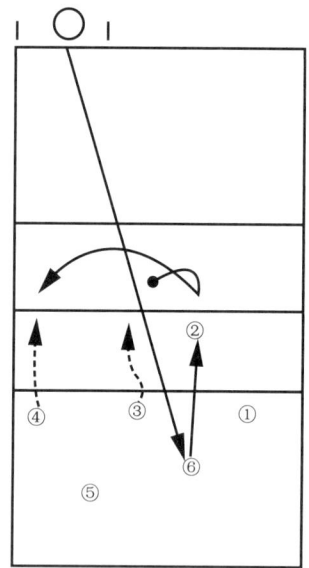

图 6-4 "边一二"进攻阵式

(四)防守技术

防守技术包括"无人拦网防守技术""单人拦网防守技术""双人拦网防守技术""集体拦网防守技术"四种。下面主要介绍"双人拦网防守技术"。

双人拦网防守技术一般在对方进攻威力较强,为了加强本方防守反攻的情况下采用。如对方 4 号位队员进攻(与从 2 号位进攻原理相同),本方由 2 号位和 3 号位队员组织双人拦网,4号位队员后撤参加后排防守,四个防守队员形成面对进攻方向的弧形防线(即边跟进"马蹄形"防守)。双人拦网防守区域范围内大致的分工如图6-5所示。

这种防守方式的缺点是拦网和防守队员之间的空隙较大,形成"中空",如果对方突然改变进攻方式,用吊球或轻扣至"中空"地区,就给防守造成很大的困难。为了解决"中空"的问题,通常是明确规定1号位队员随时跟进,担负保护拦网和防吊球任务。1号位队员要根据对方扣球的特点、二传的情况和本方拦网的情况做出判断,机动灵活地采用"跟进"的行动。"跟进"的方向和地点要根据临场的情况来选择,一般不要跟得离网太近。

当1号位队员"跟进"后,6号位队员应注意弥补1号位的空当。对方将球吊到球场中央空当时,可以由不参加拦网的4号位队员做内撤接救,但这种方法对组织反攻不利,4号位队员由防守转入反攻比较困难,需要快速完成连续动作。此外,还有采用6号位专职"跟进"保护拦网和防吊球的阵式(心跟进)。其弱点是后区有空当区,可用加强拦网及5号位队员加强判断来弥补。

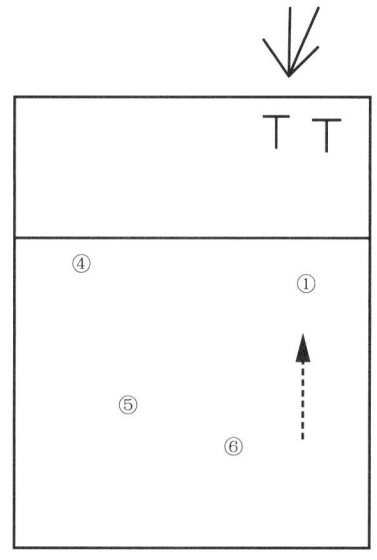

图6-5 双人拦网防守分工

第三节 排球专项体能

一、弹跳训练

(一)单足跳跃训练

(1)"跑跳步"前进。在慢跑的过程中做,注意手臂的摆动应与腿的动作协调配合。

(2)连续跨跳。在跑道、锯末跑道或垫子上做。

(3)原地起动三级、五级或七级跨跳入沙坑(或垫上)。

(4)单足左右交叉跳跃前进。左脚向右前方跨,右脚向左前方跨。

(5)凳上两足连续交换跳上跳下。

(6)左右足交替上下体操凳。右足先站在凳上,用力跳起后上体向右侧移动,左足马上与右足交换位置,站在凳上,右足则换立于凳右侧的地面上,如此连续进行。根据训练水平不同,练习时还可以穿沙衣或负一定重量的物体。

(7)左足架高,右足直腿跳,做到规定次数之后交换。

(8)在肋木前,左足高抬,踏在横木上,右足站在地上,右足用力蹬地使左腿伸直,双手扶在相应高度的横木上。还原成预备姿势,反复做几次后换另一只足。

(9)助跑2或3步,单足起跳,手摸高物。左右足交替练习。

(10)助跑2或3步,单足起跳,空中转体180°。左右足交替练习。

(11)对着篮板或墙壁做单足起跳接传球练习。该练习以不少于三人、不多于六人为宜。

(12)侧跨"三步跳",即左右足助跑两步后,左足踏跳,右足向右跨步。右足落地作为第一步,左足再向前助跑一步,然后右足踏跳,左足向左跨步。如此连续做。

(二)利用杠铃发展弹跳力的训练

(1)负大重量杠铃稍蹲起。大小腿之间角度为150°～160°。
(2)负中等重量杠铃稍蹲连续跳。
(3)负大重量杠铃提踵。前脚掌可垫一定的高物。
(4)各种重量杠铃的抓举和挺举。
(5)快拉起3～5次。要充分伸展髋、膝、踝等关节。
(6)负较轻量杠铃做单足在凳上交换跳上跳下。
(7)负较轻量杠铃做双足直腿跳。

(三)利用其他器材发展弹跳力的训练

(1)半蹲姿势跳起,连续上抛3千克(5千克)实心球。要使用伸展髋、膝、踝的力量往上抛球,而不是只靠手臂的力量。
(2)向后抛铅球或轻壶铃。要求同上。
(3)双手提壶铃蹲跳起。最好站在两个凳上进行。
(4)双手持0.5千克的小哑铃或其他重物做起跳摆臂和展腹动作,提高弹跳时的摆臂力量。

二、反应移动训练

所谓"反应移动",是指根据各种视觉信号急速反应起动,并做各种快速移动的动作。这是排球运动员的重要素质之一。

(1)看手势起动:主要采用比赛的办法,也可以采用计时的办法促使队员提高反应移动的能力。
(2)场上看手势短距离跑:二至六人一组,在端线做好起跑准备,待教练员举起的手一落,快速起动,看谁先跑过进攻线,或从边线到边线做9米跑。
(3)场上看手势短距离折回跑:起动同上,到进攻线(6米)或中线(9米)后,用脚踩线或手摸线再折回端线,跑得快者赢。
(4)两边设两个队员作为目标,可以摸他的脚或绕过他。
(5)场内变向往返移动:可以规定依次从场中心(放一物体)向各边各角往返移动半周或一周。由两人或四人同时从中心看教练员手势开始起动,进行比赛。
(6)进二退一移动:分三至四组,从端线后看教练员手势起动,按所示路线移动,规定用脚踩或手摸线。可规定采用任意方法移动,或只准前进后退移动。
(7)三或四组同时在端线后看教练员的手势起动,每过一条线,都必须双足踏过、再踏回,然后继续向前跑,先冲出端线者赢。

三、挥臂训练

（1）徒手挥臂打树叶或其他目标物。在正确挥臂动作的基础上，重点发展挥臂速率。应选择高度适当的目标物，可以原地挥臂，也可以跳起挥臂。

（2）连续挥臂打吊球。

（3）自抛排球，向球网或挡网上连续快速挥扣。

（4）持毛巾或衣物等各种轻物做连续快速挥臂。如果两人一起做，可互相纠正动作；如果个人做，可面对镜子，观察并改进动作。

（5）二人对扔棒球、垒球、小皮球、网球、手球或排球等。

（6）在排球场上扔羽毛球（或乒乓球）。向上扔，向远扔，对准墙上的目标扔等，可以比赛，主要是提高挥臂速度。

（7）快速扔排球等，二人对扔或个人对墙扔，主要提高快速挥臂的力量。

（8）两人对扔0.5千克实心球，主要为了提高挥臂力量。

（9）扔排球打实心球比赛：将队员分成两队，各站在排球场的端线外，每人拿一个排球，在中线中间放一个3千克的实心球。教练发出信号后，双方队员自由扔球击打实心球，并接对方扔过来的球连续打。先把球打出对方进攻线者就算得胜。

四、柔韧训练

排球运动员所需要的柔韧素质主要在于肩、腰和髋等部位。下面介绍部分训练方法。在做这些练习时，均可配上节奏明快的音乐。

（一）肩的柔韧训练

（1）各种摆振，如臂上振、臂后振、一上一后振等。可以手持哑铃等做上述动作。

（2）各种肩绕环，如双臂向前绕环、向后绕环、一前一后绕环。做这些练习时同样可以手持哑铃或小沙袋等重物。

（3）手扶墙或其他高度适当的物体做压肩动作。

（4）跪姿压肩。

（5）两边向侧拉肩。

（6）凳上屈肘压肩。

（7）双手握绳或体操棒等物，两手间的距离逐渐减小，由体前经头上过到体后，再回到体前。

（8）双手或单手握肋木或排球柱的拉链，身体前倾拉肩。

（9）倒握悬垂压肩：双手自体后上举握低单杠、双杠或吊环。

（10）双人压肩。

（11）双人拉肩。

（12）双人转体单手拉肩。

（13）两人一组，膝顶背拉肩。

（14）双人侧压肩。

（15）双人跪压肩。

（二）腰、腿的柔韧训练

腰和腿关节的柔韧训练常常分不开，故合在一起介绍。

(1) 向前屈体动作，如体前屈下振、分腿两侧体前屈、坐地分腿体前侧屈摸脚。
(2) 向后屈体。
(3) 横劈叉。
(4) 坐地屈腿两侧压髋。
(5) 各种踢腿动作，如向前、后、侧的摆腿。
(6) 利用肋木拉伸、摆腿、屈伸。
(7) 弓步压腿，可在平地、凳上或肋木上进行。
(8) 双人对坐并腿或分腿拉伸。
(9) 双人侧拉。
(10) 两人一组，一手压肩，一手压腿做体转。

五、游　戏

(1) 负伤抓人：规定一人开始抓人，如摸到跑动者身体的任何部位，则被摸到的人必须用一只手捂住被摸着的部位（代表负伤的部位）跑动，用另一只手去抓别人。如此轮流做。

(2) 救遇难者：在排球半场内，一人捉，其余跑，快被捉到的人可以坐在地上双脚抬起（手扶地）做收腹举腿姿势，同伴不来救他，他就不能起来，只要同伴摸他一下，他就算得救，可以起来继续跑。捉人者不得捉坐地举腿的人，但可以利用他捉前来救他的人。捉到谁，谁再捉别人。如果坐在地上的人长时间不被救，因坚持不住而两脚着地，就算被捉到，由他来捉人。

(3) 喊谁捉谁：在排球场内，全队分散站。教练员喊谁的名字，大家一起跑过去捉住他；突然喊另外一个队员的名字，又改捉另一人。可以连续喊不同队员的名字，使全队不停地跑起来。

(4) 听哨音捉人：全队分为两人一组，分别为1号、2号，可任意跑动。教练员吹一声哨，1号追2号；吹两声哨，2号追1号；吹三声则大家都停住不动。如此用各种哨声调动全体队员突起、突停、突换方向追捉。

(5) 跑圈接力赛：分两组站成两个圆圈。每组第一人看手势起跑，跑一圈后由后面一个队员接力跑。如此进行看哪组先跑完一周，最后一人先跑回原位为胜。

(6) 通过封锁线：分两队，每队6~7人，一队在排球场地中线上拉开距离，封锁住半场；另一队在半场内互相配合晃动，设法不被对方捉到，通过封锁线进入另外半场。如被捉到就不算通过，教练员计算一分钟能通过几个人，然后两组交换做。

排球竞赛规则

第七章 乒乓球

学习目标

思政元素

了解乒乓球国球精神,学习中国乒乓球文化;通过学习对乒乓球的基本技战术知识、比赛规则、体能练习方法等,全面健全人格,锤炼意志;在技战术练习中,能够相互尊重、有效互动,展现民主、文明、和谐的价值观;在比赛中,倡导自由、平等、公正、法治,无论遇到任何挑战都能遵守规则、公平竞争、勇于担责、永不言弃、团结协作的精神;在体能练习中,保持积极的心态,展现爱国无私、刻苦顽强、勇于战胜一切困难的勇气和决心。

身体能力

在运动中增强体质、享受乐趣;身体形态、心肺耐力、运动素质等方面达到《国家学生体质健康标准》测试要求;学会乒乓的基本技术、战术,具有调整身体姿势与控球的能力,勤练、常赛,以适应不同的运动情景。

认知能力

了解乒乓球运动的起源与发展,理解乒乓球锻炼的长短期益处,掌握乒乓球增进身心健康的手段与方法;具有在不同运动情景中恰当运用乒乓球技战术的能力,提高协调他人与周围环境、运用战术或策略解决问题的能力,具备一定的乒乓球比赛观赏能力。

第一节 乒乓球运动简介

乒乓球起源于英国。19世纪末,欧洲盛行网球运动,但由于受到场地和天气的限制,英国有些大学生便将网球移到室内,以餐桌为球台,用羊皮纸做球拍。1890年,英国运动员吉布从美国带回一些赛璐珞球,用于乒乓球运动。后来他们改用空心的塑料球,用木板代替网球拍,在桌子上进行"网球赛",乒乓球就这样诞生了。到19世纪末,美国出现了打带羽毛的球的游戏,还使用一种外面蒙上一层丝织物的橡皮实心球。与此同时,在日本沿海城市横滨,外国商船来往频繁,商行里经常进行类似乒乓球运动的游戏。1902年,在英国游学的日本东京高等师范学校教授坪井玄道将乒乓球整套用具带回日本,于是日本人也模仿起来。由于缺乏器材,他们把饭桌或制图桌当作球台,用毛巾或书籍堆起来做球网。球有的是胶质的,有的是丝织物的,而球拍则用盛饭的木勺子代替。1904年,上海四马路一家文具店的经理王道平从日本买来10套乒乓球器材,摆设在店中,亲自做打球表演,并介绍在日本看到的打乒乓球的情况,从此我国开始有了乒乓球运动。中华人民共和国成立后,在党和政府的重视和关怀下,乒乓球运动得到了迅速普及和发展。1959年,中国乒乓球运动员容国团在第25届世界乒乓球锦标赛中夺得男子单打冠军,鼓舞了更多的人参加这项运动,从此形成前所未有的乒乓球热潮。中国的乒乓球技术水平随之得到了很大的提高,运动员们多次在奥运会、世界锦标赛、世界杯等国际赛事中取得冠军,乒乓球也成为我国的"国球"。

中国乒乓球发展历史

第二节　乒乓球基本技战术

一、乒乓球基本技术

(一) 握　拍

目前常用的握拍方法有两种,分别是直拍和横拍。以下技术讲解均以右手持拍为例。

1. 直拍握拍法及特点

球拍正面,大拇指第一关节和食指第二关节扣住拍柄两侧,距离保持适中,拍柄压住虎口(图7-1);球拍背面,中指、无名指和小指自然重叠弯曲,用中指第一关节顶住球拍背面(图7-2)。

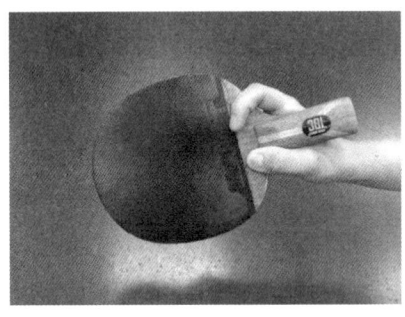
　　图7-1　直拍正面握拍姿势
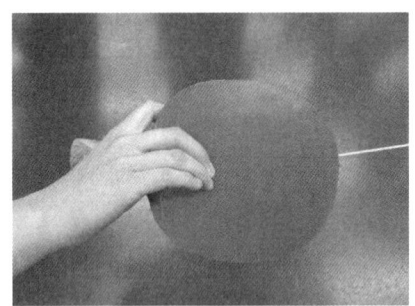
　　图7-2　直拍背面握拍姿势

直拍的优点:容易制造旋转和控制台内短球,直拍正手近台进攻的威力大,特别是进攻靠近身体的来球,让位小,出手快。

直拍的缺点:反手进攻能力偏弱,为此需要用直拍横打技术来提高反手攻击力,但是掌握这项技术的难度较大,且与直拍反手传统的推挡、搓球技术兼容度不够。

直拍实战

2. 横拍握拍法及特点

球拍正面,大拇指内侧轻贴球拍胶皮商标处(图7-3);球拍背面,食指自然伸直斜放于球拍胶皮商标处,虎口贴住球拍把侧面,中指、无名指、小拇指自然握住拍柄(图7-4)。

 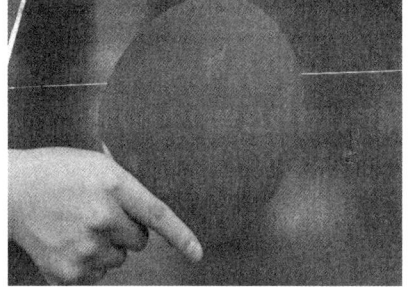

图 7-3　横拍正面握拍姿势　　　　图 7-4　横拍反面握拍姿势

横拍的优点:拍柄长度比直拍拍柄长,由于阻力臂长,因此击球力量大、弧线长,特别是离台进攻威力明显;横拍的正反手击球动作比较容易转换,正反手进攻力相对均衡,反手进攻能力强于直拍,因此在当今乒坛,使用横拍的运动员要明显多于使用直拍的运动员。

横拍的缺点:正手台内短球的控制不够,手腕不够灵活。

横拍实战

(二) 熟悉球性

通过使用球拍连续击球的用力体验练习,提高肢体控制球拍动作的时间、空间和用力感觉,初步掌握击球的力量、节奏、拍形、触球部位等技巧,同时提高对球的判断力和专注能力。

1. 托　球

把球放到球拍上,保证球在球拍中间位置不掉落,保持稳定性。熟练时可加入行走托球练习。托球主要练习手臂的稳定性及身体重心的稳定性。

托球

2. 颠　球

把球放到球拍上,持拍手向上发力使球弹起一定的高度(10～15厘米最佳),保证球不掉落,保持稳定性。颠球主要练习手臂的控制力及大臂、小臂的协调配合。

颠球

3. 对墙击球

身体距墙50～100厘米,挥拍击球至墙上一点处,保证每次发力稳定且击球准确,回合越多水平越高。对墙击球主要培养眼手协调以及控球手感。

对墙击球

(三) 站位与准备姿势

1. 站　位

站位是指运动员击球前根据自己的打法特点站立的位置。例如,采用左推右攻打法的运动员的基本站位应是近台中间偏左的位置,采用两面快攻打法的运动员的基本站位应是近台中间的位置,以弧圈球为主打法的运动员的基本站位应在中台附近,以削球为主打法的运动员的基本站位应在中远台附近。

2. 准备姿势

击球之前的基本姿势(以右手为例)应是两脚平行站立,比肩稍宽,脚跟微提,身体重心落于脚前掌,膝盖微曲,大腿与小腿夹角为105°～145°,上身腰部往前倾斜,眼睛注视来球,持拍手自然弯曲并置于身体右侧,离腹部前约30厘米处,同时肘部外张,非持拍手半握拳放松置于身体左腹部。

准备姿势

(四)正反手平击发球

发球时,发球方应在球台端线之后,在发球开始时将球自然置于非持拍手的手掌上,手掌张开,保持静止。发球时向上垂直抛起,不得使球旋转;球离开手掌之后上升不少于16厘米,从球开始下降到被击出前不能碰到任何物体。

1. 正手平击发球

正手平击发球时,左脚在前,右脚在后,左手掌心持球于球台水平面位置,右手持拍于身体右侧;左手向上抛球后,持拍手从身体右后方向挥动至前额处,拍形稍前倾,击球的中上部,击球后第一落点在本方球台中央,随后越过球网落至对方球台。击球后迅速还原成准备姿势。

正手平击发球

2. 反手平击发球

反手平击发球时,两脚平行站位,左手掌心托球,置于腹部中间,与球台水平面相平,右手持拍,置于身体左侧;左手向上抛球后,持拍手前臂迅速由后向前挥动,拍形稍前倾,击球的中上部,击球后第一落点在本方球台中央,随后越过球网落至对方球台。击球后迅速还原成准备姿势。

反手平击发球

(五)基本步法

1. 单 步

做好准备姿势,当来球角度不大时,以一只脚的前脚掌为轴,另一只脚根据来球方向分别向前、向后、向左、向右移动。单步的特点是动作快而简单,移动范围小,移动过程身体重心平稳,适于在来球离身体较近时使用。

单 步

2. 滑 步

做好准备姿势,重心保持在身体的中间。先进行分解动作练习:向右滑步时,左脚先向右移动,随后右脚向右移动;向左滑步时,右脚先向左移动,随后左脚向左移动。然后进行连贯移动练习:一只脚蹬地,另一只脚略微腾空向一侧移动,蹬地脚跟随一起滑动到一侧,滑动时重心全程保持稳定,双脚不要碰撞。滑步的大小、方向可根据来球线路随时调整。滑步是乒乓球步法中最常用、最重要的步法之一。

滑 步

3. 跨 步

做好准备姿势,当来球力量大、速度快、角度大时,先以来球同方向的脚向侧跨一大步,另一只脚迅速跟上。因第一步移动幅度大,身体重心降低,

跨 步

故不宜连续使用跨步,跨步适用于离身体较远的球。

4. 交叉步

做好准备姿势后,首先向右侧身,随后重心整体向右移动,右脚蹬地,左脚向前方迈出,然后右脚和身体重心跟上并腾空转体,在左脚落地的同时,迎球挥出球拍,顺势右脚着地。交叉步用于扑救离身体非常远的球,它的照顾范围比较大,动作幅度比较大,一般用于全台范围的跑位移动。

交叉步

5. 小碎步

做好准备姿势,时刻保持重心前倾,双脚随时小范围移动。在其他步法移动到一定的位置,但还没有找到合适的击球点时,就要通过小碎步来调整,争取更好的击球点。小碎步主要适用于各种步法的衔接、调节以及所有移动的启动和预判,是衡量一个人步法是否合理、协调、科学的重要表现。

小碎步

(六)正手攻球

以右手为例,击球前在球台中间站位,两脚分立,与肩同宽或稍宽,右脚稍后站立,膝盖微曲,弯腰下沉,重心前倾,身体距离球台约 50 厘米。当来球落至台面时,小臂外展将球拍引至身体右侧,球拍保持在台面以上 10 厘米并前倾约 60°。击球时,身体重心从右脚移至左脚,同时以腰部带动大臂、大臂带动小臂向左前上方快速挥动,并配合小臂内旋挥拍至前额位置,随后迅速还原成击球前的准备姿势。

正手攻球

(七)反手攻球

1. 横拍反手攻球

以右手为例,击球前,两脚平行站位,膝盖微曲,弯腰下沉,重心前倾,身体距离球台约 50 厘米,手臂自然弯曲并外旋,使球拍前倾约 60°,手腕内收,将球拍引至腹前偏左的位置。当来球至上升期时,大臂带动小臂加速挥动并外旋,手腕外展击球中上部,借来球反弹力量向右前方挥拍,随后迅速还原成击球前的准备姿势。

反手攻球及推挡

2. 直拍反手推挡及横打

击球前,两脚平行站位,膝盖微曲,弯腰下沉,重心前倾,身体距离球台约 50 厘米。反手推挡时,引拍尽量靠近身体,小臂向下旋转,肘关节不能外张,引拍高度位于球台上方 10 厘米并前倾约 60°。当来球至上升期时,向前发力推出,肘关节、小臂、拍子击球方向要成直线,手腕保持固定,推出后迅速还原成击球前的准备姿势。直拍反手横打在握拍上需要变化,球拍背面的三指可同时顶住球拍背面,准备姿势和横拍反手攻球类似,手腕微屈,手臂内旋,肘部抬起。当来球至上升期时,以肘关节为轴,大臂带动小臂外旋,向前向上用力,随后迅速还原成击球前的准备姿势。

（八）搓　球

1. 正手搓球

做好准备姿势，待下旋球来时，持拍手曲臂引拍，大臂带动小臂向前下方摩擦球的中下部，配合手腕动作，朝斜下方将球摩擦击出。拍形与球台的角度大约为140°，可根据旋转强弱适时做出调整：如果来球较转，球拍可以放平一些；如果来球不转，球拍可以立起来一些。

正手搓球

2. 反手搓球

做好准备姿势，待下旋球来时，持拍手手腕向小拇指方向弯曲，手背朝上，小臂带动手腕，将球向斜下方摩擦击出，手腕保持相对稳定，同样根据来球旋转以适当调整球拍角度。

反手搓球

3. 慢搓和快搓

慢搓动作要点：

（1）应根据来球的具体情况，控制好拍面的后仰角度。

（2）击球时，前臂用力为主，转腕动作不宜过大。

（3）搓加转球，在向下用力的同时，应增加前送的幅度。慢搓时动作幅度大，在来球的下降期击球，回球速度慢，但有利于增加搓球的旋转强度。

慢搓一般适用于回接旋转较强、线路稍长的来球。在对搓中，快慢搓球结合起来，可以变化击球节奏，牵制对方。

快搓动作要点：

（1）身体重心前移，身体靠近来球。

（2）前臂主动前伸，搓向球的中下部。

（3）快搓一般借力还击，若来球下旋弱，可用力下切。快搓时动作幅度小，回球速度快，借来球的前进力量将球搓回，常用于接发球或削过来的近网下旋球。

在对搓中，可利用快搓变化击球节奏，缩短对方回球的准备时间。

（九）左推右攻

做好准备姿势，站在球台偏左位置，待球来时先反手攻球，动作结束后向右滑步，同时还原成正手攻球准备姿势，正手攻球后继续向左滑步，同时还原成反手攻球准备姿势，依次循环将球击出。

左推右攻

（十）推挡侧身扑正手

做好准备姿势，站在球台偏左位置，待球来时先反手攻球，随后向左滑步侧身，同时还原成正手攻球准备姿势，侧身正手攻球后先垫步还原，随后向右侧做出交叉步并正手攻球，攻球后向左滑步，同时还原成反手攻球准备姿势，依次循环击球。

推侧扑

（十一）正手拉下旋球

判断来球是下旋球后，重心降至右脚，沉肩转腰，球拍下沉至膝盖位置

正手下旋拉

处。待来球至下降期,右脚蹬地转腰,同时大臂带动小臂朝前上方摩擦球的中部,顺势引拍至前额,重心转移至左脚,拉球完毕迅速还原姿势,准备下一板击球。

(十二)反手拉下旋球

判断来球是下旋球后,重心下沉,球拍沉至球台以下两腿之间的位置。待来球至下降期,双脚蹬地转腰,同时大臂带动小臂朝右上方摩擦球,拉球完毕迅速还原姿势,准备下一板击球。

反手下旋拉

(十三)削 球

正手削球时,右脚稍后,身体偏右侧,双膝微屈,拍形竖立,引拍至肩高附近,在来球的下降前期,小臂在大臂的带动下随身体重心的移动向下、向前、向左挥动,触球中下部,手腕控制好拍形并有摩擦球的动作。

反手削球时,左脚稍后,身体偏左侧,拍形竖立,小臂在大臂的带动下随身体重心的移动向下、向前、向右挥动,在下降前期触球中下部,手腕控制好拍形并有摩擦球动作。

削球动作幅度大,一定程度上类似中远台搓球。

削 球

(十四)乒乓球发球技术

1. 发下旋球和不转球

发下旋球时,站到球台左侧,左脚在前,右脚在后,抛球手左手手掌摊开,在球台以外的位置抛球。抛起的球必须直上直下,抛起高度不低于16厘米。抛球后,右手引拍至身体右上方,身体展开,准备击球。待球下降至与球网同高时,迅速以腰带动手臂、手腕朝下方摩擦球的中下部,一定程度上类似"切"的动作。发完球后迅速还原成准备姿势。

与发下旋球对应的是发不转球,下旋球如果发好了,不转球就相对容易些。发不转球的站位、抛球、引拍与发下旋球一样,只是在击球的瞬间用胶皮的上方击球,使它的摩擦面积减小,球的转速就减弱。也可以在击球时不摩擦球,而是将球撞击出去,发过去的球就将不转。

发下旋球

发不转球

2. 发左侧下旋球和左侧上旋球

发左侧下旋球时,站到球台左侧,左脚在前,右脚在后,抛球手左手手掌摊开,在球台以外的位置抛球。抛起的球必须直上直下,抛起高度不低于16厘米。抛球后,右手引拍至身体右上方,身体打开,准备击球,待球下降至与球网同高时,腰带动手臂、手腕迅速向左侧下方摩擦球的中下部。发完球后迅速还原成准备姿势。

发左侧上旋球与发左侧下旋球的前期准备一样,只需要注意在击球时球拍朝左侧上方发力摩擦球的中部,这样即可发出左侧上旋球。

发左侧下旋球

发左侧上旋球

3. 发右侧下旋球和右侧上旋球

发右侧下旋球时,站到球台左侧,左脚在前,右脚在后,抛球手左手手掌

发右侧下旋球

摊开，在球台以外的位置抛球。抛起的球必须直上直下，抛起高度不低于16厘米。抛球后，右手手腕引拍内扣，待球下降至与球网同高时，小臂带动手腕向右侧下方摩擦球的中下部。发完球后迅速还原成准备姿势。

发右侧上旋球与发右侧下旋球的前期准备一样，只需要注意在击球时球拍朝右侧上方发力摩擦球的中部，这样即可发出右侧上旋球。

发右侧上旋球

（十五）乒乓球接发球技术

1. 接上旋球

采用正、反手攻球或推挡回接，拍面适当前倾，击球的中部，调节好向前的力量，接完后迅速还原，准备下一板进攻。

2. 接下旋长球

采用正、反手搓球或削球回接，若来球较长也可采用正、反手拉下旋球回接。接下旋球时，搓球多以控制对方为主，拉球上手进攻是最理想的选择。

3. 接左侧下旋球、左侧上旋球

接左侧下旋球时，接法与下旋球类似，采用搓球、削球或者拉球，但是接球时拍形需要偏右侧一点，因为对方发球带有左侧旋性质，应依据来球旋转强度，适当调整搓球或者拉球的拍形。接左侧上旋球时，同样采用正、反手攻或推挡回接，球拍也要偏右侧一点，依据来球旋转强度，球拍适当前倾以抵消左侧旋旋转。

4. 接右侧下旋球、右侧上旋球

接右侧下旋球时，接法与下旋球类似，采用搓球、削球或者拉球，但是接球时拍形需要偏左侧一点，因为对方发球带有右侧旋性质，应依据来球旋转强度，适当调整搓球或者拉球的拍形。接右侧上旋球时，同样采用正、反手攻或推挡回接，球拍也要偏左侧一点，依据来球旋转强度，球拍适当前倾以抵消右侧旋旋转。

（十六）乒乓球双打技术

乒乓球双打比赛双方各出2名运动员，按规则规定的顺序轮流击球。双打比赛项目有混合双打、男子双打、女子双打。竞赛方法和比赛规则与单打基本相同，技战术使用和步法的运用也十分类似，但双打在发球、接发球及击球的顺序上有特殊的规定，具体如下：

双　打

1. 发　球

在双打中，发球方的球应先后触及发球员和接发球员的右半区第一次（中线算右半区）。在一场比赛中，如果裁判员对运动员发球合法性第一次有怀疑，则叫停比赛并警告发球方；此后如果裁判员对该运动员或其双打同伴发球的合发性再次怀疑，则判接发球方得一分。

2. 比赛次序

在双打中，首先由发球员发球，再由接发球员还击，然后由发球员的同伴还击，再由接发球员的同伴还击，运动员按此次序轮流还击。

3. 计　分

双打时,发球员将球发错半区或对方运动员击球次序错误,都要被判失分,其他计分规则与单打比赛一样。

4. 发球、接发球和方位的次序

（1）在获得每 2 分之后,接发球方即成为发球方,依次类推,直至该局比赛结束；或者直至双方比分都达到 10 分或实行轮换发球法,这时发球和接发球次序不变,但每人只轮发一分球。

（2）确定发球员。在双打的第一局比赛中,先发球方确定第一发球员,再由接发球方确定第一接发球员；在以后的各局比赛中,第一发球员确定后,第一接发球员应是前一局发球给他的运动员。在双打中,每次换发球时,前面的接发球员应成为发球员,前面发球员的同伴应成为接发球员。一局中,首先发球的一方在该场下一局应首先接发球。

（3）在双打决胜局比赛中,当一方先得 5 分时,双方交换方位,发球方继续发球,接发球方应交换接发球次序,直到比赛结束。

例如 AB 和 ab 两对选手,若第一局 A 发球,a 接发球,则下一轮发球为 a 发球,B 接发球,再下一轮为 B 发球,b 接发球,下一轮为 b 发球,A 接发球,下一轮为 A 发球,a 接发球……依次循环,直到一方获胜。第二局交换方位后,由 a 先发球,A 接发球,下一轮为 A 发球,b 接发球,下一轮为 b 发球,B 接发球,下一轮为 B 发球,a 接发球,下一轮为 a 发球,A 接发球……依次循环直到比赛结束。第一局和第三局对位轮次相同,第二局和第四局对位轮次相同,第五局开局对位轮次和第一、第三局相同,当一方比分达到 5 时,双方交换方位,如遇比分为 5∶1 或 5∶3（总分为偶数）时,原发球员变成接发球员,原接发球员变成发球员；如遇比分为 5∶2 或 5∶4（总分为奇数）时,此前一位运动员继续发球而由先前接发球员的同伴接发球。这样做是为了保证双打比赛中对位的公平性。

5. 发球、接发球次序和方位的错误

裁判员一旦发现发球、接发球次序错误,应立即暂停比赛,并按该场比赛开始时确立的次序,按场上比分由应发球或接发球的运动员发球或接发球。在双打中,应按发现错误时那一局中首先有发球权的一方所确立的次序进行纠正,继续比赛。裁判员一旦发现运动员应交换方位而未交换发球、接发球时,应立即暂停比赛,并按该场比赛开始时确立的次序,按场上比分运动员应站的正确方位进行纠正,然后继续比赛。在任何情况下,发现错误之前的所有得分均有效。

二、乒乓球基本战术

（一）基本战术

在比赛中,运动员根据自己和对方的情况,有目的、有意识且正确地运用自己掌握的各种技术,发挥自己的长处,攻击对方的短处。为战胜对手所采用的有效方法为战术。战术以基本技术为基础,技术的纯熟性、全面性直接影响比赛中战术的运用。比赛中的技战术变化很多,因此在训练中要将基本技术和基本战术相结合,才能使所练的技战术不呆板,从而在比赛中取得好成绩。基本技术和战术之间既有区别又紧密相连,没有好的战术,基本技术无

法施展,没有好的基本技术,战术也无法发挥。技术的发展必然会出现新的战术,而战术又将促进新技术的改进和发展。

1. 了解对手,分析对手

在比赛前,要观察对手的情况,通过观察了解其技战术水平,比如长处在哪、弱点在哪,球拍的性能,发挥状态等,做到心中有数,再根据自己的技战术水平,有针对性地制订出自己的作战方案,做到知己知彼,有的放矢。

2. 以己之长,克彼之短

每个队员都有属于自己的一套比赛方法和技战术特点,比如有的发球好、有的发球抢攻好、有的回合好、有的搓攻好。比赛中要争取发挥自己的技战术优势,同时想办法遏制对方的优势,牵制对方,掌握比赛的主动权,争取胜利。

3. 灵活机动,敌变我变

在比赛中,战术的制定要多变,不能一套战术打到底。比如自己发球好,比赛开始,连得几分,可对方适应后,便出现了接发球抢攻战术,这时便要换一种发球方法。又如发反手直线长球,对方反手回球后,压低底线,取得好的效果,但对方适应后突压自己正手,这样也会造成自己措手不及。此时,应使球的旋转角度、落点变一变,给对方回球制造困难,这样才能取得比赛的主动。

4. 多观察,多变化

在比赛中,运动员要时刻观察对手的一举一动,发球或打回合时要用眼睛的余光盯住对方。如在发球时,这个球本想发对方反手位,球刚抛起时,余光观察到对方想侧身用正手进攻,这时可随机应变,将球发到对方直线正手位,使对方措手不及。

5. 勇于拼搏,敢拼敢抢

在比赛中,要敢打敢拼,领先了不放松,一鼓作气,乘胜前进;落后了不气馁,不放弃,奋起直追。关键时刻不手软,特别是到最后关键球时,要敢于上手,发挥自己的优势技战术,这样才能在比赛中发挥自己的水平,达到理想的成绩。

(二)战术种类

战术是一种先发制人的技术,大部分运动员是以进攻为主,用作得分的主要手段。战术的种类有很多,其运用要结合自己的特点来定,发球好的有发球抢攻战术,回合好的有对攻战术,拉球好的有拉攻战术等。

1. 发球抢攻战术

(1)发长球与短球结合落点变化进行抢攻。
(2)发上旋或下旋球结合落点变化进行抢攻。
(3)发侧上或侧下旋球结合落点变化进行抢攻。
(4)发上旋长球进行抢攻。

2. 相持对攻战术

(1)攻左、右两条线拉开,或逢直线变斜线、逢斜线变直线。

（2）抢攻后压对方反手，再突然侧身攻对方左、中、右三点。

（3）在对方位置还原不好的情况下，攻对方身体中路，随后变两条斜线。

（4）轻重相结合。如对方退到远台，在相持的情况下，可突然借力，放一个短球，等对方扑上来后，再拉一个长球，使之措手不及。

（5）攻防结合。比赛中，随时都可能主动变被动或被动变主动，因此要能攻能守。对方攻时可用正、反手防守，挡对方的空当，争取主动；进攻对方时，对方回的角度很大，位置移动不到位，先轻挡过渡调整一板，再找机会进攻。

3. 搓球抢攻战术

（1）对方发球后，搓对方反手短球；对方搓球回球后，可突然搓到对方的两条线长球。

（2）对方发球后，搓对方反手长球，然后突然摆正手位短球，找机会进攻。

（3）自己发球，发对方正手位短球，对方回搓一个反手位短球，在其不能侧身的情况，可直接搓其反手空当，也可搓追身球。

（4）搓球主要是调动、控制对方，从而为自己进攻创造条件。

4. 接发球抢攻战术

（1）用抢拉、抢攻、拧拉等技术抢攻对方发球。

（2）对方发球后，用快搓、摆短等技术控制对方上手，从而为自己进攻创造机会。

（3）主动上手。因为进攻是最好的防守，所以主动进攻是最有效的回球方法。

5. 削中反攻战术

（1）削转与不转球，伺机反攻。

（2）削长短球，伺机反攻。

（3）削两个大角，伺机反攻。

（4）利用胶粒球拍的性能变化，伺机反攻。

以上几套战术是乒乓球比赛中常用的战术，比赛中要根据自己的打法特点和对方实力确定战术，战术要随场上情况而变。因此，只有平时勤学苦练，积累一定知识技能，才能在比赛中取得好成绩。

第三节　乒乓球专项体能

一、力量素质训练

（一）下肢力量素质训练

（1）蛙跳训练。运动员需两脚蹬地且腿蹬直向前方跳起，在腾空以后要挺胸收腹，尽量快地屈腿前摆，最后以双脚掌落地为动作终点。该动作需要连续不间断地重复练习，而训练量则应当考虑训练的不同阶段，同时还要根据不同训练个体予以适当调整。蛙跳主要锻炼的是股直肌和大腿肌肉，同时蛙跳很容易引起腓骨、膝盖、腿骨的伤痛，所以在练习时应注意运动量的科学性。

（2）直腿跳训练。运动员两脚与肩同宽或稍宽，自然站立，重心落于前脚掌，同时锁紧膝盖伸直，两手放松放于腰间，通过对踝关节屈伸力量的运用连续不间断地跳起，锻炼小腿跟腱及足踝力量。进阶者可增加负重或进行翻越障碍物的直腿跳训练。

（3）两手摸台角训练。运动员两脚叉开，身体面向乒乓球台，运用乒乓球步法，在腿部力量的作用下蹬地移动。在此过程中，运动员左手触摸乒乓球台的右台角，而右手则触摸乒乓球台的左台角。在规定的时间内，应开展周期训练，同时对动作次数进行计算。在训练中要保持步法移动的稳定性与速率，同时手在摸台角时要利用腰部的转体力量。

（4）短距离冲刺训练。听到发令后一腿蹬地，另一腿抬起向前迈出，身体重心前倾，两臂用力前后摆动，加快运动频率。可利用田径短跑的训练方法，开展乒乓球腿部的专项力量训练。训练过程中，依据不同的身体素质要求，将短跑的长度确定成60米、80米、100米三种。

（二）上肢力量素质训练

（1）哑铃训练。手持重量较轻的哑铃，做出前臂快速屈伸的动作。课堂训练过程中，每组设置10～20次，根据力量要求不同适当增加哑铃重量和练习组数。

（2）俯卧撑训练。身体必须保持从肩膀到脚踝成一条直线，双臂应该放在胸部位置，两手相距略宽于肩膀。用2～3秒的时间来充分下降身体，最终胸部距离地面5厘米左右，然后马上用力撑起，回到起始位置。俯卧撑主要锻炼上肢、腰部及腹部的肌肉，尤其是胸肌，是非常简单易行却十分有效的力量训练手段。

（3）手持铁制乒乓球拍的挥拍训练。运动员可以对正反手击球动作进行模仿，与脚步移动进行配合，手持球拍迅速挥拍，增加持拍手的力量训练，没有铁制球拍可用弹力带效仿进行抗阻动作训练。

（4）手腕与手指的训练。运动员手持哑铃，以不同方向转动个人手腕，与此同时，手指紧握哑铃，不停变换拿握方式进行手腕手指的力量训练。乒乓球运动对手腕手指的力量要求很高，击球瞬间发力大多是手腕手指进行的，所以要重视手腕手指的训练，训练中要选择适合的哑铃重量。

（三）腰腹部力量素质训练

（1）仰卧起坐训练。两腿并拢，两手上举，利用腹肌收缩，两臂向前摆动，迅速成坐姿，上体继续前屈，两手触碰脚面，然后还原成坐姿，如此连续进行。将仰卧起坐作为训练基础，增加难度者可负重完成仰卧起坐的训练，同时还可以对腹部力量进行合理运用，向不同的方向摆动上半身。仰卧起坐会牵涉到臀肌和腹肌，这样就需要弓背，很容易导致脊柱受损，因此在训练过程中要注意动作规范性。

（2）原地蹬地转体训练。运动员要两脚自然分开，两手叉腰，将后脚跟微微提起，重心落于脚前掌，通过脚掌蹬地的方式实现身体的转动。进阶时可手持哑铃，进行负重训练，提高训练强度。原地蹬地转体训练主要训练腰部两侧的肌肉力量，在训练过程中要保持重心稳定及核心力量的控制。

（3）平板支撑训练。身体俯卧，双肘弯曲并支撑在地面上，肩膀和肘关节垂直于地面，双脚踩地，身体离开地面，躯干伸直，头部、肩部、胯部和踝部保持在同一平面，腹肌收紧，盆底肌收紧，脊椎延长，眼睛看向地面，保持均匀呼吸。平板支撑可以有效地锻炼腹横肌，对于乒乓球训练核心力量的提升有显著变化。

力量素质对于任何运动都十分重要,因为力量反映出一个人的肌肉收缩强度,是身体和身体某部分的用力能力,没有力量就不可能进行体育活动,更谈不上运动成绩。在乒乓球运动中,需要步法移动、挥拍击球、转腰发力等技术动作,这都需要有力量的保证才可完成,因此主动增强专项力量训练的意识是参与体育锻炼的基本保证。但需要注意的是,在力量训练以后,需要适当休息并补充营养,为更好地开展后期训练提供保障。

二、速度素质训练

(一)反应速度训练

实时观察快速移动的物体,并且及时做出反应。在进行反应速度训练的过程中,首先要进行专项速度素质的训练,通过对发球机的使用,可以有效地增强出球的频率并实现随机击球,使运动员可以更好地开展反应速度训练;其次进行全台相持摆速训练,锻炼运动员的预判能力和反应速度,加强击球稳定性;还可让运动员进行随机抓球训练,使运动员保持精力高度集中,增强随机反应速度,趣味性的游戏可激发运动员参与的积极性,提高反应速度的训练效果。

(二)动作速度训练

动作速度是人体在规定条件的最短时间内完成动作的能力,它广泛地表现在乒乓球运动中,如简单反应和复杂反应的速率、单个动作和结合动作的速率、动作节奏和移动上的速率等。动作速度训练是指在发现移动目标至动作做出时的反应训练。在开展动作速度训练的过程中,可以参考三种练习方法:① 开展两人间棒垒球传球与接球的训练;② 采取完整的动作技术训练,持弹力带或者持铁拍进行重复的抗阻爆发力训练;③ 通过不断变换供球的节奏,穿插不同速度的练习手段,使运动员在不同速率下掌握不同的击球节奏。

(三)移动速度训练

移动最终要通过各种各样的步法来实现,步法移动的速度与步法本身的速率和步频有关。可以有以下三种理解:一是步幅相同,步法移动时的频率越高,移动的速度越快;二是步法移动的频率相同,步幅越大,移动速度越快;三是步法越熟练,使用越合理,移动也就越快。在开展移动速度训练的过程中,可以采用接力跑、追逐跑与反应跑等多种途径训练,也可让运动员多参加其他球类活动,如通过乒乓球、篮球、羽毛球等活动,运用各种形式的短距离冲刺、跳跃、变向、急停、急起等练习,增加步法移动训练的趣味性和娱乐性。

三、耐力素质训练

耐力素质是指机体在一定时间内保持特定强度负荷或动作质量的能力。要想确保运动员在整个赛程中体力充足,就必须要加强专项耐力素质训练。第一,对运动员一般耐力素质进行发展,开展中长跑的耐力训练,将训练的长度确定成 800 米、1 500 米、3 000 米等,运动员需要展开反复的训练,以不断强化自身的一般耐力素质。第二,对运动员一般耐力的发展,可以与专项训练方案相互结合,对专项耐力进行培养。与此同时,积极开展重复训练,适当增加训练的次数与时间,如跳绳、小碎步、阻力跑训练等。第三,多球训练方法。在这种训练方法中,训练计划应坚持超过2分钟的循环练习,通过发多球来开展连续的耐力训练。第四,比赛训练方法,可以利用多个场次与高强度的比赛形式对运动员耐力素质进行训练。

四、灵敏素质训练

灵敏素质是指人体在各种突然变化的条件下,能够迅速、准确、协调、灵活地完成动作的能力,是运动技能和身体素质在运动中的综合表现。在日常训练中,运动员提高灵敏素质的方法较多,如步法速度练习,围绕"之"字形或"T"字形锥形物跑、穿梭跑等;听信号变速跑、追逐跑,教师发出不同的指令,运用交叉步、滑步、垫步等不同类型步法急停急起;小范围内躲闪练习,通过步法移动、身体躲闪不停地躲避击打,进行随机性的灵敏性练习。

五、柔韧素质训练

柔韧素质是人体关节活动幅度的大小及跨过关节的韧带、肌腱、肌肉、皮肤及其他组织的弹性和伸展能力。乒乓球运动中的很多技术动作,如大力扣杀、拉冲弧圈球、直拍横打、削球等对运动员的柔韧素质有很高的要求。在日常训练,通过主动或被动的拉伸方法,压、踢、摆、搬、劈、绕环、前屈、后仰、吊、转等使各个关节进行静力或动力拉伸,也可通过徒手操、瑜伽、体操等练习提高专项柔韧素质,这样不仅能有效提高专项柔韧水平,还能增强专项柔韧训练内容的丰富性和多样性,同时减少受伤几率,提高参与训练的积极性与主动性。

综上所述,体能训练是提高运动能力、提升运动成绩并避免运动伤害的重要步骤。经过合理的体能训练,可增加肌肉耐力、心肺功能、敏捷度及自信心。

乒乓球
竞赛规则

第八章 羽毛球

学习目标

思政元素

了解我国羽毛球运动发展史,从"无冕之王"时代历经艰苦到奥运包揽5金的辉煌战绩,弘扬国羽拼搏精神,激发爱国情怀。引导学生走出"舒适圈",走向运动场,向自己的惰性、体力、运动技能发起挑战,坚持在运动场上挥洒汗水、磨炼意志和体验运动乐趣,树立健康第一的理念,最终养成坚韧不拔的意志和乐观向上的品格,树立顽强拼搏、奋斗有我的信念。

身体能力

在运动中增强体质、享受乐趣;身体形态、心肺耐力、运动素质等方面达到《国家学生体质健康标准》测试要求;学会羽毛球的基本技术、战术,具有调整身体姿势与控球的能力,勤练、常赛,以适应不同的运动情景。

认知能力

了解羽毛球运动的起源与发展,理解羽毛球锻炼的长短期益处,掌握羽毛球增进身心健康的手段与方法,遵守羽毛球的竞赛规则;具有在不同运动情景中恰当运用技战术的能力;提高协调他人与周围环境、运用战术或策略解决问题的能力,具备一定的羽毛球比赛观赏能力。

第一节 羽毛球运动简介

一、羽毛球运动起源

相传在14世纪末,日本出现了把樱桃插上美丽的羽毛当球,两人用木板来回对打的运动。这便是羽毛球运动的雏形。

19世纪中期,印度的蒲那(Poona)城出现了类似今日羽毛球活动的游戏,以绒线编织成球形且插上羽毛,参与者手持木拍,隔网将球在空中来回对击。这种游戏流行时间不长便消失了。

现代羽毛球运动诞生于英国。大约在19世纪70年代,一些英国军人把在印度学到的蒲那游戏带回国并作为茶余饭后的消遣。1873年的一天,英国格拉斯哥郡伯明顿

（Badminton）镇的鲍弗特公爵在其庄园中举行了蒲那游戏，游戏引人入胜，妙趣横生。随着该游戏规则水平的不断提高，技术也日益成熟，从而诞生了现代羽毛球运动，"伯明顿"（Badminton）即成为羽毛球的英文名字。未出10年，这种游戏便从伯明顿镇迅速传播开来，成为大众喜闻乐见的活动。正是这种大众娱乐性活动的广泛开展，创建了举世闻名的全英羽毛球锦标赛，把群众性运动发展成了竞技性运动。

羽毛球的发展历史

二、羽毛球运动场地与器材

（一）场　地

羽毛球场地呈长方形，长度为13.40米，双打场地宽为6.10米，单打场地宽为5.18米，场地上各条线宽均为4厘米，如图8-1所示。

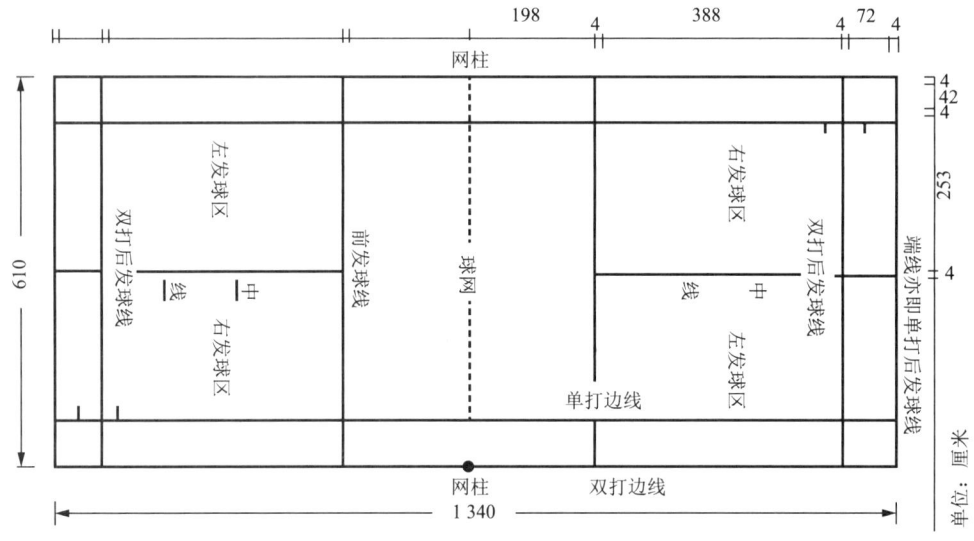

图8-1　羽毛球场地

（二）网柱与球网

羽毛球网长6.10米、宽76厘米，由优质深色的天然或人造纤维制成，网孔大小在15～20毫米之间，网的上沿缝有75毫米宽的双层白布（对折而成），将细钢丝绳或尼龙绳从夹层穿过，并牢固地张挂在两网柱之间。标准球网应为黄褐色或草绿色。网柱高1.55米，无论是单打或双打，两根网柱都应分别立在双打场地边线的中点上。正式比赛时，球网中部上沿离地面高必须为1.524米，球网两端高为1.55米。球网的两端必须与网柱系紧，它们之间不应该有缺缝。

（三）球与球拍

1. 羽毛球

羽毛球可用天然材料、人造材料或两者混合制成。羽毛球应将16根羽毛插在半球形软木球托上。软木球托直径为25～28毫米，托底为圆形，包有一层白色薄皮革或类似材料制成的皮。羽毛从托面至羽毛尖长62～70毫米。羽毛上端围成圆形,直径为58～68毫米。在球托上1.25厘米和2.5厘米处,用线或其他材料将羽毛扎牢。标准羽毛球的质量应为4.74～5.50克。

2. 羽毛球拍

羽毛球拍由拍框、拍线、拍杆、拍柄构成。球拍质量为78～120克,总长度不超过68厘米,宽不超过23厘米。球拍框为椭圆形,拍框面长不超过28厘米,宽不超过22厘米。球拍不得有附加物和突出部分,不允许改变球拍的规定样式。

第二节　羽毛球基本技战术

一、羽毛球基本技术

以下技术讲解均以右手持拍为例。

(一)握拍法

握拍法是学习羽毛球击球基本技术的基础,能否正确掌握握拍的方法对今后学习和运用其他各项基本技术有着十分重要的影响。握拍是击球的基础,正确的握拍有利于发力和控制发力的大小,并有利于控制击球的拍面。羽毛球的握拍方法有很多,特别强调握拍要"活",也就是要求运动员应在击球时,根据技术运用的需要灵活地变化自己的握拍方法。羽毛球的击球技术比较复杂多样,实战中,击球点经常会出现在击球者身体的上下、左右、前后各个方向。如果在如此众多的击球点上不能快速、熟练地变换握拍方法,就难以充分发挥击球的力量,控制和变化出球的方向。基本的握拍法主要有两种,即正手握拍法和反手握拍法。

1. 正手握拍法

虎口对着拍柄窄面内侧的小棱边,拇指和食指贴在拍柄的两个宽面上,食指和中指稍分开,中指、无名指和小指并拢握住拍柄,掌心不要紧贴拍柄,要留有一定空隙,拍柄端与近腕部的小鱼际肌齐平。自然握拍状态下,拍面基本与地面垂直。一般来说,正手发球、右场区击球和左场区头顶击球等都采用这种握拍法。

正手握拍法

2. 反手握拍法

在正手握拍法的基础上,拇指和食指将拍柄稍向外转,食指稍向中指收拢,拇指内侧贴在拍柄的内侧棱上或宽面上,并提高拇指的位置,降低食指的位置,使击球时更能借用拇指的力量。

反手握拍法

3. 握拍常见错误

学习基本握拍方法时,容易出现以下错误:

(1)采用类似"苍蝇拍式"握法,这种握拍方法在羽毛球击球中主要在近网扑球和封网时才较多使用。

(2)"握拳式"一把抓握拍,即食指低于拇指,与中指并拢握拍。击球前

握拍常见错误

握拍太紧,掌心与拍柄没有留有空隙,直接影响了握拍的灵活变化,同时也影响了击球瞬间的发力。

(3)食指过于前伸,直接按在拍柄上部,导致击球瞬间难以握紧球拍发力。

(4)握拍时,小鱼肌未与拍柄末端齐平,导致拍柄末端外露。这在双打发球、平抽挡和封网时是正确的握拍方法,但在一般情况下不宜采用。同样,过于后握球拍也是不合适的。

刚开始学习时,使用正确握拍方法往往会感到不习惯,尤其在还击后场正手击高球、吊球和杀球时,都会自然地采用类似"苍蝇拍式"握法,但是应该懂得在正手击球时,前臂旋内才是主要的击球力量源泉。如果不能学会正确的发力方法、正确的握拍方法,不仅打不好球,还会误认为"苍蝇拍式"握法反而容易上手。因此,要想学好正确的握拍方法,就应在学习正确握拍方法的同时学会正确的击球发力方法。

(二)发球与接发球技术

羽毛球的发球方法从技术动作上可分为正手发球和反手发球,根据球发出后在空中飞行的弧线和落点的不同,又可分为高远球、平高球、平快球、追身球、网前球等。无论采用哪种方法,发哪种弧线和落点的球,在动作准备和挥拍的前期阶段都应力求动作的一致性,以使对方难以判断你的发球落点和意图。不同发球弧线和落点的关键在于击球瞬间球拍与地面所形成的角度、用力的大小和球与球拍接触的部位不同。

1. 正手发球

身体左肩侧对球网,两脚分立,与肩同宽。左脚在前,脚尖向网,右脚在后,脚尖稍向右侧,重心放在右脚上。准备发球时,右手握拍向右后侧举起,肘部微屈,左手拇指、食指和中指夹住球,举在腹部右前方。准备发力击球时,先放开球,然后转体同时挥拍击球。击球时,身体重心由右脚移至左脚上。

1)正手发高远球

在左手放开球使之下落时,右手上臂带动前臂,自右后方随转体向左前上方挥拍。在球下落到右臂向前下方伸直能接到球的刹那,紧握球拍,并利用手腕屈伸的力量向前上方发力击球,然后球拍顺势向左上方挥动并缓冲。

正手发高远球动作常见错误:

(1)持球手将球向上抛而不是放开球使之顺势落下,这种动作将影响初学者发球稳定性。

(2)击球瞬间,拍面没有正对球头。击球时,出现不同角度的切球动作,这将极大地影响发高远球的高度和角度。

(3)击球后,持拍手不是顺势向左肩上方缓冲,而是向右肩上方挥动,这不仅影响动作的美观,还容易造成手臂的损伤。

正手发高远球

2)正手发网前球

握拍要放松,上臂动作要小,主要靠前臂带动手腕向前送,球的弧线要尽量控制贴网而过,落点在前发球线附近。

正手发网前球动作常见错误:

(1)动作的节奏掌握不好,动作突然僵硬,容易导致发球稳定性差。

正手发网前球

(2)击球时,手腕上挑或拍面向上发力,这种动作容易使球飞行弧度过高。

2. 反手发球

反手发球是指采用反手握拍法,用反拍面击球的发球方法的统称。其特点是动作幅度小、速度比较快、突然性强,但发力不如正手发球,一般多用于双打比赛中,目前在男子单打比赛中也被普遍使用。

反手发球站位一般靠近前发球线的中线处,左脚或右脚在前均可,上体略前倾,后脚跟略提起,身体重心落在前脚上。右手应稍前移于拍柄前部,反手握拍,右侧肩关节外展提起肘关节,手腕自然下垂,将球拍提放在体前低于腰部处。左手持球在拍面前方,并使球托对准拍面。主要利用手腕和手指发力,由后下向前上挥拍击球,同时要掌握好挥拍和放球的时间配合。

1)反手发网前球

挥拍稍慢,击球瞬间应放松握拍,由后向前推送,使球的最高飞行弧线略高于网顶,球过网后下行落至对方前发球线附近。

反手发网前球

2)反手发后场球

多见于发平快球或平高球。准备姿势和前期动作应尽量和发网前球一致,不要过多地向后引拍而拉大动作的幅度。击球瞬间应握紧球拍,并强调"甩腕"发力击球。

反手发后场球

3. 接发球

接发球是将对方发过来的球还击到对方场内的技术动作的统称。它不但要求掌握多种实用的基本技术及具有良好的判断能力,而且必须贯彻积极主动的指导思想。如果说好的发球是每一分球胜利的开端,那么好的接发球同样是夺取主动的第一步,它可以破坏对方的发球抢攻,限制对方特长技术的发挥,还可以为自己下一拍球的抢攻和特长技术的发挥创造条件,甚至可以直接得分。

1)接发球站位

(1)单打接发球站位。

一般站在离前发球线约1.5米处(可根据自己的身高和对手发球特点加以调整),在右发球区接发球时,站位应靠中线一些;在左发球区接发球时,则应站在左发球区的中间。

单打接发球准备

(2)双打接发球站位。

由于发球区相对要短,且发球以发网前球和后场平快球为主,因此接发球时应站在靠近前发球线附近的地方。

2)接发球准备姿势

身体侧对球网,左脚在前,右脚在后,两脚自然开立,单打接发球时身体重心落在左脚上,右脚跟自然提起,双膝微屈,含胸收腹,两臂自然提起,球拍举在身体前方,两眼注视对方。双打接发球时,身体重心相对要比单打下蹲一些,并应根据对对方发球意图的判断在两脚间进行调整,球拍也应比单打时举得更高一些。

双打接发球准备

(三) 后场击球技术

后场击球技术根据技术的性质、特点不同,通常可分为高球、吊球、杀球;根据击球点的高度又可分为上手和下手技术;根据其击球的方位,有正手击球、反手击球和头顶击球(在左后场区使用正手击球法,拍面由后绕过头顶挥拍,在左肩上方击球的一种技术方法)的区别。

1. 高 球

高球是指将对方击向本方后场区的来球,在自己的头部上方将其以较高的飞行弧线,还击到对方后场区靠近端线附近的击球方法。按其飞行弧线的高低,通常将比较平直的称为平高球,将弧线比较高的称为高远球。按击球后球飞行的路线区分,高球有直线高球和斜线高球之分。以击球点在击球者身体位置的不同,又分为正手高球(用正拍面还击持拍手身体同侧的来球)、头顶高球(用正拍面还击持拍手身体异侧肩部上方的来球)、反手高球(用反拍面还击持拍手身体异侧的来球)。

1) 正手高球

正手高球是后场正手上手击球技术的基础。击球前,身体先半侧对球网,右脚在后,左脚在前,两脚尖稍踮起,身体重心自然落在右脚掌上。右手采用正手握拍,自然将球拍举到右肩侧上方,左手自然上举,眼睛注视来球。当球下落到接近击球点高度时,右腿开始蹬伸,并以髋关节带动身体由右向左转动,做左腿后撤、右腿前迈的两腿交叉动作。伴随下肢蹬转动作,胸部舒张,两侧肩关节外展,左手上举,持拍手的前臂向后移动。保持高肘后撤球拍。在腰腹协调用力的配合下,上臂带动前臂利用伸肘关节、前臂旋内和屈腕的力量,向前上方"甩臂"挥拍击球。在球拍与球接触的瞬间,迅速握紧球拍将球击出。

正手击高球

平高球和高远球的区别主要在于击球瞬间拍面与地面形成的角度不同。击高远球时向上用力多一些,而击平高球时则向前用力稍多一些。

2) 头顶高球

当球飞向本方左侧后场时,面对球网后退,身体充分向左后侧伸展,持拍手与左手同时直接上举,并将球拍引至身体左侧上方。在下肢用力蹬伸、腰腹充分向右前方屈体的配合下,利用肩、肘关节充分旋内,并带动伸肘关节和屈腕的力量,向前上方"甩臂"挥拍击球。在球拍与球接触的瞬间,迅速握紧球拍将球击出。掌握头顶击球技术的关键是:面对球网后退,击球前上体应充分向左后侧伸展和击球时更多地运用肩、肘关节的旋内力量。

头顶击高球

3) 反手高球

首先判断好对方来球的方向和落点,迅速将身体转向左后方,移动步法,最后一步用右脚前交叉跨到左侧底线,背对球网,身体重心在右脚上,使球处在身体右上方;击球前,迅速换成反手握拍,持拍于右胸前,拍面向上;击球时,以大臂带动前臂,产生初速度;在肘部上抬至与肩平行时,转为前臂带动腕部,通过手腕的闪动自下而上地甩臂将球击出。在最后用力时,要注意拇指的侧压力与甩腕的配合,以及两腿蹬地转体的全身协调用力。

反手击高球

由于反拍击球引拍时身体转体的幅度比正手击球要小得多,所以反拍击球力量比正手要小,击球时更需借助前臂和手腕的力量。

2. 吊　球

吊球是指将对方击向本方后场区的来球,在自己的头部上方,以向前下的飞行弧线,还击到对方网前区域的技术方法。实战中,它通常和高球结合使用,起到拉开调动对方场上位置,为自己创造突击进攻机会的作用。吊球技术根据不同击球位置可分为正手吊球、头顶吊球等。

1) 正手吊球

正手吊球的准备姿势及前期动作与正手高球相同,击球点要比高球稍靠前一些。正手吊直线时,拍面正对来球,利用手指、手腕和前臂旋内的动作,挥拍轻击球托或羽毛的后部;吊对角线时,利用手指、手腕的力量,朝左前下方挥拍切击来球右侧部的羽毛和球托。

正手吊球

2) 头顶吊球

头顶吊球的准备姿势和击球的前期动作与头顶高球基本相同。头顶吊直线球时,利用手指、手腕和前臂旋内的动作,由后向前下方挥拍轻击球托或羽毛的后部;吊对角线时,利用手指、手腕和前臂充分旋内的力量,快速挥拍切击来球左侧部的羽毛和球托。头顶吊球时,为使拍面能在击球瞬间转击到来球的左侧部位,以提高动作隐蔽性,在击球的瞬间应利用食指和拇指的捻动,使握拍在手中滑动,灵活变换握拍的方法。

头顶吊球

3. 杀　球

杀球是把对方击来的高球在尽量高的击球点上压下去,打到对方场内的一种进攻性技术,它具有击球力量大、飞行弧线较直、球速快、落地时间短、给对方威胁较大的特点。

1) 正手杀球

正手杀球的准备姿势和前期动作与正手击高球基本一致,右脚在后,侧身对网,屈膝降低重心,做好起跳击球准备。蹬跳后,身体左转同时后仰,挺胸成反"弓"形,随后腾空转体,收腹,上臂向上摆起,肘部领先,前臂快速往前上挥动,手腕充分后伸,当球落至肩前上方击球点时,前臂内旋,闪腕发力击球。与此同时,手指突然握紧拍柄,使手腕的发力点集中到击球点上。此时,球拍和击球方向水平间夹角应小于90°,球拍正面击球托的后部,使球快速向下直线飞行。杀球后,前臂靠着惯性向左下方挥动并往体前回收,形成左脚在后,右脚在前的身体姿态。

正手杀球

2) 头顶杀球

头顶杀球的准备姿势和前期动作与头顶击高球基本相同,由于杀球需要用力向前下方挥拍击球,所以头顶杀球时,身体后仰的程度和起跳后两腿在空中分开的幅度都要明显大于头顶击高球,击球点应控制在身体前上方。

头顶杀球

3) 杀球易犯错误

正手杀球与正手击高球易犯错误基本相同,不同的是击球瞬间球拍与水平面所形成的夹角,高远球应大于90°,杀球应小于90°。

(四) 网前击球技术

网前击球技术是羽毛球基本技术中较细腻的技术,击球时所需的力量相对较小,但特别强调握拍的灵活变换、手指与手腕的灵巧性、击球前期动作的一致性。网前基本技术按击球方位可分为正手和反手网前技术;按击球后球飞行的线路、弧度、落点和是否明显旋转的特征可分为放网前球、搓球、推球、勾对角球、扑球和挑球等技术。

1. 放网前球

所谓放网前球,是指用拍面轻切对方击到本方近网区域的球的球托底部,使球直线越过球网并落在对方近网区域的一种击球方法。放网前球时,应注重体会击球动作的缓冲,用力不宜过大,主要靠手腕、手指控制击球力量及拍面的方向和角度。

1) 正手放网前球

准备姿势:侧身对右边网前,右脚在前,跨步成弓箭步,身体重心在右脚上。右手采用正手握拍法放松持拍于体前右侧,约与肩高。击球前前臂稍旋外,手腕外展引拍至右侧前,拍面右边稍高斜对网,左臂自然后伸。

击球:手腕稍内收,食指和拇指控制拍面和用力大小,轻切球托将球轻送过网。击球后,右脚回动,身体重心复原的同时,收拍至胸前。

正手放网前球

2) 反手放网前球

准备姿势:侧身对左边网前,右脚在前,跨步成弓箭步,身体重心在右脚上。右手采用反手握拍法放松持拍于体前左侧,约与肩高。击球前前臂稍内旋,手腕外展引拍,拍面左边稍高斜对球网,左臂自然后伸。

击球:稍收腕,向球托左斜侧面与底部轻切球托将球轻送过网。击球后,右脚回动,身体重心复原的同时,收拍至胸前。

反手放网前球

3) 放网前球易犯错误

(1) 握拍太紧,手臂伸得太直,两脚平站,身体太直立,影响起动速度和手腕的灵活发力。

(2) 起动太慢,不能准确到位,前臂未伸向前上方,导致击球点太低。

(3) 击球后,球拍未及时回收至胸前,而是下垂,步法回动不及时。

2. 搓 球

搓球是在放网前球的基础上发展出来的一种击球方法。要求在尽可能高处用球拍切击球托的左侧、右侧或底部,使球向右侧或左侧旋转与翻滚过网。旋转翻转状态越明显,对方回击的难度就越大,从而为己方创造更有利的进攻形势。

搓球是羽毛球技术中特别细腻的一种击球技术,按照击球位置和握拍可分为正手搓球和反手搓球;按照击球挥拍的路线主要分为收搓和展搓两大类。搓球的准备姿势和前期动作与放网前球基本一致。

1) 正手搓球

正手收搓击球时,前臂旋外,手腕由外展做内收,同时带动手指动作控制拍面向前下方"切削"球托和羽毛。正手展搓击球则主要在来球比较贴近球网时运用,击球时前臂旋内,手腕略外展,带动手指动作使球拍做向前下再向前上展搓球托的底部。

正手搓球

2) 反手搓球

反手收搓击球时,主要利用前臂前伸、手腕内收和手指的力量,向前切击球托和羽毛。反手展搓击球时,肘关节带动手腕稍做外展,并利用手指捻

反手搓球

动球拍,使拍面做由上而下、再向上展搓球托的底部。

3. 推 球

推球是指在网前较高的击球点,以比较低平的弧线,用直线或斜线将来球还击到对方场区端线附近两角的一种进攻性击球方法。其前期动作与放网前球基本相同。无论是正手推球还是反手推球,动作幅度都要小,出手带有突然性。引拍和前期动作力求与其他网前击球保持一致性。

实战中,推球如能与搓球、勾对角球等技术配合运用,由于其出手后球的弧线较平,飞行速度较快,往往能迫使对方不得不退至底线,用低手比较被动地还击,从而为自己创造更有利的进攻得分机会。但推球需要准确把握运用时机,如运用不当,极易遭到对方中场拦截反击,从而转入被动或失分。

1) 正手推球

正手推球主要利用前臂旋内、手腕屈、食指和拇指捻动推压,其余三指突然握紧拍柄,快速"闪动"发力,使拍面伴随球拍前挥,从后仰的位置突然转向,与球网平行,将球击出。击球后,球拍应明显制动,随前动作甚微,尽快收拍还原于体前。

正手推球

2) 反手推球

反手推球主要利用前臂旋外和食指配合拇指捻动顶压拍柄,其余三指突然握紧拍柄,快速"闪动"发力,使拍面从后仰的位置突然快速转向,与球网平行,将球击出。击球后,球拍应明显制动,随前动作甚微,尽快收拍还原于体前。

反手推球

4. 勾对角球

勾对角球是指在还击网前球、接吊球或接杀球时,运用手腕的微小动作将来球以斜线方向击向对方场区的技术统称。由于动作小且突然,常可出其不意地使对方判断错误,破坏对方进攻的连续性。

在网前勾对角球时,整个引拍和击球前期动作与放网前球基本相同,主要区别在于:

(1) 对于正手勾球,击球前突然沉肘往左拉收球拍,前臂稍旋外,利用屈腕和手指捻动,迅速变换拍面拨击球的右侧部球托和羽毛。

正手勾球

(2) 对于反手勾球,击球前同样要先沉肘往右拉收球拍,利用手腕后伸和手指的力量,迅速变换拍面拨击球的左侧部球托和羽毛。

反手勾球

5. 扑 球

扑球是指在对方的回球刚越过球网上空时,随即运用跨步或蹬跳步迅速上前,利用前臂、手腕和手指的力量,快速地由高向下将球击回对方场区的一种进攻性技术,也是一种网前直接得分的手段。

扑球的击球时机非常短暂,判断要准确,反应和起动要迅速,出手要快,动作幅度要小,因此扑球时主要应依靠手腕和手指的爆发力击球。

如击球点比较贴近球网,则击球的挥拍要带有一个与网平行横向类似"抹"的动作,这样才可以有效避免发生球拍触网违例的情况。

1）正手扑球

看到对方来球距网较高时,迅速向前蹬跃,如距网较远,可加一个并步后前跃。身体腾空后向右前倾,手臂充分前伸,同时迅速变换握拍方法,使拍面与球网平行并正对来球。手腕后伸,中指、无名指和小指放松握拍,使球拍稍后引。击球时,主要通过中指、无名指和小指突然握紧拍柄和手腕"闪动"将球向前下方击出。击球后,随前动作甚微,右脚落地制动,立即收拍高举,以便拦截对方可能挡回的来球。

正手扑球

2）反手扑球

看到对方来球距网较高时,身体迅速转向来球,向前蹬跃,如距网较远,可加一个并步后前跃。身体腾空后向左前倾,手臂充分前伸,同时迅速变换握拍方法,拇指顶压在球拍柄的内侧宽面上,使拍面与球网平行并正对来球。中指、无名指和小指放松握拍,使球拍稍后引。击球时,主要通过拇指顶压,中指、无名指和小指突然握紧拍柄以及手腕内收"闪动",将球向前下方击出。击球后,随前动作甚微,右脚落地制动,立即收拍高举,以便拦截对方可能挡回的来球。

反手扑球

6. 挑　球

挑球是将对方击来的网前球、吊球或杀球等,运用较高的弧线向上还击到对方后场的技术方法的泛称。根据场上击球点所处的位置高低,可将其分为主动挑球和被动挑球;根据击球位置和握拍不同,又可分为正手挑球和反手挑球。

1）正手挑球

前期动作与正手放网基本相同,但挑球的击球点要比网前其他主动技术低,因而要适当降低身体重心,右脚在前,成弓箭步,且右脚尖正对来球方向。前臂充分前伸并旋外,手腕尽量后伸使球拍后引,采用正手握拍法。击球时,主要利用前臂旋内、屈腕和手指的力量,在身体右侧前下方,向右前至左上方挥拍击球托底部,将球向前上方击出。击球后,右脚稍内扣,蹬地回收,球拍收回至胸前,还原成准备姿势。

正手挑球

2）反手挑球

挑球前身体先迅速转向左侧球网,最后一步适当降低身体重心,右脚在前,成弓箭步,且右脚尖正对来球方向。前臂旋内前伸,手腕稍外展,采用反手握拍法,将球拍引至左下方。击球时,主要利用前臂旋外、伸腕和拇指顶压拍柄的力量,在身体左侧前下方,向左前至右上方挥拍击球托底部,将球向前上方击出。击球后,右脚稍内扣,蹬地回收,球拍收回至胸前,还原成准备姿势。

反手挑球

3）挑球易犯错误

(1)左脚在前、右脚在后。正确做法是向前跨出右脚挑球。

(2)球拍后引动作过大,主要用肩关节发力。这样做不但击球没有速度,而且会影响动作的一致性。

(3)击球点偏后,或太靠近身体。正确的挑球击球点应在身体的外侧偏前的位置。

（五）中场击球技术

中场击球技术主要包括接杀球、平抽平挡技术。无论是单打还是双打，中场区都是攻防转换的主要区域，因此羽毛球中场击球技术要求引拍和挥拍击球的动作幅度小，发力快而短促，突出"快打、平打、前打"。

1. 接杀球

接杀球是指将对方扣杀过来的球还击到对方场区的技术方法。根据击球点与击球者身体位置所处的关系，接杀球可分为正手接杀球、反手接杀球和接杀追身球；根据接杀时所使用的不同技术方法，又可分为接杀球挡网、接杀球勾对角、接杀球挑后场、接杀球平抽等。

接杀球

由于杀球的球速较快，因此要想接好杀球，首先要积极准备。降低重心，两脚左右开立，比肩略宽，脚后跟稍抬起，身体稍前倾，以便能迅速起动。准备时，球拍自然放于体前约腰部高度，判断起动后伸拍要快，击球动作幅度要小。回击球应主要依靠前臂、手腕和手指发力，以达到抢时间、争速度的目的。

要善于根据对方杀球的力量大小和自己回球的方法、落点，控制好自己的拍面和还击的力量。譬如，在接杀球挡网和勾对角时，要松握球拍，用力要小，主要借用对方杀球的力量，当对方来球力量较大时，球拍触球时还应做适当的后撤以进行必要的缓冲；在接杀球需用挑、抽等方法将球还击到对方后场时，击球瞬间应紧握球拍，同时利用前臂、手腕和手指进行闪动发力。另外，还需根据击球点的不同高度，对击球拍面进行调整，击球点越低，拍面后仰的幅度越大。

接杀球时，为了能自如地运用手腕和手指的力量来变换击球的拍面和用力的大小，应尽可能抢在自己的身体前方击球。尤其在接杀球勾对角时，应尽可能使自己的击球点前移，在接对方杀来的追身球时，除击球点要尽量前移外，还应尽可能用反手方式还击。

2. 平抽平挡

平抽球是指击球点在肩以下部位，以较平的飞行弧线、较快的球速、接近球网的高度，还击到对方场区的一种进攻性技术。在中场平抽时，为了增加挥拍的速度，应尽可能前握球拍，以缩短挥拍的半径。同时，击球前握拍一定要放松，以利于根据不同的来球，快速地变化握拍方法并充分发挥手指和手腕的力量快速击球。

平抽平挡

击球时，应借助腰部的转体带动前臂、手腕和手指的力量快速协调地发力。击球点尽量争取在身体的侧前方，这样将有利于转动腰部和前臂旋内、旋外的发力。如果对方来球正对自己而又来不及闪让，千万不要用正手方法击球，因为当来球靠近身体时，即使击球点在右侧腋下，反手也要比正手容易发力还击。另外，在正手平抽时，要善于运用食指的力量发力击球，而在反手平抽时，拇指朝前顶压发力非常重要。

平挡球与平抽球动作结构基本相同，主要区别在于：① 发力较小，当对方来球力量较大时应有所缓冲，所以通常无须身体部位发力；② 由于发力较小，通常击球时不要握紧球拍，以免影响击球时对力量和出球方向的精确控制；③ 击球后飞行路线较短，一般都落在对方的前半场。

(六）羽毛球步法

羽毛球步法是指在大约35平方米的本方场地上，进行快速、合理且有一定规律的上网、后退和两侧移动的方法。步法是羽毛球技术的重要组成部分，在实战中具有十分重要的地位和作用，也是学习和掌握好正确击球技术的基础。根据场上移动的方向和场区的位置，通常将羽毛球步法分为上网步法、后退步法、两侧移动步法和前后场连贯步法。每一次完整的步法均包括起动、移动、协助完成击球和回动四个环节。

根据动作的结构，羽毛球步法通常由以下一些基本步法组成。

（1）跨步。向击球点迈出较大步幅的移动方法，通常在上网步法的最后一步时使用。

（2）垫步。在移动到最后一步，与击球点尚有较短的距离时，用另一脚再加一小步的移动方法。这一种步法比较轻捷、灵巧，不但能使移动的步数比较经济，而且能保持移动中身体重心的稳定，有利于协助击球动作的完成。

（3）并步。离击球点方向远侧的一只脚向前一只脚垫一小步，同时前脚在其尚未落地时，又马上向前跨出的一种移动方法。这种步法较多地运用在上网、接杀球和正手后退突击扣杀时。

（4）交叉步。侧对击球点方向，两脚采用前、后交叉的移动方法。这种步法的步幅较大，移动中身体重心比较稳定。

（5）蹬跳步。在移动到最后一步时，采用单脚或双脚起跳击球的一种移动方法。如网前扑球时，为加快速度抢点击球，后脚用力蹬伸，前脚成弓箭步前跃；在后场突击扣杀时，先转体用垫步或并步移动，最后一步再用单脚或双脚起跳扣杀。使用这种步法，要求协调性好，弹跳力强，在击球后还要善于控制自己的身体重心，以便连贯好下一拍的击球。

1. 上网步法

上网步法是指从场地中心位置向网前移动的步法。上网步法包括跨步上网、垫步上网和蹬跳步上网。无论采用哪种步法上网，其上网前的站位及准备姿势都是一样的，即站于场地中心位置，两脚左右开立（稍有前后），比肩略宽，两膝微屈，两脚前脚掌着地，后脚跟稍提起并左右微动；上体稍前倾，右手持拍于体前，两眼注视对方的来球。

1）正手上网步法

正手上网步法是指在场地中央区域向右侧网前移动的方法，通常有交叉步上网步法、并步上网步法和垫步上网步法。

（1）交叉步上网步法。右脚先向前方迈一小步起动，左脚紧接着越过右脚，然后右脚迅速向右前方跨一大步到达击球位置。击球后可用并步或者交叉步回动。采用前交叉步上网时，也可采用先迈左脚，右脚再跨一大步的两步移动方法。

正手上网步法

（2）并步上网步法。起动后，左脚垫一小步，靠拢右脚跟，着地后用脚掌内侧用力蹬伸，右脚在左脚垫步尚未着地时，迅速向右前方跨一大步到达击球位置。击球后，同样可用并步或交叉步回动。

（3）垫步上网步法。通常在击球点离自己较近，无须移动两步，而蹬跨一大步又不够时采用。右脚用力向前跨一大步，在着地前，左脚迅速垫一小步，使前脚正好到达击球点位置。

2) 反手上网步法

在羽毛球技术中，无论正手上网还是反手上网，都要求最后一步到位击球时应保持右脚在前、左脚在后的身体姿势，因此反手上网的脚步移动方法和正手上网时是相同的。区别在于，起动时右髋应迅速转向左前方，使身体右侧斜对反手网前的击球点位置，以便于朝左前方移动。

反手上网步法

3) 蹬跳步上网扑球步法

蹬跳步上网扑球步法是指在对来球的准确判断的基础上，迅速蹬地扑向球网，以争取在球刚越过球网时立即进行还击的脚步移动方法。比赛中，常用此步法进行扑球。当对方有还击网前球的意图时，其站位应稍靠前，右脚稍向前做一小步调整，脚刚一着地，便用力蹬跳侧身扑向球网。在使用蹬跳上网步法时，既要快，又要注重着地后的制动和缓冲，以防止因前冲过大而触网或侵入对方场区。

蹬跳步上网扑球步法

2. 后退步法

后退步法是指从中心位置后退到底线的步法，包括正手后退步法、头顶后退步法和反手后退步法。无论采用哪种步法后退击球，其移动前的站位及准备姿势均与上网步法相同。

1) 正手后退步法

正手后退步法通常在接发对方发来的后场高球和用正手技术还击对方击向本方后场区高球时运用，主要有并步后退和交叉步后退两种。

判断来球后，先调整身体重心至右脚，然后右脚向右后侧蹬转后撤一小步，使髋带动身体转向右后场，随后以交叉步或并步移动到接近击球点的位置，在移动的同时必须完成举拍准备动作，最后一步利用右脚（或双脚）蹬地起跳在空中转体，击球后左腿后撤落地缓冲，右腿前跨以利于迅速回动。

正手后退步法

2) 头顶后退步法

头顶后退步法是指运用正手或头顶击球技术，还击对方击向本方左后场区高球的脚步移动方法。头顶后退步法与正手后退步法的主要区别在于：① 起动时，头顶后退步法右脚向左后侧蹬转的幅度更大一些，以保证髋关节能带动身体转向左后方，使左肩能接近朝向右侧网柱；② 最后一步起跳击球时，左侧髋部迅速转向左后方，带动左腿后撤到身后，用左脚掌和脚跟内侧着地缓冲以支撑身体重心，同时右脚前跨，着地时身体前倾，身体重心移至右脚上，左脚开始回动。

头顶后退步法

3) 反手后退步法

反手后退步法是指运用反手技术还击对方击向本方左后场区高球的脚步移动方法，它应根据当时所处的位置、离击球点距离的远近，选择采用一步、两步或三步移动后退方法。

如离球较近，可采用一步转体后退击球。其方法为：起动时，身体重心移向左脚，并以左脚为轴，身体向左后方转动，同时右脚向击球点方向跨出一大步，背对网击球。

反手后退步法

如离球稍远一些，可采用两步后退步法。其方法为：左脚先向左后方后撤一小步，紧接着,身体左转,右脚向左后方跨一大步,背对网击球。

如离击球点比较远时,可采用三步(或更多的步子)转体后退击球。其方法与两步后退的区别在于:起动时,右脚先向左脚快速做一并步,以增加一步的移动距离,后两步移动方法相同。

无论采用哪种方法移动,有一点都很重要,那就是最后一步时要尽可能保证右脚靠近击球点位置,以有利于协助击球动作的完成。

3. 两侧移动步法

两侧移动步法是从球场中心位置向左右两侧移动到击球点上击球的步法,是接对方杀球、平射球时所采用的步法。两侧移动步法包括左侧移动步法和右侧移动步法,其站位及准备姿势基本与上网步法相同。

1) 左侧移动步法

(1) 一步蹬跨步法。判断来球落点离身体较近时,迅速将身体重心移至右脚,右脚掌内侧用力蹬地,同时左脚向左侧跨一大步到位,正对球网击球,击球后左脚掌内侧蹬地回收回位。

判断来球落点离身体较远,左脚向左侧跨一步不能到位时,则将重心落在左脚,以左脚前掌为轴向左转髋,同时右脚内侧用力蹬地,从左脚前向左侧跨一大步到位,背对球网击球,击球后右脚掌回蹬回位。

左侧移动步法

(2) 两步蹬跨步法。判断来球落点离身体较远时,左脚先向左侧移一小步,紧接着右脚向左侧蹬跨出一大步,背对球网到位击球,击球后迅速回位至球场中心位置。

(3) 左侧蹬跳步法。判断对方来球弧线较平时,可将左脚向左侧移动一步后跳起击球,击球后迅速回位至球场中心位置。

2) 右侧移动步法

(1) 一步蹬跨步法。判断来球离身体较近时,迅速将身体重心移至左脚,左脚内侧蹬地,接着右脚向右侧跨一大步到位击球,击球后右脚掌内侧蹬地回收回位。

(2) 两步蹬跨步法。判断来球离身体较远时,左脚先向右后侧移一步,然后左脚内侧蹬地,右脚向右侧跨出一大步到位击球,击球后右脚掌内侧蹬地回位。

右侧移动步法

(3) 右侧蹬跳步法。对方来球弧线较平时,可将右脚向右侧移动一步后跳起击球,击球后迅速回位至球场中心位置。

二、羽毛球基本战术

一场比赛采用何种战术,需要根据自身及对手的技术特点、比赛前和比赛中的心理状态、身体素质、竞技状态等来制定和调整。"以己之长,克敌之短"或"以己之短,克敌之劣"是最正确、最佳的战术选择。战术的合理应用是决定比赛胜负的重要因素。

球员掌握的技术越全面、熟练、正确和实用,那么他的战术的运用和实现就越有保证。战术必须建立在熟练和正确地掌握一定数量和质量的技术动作的前提下。就技术和战术的关系而言,技术是战术的基础,是组成战术必不可少的基本要素。

我国羽毛球战术的指导思想为"以我为主、以快为主、以攻为主"。

以我为主：不受或尽可能少受对方影响，积极施展自己的特长技术和打法，压制对方技术的发挥，掌握比赛场上的主动权。

以快为主：在手法上、步法上、意识上都要抢时间，争速度，从而抓住有利时机控制场上的主动。同时也要善于根据战术变化的需要，把握快慢节奏的转换，使快速进攻收到更好的效果。

以攻为主：进攻是得分的最好手段，任何时候都要把进攻放在首位。同时，也强调要能攻善守，在防守时仍要以各种球路变化来积极地转守为攻。

（一）单打基本战术

1. 发球抢攻战术

发球可根据对手的站位、回击球的习惯球路、反击能力、打法特点、精神和心理状态等情况，运用多变的发球方法，以发网前球或平快球为主，限制对方进攻，迫使对方出高球，然后运用杀球和吊球攻击对方的弱点或空档。发球抢攻战术主要用于对付防守技能较差或后场进攻技能相对较强的对手，从而为自己创造更多的进攻机会。

2. 拉开突击战术

先以快速而准确的落点控制对方场区四个角落，迫使对方前后左右地来回奔跑，当对方来不及回中心位置或失去身体平衡时，抓住空档及其弱点进行突击。这种战术通常用来对付步法移动较慢、灵活性和体力较差的球员。

3. 控后突前战术

采用后场的高远球和平高球、网前的推球和挑球等技术，重复压对方后场两角，造成对方被动，然后伺机采用杀球、吊球、搓球、勾对角球等技术攻击对方空档。控后突前战术用来对付后场技战术进攻能力相对较弱者和后退步法慢或击球后急于上网的球员较为有效。

4. 控网抢点突击战术

通过运用各种技术主动抢先放网，或迫使对方先放网后再凭借良好的网前手法，灵活运用搓、推、勾技术，造成对方网前直接失误，或抓住其被动击球的有利时机进行中后场的杀、劈、吊和网前的扑球得分。

5. 对角线球路战术

无论进攻或防守、前场或后场，都是以打对角线球路为主，迫使对方球员在移动中多做转体、多走曲线。对角线球路战术主要用来对付场上灵活性较差、转体较慢的球员。

6. 重复球战术

通过自身出球的节奏变化和良好的击球动作一致性，针对对方队员的某一个技术薄弱点，或击球后回中心位置较快的特点，重复地将球攻击到对方场上的某一区域。如运用"重复压后场"战术来对付后场移动较慢或技术相对较差的对手，运用"重复压头顶"来攻击对方反手区的薄弱区域，运用"重复放网"来控制网前击球后习惯后退较多、封网意识较差的对手。

（二）双打基本战术

1. 攻人战术

攻人战术是双打比赛中常用的一种战术，在对方两名队员技术水平不平衡时一般都采用这种战术，即使在对方两名球员技术水平相差不大时也可灵活运用该战术。先通过将球下压或控制前场取得进攻机会，然后集中力量"二打一"，避其所长，攻其所短。

2. 攻中路战术

攻中路战术是指将球击到对方两名队员站位之间的空隙，从而造成对方经常出现争抢回击或相互让球漏接等错误。尤其对一些配合不够默契的对手，该战术往往比较有效。当对方前后站位时，可将球击到对方中场两侧边线处；当对方分边左右站位防守时，可利用杀球、吊球等技术攻击对方的中路。

3. 后攻前封战术

后攻前封战术是指将后场攻击能力强的队员放在后场积极进攻，另一名队员则积极至网前封网。后场队员可以连续杀、吊进攻，守方若回球至前场，则前场队员可用搓球、勾球、推球、扑球封住网前，或用拦、吊、点、杀控制前场。

4. 前场打点封压战术

前场打点封压战术要求打法比较积极，前半场技术要好，步法移动要快，两名队员配合默契。主要通过前半场积极抢点放网、推拨半场、平抽平挡和接杀球挡网跟进等技术，迫使对方被动起高球，从而有利于自己一方后攻前封进攻得分。

5. 压后场拉开反击战术

压后场拉开反击战术通常用来应对后场扣杀能力较差的对手，也可结合将对方的弱者调到后场使用。此战术是用平高球、平推球、接杀吊抽、挑后场球等技术，把对方一名队员紧逼在底线两角来回移动击球，并迫使其回击出质量不高的球，然后抓住有利时机反击。如在此过程中，对方处于前场的同伴欲后撤援助，则可伺机攻击网前空档或对其打追身球。

第三节　羽毛球专项体能

羽毛球选手的体能包括基础身体素质和专项身体素质两个方面。基础身体素质是专项身体素质的基础，专项身体素质是提高运动成绩的基础。羽毛球专项体能是指依据羽毛球运动的方式及动作结构特点所需要的专门的力量、速度、耐力、灵敏和柔韧等素质，其中力量是基础，速度为核心。以下着重介绍常用的羽毛球专项力量和专项速度的练习内容和方法。

一、力量素质训练

（一）上肢专项力量训练

1. 弹力带练习

将弹力带的一头固定，另一头用持拍手以握拍的方式握住，以与羽毛球各种击球技术相似的动作进行反复拉伸练习。

（1）上前臂屈伸，类似高远球击球动作。

（2）体侧肩上前臂前后摆动，类似封网击球动作。

（3）体前前臂屈伸，类似挑球动作。

（4）体前上臂展屈，类似杀球下压动作。

（5）正、反手前臂快速挥摆，类似中场抽击球动作。

（6）反手挥臂，类似反手击高远球动作。

（7）多方向手腕屈伸练习。

2．网球拍挥拍练习

用网球拍交替做以下与击球动作相似的练习，发展上肢击球力量。注意：握持方式应与实战击球握拍方式相同。

（1）手腕屈伸。持拍手持握网球拍，直臂举至肩上方，前臂和手肘均不移动，仅以手腕快速做前后屈伸练习。注意：练习时如果肘部弯曲或移动，则效果不佳。

（2）前臂屈伸。持拍手持握网球拍，屈臂举至肩上方，上臂固定不动，以肘为轴心，靠前臂、手腕前后快速屈伸练习。注意：当手臂伸至肩上方最高点时，手腕要配合做内旋的击球动作。

（3）后场击高球或杀球动作挥拍。持拍手持握网球拍，做高球或杀球击球动作的挥拍练习。这项练习可做原地击球挥拍动作练习，也可以结合后场转体起跳击球做挥拍动作的练习，要求每组练习有一定数量并保持一定的挥拍速度。

（4）体侧正、反手抽球动作挥拍。持拍手持握网球拍，在体侧交替做正、反手抽球击球挥拍动作练习。

（5）前臂前后快速挥摆。持拍手持握网球拍，置于体侧肩以上部位，以肩为轴，快速做前臂前后摆的练习。

（6）手腕绕"8"字。持拍手持握网球拍，于体前固定位置，分别以腕或以肘为轴，用手指或手腕交替做环绕挥动练习。

3．羽毛球掷远练习

采用多球，持拍手持握羽毛球中部，以羽毛球后场击高球相似动作向前上方掷球，以发展全身协调发力和手指、手腕的爆发力。注意：掷球时，发力的顺序是上肢通过上臂带动前臂，运用手腕、手指的力量将球掷出，爆发力越强、力量越大，掷出的球越远。

（二）下肢专项力量训练

1．负重下肢跳跃练习

穿沙衣或沙袋，增加一定的负荷，以所需的动作进行下肢专项力量练习。

（1）全蹲向上起跳。两脚开立同肩宽，向上跳起，落地时全蹲，再立即以全力向上跳起为一次，持续进行多次为一组。下蹲和跳起时腰背挺直，在双手的协助下，靠双腿的力量起跳并支撑全蹲。以此来训练大腿、小腿及踝关节的力量。

（2）双腿收腹跳。两脚开立同肩宽，在摆臂带动下向上高高跳起，在空中屈膝以大腿部位贴近胸部，下落时腿伸直，再跳起并以大腿触胸，反复进行。必须尽量高跳，腿贴近胸部时不能弯腰。

（3）单双脚向前后左右跳跃。两脚开立同肩宽，右脚比左脚前半步（右手握拍者）。以此点为中心位置，做单脚或双脚持续向左前、右前、左后、右后跳出又跳回的练习。跳跃的路线似"米"字形，蹬跳距离应尽量远一些。

（4）单双脚全力向上纵跳。半蹲，用单脚或双脚持续地全力向上跳起，落地时以前脚掌着地，避免脚跟触地。

（5）弓箭步前后交叉跳。两脚开立同肩宽，在摆臂的带动下跳起，做双腿前后交叉弓箭步跳练习。要利用小腿向前踢以保证弓箭步大步幅，身体重心要保持稳定。

（6）弓箭步左右两侧并腿转体跳。两脚开立同肩宽，向上跳起，同时以髋带动身体向左、右转体，落地时成弓箭步。持续反复练习，弓箭步落地时脚尖方向应随转髋方向而指向左侧或是右侧。

（7）单双脚蹬台阶跳跃。选择一定高度的台阶，以单脚或双脚向上蹬跳。依靠腿部力量完成练习，上体直立，两臂适当地给予助力。

2. 跳绳练习

（1）单双脚单摇跳绳。依据个人实际情况，练习时间可以是 15～60 分钟不等。练习中可适当增加负荷，如利用沙衣或沙袋负重做跳绳练习，以发展踝关节的力量。

（2）双摇跳绳。较长时间的双摇跳绳可以发展上肢和下肢的速度力量和耐力。练习负荷可采用 80～120 次/组，4～6 组，或连续完成 500～800 次。

二、速度素质训练

速度素质是羽毛球专项身体素质训练的核心。专项速度训练主要围绕提高羽毛球运动所需要的反应速度、起动加速度、变向移动速度、挥臂速度和前后场配合的连贯速度等方面进行。

（一）专项反应速度训练

（1）指挥步法。听或看信号、手势进行快速全场移动步法练习，以及前场、中场和后场各种分解和连贯步法练习。

（2）并步、垫步步法。看手势，向前后左右进行并步、垫步步法练习，以提高反应速度。

（3）击球挥拍动作。听到相应口令后，按照预先规定的姿势做击球挥拍动作练习。

（4）起动步法。听或看信号做起动步法练习，提高判断反应速度。

（二）专项动作速度训练

1. 快速挥拍练习

（1）肩上手腕前屈后伸快速连续挥拍。持拍手臂贴耳置于肩上、上臂和前臂伸直不动，仅靠手指控制握拍，手腕以前屈后伸动作做快速持续挥拍的练习。

（2）前臂屈伸快速挥拍。持拍手臂贴耳置于肩上，上臂不动，以肘为轴，仅以前臂用后倒前伸击球的动作做快速持续的挥拍练习。

（3）前臂体侧前后摆动挥拍。持拍手置于与肩齐平的高度，手肘微屈而前后摆动，用类似抽打陀螺的动作做快速摆臂练习。

（4）快速抽球动作挥拍。按信号或节拍做各种正反手快速连续抽球挥拍动作练习。

（5）快速连续杀球动作挥拍。上下肢协调配合,用完整杀球动作快速持续地做挥拍练习。

（6）手腕快速绕"8"字挥拍。持拍手在体前,以肘为轴固定不动,手指放松握拍,仅用手腕沿"8"字形快速持续做挥拍练习。

2. 对墙击球练习

（1）以封网动作快速击球。面对平整墙壁1米左右站立,在头前上方以封网动作用前臂和手腕发力向墙壁连续快速击球。

（2）接杀球击球。面对墙壁站立,用接杀挑球或平抽球动作快速向墙壁连续击打体前腰部上下位置的球。

3. 原地综合步法练习

（1）原地快、慢变速高频率小密步。

（2）原地快、慢变速左右开合跳。

（3）原地快、慢变速左右交叉步跳。

（4）原地快、慢变速前后交叉步跳。

（5）原地快、慢变速半蹲左右弓箭步跳。

（6）原地快、慢变速提膝体前转髋跳。

（7）原地快、慢变速双脚180°转体跳。

（8）原地快、慢变速高抬腿。

以上练习内容按照慢、快交替的动作速度节奏进行,可以控制在20秒慢转为30秒快,再接30秒最快的速度交替进行练习。

4. 多球练习

（1）快速封网。练习者在前发球线附近准备,陪练者在场地另一侧快速持续发平射球,练习者在快速移动中反复做网前封网。

（2）多球双打快速接近身杀球。练习者在场地中部,陪练者在场地另一侧前场,快速向练习者近身位置击球,练习者做正、反手姿势快速防守反击练习。

（3）多球双打快速平抽快挡。练习者在中场位置以防守反攻站位准备,陪练者在场地另一侧从中场快速持续地向练习者扣球,然后双方连续平抽快挡;失误后,迅速发下一个球,不间断地反复练习。

（4）多球前场快速接吊、杀球。练习者在中场位置以防守站位准备,陪练者在同侧场地前场位置用杀球和吊球线路向练习者抛球,练习者连续做被动接吊、杀球练习。

（5）多球扑球。练习者在网前位置准备,陪练者在场地另一侧用多球快速向练习者抛近网小球,练习者做正、反手姿势快速扑球或推球练习。

（6）快速击全场球。练习者在单打场地中心准备,陪练者在场地另一侧用多球向练习者发各种位置的球(适当缩小移动距离),练习者跟上发球速度,连续快速地回击。

（三）专项移动速度训练

（1）左右两侧跑。在左右两侧单打边线处分别摆放 5～10 个球（球头朝上），练习者从中线准备，运用两侧移动步法，用持拍手交替快速将两边边线处的球推倒。

（2）低重心四角跑。在场地前发球线和后发球线四个角分别摆放 3～5 个球，练习者从中心位置准备，运用全场步法，用持拍手依次快速将四个角的球推倒。

（3）全场前后连贯步法练习。运用综合步法，快速进行上直线退斜线或上斜线退直线的全场前后连贯步法练习。以 20～30 次挥拍动作为一组，可进行 3～6 组，组间可根据自身情况安排间歇。

羽毛球
竞赛规则

第九章 网球

学习目标

思政元素

在运动中健全人格、锤炼意志;能够相互尊重、有效互动、包容与合作,展现民主、文明、和谐的价值观;在赛训中,倡导自由、平等、公正、法治,不管遇到任何挑战都能遵守规则、公平竞争、勇于担责、永不言弃、团结协作;保持开放的心态,愿意学习和分享球场上展现爱国无私、刻苦精神和诚实、守信、善良品质的案例,践行爱国、敬业、诚信、友善的道德行为。

身体能力

在运动中增强体质、享受乐趣;身体形态、心肺耐力、运动素质等方面达到《国家学生体质健康标准》测试要求;学会网球的基本技术、战术,具有调整身体姿势与控球的能力,勤练、常赛,以适应不同的运动情景。

认知能力

了解网球运动的起源与发展,理解网球锻炼的长短期益处,掌握网球增进身心健康的手段与方法,遵守网球的竞赛规则;具有在不同运动情景中恰当运用技战术的能力;提高协调他人与周围环境、运用战术或策略解决问题的能力,具备一定的网球比赛观赏能力。

第一节 网球运动简介

网球运动起源于 12 世纪法国传教士在教堂回廊里用手掌击球的游戏,14 世纪中叶,这种室内活动传入英国。当时球的外壳为布制,内核为毛发等物,英国人将这种球称为"tennis"(网球)。16—17 世纪是法国和英国宫廷从事网球活动的兴盛时期。网球是由 2 或 4 名运动员用球拍往返击球的一项运动,在具有较强的竞技性的同时又具有较强的观赏性、娱乐性和参与性,是世界流行的球类运动项目。网球运动是一项集速度、力量、韵律、美感于一体的、充分展现人体运动美的运动。近年来,网球运动在我国广泛开展起来,参加运动

网球运动简介

的人数迅猛增加,一股前所未有的"网球热"正在我国形成。

第二节　网球基本技战术

一、网球基本技术

(一)握拍法

在所有网球技术中,最基本的是握拍法,它能直接影响球拍面接触球的角度。握拍的方法与击球动作有着密切的关系,不同的握拍法有不同的击球效果和打法。

握拍法介绍

1. 大陆式握拍法

这种握拍法又称为"榔头"式握拍法,因为采用这种握拍法时,食指根部压在与拍面水平的平面上,拍面几乎与地面垂直,所以仿佛在用拍框的侧面钉钉子一样。大陆式握拍法适合用来击打任何类型的球,但在发球、截击球、过顶球、削球以及防守球时采用这种握拍法效果更好。

2. 东方式正手握拍法

将手平放在拍弦上,然后下滑到拍柄根部抓握;或者把球拍平放在桌面上,闭上眼,将球拍拿起。从技术的角度讲,东方式正手握拍就是先以大陆式握拍法持拍,然后沿逆时针方向旋转球拍(左手握拍的选手需顺时针方向转动),直到食指的根部压到下一个接触的斜面。

3. 半西方式正手握拍法

以东方式正手握拍法握拍,然后沿逆时针方向旋转球拍(左手握拍则沿顺时针方向旋转),使食指根部压在下一条拍棱上。在职业网球巡回赛中,底线力量型选手多采用这种握拍法。

4. 西方式正手握拍法

在半西方式正手握拍的基础上,沿逆时针方向转动拍面(左手握拍则沿顺时针转动),使食指根部接触到下一个平面,这种握拍法就是完全的西方式握拍法。喜欢打强烈上旋的土场选手多采用这种握拍法。

5. 超西方式正手握拍法

在西方式正手握拍的基础上,沿逆时针方向转动拍面(左手握拍则沿顺时针转动),使食指根部接触到下一个平面,这种握拍法就是超西方式正手握拍法。喜欢打强烈上旋的土场选手多采用这种握拍法。

6. 东方式单手反手握拍法

东方式单手反手握拍法是指以大陆式握拍法开始,沿顺时针方向旋转球拍(左手持拍为逆时针),使食指根部压在上一个斜面。

7. 双手反手握拍法

双手反手握拍法是指使拍面处于大陆式和东方式反手握拍的中间位置,然后用另一只手以东方式正手握拍法放在持拍手的前方。

(二)正手抽击球

1. 准备姿势

面对球网,两脚分开,与肩同宽,身体前倾,双膝微屈,重心移至前脚掌上,右手握拍,左手轻托拍颈,拍面垂直地面并朝向对方,注意力集中,准备迎接来球。

准备姿势

2. 后摆动作

当发现对方击球朝正拍来时,就开始向后拉拍,转髋的同时开始转动双肩,带动拍子向后引,呈弧形做后摆动作;或直接向后拉拍,肘关节弯曲并稍抬起(注意手臂不要伸直),与此同时,左手向前伸出,以保持身体平衡。

3. 击球时的步伐

击球步伐分为关闭式和开放式两种。关闭式步伐是在球拍做后摆动作的同时右脚向后转,约与底线平行,左脚向右斜前方约45°迈出。开放式步伐是在球拍向后引,做后摆动做的同时,双脚基本与底线平行,只是需要与较多的转体动作相配合。这两种击球步伐,击球前的重心都在右脚上,随着击球和动作的随挥,重心转向左脚。

4. 击球动作

从拍子后摆进入向前挥动时,一定要向前迎击球,借助转髋和腰的快速短促扭转,利用离心力大力摆动身体并立即挥出球拍。此时应紧握球拍,固定手腕,肘关节微屈,击球点在轴心脚的侧前方。关闭式步伐击球点在左脚尖的前方,开放式步伐击球点在右脚侧前方。

正手关闭式击球

正手开放式击球

5. 随挥动作

击球后随挥动作的去向意味着球的去向。击球后,球拍沿着球飞行的方向继续向上挥动,肘关节向前上方跟进前伸,转体动作也由后摆时的侧身对网转向正面对网,拍子随挥至左肩上方结束,动作放松,同时马上还原到准备回击下一次来球的状态。

(三)反手抽击球

1. 单手反拍抽击球

(1)握拍与准备姿势。采用东方式单手反拍握拍法握拍,准备动作与底线正拍准备动作相同。当判断出对方来球方向是反拍时,握拍由东方式正手或东西方混合式正拍握拍法转换成东方式反拍握拍法。

(2)后摆动作。左手轻托球拍的颈部,转换双肩,右肩侧身对网,几乎是背对球网,同时右脚向左侧前方约45°跨出,全身自然放松,注意力集中,握拍手肘关节弯曲并贴近身体。

单手反拍击球

（3）击球动作。要把球打得既凶又准，必须要向前迎击球，击球点在轴心脚（右脚）的侧前方，双手握拍，反拍击球点在左脚的侧前方。力争打上升球，因为上升球比下降球有较快的速度和较大的力量可以借助，所以回击球的速度也比较快。当向前挥拍击球时，朝着球网一鼓作气地回身转腰，拍面垂直于地面，肘关节稍屈并外转展，手腕锁紧，由下向上奋力挥出，在将要击球刹那，身体重心由后脚移向前脚，使身体重心顺畅地转移到击球中去。

（4）随挥动作。由于腰的扭转，击球后身体面向球网。为了控制球，跟进动作时球拍应向上挥到肩或头的高度，同时保持身体平衡并准备下一拍的击球。

2. 双手反拍抽击球

（1）握拍与准备姿势。准备动作与底线正拍准备动作相同，两手都是东方式握拍法。如果是右手握拍者，则右手以东方式反手握拍法握拍，手掌根靠近球拍柄的端部，左手以东方式正手握拍法握在右手的上方。

（2）后摆动作。侧身转肩背朝球网，向后充分引拍，以获得充分的击球力量，右脚向前跨出，身体重心在右脚，后引动作靠近身体腰部。

双手反拍关闭式击球

（3）击球动作。击球时回身扭腰，球拍由后下向前上方挥出，拍面垂直，触球的中部或中部偏下，使球产生上旋，击球点在右脚侧前方，利用双臂的伸展来增加击球的力量，身体重心移向右脚。

（4）随挥动作。击球后面向球网，随挥动作由后下向前上越球而过，动作在肩部结束。

双手反拍开放式击球

（四）发　球

1. 握拍法

大陆式和东方式反手握拍法。

2. 准备姿势

全身放松，侧身站立在端线外中点旁边，左肩对着左边网柱，面向右边网柱，两脚分开，约同肩宽，左脚与端线约成45°角，右脚约与端线平行，重心在左脚上。左手持球轻托球拍在腰部，拍头指向前方。

上旋发球

3. 抛球与后摆

抛球与后摆拉拍动作是同步进行的，持球手拇指、食指和中指轻轻托住球，掌心向上。当球拍向下向后引拍时，持球手同时下降至右腿处，紧接着当球拍从身后向头上方做大弧度形摆动，身体做转体、屈膝、展肩时，持球手柔和地在身前左脚前上举，直至伸高及头顶。抛球动作要协调、平稳，球送至最高点再离开手指抛向空中。此时右肘向后外展，约同肩高，拍头指向天空，左侧腰、胯呈弓形，身体重心随着抛球开始先移向右脚，然后平稳地前移。此时肩与球网成直角。

4. 击球动作

当左手抛出球时，球拍继续向上摆起，这时握拍手的肘关节放松，可以使向前转动的身体和右肩自动地使手臂产生一个完美的绕圈；当球下降至击球点时，迅速向上挥拍击球，左脚上蹬，使手臂和身体充分伸展；当身体向前上方伸展击球时，肩、手臂已经回转，双肩与球网平行;挥拍击球时,持拍手腕带动小臂有一个旋内的"鞭打"动作,这是发球发力的关键动作,也是其他诸如重心前移、蹬腿、转体、挥拍等力量聚集的总和。

5. 随挥动作

球发出后,身体向场内倾斜,保持连续的、完整的向前上方伸展的随挥动作。球拍挥至身体左侧,重心移向前方,做到完全自然地跟进并保持身体平衡。

(五)接发球

1. 准备姿势

当对方发球前,膝盖应弯曲,两腿叉开;当对方抛球准备击球时,重心应升起,两脚快速交替跳动,并判断来球迎前回击。

2. 站　位

接发球站位要根据对方的发球水平和自己的接发球水平、习惯、场地、快慢和战术需要来确定,一般应站在对方能发到内外角的中角线上,接第一发球时站位稍后些,接第二发球时站位略前。

接发球

3. 接发球的关键

快速灵敏的判断、反应和充分的准备是接发球的关键。击球点在身体前面时,在判明来球的方向后,即向后转动双肩,马上向前迎击来球。接大力平击发球时,靠近身体时大多向左侧身,用反拍顶球。用正拍侧身抢攻需要有更快更早的动作。迎上去顶击球时,要紧握球拍,手腕保持固定,使拍面正对来球,身体的向前动作加上发球者的球速将提供接发球者所需要的所有力量。

(六)截击球

1. 正手截击

(1)准备姿势。持拍于体前,拍头高于持拍手臂及球网;两脚自然地分开站立,面向球网,膝微屈。最理想的站位是站在发球区内,离发球线30~60厘米,跨立中线处。

(2)挥拍击球。挥拍动作短暂而有力,是快打动作。球拍后引时手腕微屈,幅度不得过肩,拍面可略摊开,向前挥动球拍时恢复上翘,使拍面平直击球。击球瞬间手腕必须紧固有力,击球点保持在身前;截击中,眼不离球。

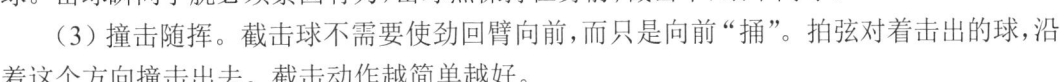
正手截击

(3)撞击随挥。截击球不需要使劲回臂向前,而只是向前"捅"。拍弦对着击出的球,沿着这个方向撞击出去。截击动作越简单越好。

2. 反手截击

(1)准备姿势。球拍执于身前,拍头指向前上方;两脚分开站立,比肩稍宽,双膝微屈,身体稍呈蹲伏状。

(2)挥拍击球。当球来时,非持拍手将球拍稍向后拉,双膝弯曲,身体重心前移;持拍手手腕向上,拍头上翘,眼睛始终盯住球。截击时,手腕绷紧,手臂伸直。拍头与手臂向前下方做短截击球时要和谐一致。

反手截击

(七) 切削球

1. 正手切削球

判断来球,后摆动作小,球拍引至肩上,拍面略开,随着球拍向前随挥;在击球瞬间,拍面几乎与地面垂直。击球点在身体的侧前方,击球时身体重心随挥拍动作一起向前,同时步法也相应跟上。

正手切削球

2. 反手切削球

切削球动作的后摆是持拍手借助转肩侧身向后上方摆拍,拍头约与头同高,持拍手肘关节微屈并靠近身体。右脚向前上方跨出,重心在左脚。击球点同样在右脚的侧前方。当向前挥拍击球时,朝着球网回身转腰,肘关节外展,手臂伸直,手腕紧固,身体重心由左脚移到右脚,膝关节微屈。击球时拍面要微展开(后仰),球拍由后上向前下方挥动,做切削动作,击球点在球的中部或中下部。击球后球拍的随挥动作应由下稍微向上,呈弧形挥动到肩或头部的高度,面向球网。

反手切削球

(八) 高压球

高压球的动作与发球动作相似,握拍也与发球握拍相同。当对方挑高球时,应立即侧身转体并用短促的垫步向后退,同时侧身,持拍手上举至头部位并向后引拍,重心在两脚前脚掌上,后腿弯曲,随时准备扣杀。准备击球时,非持拍手上举指向来球的方向和高度,击球与发球时击球一样,击球点在右眼前上方。

高压球

(九) 挑高球

1. 准备姿势

与正、反手击球动作一样,尽可能使挑高球的突然性增大,获得最佳效果。击球过程中精力高度集中,忘掉对方在网前的威胁。

2. 挥拍击球

击球过程中手腕绷紧,拍面与球接触是进攻性挑高球技术的关键,球面应在球底部后 1/4 处,并把球向上击入空中,使之越过对方的球拍,越过对方的头部。

挑高球

3. 随挥动作

击球后,球拍应充分送出,以保证球能越过对方球拍,继续做随挥动作,直到拍子在空中对着球飞行方向。

(十) 网球基本步法

网球步法基本分为正手击球步法和反手击球步法两类。在实践中常运用交叉步、滑步、跳步、跨步、蹬步、碎步调整等综合步法。

二、网球基本战术

(一) 网球单打战术

1. 发球战术

发球不受对方支配,可通过力量、速度和准确性达到得分目的;针对对方弱点,攻其薄弱环节;利用不同的发球方式,随球上网截击;运用相似手法,发不同性能的球,使对方不易捉摸;利用外界自然条件(如风向、阳光、硬地和草地等)发球,给对方接发球制造困难。

2. 接发球战术

接发球时站位:站在对方可能把球发到的角度的角分线上。当对方发向外或向内旋转的球时,要靠近旋转方向一点。此外,应尽量站在底线内半米左右处,以压制对方,自己上网。

接发球击球方法:一般采用平击抽球,将球回击到对方底线两角;也可通过旋转使球旋向两边线外,从而使对方左右奔跑;或运用切削球打到近网两角,或运用挑高球挑过发球上网者头顶等。

3. 底线对攻战术

以进攻型打法为前提,用快速、力量、准确取胜,使看起来是防守性的打法具有攻击性。常用的有逼右攻左、逼左攻右,攻击对方弱点或打对方不喜欢打的球。

4. 上网战术

上网战术是指在发球或接发球后,冲到离网较近的位置,不等对方回击的球落地便进行空中截击或高压的一种战术。

上网时机:多用于第一次发球。发上旋球后,借球在空中飞行时间长,对方难以回击之机上网截击。若抽击球后上网,则出球要斜、要深、要重,或接近中央地带。

上网站位:尽可能站到距网约2米处。近网进攻威胁性大,封网角度小,防守控制面积大。此时,站位应在对方可能的击球角度的分角线上。

(二) 网球双打战术

1. 密切协作,默契配合

密切协作,默契配合是双打战术最突出的特点,是双打战术成功取胜的关键。默契配合是建立在两人相互了解和信任的基础上,紧密合作、互创条件、扬长避短、相辅相成,在场上有呼有应、相互鼓励,即使失利,两人合作也是愉快、融洽的。

2. 攻人战术

攻人战术是双打比赛中常用的一种战术在对方两名队员技术水平不平衡时一般都采用这种战术,即使在对付两名球员技术水平相差不大的对手时也可灵活运用该战术。先通过将球下压或控制前场取得进攻机会,然后集中力量"二打一",避其所长,攻其所短。

3. 攻中路战术

攻中路战术是将球击到对方两名队员站位之间的空隙,从而造成对方经常出现争抢回击或相互让球漏接等错误,尤其对一些配合不够默契的对手,该战术往往比较有效。当对方前后站位时,可将球击到对方中场两侧边线处;当对方分边左右站位防守时,可利用杀球、吊球等技术攻击对方的中路。

第三节　网球专项体能

一、力量素质训练

网球运动的力量特点是以爆发力为主要的肌肉活动,特别是手臂、髋、膝、腰腹部和背部的屈伸力。训练方法有以下几种。

（1）杠铃训练：后深蹲、推举、卧推、三头肌杠铃等。

（2）腹肌力量训练：仰卧起坐、团身仰卧起坐、团身转体仰卧起坐、腿交叉仰卧起坐、对角仰卧起坐等。

弹跳训练

（3）弹跳训练：原地跳、立定跳、起跳跑、深蹲跳、分腿跳等。

（4）实心球训练：转体练习、模拟正反手动作抛球练习、肩上抛实心球练习等。

（5）体重训练：俯卧撑、指尖俯卧撑、拍手俯卧撑、单腿俯卧撑、单肩俯卧撑等。

二、速度素质训练

网球运动要求运动员具有判断快、运动快、移动快、动作快等速度素质。速度训练方法包括单打边线折线跑、20～50米冲刺跑、小步跑、原地高抬腿练习、内外翻跑、后蹬跑、后踢跑等。

三、耐力素质训练

耐力是机体长时间活动中对抗疲劳的能力,其训练方法有持续跑、跳绳、放松跑、变速跑、加速跑、交叉跑等。

四、灵敏素质训练

灵敏性是指在不损失身体平衡、力量、速度或身体控制情况下改变方向的能力,其训练方法有折返跑、侧跨步冲刺、侧向绕障碍、蛇形绕障碍跑、滚翻、跳绳、双脚三角跳、敏捷梯等。

敏捷梯练习

五、柔韧素质训练

柔韧性是指人体关节活动幅度的大小以及跨过关节的韧带、肌腱、肌肉、皮肤及其他组织的弹性和伸展能力。动态拉伸训练方法有上下肢拉伸法、体前屈、仰卧躯体、绕臂、双人压肩、上下振臂、踢腿、弓步压腿、转腰等。

网球动态拉伸

网球竞赛规则

第三篇 艺术体育

第十章 体育舞蹈

学习目标

思政元素

在舞蹈中体验到满足、自信和快乐,享受舞蹈和音乐的乐趣;在学习中感受动作美、音乐美,提高美的鉴赏能力和肢体表达能力;能够和舞伴互相尊重、包容与合作,体谅舞伴,主动与舞伴配合。

身体能力

协调、灵敏、力量、耐力等身体素质能达到《国家学生体质健康标准》测试要求;通过掌握华尔兹、维也纳华尔兹、伦巴和恰恰恰四种舞蹈的基本步法及简单套路实现身体柔韧与协调能力全面发展;流畅地完成四种舞蹈的基本动作套路,促进身体空间感知能力的提升。

认知能力

通晓国内外体育舞蹈的发展状况;领会标准舞和拉丁舞的舞蹈风格与音乐特点等;知道体育舞蹈的基本术语、方位、角度等常用知识;了解体育舞蹈的竞赛规则,掌握体育舞蹈竞赛的裁判方法,明确组织、编排和记分方法。

第一节 体育舞蹈运动简介

一、体育舞蹈概述

体育舞蹈又称"国际标准交际舞",是体育运动项目之一。它是以男女为伴的一种步行式双人舞的运动项目。体育舞蹈按竞赛项目可分成三类,即标准舞、拉丁舞和团体舞,共十个舞种。其中,标准舞(modern)(原称摩登舞)包括华尔兹(waltz)、维也纳华尔兹(viennese waltz)、探戈(tango)、狐步(foxtrot)和快步(quick step)五种舞,拉丁舞(latin)包括伦巴(rumba)、恰恰恰(cha-cha-cha)、桑巴(samba)、斗牛(paisobopli)和牛仔(jive)五种舞。每个舞种均有各自的舞曲、舞步和风格,并根据各舞种的乐曲和动作要求,组编成各自的成套动作。团体舞是标准舞或拉丁舞的混合舞,由八对选手组成,借助音乐引导,通过队形的变换,将五种舞蹈组合,从而编织出丰富多彩的图案,使音乐、舞姿、队形、图案和选手们的和谐配合融为一体,更加鲜明地表现出体育舞蹈的风格特点。

标准交际舞起源于古代土风舞,经历了对舞、圈舞、行列舞、集体舞等演变过程,成为流传广泛的社交舞蹈。19世纪20年代后,英国皇家舞蹈教师协会对原"舞种""舞步""舞姿"等进行规范整理,制定比赛方法,逐步形成国际标准交际舞,并于1947年在德国柏林举行了第一届世界标准交际舞锦标赛,现已发展成艺术性高、技巧性强的竞技性体育项目。

二、体育舞蹈基本知识

(一)基本术语

(1)舞程线(简称 L.O.D.):沿舞程线方向行进的路线,如图10-1所示。

(2)舞姿:泛指舞者跳舞的姿态。

① 合对位舞姿(闭式舞姿):"合"指男女交手握持;"对"指男女面对面,泛指男女面对双手握持的身体位置。

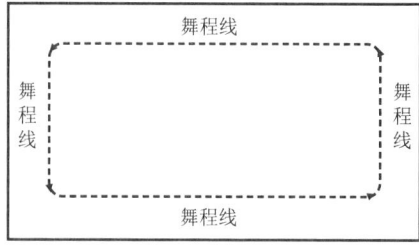

图10-1 舞程线

② 侧行位舞姿(简称 P.P.):男士的右侧与女士左侧身体紧密贴靠,身体的另一侧略向外展开成"V"字形站立或行进的身体位置。

③ 外侧位舞姿(简称 O.P.):指在摩登舞中,男、女舞伴的一侧脚向舞伴同侧脚的外侧(右外侧或左外侧)前进所形成的身体位置。

(3)反身动作(简称 C.B.M.):一侧脚前进或后退时,同侧肩和胯后让或前送,使身体与舞步形成反向配合的身体动作。

(4)升降动作(起与伏):跳舞时身体的上升与下降。升降动作是在膝、踝、趾关节的屈和伸动作的转换中完成的。

(5)倾斜动作(简称 B.S.):跳一些舞步时身体的倾斜。从形体上讲,倾斜动作是指肩的平衡线向左、向右的倾斜,它与地面的水平线成三角斜线。

(6)跨蹿步:前进暂时受阻的舞步型或舞步型部分重心停留于一脚超过一拍。

(7)锁步:两脚前后交叉的舞步。

(8)脚跟转:向后迈出的脚的脚跟转。在动作过程中并上的脚必须与主力脚平行,旋转结束时身体重心移动至并上的那只脚。

(9)脚跟轴转:不变重心的单一脚跟旋转。

(10)轴转:一脚脚掌旋转,另一脚处于或前或后的反身动作位置。

(二)角度、方位、赛场

1.旋转角度的认定

旋转时以每转360°为一周,旋转45°为1/8周,旋转90°为1/4周,旋转135°为3/8周,旋转225°为5/8周,旋转315°为7/8周。在记录旋转动作时,应先标明旋转的方向,即左转或右转,再标明角度,如左转1/8,如图10-2所示。

2. 方 位

为了便于舞蹈进行中正确地辨别方位和检查旋转的角度,根据国际上记录各种舞蹈的惯例,在舞场上要规定一定的方位。一般情况下,多以乐队演奏台的一面为规定方位的基点,定为"1 点"(也可在场地中任选一个面定为"1 点"),每向顺方向转动 45°则变动一个方位,依此类推,2 点、3 点、4 点……共八个

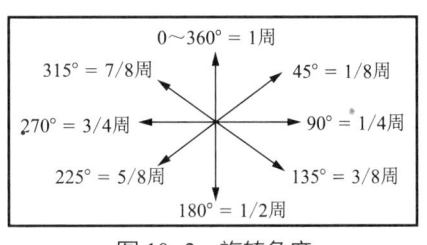

图 10-2 旋转角度

点。因此,一个场地中的四个面对应 1 点、3 点、5 点、7 点,四个角对应 2 点、4 点、6 点、8 点,如图 10-3 所示。

以上所谈方位是在一个固定的位置上用的。如果舞蹈者按舞程线不断变换方位,向前移动,则又与舞程线(L.O.D.)发生联系。因此,规定了几条线来指示舞蹈者每个舞步的行进方向。

在国际体育舞蹈中规定了八条线(图 10-4):1—面对舞程线;2—面斜壁线;3—面对壁线;4—背斜中央线;5—背对舞程线;6—背斜壁线;7—面对中央线;8—面斜中央线。

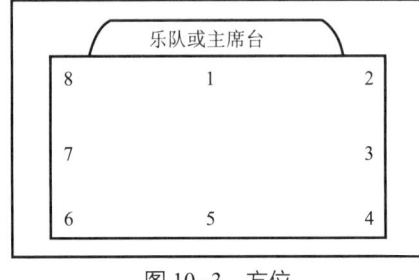

图 10-3 方位

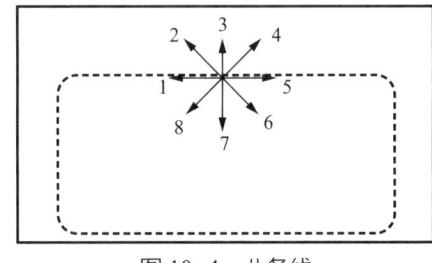

图 10-4 八条线

只要是沿着 L.O.D. 的圆周行进,则无论行进到哪一点,上述规律都是适用的。

3. 赛 场

进行国际体育舞蹈比赛的场地是有一定规格的,一般赛场地面应平整光滑,场地面积为 15 米 × 23 米。赛场长的两条边线叫 A 线,短的两条边线叫 B 线,比赛选手所编的套路应按两条线的长短不同安排适当的动作,不断沿两条线按 L.O.D. 方向循序而进。

第二节 体育舞蹈基本技术

一、标准舞

标准舞(摩登舞)又称现代舞,它包括华尔兹、探戈、狐步、快步和维也纳华尔兹。标准舞以其特有的准确、飘逸、自然的舞姿,表现出庄重典雅、华丽富贵、细腻严谨的风格。

(一)华尔兹、狐步、快步、维也纳华尔兹舞的握抱姿势

1. 闭式舞姿(closed position,简称 C.P.)

(1)男、女舞伴均以身体正面右侧相对,直立,两脚全脚掌着地并拢,挺胸立腰(女伴上

体上部后仰25°),收腹微提臀,两膝自然放松,各自独立保持重心。

(2) 男伴左手与女伴右手掌心对掌心相握,虎口向上;女伴右手虎口张开,四指并拢轻挂在男伴左手虎口上;男伴左前臂与上臂夹角约为120°,左手高度与女伴右耳峰水平位齐。

(3) 男伴右手五指并拢,轻置于女伴左肩胛骨下端,前臂与上臂夹角为75°左右;女伴左手轻置于男伴右肩袖处虎口张开轻卡男伴三角肌,前臂附于男伴上臂。

(4) 男、女舞伴右腹部1/2微贴;男伴头部自然挺直,女伴头部略向左倾,互相从对方右肩上方向前看出。

2. 散式舞姿(promenade position,简称 P. P.)

在闭式舞姿基础上,男伴向左略打开上体和头,女伴向右略打开上体和头,双方向同一方向看出,腰部以下同闭式舞姿。

3. 外侧舞姿(outside position,简称 O. P.)

在闭式舞姿基础上,男伴右足向女伴右外侧前进,或男伴右足后退,带动女伴右足向男伴右外侧前进,形成外侧舞姿。

(1) 前进右外侧:男伴右足向女伴身体右外侧前进,女伴左足后退,男、女舞伴各做反身动作,腰胯部仍相靠,上身保持闭式舞姿不变。

(2) 后退右外侧:女伴右足向男伴身体右外侧前进,男伴左足后退,男、女舞伴各做反身动作,腰胯部仍相靠,上身保持闭式舞姿不变。

(二) 探戈舞的握抱姿势

1. 闭式舞姿

(1) 男、女舞伴均以身体正面右侧相对,左脚在前,右脚在后,右脚脚前掌内侧并在左脚脚弓处,前后错开半个脚,重心下沉,膝关节弯曲并松弛。

(2) 男伴左手前臂内收,与大臂的夹角接近90°,女伴右手握男伴左手大拇指。男伴右手五指并拢,斜下插轻托女伴后背中间偏左侧部位(不超过脊柱);女伴左手虎口抵卡住男伴的右上臂外侧腋下。

(3) 男、女舞伴身体右侧1/3微贴,接触部位从膝关节、胯部到腹部位置。

2. 散式舞姿

在原闭式舞姿的基础上,男伴头部、上身向左拧转,胸部向外打开并带动女伴右拧。男、女舞伴向同一方向,从相握的手臂上向前看出。男伴重心在右脚,左脚拇指内缘点地,膝关节内合,包住女伴右膝;女伴重心在左脚,右腿屈膝内扣,右脚拇指内侧点地。

(三) 华尔兹

华尔兹舞庄重典雅、华丽多彩,动作流畅起伏、婉转多变,舞姿飘逸洒脱,男伴气宇轩昂,女伴雍容大方。音乐为3/4拍、30～32小节/分,节奏鲜明。下面介绍华尔兹舞基本步法。其中,"面向斜壁"指方位,即舞者身体面向斜墙壁;"步法:脚跟,脚尖"指舞者脚落地的方法,即脚跟先着地,再移动重心至脚尖。

1. 左足并换步(L. F. closed change)

1) 男　士

第一步 [节拍是第 1 拍,简写为 1,下文以此类推]:面向斜壁;左脚前进。步法:脚跟,脚尖。结尾开始上升,有轻微反身动作。第二步 [2]:面向斜壁,右脚横步稍前。步法:脚尖。继续上升,向左倾斜。第三步 [3]:面向斜壁,左脚并右脚。步法:脚尖,脚跟。继续上升,结尾下降;向左倾斜。

左足并换步

2) 女　士

第一步 [1]:背向斜壁,右脚后退。步法:脚尖,脚跟。结尾开始升,足不升,有轻微反身动作。第二步 [2]:背向斜壁,左脚横步稍退。步法:脚尖。继续上升,向右倾斜。第三步 [3]:背向斜壁,右脚并左脚。步法:脚尖,脚跟。继续上升,结尾下降,向右倾斜。

方位是指在一个舞步结束时,双脚(并非身体)在舞池中指示的方向。身体的位置有时也概括在方位中,因为在 P. P. 位时身体和脚的转度不同,所以要分别描述。

动作提示:在这个动作的配合中,处于后退的一方一定要给前进的一方让开位置,第一步中身体没有任何变化,在跳第二步时,男、女舞伴的身体要向侧做倾斜,升到最高点时,重心落下后才能走下一步。

2. 右转步(natural turn)

1) 男　士

第一步 [1]:面向斜壁,右脚前进。步法:脚跟,脚尖。结尾开始上升,有反身动作;开始右转。第二步 [2]:背向斜中央,左脚向侧。步法:脚尖。继续上升,向右倾斜;第一～二步转 1/4。第三步 [3]:背向舞程线,右脚并左脚。步法:脚尖,脚跟。继续上升,结尾下降,向右倾斜,第二～三步转 1/8。第四步 [1]:背向舞程线,左脚后退。步法:脚尖,脚跟。结尾开始上升,足不升,有反身动作,继续向右转。第五步 [2]:指向斜中央,右脚向侧。步法:脚尖。继续上升,向左倾斜;第四～五步转 3/8,身体少转。第六步 [3]:面向斜中央,左脚并右脚。步法:脚尖,脚跟。继续上升,结尾下降,向左倾斜,身体完成转动。

右转步

2) 女　士

第一步 [1]:背向斜壁;左脚后退。步法:脚尖,脚跟。结尾开始上升,足不升,有反身动作,开始右转。第二步 [2]:指向舞程线,右脚向侧。步法:脚尖。继续上升,向左倾斜,第一～二步转 3/8,身体少转。第三步 [3]:面向舞程线,左脚并右脚。步法:脚尖,脚跟。继续上升,结尾下降,向左倾斜,身体完成转动。第四步 [1]:面向舞程线,右脚前进。步法:脚跟,脚尖。结尾开始上升,有反身动作,继续向右转。第五步 [2]:背向中央,左脚向侧。步法:脚尖。继续上升,向右倾斜;第四～五步转 1/4。第六步 [3]:背向斜中央,右脚并左脚。步法:脚尖,脚跟。继续上升,结尾下降,向右倾斜;第五～六步转 1/8。

3. 右足并换步(R. F. closed change)

1) 男　士

第一步 [1]:面向斜中央,右脚前进。步法:脚跟,脚尖。结尾开始上升,有轻微反身动作。第二步 [2]:面向斜中央,左脚横步稍前。步法:脚尖。继续上升,向右倾斜。第三步 [3]:面向斜中央,右脚并左脚。步法:脚尖,脚跟。

右足并换步

继续上升,结尾下降,向右倾斜。

2）女　士

第一步[1]：背向斜中央,左脚后退。步法：脚尖,脚跟。结尾开始上升,足不升,有轻微反身动作。第二步[2]：背向斜中央,右脚横步稍退。步法：脚尖。继续上升,向左倾斜。第三步[3]：背向斜中央,左脚并右脚。步法：脚尖,脚跟。继续上升,结尾下降,向左倾斜。

4. 左转步（reverse turn）

1）男　士

第一步[1]：面向斜中央,左脚前进。步法：脚跟,脚尖。结尾开始上升,有反身动作,开始左转。第二步[2]：背向斜壁,右脚向侧。步法：脚尖。继续上升,向左倾斜；第一～二步转1/4。第三步[3]：背向舞程线,左脚并右脚。步法：脚尖,脚跟。继续上升,结尾下降,向左倾斜；第二～三步转1/8。第四步[1]：背向舞程线,右脚后退。步法：脚尖,脚跟。下降,结尾开始上升,足不升,有反身动作,继续向左转。第五步[2]：指向斜壁,左脚向侧。步法：脚尖。继续上升,向右倾斜；第四～五步转3/8,身体稍转。第六步[3]：面向斜壁；右脚并左脚。步法：脚尖,脚跟。继续上升,结尾下降,向右倾斜。身体完成转动。

左转步

2）女　士

第一步[1]：背向斜中央,右脚后退。步法：脚尖,脚跟。结尾开始升,足不升,有反身动作；开始左转。第二步[2]：指向舞程线,左脚向侧。步法：脚尖。继续上升,向右倾斜,第一～二步转3/8,身体稍转。第三步[3]：面向舞程线,右脚并左脚。步法：脚尖,脚跟。继续上升,结尾下降,向右倾斜,身体完成转动。第四步[1]：面向舞程线,左脚前进。步法：脚跟,脚尖。结尾开始上升,有反身动作,继续向左转。第五步[2]：背向舞壁,右脚向侧。步法：脚尖。继续上升,向左倾斜；第四～五步转1/4。第六步[3]：背向斜壁,左脚并右脚。步法：脚尖,脚跟。继续上升,结尾下降,向左倾斜；第五～六步转1/8。

动作提示：右转步和左转步是华尔兹舞的基础舞步,也是华尔兹舞的经典舞步,它不仅可以自身形成套路连接,还是多种舞步的连接方式,尤其右转步更是如此,因此要重点地进行练习。

5. 拂步（叉形步）（whisk）

1）男　士

第一步[1]：面向斜壁,左脚前进。步法：脚跟,脚尖。结尾开始上升,有轻微反身动作。第二步[2]：面向斜壁,右脚横步稍前。步法：脚尖。继续上升,向左倾斜。第三步[3]：面向斜壁,左脚在侧行位置交叉于右脚后。步法：脚尖,脚跟。保持上升,结尾下降,向左倾斜。

叉形步

2）女　士

第一步[1]：背向斜壁,右脚后退。步法：脚尖,脚跟。结尾开始上升,足不升。第二步[2]：指向斜中央,左脚斜退。步法：脚尖。继续上升,向右倾斜；第一～二步向右转1/4,身体稍转。第三步[3]：面向斜中央,右脚在侧行位置交叉于左脚后。步法：脚尖,脚跟。保持上升,结尾下降,向右倾斜,身体完成转动。

6. 侧行至追步（chase from promenade promenade position）

1）男　士

第一步[1]：沿着舞程线，面向斜壁，右脚前进并交叉于反身动作及侧行位置。步法：脚跟，脚尖。结尾开始上升。第二步[2-1/2]：面向斜壁，左脚横步稍前。步法：脚尖。继续上升，节奏是第二拍的前半拍。第三步[2-1/2]：面向斜壁，右脚并左脚。步法：脚尖。继续上升。节奏是第二拍的后半拍。第四步[3]：面向斜壁，左脚横步稍前。步法：脚尖，脚跟。保持上升，结尾下降。

2）女　士

第一步[1]：沿着舞程线，面向斜中央，左脚前进并交叉于反身动作及侧行位置中。步法：脚跟，脚尖。结尾开始升，有反身动作，开始左转。第二步[2-1/2]：背向舞壁，右脚向侧。步法：脚尖。继续上升，第一～二步转1/8。节奏是第二拍的前半拍。第三步[2-1/2]：背向斜壁，左脚并右脚。步法：脚尖。继续上升，第二～三步转1/8，身体少转。节奏是第二拍的后半拍。第四步[4]：背向斜壁，右脚横步稍退。步法：脚尖，脚跟。保持上升，结尾下降。

侧行至追步

7. 男士外侧右转步的1～3（natural turn 1～3）

1）男　士

第一～三步与右转步的第一～三步相同。男士第一步在女士身体的右侧前进。

2）女　士

第一～三步与右转步的第一～三步相同。

男士外侧右转步的1～3

8. 右旋转步（natural spin turn）

1）男　士

第一步[1]：顺着舞程线，脚尖转入，结束面向新墙壁之斜壁；左脚后退，右脚保持在反身动作位置中（轴转）。步法：脚尖，脚跟脚，脚尖。有反身动作，向右转3/8。第二步[2]：面向新斜壁，右脚前进。步法：脚跟，脚尖。结尾上升，有反身动作，继续旋转。第三步[3]：背向新舞程线之斜中央，左脚横步稍退。步法：脚尖，脚跟。保持上升，结尾下降，第二～三步转1/4。

2）女　士

第一步[1]：面向舞程线，结束时背向新墙壁之斜壁，右脚前进（轴转动作）。步法：脚跟，脚尖。有反身动作，向右转3/8。第二步[2]：背向新斜壁，左脚后退并稍向左侧。步法：脚尖。结尾上升，继续旋转。第三步[3]：面向新舞程线之斜中央，右脚刷步经左脚斜进。步法：脚尖，脚跟。保持上升，结尾下降，第二～三步转1/4。

右旋转步

9. 跨踏换步（hesitation change）

1）男　士

第一步[1]：背向舞程线，左脚后退。步法：脚尖，脚跟。有反身动作，继续右转。第二步[2]：面向新舞程线之斜壁，右脚向侧小步（拉脚跟）。步法：脚跟，脚内缘和全脚。向左倾斜，第一～二步转3/8。第三步[3]：面向斜壁，左脚并右脚，不置重量。步法：脚尖内缘。向左倾斜。

跨踏换步

2）女　士

第一步[1]：面向舞程线，右脚前进。步法：脚跟，脚尖。有反身动作，继续右转。第二步[2]：背向新斜壁，左脚向侧。步法：脚尖，脚内缘和全脚。向右倾斜，第一～二步转 3/8。第三步[3]：背向斜壁，右脚并左脚，不置重量。步法：脚尖内缘。向右倾斜。

华尔兹舞的套路连接：左足并换步[1,2,3]，右转步[1,2,3,4,5,6]，右足并换步[1,2,3]，左转步[1,2,3,4,5,6]，叉形步[1,2,3]，侧行追步[1,2,&,3]，右旋转步[1,2,3,4,5,6]，左转步456[1,2,3]，1/2左转步[1,2,3,4,5,6]，左足并换步[1,2,3]，1/2右转步的1～3步[1,2,3]，跨踏换步[1,2,3]。

华尔兹舞完整套路示范

（四）探　戈

探戈舞刚劲挺拔、顿挫磊落、洒脱豪放、斜行横进、动静有致、沉稳机敏；音乐节奏为 2/4 拍，30～34 小节/分，以切分音为主，有附点和停顿，舞步节奏分慢[S]和快[Q]，"S"占1拍，"Q"占 1/2 拍。探戈舞基本步法如下：

1. 2 个常步（2 walk）

1）男　士

第一步[S]：面向舞壁，左脚在反身动作位置中弧线前进。步法：脚跟，脚外缘，脚掌。有反身动作，左转 1/8。第二步[S]：面向斜壁，右侧身体引导，右脚横移前进。步法：脚跟，脚内侧，脚掌。

常　步

2）女　士

第一步[S]：背向舞壁，右脚在反身动作位置中弧线后退。步法：脚掌，脚掌外缘，脚跟。有反身动作，左转 1/8。第二步[S]：背向斜壁，左侧身体引导，左脚横移后退。步法：脚掌内缘，脚跟。

2. 直行串步（progressive link）

1）男　士

第一步[Q]：面向斜壁，在反身动作位置中左脚前进。步法：脚跟。有反身动作。第二步[Q]：面向斜壁，右脚向侧并在侧行位置中稍后退。步法：右脚内缘与左脚脚掌内缘。身体向右转。

直行串步

2）女　士

第一步[Q]：背向斜壁，在反身动作位置中右脚后退。步法：脚掌，脚跟。有反身动作。第二步[Q]：背向斜壁，左脚向侧并在侧行位中稍后退。步法：脚掌，脚跟内缘与右脚脚掌内缘。

3. 侧行连步（promenade link）

1）男　士

第一步[S]：沿着斜中央指向斜壁，在侧行位置中左脚向侧。步法：脚跟。第二步[Q]：沿着斜中央指向斜壁，右脚前进并交叉于反身动作位置与侧行位置中。步法：脚跟。第三步[Q]：面向斜中央，左脚向侧小步，不置重量。步法：脚掌内缘。

侧行连步

2）女　士

第一步[S]：沿着斜中央背向斜壁，在侧行位置中右脚向侧。步法：脚跟。第二步[Q]：沿着斜中央背向斜壁，左脚前进并交叉于反身动作位置与侧行位置中。步法：脚跟，脚掌。脚平伏，有反身动作，第二～三步左转1/4。第三步[Q]：背向斜中央，右脚向侧小步，不置重量。步法：右脚脚掌内缘。

4. 分式左转步（open reverse turn lady outside closed finish）

1）男　士

第一步[Q]：面向斜中央，在反身动作位置中左脚前进。步法：脚跟。有反身动作，开始左转。第二步[Q]：背向斜壁，右脚向侧。步法：脚掌，脚跟。第一～二步转1/4。第三步[S]：背向斜壁，顺着舞程线，在反身动作位置中左脚后退。步法：脚掌，脚跟内侧。第四步[Q]：左转1/4后背对斜中央，右脚后退。步法：脚掌，脚跟。有反身动作。第五步[Q]：向左转1/8后指向舞壁，左脚向侧并稍前进。步法：脚内缘。第六步[S]：面向舞壁，右脚并左脚并稍后退。步法：全脚。

分式左转步

2）女　士

第一步[Q]：背向斜中央，在反身动作位置中右脚后退。步法：脚掌，脚跟。有反身动作，开始左转。第二步[Q]：面向斜壁，左脚向侧并稍前进。步法：全脚。第一～二步转1/4。第三步[S]：面向斜壁，顺着舞程线，在反身动作位置中右脚前进。步法：脚跟。第四步[Q]：向左转1/4后面向斜中央，左脚前进。步法：脚跟。有反身动作。第五步[Q]：继续向左转1/8后背向舞壁，右脚向侧并稍后退。步法：脚内缘。第六步[S]：背向舞壁，左脚并右脚并稍前进。步法：全脚。

5. 右摇转步（natural rock turn）

1）男　士

第一步[S]：面向舞壁，在反身动作位置中左脚前进。步法：脚跟。有反身动作，左转1/8。第二步[S]：面向斜壁，右侧身体引导，右脚前进。步法：脚跟。第三步[Q]：背向中央，左脚向侧并稍后退。步法：脚掌脚跟内缘。第四步[Q]：背向斜中央，重量向前移至右脚，右肩引导。步法：脚掌脚跟内缘。第二～四步间向右转1/4。第五步[S]：背向斜中央，左脚小步后退，左肩引导。步法：脚掌脚跟内缘。第六步[Q]：面向舞壁，在反身动作位置中右脚后退。步法：脚掌，脚跟。有反身动作。第七步[Q]：面向舞壁，左脚向侧并稍前进。第八步[S]：面向舞壁，右脚并左脚稍后退。步法：整双脚。第六～七步间向左转1/8。

右摇转步

2）女　士

第一步[S]：背向舞壁，在反身动作位置中右脚后退。步法：脚尖，有反身动作。第二步[S]：背向斜壁，左脚后退，左肩引导。步法：脚掌，脚跟内缘。第三步[Q]：面向中央，右脚前进并稍向右。步法：脚跟。第四步[Q]：面向斜中央，左脚后退并稍向左，左肩引导。步法：脚掌，脚跟内缘。第二～四步间向右转1/4。第五步[S]：面向斜中央，右脚前进，右肩引导小步。步法：脚跟。第六步[Q]：背向舞壁，在反身动作位置中左脚前进。步法：脚跟。有反身动作。第七步[Q]：背向舞壁，右脚向侧并稍后退。步法：脚掌，脚跟内缘。第六～七步间向左转 1/8。第八步[S]：背向舞壁，左脚并右脚稍前进。步法：整双脚。

6. 反抑制步（contra check end P. P.）

1）男　士

第一步[S]：面向舞壁，在反身动作位置中左脚交叉于右脚前进一小步，重心在两脚之间。步法：左脚脚跟，脚掌，右脚脚跟，脚掌；有反身动作。第二步[Q]：背向斜中央，重心回到右脚。步法：脚掌，脚跟。右转 1/8。第三步[Q]：背向斜中央，左脚后退并向侧，不置重量。步法：脚尖内缘。

反抑制步

2）女　士

第一步[S]：背向舞壁，在反身动作位置中右脚交叉于左脚后退一小步，重心在两脚之间。步法：右脚脚尖，脚掌，左脚整脚至脚外缘。有反身动作。第二步[Q]：面向斜中央，重心回到左脚。步法：脚跟，脚掌。右转 1/8。第三步[Q]：面向斜中央，右脚前进并向侧，不置重量。步法：脚尖内缘。

7. 侧行并步（closed promenade）

1）男　士

第一步[S]：沿着新舞程线，指向新斜壁，在侧行位置中，左脚向侧。步法：脚跟。第二步[Q]：沿着新舞程线，指向新斜壁，右脚前进并交叉于反身动作位置与侧行位置中。步法：脚跟。第三步[Q]：指向新斜壁，左脚向侧并稍前进。步法：脚之内缘。第四步[S]：面向新斜壁，右脚并左脚并稍后退。步法：整双脚。

侧行并步

2）女　士

第一步[S]：沿着新舞程线，指向新斜中央；在侧行位置中，右脚向侧。步法：脚跟。第二步[Q]：沿着新舞程线，指向新斜中央；左脚前进并交叉于反身动作位置与侧行位置中。步法：脚跟。第三步[Q]：背向新斜壁，右脚向侧并稍后退。步法：脚内缘。第四步[S]：背向新斜壁，左脚并右脚，稍前进。步法：整双脚。

8. 西班牙拉步（drag）

1）男　士

第一步[Q]：面向新斜壁，左脚向侧一小步。步法：脚内缘。第二步[Q]：面向新斜壁，右脚并左脚。步法：脚掌。第三步[Q]：面向新斜壁，左脚向侧一小步。步法：脚内缘。第四步[Q]：面向新斜壁，右脚并左脚。步法：脚掌。第五步[SSSS]：[S]：顺着斜壁，指向逆斜，左肩引导，左脚向侧并稍前进一大步，成弓步。步法：脚掌内缘，有反身动作，右转 1/8。[S]：身体从反身动作还原，向右下方转头。[SS]：舞伴对视交流，右脚拉回至左脚旁，身体不升。第六步[S]：背向斜中央，重心移至右脚，左脚在侧行位置中向侧一小步。步法：右脚脚掌，脚跟，左脚脚尖内缘。

西班牙拉步

2）女　士

第一步[Q]：背向新斜壁，右脚向侧一小步。步法：脚内缘。第二步[Q]：背向新斜壁，左脚并右脚。步法：脚掌。第三步[Q]：背向新斜壁，右脚向侧一小步。步法：脚内缘。第四步[Q]：背向新斜壁，左脚并右脚。步法：脚掌。第五步[SSSS]：[S]：顺着斜壁，指向斜中央，右脚向侧并稍后退一大步,成弓步。步法:脚掌内缘。有反身动作,右转 1/8。[S]:身体从反身动作还原,向右上方转头。[SS]:舞伴对视交流,左脚拉回至右脚旁,身体不升。第六步[S]:面向斜中央,重心移至左脚,右脚在侧行位置中向侧一步。步法:左脚脚掌,脚跟,右脚脚尖内缘。

9. 侧行至切音锁步（promenade to syncopated lock）

1) 男　士

第一步[S]:沿着斜壁,指向逆斜壁;在侧行位置中,左脚向侧。步法:脚跟。第二步[Q]:沿着斜壁,指向逆斜壁;右脚前进并交叉于反身动作位置与侧行位置中。步法:脚跟。第三步[Q]:沿着斜壁,指向逆斜壁;左脚向侧。步法:脚跟,整脚。第四步[S]:面向斜壁,右脚锁于左脚后。步法:脚掌。第三～四步间身体左转 1/8。

侧行至切音锁步

2) 女　士

第一步[S]:沿着斜壁,指向斜中央;在侧行位置中,右脚向侧。步法:脚跟。第二步[Q]:沿着斜壁,指向斜中央;左脚前进并交叉于反身动作位置与侧行位置中。步法:脚跟。第三步[Q]:沿着斜壁,指向斜中央;右脚向侧。步法:脚跟,脚掌。第四步[S]:背向斜壁,左脚锁于右脚前。步法:脚掌。第三～四步间左转 1/8。

10. 扭转步（twist turn）

1) 男　士

第一步[QQQQ]:面向新舞壁,重心在两脚之间,两大腿内侧夹紧,身体向右扭转。步法:右脚脚掌,左脚脚跟。右转 7/8。第二步[S]:面向新舞壁,左脚在侧行位置中向左侧一小步,不置重量。步法:整右脚和左脚脚掌内缘。

扭转步

2) 女　士

第一步[QQQQ]:背向新舞壁,在反身动作位置和外侧舞伴中,左脚前进,右脚前进,左脚继续前进,右脚继续前进。四步的步法全是:脚跟,脚掌。右转 7/8。第二步[S]:背向新舞壁,左脚向侧并稍后退,右脚在侧行位置中向侧一小步,不置重量。步法:左脚脚跟,脚掌,整脚,右脚脚掌内缘。

探戈舞的套路连接:2 个常步[SS],直行串步[QQ],侧行连步[SQQ],分式左转步[QQSQQS],摇转步[SSQQSQQS],反抑制步[SS],侧行并步[SQQS],西班牙拉步[QQQQSSSSS],侧行至切音锁步[SQQS],扭转步[QQQQS],侧行并步[SQQS]。

探戈舞完整套路示范

二、拉丁舞

拉丁舞是流行于拉丁美洲的民间舞蹈,第二次世界大战以后,经过英国皇家交际舞教师协会的整理、改造,被纳入国际标准交际舞中,其中伦巴、恰恰恰、桑巴、斗牛、牛仔五种拉丁舞蹈列为比赛项目。拉丁舞与标准舞有较大的区别:拉丁舞起源于拉丁美洲（古巴、巴西、墨西哥等）;音乐热情奔放,节奏感强;舞姿婀娜,舞伴间若即若离,无规定程式,多为"地位舞"或"方位舞";舞步变化莫测,活泼,表演性强,易于激发观众的情绪;服饰较为随意,随"拉美"风情,突出"拉美"风格;舞伴间多有感情交流,女伴为主要表现者。标准舞起源于欧洲(英国、德国、奥地利等);音乐抒情优美,旋律感强;舞姿严谨,舞伴间相互制约,沿舞程线运动,为"游走型"舞;舞步方面,技术细腻规范,难度大;服饰较为讲究,要按照传统风格(礼服)着装,不得随意改变;强调绅士风度,无情节性,动作要求规范。

(一)伦巴、恰恰恰、桑巴、牛仔舞的握持姿势

1. 闭式舞姿

男、女舞伴相对而立,身体稍前倾,头正直,两眼平视前方(多数时候是看着舞伴),重心男伴在右脚,女伴在左脚,另一脚脚掌内侧着地。男伴左手与女伴右手相握。女伴右手虎口张开,四指并拢,轻挂在男伴左手虎口上,环握男伴左手大拇指根部;男伴左手四指轻握女伴右手掌背部,举放在左肩旁,上臂略向内合,小臂与上臂约成90°角,右手伸扶在女伴左肩与臂相连接处,肘部平抬并使手臂呈弧形;女伴将左臂轻置于男伴右臂上,左手虎口张开轻卡男伴三角肌处,掌心向下,形成松弛而协调的相互扶抱的舞姿。

2. 开式舞姿

男、女舞伴相对而立,不交手握抱,分离较远。或单手相拉,或双手相拉,或不拉手。

(二)伦 巴

伦巴舞起源于古巴,极富魅力的髋部摆动显示出舞态的柔媚,缠绵抒情的音乐伴奏使其充满了浪漫的情调。动作特点:以胯部的转动带动腿和手臂的运动,在节奏中一张一弛。转胯的规律:伦巴舞的每一步移动之前都要先转胯,再出脚。先扭转反方向的胯,然后出脚移动。例如,左脚前进,右胯先向右后方向扭转,然后左脚再出脚前进。音乐节奏:一般为4/4拍,每分钟为28~31小节,重音在第1拍和第3拍,基本节奏为2-3-4-1。

伦巴舞的基本步法如下:

1. 预备步

1)男 士

第一步[4,1]:右脚向前,脚尖外转,脚掌平伏,向前抑制步。

2)女 士

预备步

第一步[4,1]:左脚后退,脚掌平伏,后退走步。

"脚掌平伏"指脚尖先接触地面,再换成前脚掌,逐渐降到脚跟。当脚移动时,绷直脚背,脚尖挤压地板,然后脚掌进一步挤压地板,脚跟放低,重心完全到达全脚。此时,非重心脚脚跟离开地面,脚背绷直。

2. 1~3基本动作步(1~3 basic movement)

1)男 士

第一步[2]:左脚向前,脚尖外转,脚掌平伏,向前抑制步。第二步[3]:右脚原地,脚掌平伏,原地换重心。第三步[4,1]:左脚并右脚,重心到左脚,脚掌平伏,交换重心。

1~3基本
动作步

2)女 士

第一步[2]:右脚后退,脚掌平伏,后退走步。第二步[3]:左脚原地,脚

掌平伏,原地换重心。第三步[4,1]:左转1/8后右脚前进,脚掌平伏。

动作提示:基本动作步是练习伦巴舞的基础,应重点进行练习。练习基本动作时,既可采用闭式舞姿也可采用开式舞姿。

3. 扇形步(fan)

1)男　士

第一步[2]:右脚后退,脚掌平伏,后退走步。第二步[3]:左脚原地,脚掌平伏,原地换重心。第三步[4,1]:左转1/4后右脚向侧稍前,脚掌平伏,向前走步转。

2)女　士

扇形步

第一步[2]:右转1/4后,左脚前进,脚掌平伏,前进走步。第二步[3]:右脚前进,脚掌平伏,前进走步。第三步[4,1]:左转1/2后左脚向侧并稍后退成扇形位展开,脚掌平伏,后退走步转,继续左转1/8。

动作提示:做该舞步过程中,男伴左手与女伴右手始终相握。

4. 曲棍步(hocker stick)

1)男　士

第一步[2]:左脚前进,脚尖外转,脚掌平伏,向前抑制步。第二步[3]:右脚原地,脚掌平伏,重心回到右脚。第三步[4,1]:右转1/8后左脚并右脚,脚掌平伏,交换重心。第四步[2]:继续右转1/8后,右脚后退。脚掌平伏,后退走步。第五步[3]:左脚原地,脚掌平伏,原地换重心。第六步[4,1]:右脚前进,脚掌平伏,前进走步。

曲棍步

2)女　士

第一步[2]:右脚并向左脚,脚掌平伏,两脚并拢,交换重心,同时右转1/8。第二步[3]:左脚前进,脚掌平伏,前进走步。第三步[4,1]:右脚前进,脚掌平伏,前进走步。第四步[2]:左转1/8后左脚前进,脚掌平伏,前进走步。第五步[3]:右脚前进后,以右腿为轴左转1/2,脚掌平伏,前进走步。第六步[4,1]:左脚后退,脚掌平伏,后退走步。

动作提示:整个舞步过程中,男伴左手始终与女伴右手相握,在第三、四步时男伴左手上举、肘上抬,女伴肘前顶、右手上举,形成一个方形窗口。在女伴左转身时,男伴左手在上,向左推动,帮助女伴转动。

5. 6前进走步(6 forward walks)

1)男　士

第一步[2]:左脚前进,脚掌平伏,前进走步。第二步[3]:右脚前进,脚掌平伏,前进走步。第三步[4,1]:左脚前进,脚掌平伏,前进走步。第四步[2]:右脚前进,脚掌平伏,前进走步。第五步[3]:左脚前进,脚掌平伏,前进走步。第六步[4,1]:右脚前进,脚掌平伏,前进走步。

6前进走步

2)女　士

第一步[2]:右脚后退,脚掌平伏,后退走步。第二步[3]:左脚后退,脚掌平伏,后退走步。第三步[4,1]:右脚后退,脚掌平伏,后退走步。第四步[2]:左脚后退,脚掌平伏,后退走步。第五步[3]:右脚后退,脚掌平伏,后退走步。第六步[4,1]:左脚后退,脚掌平伏,后退走步。

6. 1~3基本动作步(1~3 basic movement)

1)男　士

第一步[2]:左脚向前,脚尖外转,脚掌平伏,向前抑制步。第二步[3]:右脚原地,脚掌平伏,原地换重心。第三步[4,1]:左脚后退,重心到左脚,脚掌平伏,后退走步。

2)女　士

第一步[2]:右脚后退,脚掌平伏,后退走步。第二步[3]:左脚原地,脚掌平伏,原地换重心。第三步[4,1]:右脚前进,脚掌平伏,前进走步。

1~3基本动作步

7. 6后退走步(6 back walks)

1)男　士

第一步[2]:右脚后退,脚掌平伏,后退走步。第二步[3]:左脚后退,脚掌平伏,后退走步。第三步[4,1]:右脚后退,脚掌平伏,后退走步。第四步[2]:左脚后退,脚掌平伏,后退走步。第五步[3]:右脚后退,脚掌平伏,后退走步。第六步[4,1]:左脚后退,脚掌平伏,后退走步。

2)女　士

第一步[2]:左脚前进,脚掌平伏,前进走步。第二步[3]:右脚前进,脚掌平伏,前进走步。第三步[4,1]:左脚前进,脚掌平伏,前进走步。第四步[2]:右脚前进,脚掌平伏,前进走步。第五步[3]:左脚前进,脚掌平伏,前进走步。第六步[4,1]:右脚前进,脚掌平伏,前进走步。

6后退走步

8. 臂下右转(under arm turn to right)

1)男　士

第一步[2]:右脚后退,脚掌平伏,后退走步。第二步[3]:左脚原地,脚掌平伏,原地换重心。第三步[4,1]:左转1/8后右脚向侧,脚掌平伏,交换重心。

2)女　士

第一步[2]:右转1/8后左脚前进,脚掌平伏,前进走步,继续右转1/2。第二步[3]:右脚原地,脚掌平伏,原地换重心。第三步[4,1]:右转3/8后左脚向侧,脚掌平伏,交换重心。

动作提示:整个舞步过程中,男伴左手始终与女伴右手相握,在第一、二步时男伴左手上举,女伴右手上举。在女伴右转身时,男伴左手在上,向前推动,帮助女伴转动。

臂下右转

9. 纽约步(New York)

1)男　士

第一步[2]:右转1/4后,左脚在开式相对侧行位置前进,脚尖外转,脚掌平伏,向前抑制步。第二步[3]:右脚原地,脚掌平伏,原地换重心。第三步[4,1]:左转1/4后,左脚向侧,脚掌平伏,侧向步。第四步[2]:左转1/4后,右脚在开式相对侧行位置前进,脚尖外转,脚掌平伏,抑制前进走步。第五

纽约步

161

步[3]:左脚原地,脚掌平伏,原地换重心。第六步[4,1]:右转1/4后,右脚向侧,脚掌平伏,侧向步。

2)女　士

第一步[2]:左转1/4后,右脚在开式相对侧行位置前进,脚尖外转,脚掌平伏,向前抑制步。第二步[3]:左脚原地,脚掌平伏,原地换重心。第三步[4,1]:右转1/4后,右脚向侧,脚掌平伏,侧向步。第四步[2]:右转1/4后,左脚在开式相对侧行位置前进,脚尖外转,脚掌平伏,向前抑制步。第五步[3]:右脚原地,脚掌平伏,原地换重心。第六步[4,1]:左转1/4后,左脚向侧,脚掌平伏,侧向步。

动作提示:纽约步第七～九步重复第一～三步动作。舞步过程中,男、女舞伴单手相握,在第三、六、九步上换手。

10. 手对手 X3（hand to hand X3）

1)男　士

第一步[2]:右转1/4后,右脚在开式并退位置后退,脚掌平伏,后退走步。第二步[3]:左脚原地,脚掌平伏,原地换重心。第三步[4,1]:左转1/4后,右脚向侧,脚掌平伏,侧向步。第四步[2]:左转1/4后,左脚在开式并退位置后退,脚掌平伏,后退走步。第五步[3]:右脚原地,脚掌平伏,原地换重心。第六步[4,1]:右转1/4后,左脚向侧,脚掌平伏,侧向步。

手对手 X3

2)女　士

第一步[2]:左转1/4后,左脚在开式并退位置后退,脚掌平伏,后退走步。第二步[3]:右脚原地,脚掌平伏,原地换重心。第三步[4,1]:右转1/4后,左脚向侧,脚掌平伏,侧向步。第四步[2]:右转1/4后,右脚在开式并退位置后退,脚掌平伏,后退走步。第五步[3]:左脚原地,脚掌平伏,原地换重心。第六步[4,1]:左转1/4后,右脚向侧,脚掌平伏,侧向步。

动作提示:手对手第七～九步重复第一～三步动作。舞步过程中,男、女舞伴单手相握,在第三、六、九步上换手。

11. 原地左或右转步（定点转）（spot turn left or right）

1)男　士

第一步[2]:右转1/8后,左脚前进,脚掌平伏,前进走步。第二步[3]:右转1/2后,右脚原地,脚掌平伏,原地换重心。第三步[4,1]:右转3/8后,左脚向侧,脚掌平伏,侧向步。第四步[2]:左转1/8后,右脚前进,脚掌平伏,前进走步。第五步[3]:左转1/2后,左脚原地,脚掌平伏,原地换重心。第六步[4,1]:左转3/8后,右脚向侧,脚掌平伏,侧向步。

定点转

2)女　士

第一步[2]:左转1/8后,右脚前进,脚掌平伏,前进走步。第二步[3]:左转1/2后,左脚原地,脚掌平伏,原地换重心。第三步[4,1]:左转3/8后,右脚向侧,脚掌平伏,侧向步。第四步[2]:右转1/8后,左脚前进,脚掌平伏,前进走步。第五步[3]:右转1/2后,右脚原地,脚掌平伏,原地换重心。第六步[4,1]:右转3/8后,左脚向侧,脚掌平伏,侧向步。

伦巴完整套路正面示范

伦巴完整套路背面示范

动作提示：定点转舞步中，男、女舞伴在第三、六步上以掌相对，其他步数时男、女舞伴做单人手势。

伦巴舞的套路练习：1~3基本步[1,2,3]，扇形步[1,2,3]，曲棍步[1,2,3,4,5,6]，6前进走步[1,2,3,5,6]，1~3基本步[1,2,3]，6后退走步[1,2,3,4,5,6]，臂下右转[1,2,3]，纽约步[1,2,3,4,5,6,7,8,9]，手对手[1,2,3,4,5,6,7,8,9]，定点转[1,2,3,4,5,6]，基本步[1,2,3,4,5,6]，重复循环。

（三）恰恰恰

恰恰恰舞是模仿企鹅的姿态创编的舞蹈，最早也是由非洲传入拉美的，在古巴得到了很大的发展。恰恰恰舞的音乐欢快有趣，舞步非常有特点，4拍跳5步SSQQS（2、3、4＆1），其风格诙谐、花俏，热烈而外向。风格特点：舞动中强调重心向下踩，胯部动作与伦巴舞相同，但要有力度，运步的规律是以胯部带动脚步。音乐节奏：4/4拍，每分钟28~32小节，基本节奏为2、3、4＆1。

恰恰恰舞的基本步法如下：

1. 左右追步

1) 左追步（chasse to left）

第一步[第4拍的上半拍]：左脚小步向左横一步，脚掌。第二步[第4拍的下半拍]：右脚并左脚，脚掌。第三步[1]：左脚向左侧稍后横一步，脚掌平伏。

左追步

2) 右追步（chasse to right）

第一步[4]：右脚小步向右横一步，脚掌。第二步[＆]：左脚并右脚，脚掌。第三步[1]：右脚向右侧稍前横一步，脚掌平伏。

右追步

动作提示：在做追步时，第一步向侧移动，脚掌着地，稍屈膝；第二步双膝稍屈，脚跟稍提起，重心完全在脚掌上；第三步数"1"时，一脚伸膝发力，将另一脚向侧推出，脚掌着地，结束时两膝伸直，重心脚由脚掌着地变为全脚着地，非重心脚脚跟提起。转胯的规律与伦巴相同，即先转胯，再出脚。扭转反方向的胯，然后出脚移动。例如：左脚前进，右胯先向右后方向扭转，然后左脚再出脚前进。

2. 前后锁步

1) 前锁步（lock forward）

第一步[第4拍的上半拍]：右脚小步前进，脚掌平伏。第二步[第4拍的下半拍]：左脚交叉在右脚后，脚掌。第三步[1]：右脚前进，脚掌平伏。

前锁步

2) 后锁步（lock backward）

第一步[4]：左脚小步稍侧后退一步，脚掌。第二步[＆]：右脚交叉在左脚前，脚掌。第三步[1]：左脚后退，脚掌平伏。

后锁步

动作提示：前锁步数"＆"时，后脚尖放在靠近前脚跟稍外侧的位置，脚尖外转，前腿直膝，后腿稍屈；数"1"时，后腿伸膝发力，将另一脚推向前，脚掌向前偏右着地。

后锁步数"4"时,脚尖放在前脚跟垂直线稍外侧,直膝;数"&"时,脚跟放在靠近后脚脚尖稍外侧,脚尖外转;数"1"时,前腿伸膝发力,将另一脚推向后,脚掌向后偏左着地。

3. 预备步

1) 男　士

第一步[4&1]:前锁步。

2) 女　士

第一步[4&1]:后锁步。

预备步

4. 1～5 基本动作步(1～5 basic movement)

1) 男　士

第一步[2]:左脚前进,右腿稍屈膝,重心在两腿中间偏前,脚掌平伏。第二步[3]:右脚原地,右腿伸直,脚掌平伏,原地换重心。第三～五步(4&1):后锁步。

2) 女　士

1-5 基本动作步

第一步[2]:右脚后退,左腿伸直,重心后移,脚掌平伏,后退走步。第二步[3]:左脚原地,脚掌平伏,原地换重心。第三～五步[4&1]:左转 1/8 后做前锁步。

动作提示:本书中恰恰舞的基本动作套路与伦巴相同。恰恰恰舞所有动作的第一步和第二步与相对应名称的伦巴动作相同,第三～五步做追步或锁步。

5. 扇形步(fan)

1) 男　士

第一步[2]:右脚后退,左腿伸直,重心后移,脚掌平伏,后退走步。第二步[3]:左脚原地,脚掌平伏,原地换重心。第三～五步[4&1]:左转 1/4 后做右追步。

2) 女　士

扇形步

第一步[2]:右转 1/4 后,左脚前进,脚掌平伏,前进走步。第二步[3]:右脚前进,脚掌平伏,前进走步。第三～五步[4&1]:左转 1/2 后做后退锁步,同时左转 1/8,数"1"时左脚向旁扇形位展开。

动作提示:该舞步过程中,男伴左手与女伴右手始终相握。

6. 曲棍步(hockey stick)

1) 男　士

第一步[2]:左脚前进做切克,脚掌平伏。第二步[3]:右脚原地,脚掌平伏,原地换重心。第三步[4]:右转 1/8 后左脚后退一步,脚掌。第四步[&]:右转 1/8 后重心迅速回到右脚,脚掌。第五步[1]:左脚并右脚,脚掌平伏。第六步[2]:右脚后退,左腿伸直,重心后移,脚掌平伏,后退走步。第七步[3]:左脚原地,脚掌平伏,原地换重心。第八～十步[4&1]:前锁步。

曲棍步

2) 女　士

第一步[2]:右脚并向左脚,脚掌平伏,两脚并拢,交换重心,同时右转 1/8。第二步[3]:左脚前进,脚掌平伏,前进走步。第三～五步[4&1]:前锁步。第六步[2]:左转 1/8 后左脚前进,脚掌平伏,前进走步。第七步[3]:右脚前进后,以右腿为轴左转1/2,脚掌平伏,前进走步。第八～十步[4&1]:后锁步。

动作提示:整个舞步过程中,男伴左手始终与女伴右手相握,在第三～五步时男伴左手上举、肘上抬,女伴肘前顶、右手上举,形成一个方形窗口。在女伴左转身时,男伴左手在上,向左推动,帮助女伴转动。

切克(抑制步):前脚打开1/16,两膝相靠,后腿膝盖与前腿腘窝相扣,前腿膝盖超直,后腿膝盖弯曲,重心向前,移至两腿间。

7. 三连步(forward X2 backward X3)

1)男 士

第一个[4&1]:左脚前锁步。第二个[4&1]:右脚前锁步。第一步[2]:左脚前进,右腿稍屈膝,重心在两腿中间偏前,脚掌平伏。第二步[3]:右脚原地,右腿伸直,脚掌平伏,原地换重心。第一个[4&1]:左脚后锁步。第二个[4&1]:右脚后锁步。第三个[4&1]:左脚后锁步。

三连步

2)女 士

第一个[4&1]:右脚后锁步。第二个[4&1]:左脚后锁步。第一步[2]:右脚后退,左腿伸直,重心后移,脚掌平伏,后退走步。第二步[3]:左脚原地,脚掌平伏,原地换重心。第一个[4&1]:右脚前锁步。第二个[4&1]:左脚前锁步。第三个[4&1]:右脚前锁步。

8. 臂下右转(under arm turn to right)

1)男 士

第一步[2]:右脚后退,左腿伸直,重心后移,脚掌平伏,后退走步。第二步[3]:左脚原地,脚掌平伏,原地换重心。第三～五步[4&1]:左转1/8后做右追步。

臂下右转

2)女 士

第一步[2]:右转1/8后左脚前进,脚掌平伏。第二步[3]:右转1/2后右脚原地,脚掌平伏,原地换重心。第三～五步[4&1]:右转3/8后做左追步。

动作提示:整个舞步过程中,男伴左手始终与女伴右手相握,在第一、二步时男伴左手上举,女伴右手上举;在女伴右转身时,男伴左手在上,向前推动,帮助女伴转动。

9. 纽约步(New York)

1)男 士

第一步[2]:右转1/4后,左脚在开式相对侧行位置做切克,脚掌平伏,前进走步,右手臂斜上举。第二步[3]:右脚原地,脚掌平伏,原地换重心。第三～五步[4&1]:左转1/4后做左追步。第六步[2]:左转1/4后,右脚在开式相对侧行位置做切克,脚掌平伏,前进走步,左手臂斜上举。第七步[3]:左脚原地,脚掌平伏,原地换重心。第八～十步[4&1]:右转1/4后做右追步。

纽约步

2)女 士

第一步[2]:左转1/4后,右脚在开式相对侧行位置做切克,脚掌平伏,前进走步,左手臂斜上举。第二步[3]：左脚原地，脚掌平伏，原地换重心。第三～五步[4&1]：右转1/4后做右追步。第六步[2]：右转1/4后，左脚在开式相对侧行位置做切克，脚掌平伏，前进走步，右手臂斜上举。第七步[3]：右脚原地，脚掌平伏，原地换重心。第八～十步[4&1]：左转1/4后做左追步。

动作提示：纽约步第十一～十五步重复第一～五步动作。舞步过程中，男、女舞伴单手相握，在第六、十一步上换手。

10. 手对手 X3（hand to hand X3）

1）男　士

第一步[2]：右转1/4后，右脚在开式并退位置后退，脚掌平伏，后退走步。第二步[3]：左脚原地，脚掌平伏，原地换重心。第三～五步[4&1]：左转1/4后做右追步。第六步[2]：左转1/4后，左脚在开式并退位置后退，脚掌平伏，后退走步。第七步[3]：右脚原地，脚掌平伏，原地换重心。第八～十步[4&1]：右转1/4后做左追步。

手对手 X3

2）女　士

第一步[2]：左转1/4后，左脚在开式并退位置后退，脚掌平伏，后退走步。第二步[3]：右脚原地，脚掌平伏，原地换重心。第三～五步[4&1]：右转1/4后做左追步。第六步[2]：右转1/4后，右脚在开式并退位置后退，脚掌平伏，后退走步。第七步[3]：左脚原地，脚掌平伏，原地换重心。第八～十步[4&1]：左转1/4后做右追步。

动作提示：手对手第十一～十五步重复第一～五步动作。舞步过程中，男、女舞伴单手相握，在第六、十一步上换手。

11. 定点转（原地左或右转步）（spot turn left or right）

1）男　士

第一步[2]：右转1/8后，左脚前进，脚掌平伏，前进走步。第二步[3]：右转1/2后，右脚原地，脚掌平伏，原地换重心。第三～五步[4&1]：右转3/8后做左追步。第六步[2]：左转1/8后，右脚前进，脚掌平伏，前进走步。第七步[3]：左转1/2后，左脚原地，脚掌平伏，原地换重心。第八～十步[4&1]：左转3/8后做右追步。

定点转

2）女　士

第一步[2]：左转1/8后，右脚前进，脚掌平伏，前进走步。第二步[3]：左转1/2后，左脚原地，脚掌平伏，原地换重心。第三～五步[4&1]：左转3/8后做右追步。第六步[2]：右转1/8后，左脚前进，脚掌平伏，前进走步。第七步[3]：右转1/2后，右脚原地，脚掌平伏，原地换重心。第八～十步[4&1]：右转3/8后做左追步。

恰恰恰完整套路正面示范

动作提示：定点转舞步过程中，第一、第二步时男伴右脚和女伴左脚原地不动；第六、七步时男伴左脚和女伴右脚原地不动，男、女舞伴在第二、七步上分手，其他步数时男伴左手与女伴右手相握。

恰恰恰舞的套路连接：1～5基本步[1,2,3-5]，扇形步[1,2,3-5]，曲棍步[1,2,3-5,6,7,8-10]，2前进锁步[1-3,4-6]，1～2基本步[1,2]，3后

恰恰恰完整套路背面示范

退锁步[1-3,4-6,7-9]，臂下右转[1,2,3-5]，纽约步[1,2,3-5,6,7,8-10,11,12,13-15]，手对手[1,2,3-5,6,7,8-10,11,12,13-15]，定点转[1,2,3-5,6,7,8-10]，基本步[1,2,3-5,6,7,8-10]，重复循环。

第三节 体育舞蹈专项体能

一、力量和耐力素质训练

一般力量练习包括：① 负重抗阻练习，如运用杠铃、壶铃、哑铃等训练器械；② 对抗性练习，如双人顶、推、拉等，依靠对抗双方以短暂的静力作用发展力量素质；③ 克服弹性物体的练习，如使用拉力器、拉橡皮带等，依靠弹性物体变形而产生的阻力发展力量素质等。

专项力量练习方面，标准舞具有升降、移动幅度大等特点，因此对舞者的上下肢力量、脚踝力量要求较高，对于练习时间非常有限的普修学生来说，可通过练习标准舞基本动作提高上下肢和脚踝的力量；拉丁舞具有移动速度较快的特点，对脚踝和下肢力量要求较高，同样可通过练习拉丁舞基本动作来提高下肢和脚踝的力量。总之，专项力量应结合专项技术一起练习，做到一举两得。

耐力是指机体克服工作过程中所产生疲劳的能力。体育舞蹈任何一个舞种，它的一首舞曲的时间均在两分半左右，甚至更长，在舞蹈期间舞者还要不断地完成各种难度动作，这就需要更强的耐力。因此，没有一定的耐力素质，很难达到体育舞蹈项目的要求。

耐力素质通常可分为一般耐力素质和专项耐力素质。一般耐力训练可提高心血管、呼吸系统的机能，使选手有健康的体质，为训练负荷的增加准备条件，为发展专项耐力素质打下坚实的基础。发展一般耐力素质的基本途径有两个：一是增强肌肉力量、提高肌肉耐力的训练；二是提高心肺的功能。可安排室外较长时间的走、跑、跳绳、爬山、游泳、滑冰及各种球类运动等。

发展专项耐力应充分结合体育舞蹈自身动作的特点，与力量素质练习一样，也需要结合专项技术一起练习，做到一举两得。体育舞蹈的十个舞种基本都属于有氧运动，在长时间的舞蹈中，要求上下肢、心肺器官具有较高的耐力素质，可通过整首曲子完整练习，且多首曲子不间断练习，做到充分利用课堂有限的练习时间来提高专项耐力素质。通过增加整套动作数量、连续完成成套动作等方法，也可以提高负荷量和强度。

在舞蹈中，力量和耐力往往互为影响。正是有了较好的力量，才能满足较长时间的舞蹈，也正是因为舞者有了较好的耐力素质，才能满足长时间舞蹈的力量需要。因此，力量和耐力一般融为一体进行练习。练习时注意以下几点：

（1）整首曲子练习。标准舞一首曲子时长大约两分半，整首曲子练习可以起到累积增加运动量的作用，从而可以提高上下肢肌肉的力量和耐力素质，亦可以提高心肺器官长时间工作的能力。

（2）保持好基本架形。标准舞的基本架形需要舞者的上肢一直保持拉伸的状态，对上肢肌肉力量和控制能力要求较高，因此长时间保持好基本架形可以提高上肢肌肉的力量和耐力素质。

（3）先单个动作再组合动作练习。先单个动作整首曲子练习，再将单个动作组合成小套路整首曲子练习，这样做不仅可以变换练习形式，丰富练习的多样性，提高练习兴趣，还可以累积运动量，有效地提高上下肢肌肉的力量和耐力素质及提高心肺器官长时间工作的能力。例如华尔兹舞蹈中，先练习方步动作，练习时间为一首曲子的时间，再练习 90°左转步一首曲子，接着练习 180°左转步一首曲子，最后将三个动作组合成 8 小节小套路。华尔兹舞的一首曲子时长约两分半，这样练习下来就是 10 分钟左右，因此可以有效地提高运动量。本章所学的探戈、伦巴和恰恰恰以及体育舞蹈其他舞种均可如此安排。

华尔兹单人
8 小节组合

伦巴单人
8 小节组合

（4）先单人再双人练习。先单人单个动作、动作组合整首曲子练习，待动作熟练能与舞伴配合时再双人单个动作、动作组合整首曲子练习，这种方法不仅可满足由简到难的、自然的学习过程，还可丰富练习形式，有效地提高上下肢肌肉的力量和耐力素质及心肺器官长时间工作的能力。同样以华尔兹舞为例，单人先练习方步动作一首曲子，再练习 90°左转步一首曲子，接着练习 180°左转步一首曲子，最后 8 小节组合练习一首曲子；然后双人先练习方步动作一首曲子，再练习 90°左转步一首曲子，接着练习 180°左转步一首曲子，最后 8 小节组合练习一首曲子（华尔兹双人 8 小节组合）。这样练习下来就是 8 首曲子的时长，大约 20 分钟，可以放在每节课的开始部分作为准备活动，既能起到热身的作用，又能复习华尔兹舞的基本技术，还可以有效地提高舞者上下肢肌肉的力量和耐力素质。其他舞种均可如此安排，如伦巴（伦巴双人 8 小节组合）。

恰恰恰单人
8 小节组合

华尔兹双人
8 小节组合

伦巴双人
8 小节组合

（5）先慢再快练习。先慢再快，变换音乐节奏练习，既可以丰富练习形式，又可以增加运动量和强度，提高专项身体素质。例如，在学习华尔兹舞时，学习左转步和右转步后，为提高对不同舞种的理解和掌握，可以在此基础上学习维也纳华尔兹舞的左、右转步，可以在没有学完华尔兹套路时将 6 小节组合（三步舞 6 小节组合）作为体能训练内容，既丰富练习形式，又增加运动量和强度，提高专项力量和耐力素质。

在练习 6 小节组合时，先用慢三（华尔兹）的音乐练习，再用中三的音乐练习，最后用快三（维也纳华尔兹）的音乐练习，由慢到快，逐渐加快音乐节奏和动作速度，起到逐步加大强度的作用。这三种舞均为三步舞，这样练习还能使学生体会相似舞种的不同风格。

三步舞 6 小节
组合

（6）在进行力量和耐力训练时，练习时间、负荷量和强度都要超过正常舞蹈时的负荷。

（7）一般耐力和专项耐力的训练比例可根据训练的不同阶段和不同对象进行调整。在训练初期和准备期，一般耐力训练所占比例较大，到准备的后期则以专项耐力训练为主。

二、柔韧和协调素质训练

柔韧性练习的方法有两种：一种是主动或被动的静力性伸展法，即缓慢地将肌肉、肌腱、韧带拉伸到有一定酸、胀和痛感觉的位置，并维持此姿势一段时间（一般认为停留 10～30 秒较为理想），连续重复 4～6 次为宜。另一种是主动或被动的动力性伸展法，即有节奏的、速度较快的、幅度逐渐加大的、多次重复一个动作的拉伸方法。主动的动力性伸展是靠自己的力量拉伸,被动的动力性伸展是靠同伴的帮助或负重借助外力的拉伸。利用主动或被动的动力性伸展法进行练习时,所用的力量应与被拉伸的关节的可能伸展力相适应,如果大于肌肉组织的可伸展能力,肌肉或韧带就会拉伤。在运用该方法时,用力不宜过猛,幅度一定要由小到大,先做几次小幅度的预备拉伸,再逐渐加大幅度,从而避免拉伤。

根据体育舞蹈项目特点的需要,应重点发展肩、胸、腰、髋(三面叉)关节的柔韧性。体育舞蹈项目一般要求主动柔韧性与被动柔韧性结合使用。在被动性练习时可采用极限幅度的拉长动作,动静结合,有弹性地完成拉长性动作,练习的效果更好。发展柔韧素质要与放松练习交替进行,这样有利于柔韧性的提高,避免受伤。特别要将主动柔韧性练习和被动柔韧性练习相结合。柔韧素质训练应放在热身和力量练习之后进行。例如,准备活动(大约半个小时)结束后,可以到把杆上拉伸胸腰,以提高胸部柔韧性(视频)。

柔韧性练习

一般协调性训练大概有九种方法:① 不习惯动作之各种身体练习;② 反向完成动作;③ 改变已习惯动作速度与节奏;④ 以游戏方式完成复杂动作;⑤ 要求创造性改变完成动作方式;⑥ 采用不习惯组合动作,使已掌握动作更加复杂化;⑦ 改变动作空间范围;⑧ 利用各器械或自然环境做各种较复杂练习;⑨ 适时用信号或有条件刺激以使运动员做改变动作的各种练习。

体育舞蹈的协调性可通过各种芭蕾、爵士等舞蹈动作组合、体育舞蹈各舞种动作组合及专门发展协调性的动作组合等练习提高,本节前6个视频的动作组合均可用来提高协调性。另外,组合动作应根据选手协调能力的状况经常变化,不断让大脑产生新的刺激,建立新的条件反射,从而提高协调性,如方步、90°和180°左转步组合可以随着舞者的熟练度提高变成左转和右转组合,还可以将这些动作变换顺序随意组合。最后要注意,培养协调性的练习应贯穿于训练课的准备活动、形体训练、基本动作训练和成套动作训练中,使选手的协调性随着动作技术、技能的掌握和其他身体素质的提高而逐步提高。

三、速度素质训练

速度素质指人体快速完成动作的能力,它包括动作反应速度、动作速度和动作位移。体育舞蹈项目最主要的是动作速度,它是指在完成单个或组合动作时所需要的速度,尤其是拉丁舞,对动作速度的要求更高。在体育舞蹈项目中,速度素质体现在动作节奏和肌肉松紧程度的迅速变化上,并善于使身体各个部位随着音乐节奏和节拍的变化而做出相应的快速变化;体现在用最快的速度熟练地完成组合动作和比赛的整套动作。

动作速度一般可通过练习具体动作来培养,可设计较少的动作,让舞者以最快的速度练习,达到提高动作速度的目的。同时也需要舞者很好地掌握动作要领和运用合理的技术,只有这样才有可能不把注意力放到完成动作的方法上,保证以最快的速度完成整套动作。

在进行速度素质练习时,舞者要保证动作速度不减,不因疲劳而使动作速度减慢,否则会影响练习的效果。老师可采用变换节奏措施控制动作的频率。另外,力量速度和耐力速度对动作速度也有影响,因此要注意各种力量的综合提高。

体育舞蹈竞赛规则

第十一章 健美操

学习目标

思政元素

通过健美操学习调节、改善学生的心理状态,全面增强学生的自信心、团队协作能力,养成积极、乐观、向上的生活态度和良好的行为习惯,从中体验运动乐趣和成功的感觉。培养学生勇敢、顽强、敢于拼搏、团结互助的精神,树立良好的体育道德风尚,培养学生集体主义精神和集体荣誉感,使学生正确处理竞争与友谊的关系。培养健全人格,以良好的品德和人格魅力塑造自身。懂得奉献他人、成就自己的道理,努力使自己成为一名有感召力、有影响力、有凝聚力的社会精英人才。

身体能力

掌握健美操运动的基本技术与基本技能,掌握学习健美操实践知识,提升身体综合素质能力,增强自身机体免疫力,增强机体灵活性与协调性,促进各项运动素质水平的提高,达到《国家学生体质健康标准》测试要求。

认知能力

了解健美操运动的起源与发展,了解健身操在全民健身中的重要作用;掌握健美操运动增进身心健康的手段与方法,掌握成套的编排及训练基本规则;具有协调组织运动赛事、解决问题的能力,具有一定的健美操比赛观赏能力,具有健美操竞赛评判能力。

第一节 健美操运动简介

一、健美操运动概述

健美操是从20世纪60年代末70年代初开始,伴随着人类文明的发展而兴起的一项新兴的体育运动项目。它融体操、音乐、舞蹈于一体,以有氧运动为基础,以健、力、美为主要特征,通过徒手、手持轻器械和在专门器械上进行的健美操练习,达到健身、健美、健心的目的,并具有竞技性、娱乐性和观赏性。在20世纪80年代初,随着遍及全球的健身热和休闲娱乐体育的发展,健美操以其强大的生命力风靡世界,经历了从服务于大众健身需求的现代健身健美操诞生到高水平竞技健美操出现的飞速发展过程。

我国健美操的发展

二、健美操基本理论

(一)健美操的定义

健美操是在音乐伴奏下,以特定步伐配合手臂和身体变化所组成的操化动作为核心内容,按一定规律组成徒手、器械的组合或成套动作,达到健身、竞技及表演目的的运动项目。

(二)健美操的分类

根据当今世界和我国健美操运动的发展状况及未来的发展趋势,依据不同的目的和任务,可将健美操运动分为健身健美操、竞技健美操和表演健美操三大类。

1. 健身健美操

健身健美操以健身为目的,也称为有氧健身操。健身健美操通过在有氧供能的条件下,按照一定顺序全面锻炼身体的各个部位来提高有氧代谢能力,增进健康,健美形体,焕发精神。健身健美操练习时间一般较长,运动强度中等,音乐速度适中,适合以健身为目的的人群练习。

健身健美操根据练习形式、练习的目的任务、性别、年龄、人体解剖结构以及动作特点等进行分类,具体分类如下:

(1)依据练习形式,健身健美操可分为徒手健美操、器械健美操和特殊场地健美操三大类。徒手健美操又分为有氧健美操、拉丁健美操、搏击健美操、健身街舞、有氧舞蹈、身体平衡术等。器械健美操又分为有氧踏板操、有氧哑铃操、轻型杠铃操、健身球操、橡皮筋操等。特殊场地健美操分为功率自行车/动感单车、水中健美操、固定器械健美操等。

(2)依据练习的目的任务,健身健美操可分为减肥健美操、热身健美操、韵律健美操、形体健美操等。

(3)依据性别,健身健美操可分为女子健美操和男子健美操。

(4)依据年龄,健身健美操可分为少儿健美操、青年健美操、中年健美操、老年健美操等。

(5)依据人体解剖结构,健身健美操可分为头颈部健美操、肩部健美操、腹部健美操、髋部健美操、腿部健美操等。

(6)依据人名、动作特点,健身健美操可分为简·方达健美操、瑜伽健美操、拉丁健美操、搏击健美操等。

随着人们健身需求的科学性与多样性不断发展,健身健美操运动正向着更加科学化、国际化的方向迈进,让有不同需求的各行人士都能找到最适合自己的锻炼形式。坚持练习健身健美操可以锻炼身体的协调性、节奏感及韵律感,从而达到健身、健美、娱乐的目的,进一步吸引更多的人加入健身的行列中来,促进健身健美操运动的最终发展与繁荣。

2. 竞技健美操

竞技健美操是指运动员在音乐伴奏下,通过难度动作的完美完成,展示运动员连续表演复杂高强度动作的能力。

竞技健美操的表现形式是成套动作,必须展示连续的动作组合、柔性、力量与七种基本步伐(踏步、吸腿跳、踢腿跳、后踢腿跑、开合跳、弓步跳、弹踢腿)的综合使用,并且结合难度动作。

竞技健美操的主要目的是竞赛、取胜,因此在动作的设计上会更加多样化,并严格避免重复动作和对称性动作。

竞技健美操可按比赛的规模、项目、参赛年龄进行不同的分类。

1)按比赛的规模分类

国际:健美操世界锦标赛、国际健美操冠军赛、健美操世界杯赛。

国内:全国健美操锦标赛、全国健美操冠军赛、全国大学生健美操比赛、全国体育大会健美操比赛以及非正式的通级赛和各省市的比赛。

2)按比赛项目分类

健美操比赛项目包括竞技健美操项目和有氧项目。

竞技健美操比赛项目包括男子单人操、女子单人操、混合双人操、三人操(性别任意搭配)、五人操传统共五个项目。

有氧项目包括有氧舞蹈和有氧踏板。

3)按参赛年龄分类

竞技健美操按参赛年龄分为成年组和少年组两个级别。

运动员年满18周岁可参加成年组比赛。

少年组比赛包括少年甲组(15～17岁)、少年乙组(2～14岁)、少年丙组(9～11岁),各组比赛在成套难度动作的选择上有所限制。

3. 表演健美操

表演健美操是在一定的主题下,以健美操动作为素材,结合服装、道具、背景、音乐、舞美设计等元素而专门创编的成套作品。表演健美操的目的是通过表演愉悦观众,是体育艺术表演作品中的主要内容之一。

表演健美操成套动作的时间一般为3～7分钟,内容没有具体限定,可根据表演的性质、任务和需求进行创编,形式不受限制,创编自由度较大,动作风格及元素呈现多元化,队形变化、集体配合丰富,可加入难度动作,或加入具有典型风格的其他项目的特色动作。健美操动作选择可难可易,一般情况下,为保证表演的效果,应尽量减少重复动作和对称性动作。

表演人数可根据要求和场地的大小进行调整,并通过运用服装、道具等来达到感染观众、烘托气氛、增加表演效果的目的。表演健美操是健美操艺术化、社会化的一种具体表现。

第二节 健美操基本技术

一、健美操基本动作术语

(一)基本手型术语

健美操基本手型见表 11-1。

表 11-1　健美操基本手型

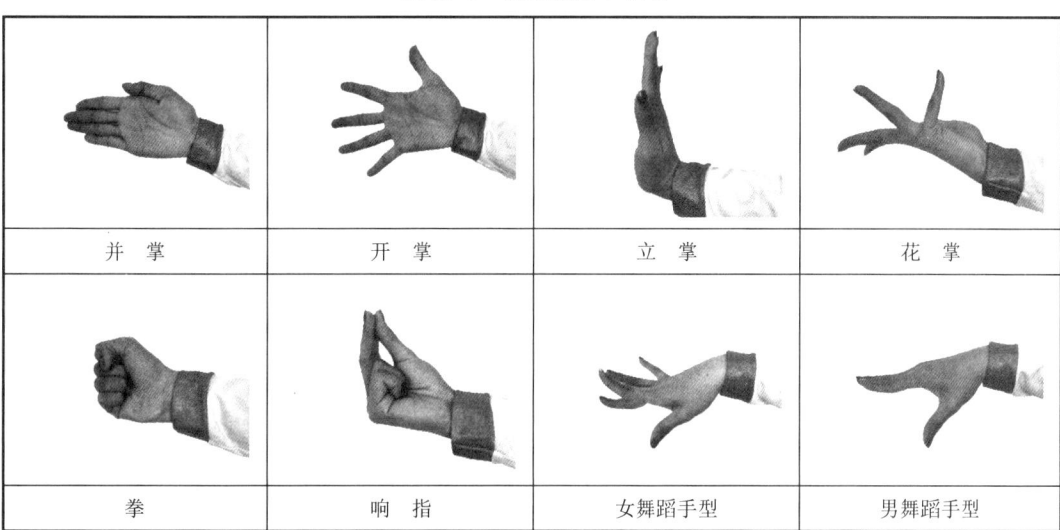

(二)基本步伐术语及动作解析

健美操基本步伐术语按其动作完成形式的不同可以分为踏步类、点地类、迈步类、抬腿类、双腿类五类。常用的健美操基本步伐见表 11-2。

表 11-2　健美操基本步伐

类　别	踏步类	点地类	迈步类	抬腿类	双腿类
动作视频	□	□	□	□	□

(三)竞技性健美操基本步伐及动作解析

1. 踏　步

腿屈于体前,髋关节与膝关节保持弹动,落地缓冲时从脚尖过渡到脚跟。

2. 后踢腿跑

摆动腿最大限度地屈向臀部，髋关节和膝关节在一条直线上，踝关节高于膝关节，落地缓冲时从脚尖过渡到脚跟。

3. 弹踢腿跳

起始动作为髋部伸展的后踢腿跑，膝踝后屈至臀部，然后向前下方踢腿，脚面绷直。

4. 吸腿跳

摆动腿抬至最高点时，髋关节和膝关节角度均不小于 90°，小腿垂直地面，落地时从脚尖过渡到脚跟，支撑腿伸直。

5. 踢腿跳

一腿向前或向侧踢起，最低达到肩的高度，支撑腿伸直。

6. 开合跳

双腿跳起落地成开立，两脚分开的距离大于肩关节，两脚尖向外分开，膝关节朝脚尖方向弯曲；并腿时，两脚脚跟并拢，脚尖向前或外开。

7. 弓步跳

脚由并拢或分开开始，跳起落地，一腿向后蹬直，一腿弯曲，前后成一直线，髋关节不得外展，重心位于两脚之间。

二、健美操的步伐组合

健美操的基本步伐是根据人体运动时对地面的冲击力大小分为无冲击力步伐、低冲击力步伐、高冲击力步伐三大类。无冲击力步伐动作是指两腿始终接触地面的动作，主要包括并腿和分腿类的动作；低冲击力步伐动作是指在做动作时，一脚着地，另一脚离地的动作，主要包括踏步类、点地类、迈步类和抬腿类；高冲击力步伐动作是指在做动作时，两脚都离地的动作，即平常所说的跑跳类动作。下面是一组低冲击力步伐结合高冲击力步伐的组合练习。

步伐组合练习共 4 个八拍。

第一个八拍如图 11-1 所示。

动作说明：1～4 拍右脚开始侧并步两次，呈 L 形；5～8 拍动作相同，但方向相反。双臂屈臂提拉 4 次。

图 11-1　第一个八拍动作

第二个八拍如图 11-2 所示。

动作说明：1~2拍右脚向侧迈步，之后屈腿；3~4拍左脚向侧迈步，之后屈腿，双臂前举后摆两次；5~6拍右脚小马跳，左臂上举；7~8拍动作同5~6拍，但方向相反。

图 11-2　第二个八拍动作

第三个八拍如图 11-3 所示。

动作说明：1~2拍右脚向前上步吸腿；3~4拍左脚后退还原，双臂前举后摆两次；5~6拍右脚向侧前迈步跳起，左脚后摆，右臂侧上举，左臂侧下举；7~8拍左脚向后1/2迈步，双臂后下举。

图 11-3　第三个八拍动作

第四个八拍如图 11-4 所示。

动作说明：1~4拍左脚开始V字步，双臂依次侧前上举，之后击掌落下；5~8拍开合跳两次，双臂依次侧上举，胸前屈臂交叉，侧下举还原。

图 11-4　第四个八拍动作

第三节　健美操专项体能

为提升运动员技术水平，发展健美操综合能力，健美操身体素质的训练是必不可少的。优秀健美操运动员各项技能的展示以科学的身体素质训练为基础，因此健美操运动员不仅需要练习各项健美操风格的成套动作，还要进行柔韧、力量、耐力、协调等身体素质的练习。

一、柔韧素质训练

发展柔韧素质练习的基本方法包括动力拉伸法和静力拉伸法两种。大多数情况是结合动力拉伸法和静力拉伸法一起练习,如动力拉伸到一定程度后保持10秒左右。柔韧练习是一个艰苦的过程,必须循序渐进,持之以恒,方可取得满意的成绩。

啦啦操运动员的柔韧素质主要体现在肩、胸、腰、髋、腿的柔韧性上。

(一)肩部柔韧性练习

肩部训练常用的方法有压肩、转肩。

1. 压 肩

(1)面对墙壁或肋木,手扶一定高度,体前屈压肩(图11-5)。

(2)背对墙壁或肋木,手臂后举扶墙或反握肋木,下蹲向下拉肩(图11-6)。

图11-5 压肩1　　　图11-6 压肩2

2. 转 肩

双手持木棍或绳子,与肩同宽,连续快速直臂向前、后绕肩,并逐渐缩短两手之间的距离(图11-7)。

图11-7 转肩

(二)胸部柔韧性练习

胸部训练常用的方法为压胸。

面对墙壁,双手上举扶墙,身体前倾,抬头挺胸压胸,使胸部尽量贴于墙面(图11-8)。

图 11-8　压胸

(三)腰部柔韧性练习

腰部训练常用的方法有压腰、下腰。

1. 压　腰

身体趴于地面,保护者将练习者上体向上拉至 90°,腰部放松向下压(图 11-9)。熟练后可逐步缩小手脚间的距离。

图 11-9　压腰

2. 下　腰

身体直立,双腿与肩同宽,手臂上举,抬头向后下腰直到双手撑地,下腰时按照"头—胸—腰"的步骤逐个弯曲,胯略往前顶,保持重心稳定(图 11-10)。

图 11-10　下腰

(四)髋部柔韧性练习

髋部训练常用的方法为髋绕环。

仰卧于垫子上,一腿伸直放于地面,另一腿向上吸腿从正上方向外绕动至侧方,大腿外侧触地后,沿地面向下伸直膝盖,还原成并腿(图 11-11)。内绕环动作相同,顺序相反。

图 11-11　髋绕环

(五)腿部柔韧性练习

腿部训练常用的方法有压腿、踢腿、体前屈。

1. 压　腿

将一腿置于肋木上,直膝、胯正,可向前、侧、后压腿(图 11-12)。

图 11-12　压腿

2. 踢　腿

主力腿站立,双臂侧平举,摆动腿经后点地向前加速上踢腿(图 11-13),摆动腿经后侧点地向侧加速上踢腿(图 11-14),摆动腿经前点地向后加速上踢腿(图 11-15)。

图 11-13　踢腿 1　　　　图 11-14　踢腿 2　　　　图 11-15　踢腿 3

3. 体前屈

直膝勾脚坐于垫上,双手抓住脚尖,身体做抬头挺胸拉伸,保持 10～15 秒,然后绷脚、低头含胸,保持 3～5 秒,反复练习 10～20 次,最后使胸和头部尽量贴紧腿部,停留 30～60 秒(图 11-16)。

图 11-16 体前屈

二、力量素质训练

健美操运动员的力量素质主要体现在上肢、下肢、躯干的力量上。

（一）上肢专项力量练习

俯卧撑具体做法为：俯卧，双臂分开，与肩同宽或比肩略宽，两臂俯撑，伸直，脚尖着地，头稍微抬起，眼看地面。收腹，背部保持自然弧度，肘关节微屈。缓慢下降身体，上身离地面2厘米左右时，稍停顿，再将双臂撑起到起始位置（图11-17）。身体下降时吸气，还原时呼气。

图 11-17 俯卧撑

（二）下肢专项力量练习

交替跳具体做法为：直立站好，跳起后两腿前后分开，前腿下蹲，腿脚尖点地，垂直向下，两腿同时发力往上跳，重心向上，两条腿交换后再迅速下蹲（图11-18）。

图 11-18 交替跳

（三）躯干专项力量练习

仰卧折叠具体做法为：以仰卧姿态开始，以髋关节为折叠点，上体与下肢同时向上靠拢，然后还原成仰卧（图11-19）。

图 11-19 仰卧折叠

三、耐力素质训练

根据健身健美操的特点,有氧耐力应作为主要发展的耐力项目。发展有氧耐力一般采用持续训练和间歇训练两种方法。持续训练法负荷量较大,持续时间较长,没有明显间歇,练习强度较小。间歇训练法每组练习负荷时间在 5 分钟左右,负荷强度中等,组间间歇时间短,在练习者未完全恢复时就进入下一组练习。

健美操运动员的耐力素质训练主要有有氧耐力练习和无氧耐力练习。

(一)有氧耐力练习

(1)12 分钟长距离跑、3 分钟跳绳。
(2)持续 30 分钟以上的动作练习,成套动作或者身体素质循环练习。

(二)无氧耐力练习

(1)2 分钟以下的各种健美操组合练习。
(2)2 分钟以下的各种跑跳组合练习。
(3)2 分钟以下的健美操成套练习。

四、协调素质训练

健美操练习者的协调性练习包括以下内容:

(1)音乐节奏与动作协调训练方面。可以选择简单基本步伐动作配合速度稍慢、节奏感强的音乐进行训练,建立定型,使动作与音乐协调一致,在此基础上还可以选用不同节奏、不同风格的音乐练习同一组动作。

(2)动作与空间感觉的训练方面。选择躯干的含挺、振胸、身体波浪至复杂有节奏变化的动作。

(3)髋部前后左右扭绕以及脚步复杂变化的练习,还可进行同侧与异侧、上肢与下肢协调配合的动作练习。

健美操
竞赛规则

第十二章 啦啦操

学习目标

思政元素

努力做到啦啦操"品德好、学习好、气质好、技术好"的四好运动员,弘扬啦啦操"品德好"精神,热爱祖国,增强社会责任感,诚信待人,团结队友,确立正确的三观,富有民族情怀,适应社会需求;在啦啦操学习中磨炼不怕苦、不怕痛、不怕累的顽强意志;突破自己,挑战自己,能够遵守规则、公平竞争、勇于担责、永不言弃、团结协作;懂得奉献他人、成就自己的道理,努力使自己成为一名有感召力、有影响力、有凝聚力的社会精英人才。

身体能力

掌握啦啦操运动的基本技术与基本身体技能,提升身体综合素质能力,增强自身机体免疫力,增强机体协调性、稳定性/平衡性、柔韧性、灵敏性、力量、肌肉耐力、心血管耐力,促进各项运动素质水平的提高,达到《国家学生体质健康标准》测试要求。

认知能力

了解啦啦操运动的起源与发展,了解啦啦操运动在全民健身中的重要作用;掌握啦啦操的文化精髓,掌握啦啦操运动增进身心健康的手段与方法,掌握啦啦操成套的编排及训练基本规则;具有不同运动情景中啦啦操技术的运用能力,具有协调组织运动赛事、解决问题的能力,具有一定的啦啦操比赛观赏能力,具有啦啦操竞赛评判能力。

第一节　啦啦操运动简介

一、啦啦操运动的起源与发展

(一)啦啦操的起源

啦啦操原名 cheer leading,其名称取自英文单词 cheer "振奋精神、提振士气"之意。啦啦操源于1877年美国早期部落社会的仪式,为激励外出打仗或打猎的战士,他们通常会举行一种仪式,通过欢呼以及手舞足蹈的表演寄托对战士凯旋的期盼。

早在古代,人们就开展了啦啦操活动。在由古希腊举办的第一届奥运会上,观众为参赛运动员加油助威的形式即为啦啦操的最初形态。19世纪60年代,英国的学生开始在比赛场地为运动员呼喊加油,这种呼喊形式很快传到了美国,到19世纪70年代,第一个啦啦队俱乐部在普林斯顿大学成立。1898年,明尼苏达大学的学生约翰尼·坎贝尔在一次橄榄球比赛中站在最前面指挥大家一起喊口号,成为第一位正式的啦啦队队长,这标志着啦啦队活动的正式诞生。

(二)啦啦操的发展

1998年,国际啦啦操联合会(International Cheer Union,简称ICU)在日本东京成立,这是啦啦操发展史上的一个重要转折点。

2001年11月,首届世界啦啦操锦标赛顺利举办,啦啦操运动正式晋升为世界性竞技活动。

2013年5月31日,经国际单项体育联合会在圣彼得堡投票表决,正式接受ICU加入国际单项体育联合会,并将ICU总部设在美国,同时公认ICU为啦啦操运动在世界范围的管理机构。截至2018年,已有116个国家和地区成为该机构的会员。

2016年12月6日,在瑞士洛桑召开的国际奥委会(IOC)执委会会议上,国际啦啦操联合会(ICU)被国际奥委会授予为期三年的临时认可。

2019年,ICU正式向国际奥委会提出申请,争取将啦啦操列为2028年美国洛杉矶奥运会的比赛项目。

2021年7月20日,国际奥委会在日本东京召开了第138次全会,会议通过投票授予国际啦啦操联合会正式认可。

我国啦啦操运动的起源与发展

二、啦啦操运动基本理论

(一)啦啦操的定义

啦啦操是一项在音乐或者口号的衬托下,借助标语、道具等表达手段,通过徒手或者手持轻器械进行表演的形式,以技巧动作或舞蹈动作为载体,以为比赛助威、调节紧张对抗的比赛气氛为目的,以团队的组织形式展示各种具有强烈鼓动性、感染性的动作,集中体现团队意识与集体主义精神,反映朝气蓬勃的精神面貌,兼具竞技性、观赏性、表演性的体育运动。

(二)啦啦操的分类

啦啦操是动作结构与内容形式较为多元的体育运动,因此国际啦啦操运动根据动作技术与表现形式主要分为技巧啦啦操、舞蹈啦啦操。

我国结合具有中国特色的啦啦操发展现状,按照人群不同,将啦啦操分为校园啦啦操、社区啦啦操、职工啦啦操、亲子啦啦操、残疾人啦啦操;按照表演场地不同,将啦啦操分为看台啦啦操和场地啦啦操。

啦啦操的项目特征和动作特征

第二节 啦啦操基本技术

一、啦啦操运动基本术语

（一）基本手势动作术语

基本手势动作术语见表 12-1。

表 12-1 基本手势动作术语

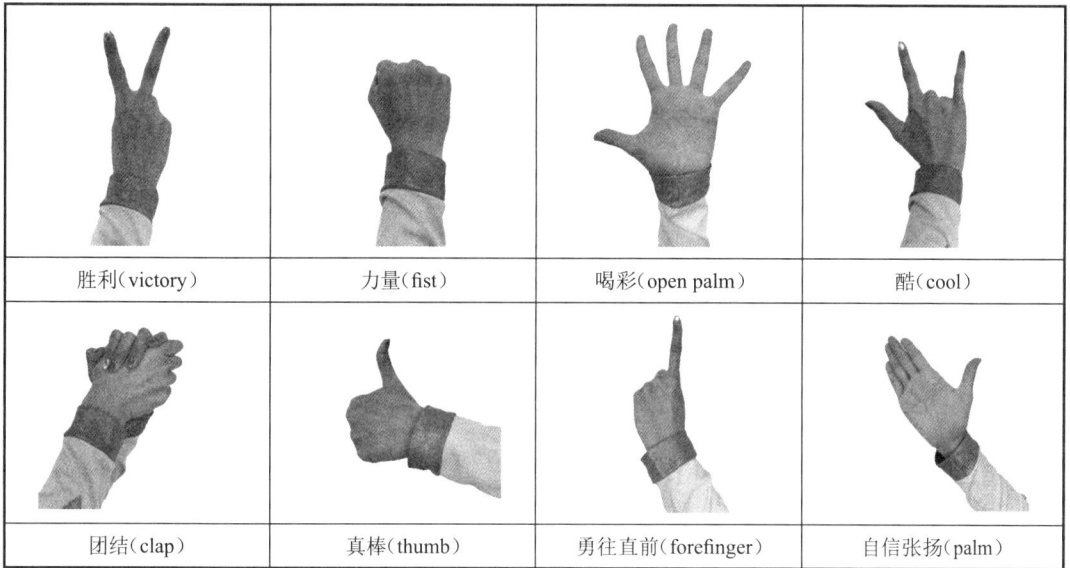

（二）36 个基本手位及动作解析

36 个基本手位及动作解析见表 12-2。

表 12-2 36 个基本手位及动作解析

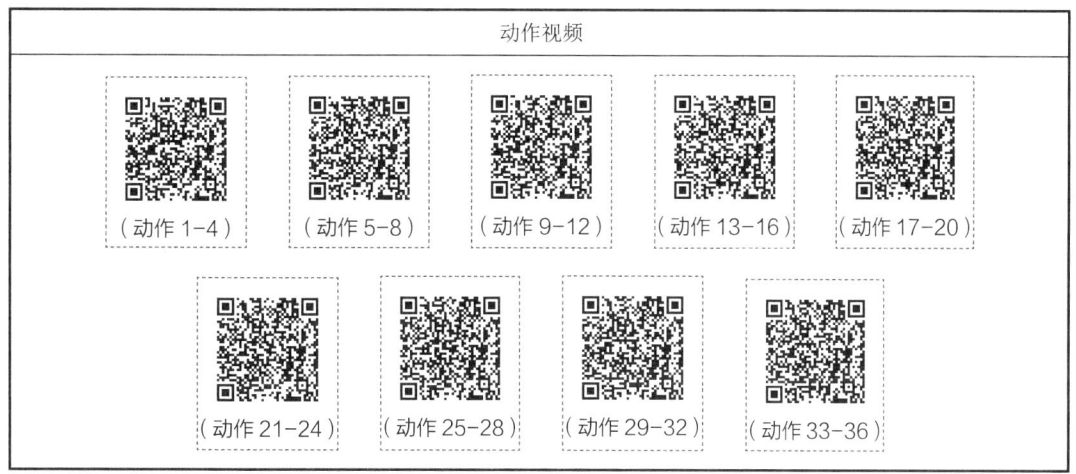

（三）下肢基本动作术语及解析

下肢基本动作术语及解析见表12-3。

表12-3　下肢基本动作术语及解析

动作示范	动作解析	动作示范	动作解析	动作示范	动作解析
立正站 （feet together）	双脚并拢，立正站好	军姿站 （hand on back）	双腿分开，与肩同宽，脚尖朝前	弓步站 （lunge）	一条腿向前迈步，屈膝，脚尖朝前，另一条腿屈膝，脚尖朝前，脚后跟离地，身体重心在双腿中间
锁步站 （lock step）	一条腿屈膝，脚尖向前，另一条腿向后迈步屈膝，同时双腿膝盖靠紧，脚尖朝前，脚后跟离地，身体重心在双腿中间	吸腿站 （knee）	一条腿立直，另一条腿屈膝抬起，大腿与地面平行，脚尖绷紧贴与立直腿膝盖处	半蹲 （squat）	双腿分开，比肩略宽，大腿与小腿约成120°角，脚尖向外，下蹲

二、啦啦操技术特征

啦啦操的技术特征是体现所有肢体动作的发力方式，即通过短暂加速、制动定位来实现啦啦操特有的力度感，动作完成干净利落，具有清晰的开始和结束。在运动过程中，重心稳定，移动平稳，身体控制精准，位置准确。

（一）身体的外部特征

1. 躯　干

啦啦队队员在完成动作的过程中应该保持身体挺拔，头部稍仰，颈椎、胸椎、腰椎在一条直线上，身体姿态展现出健康活力、自信和积极向上的精神面貌。

2. 手臂动作

手臂动作主要以肩关节为轴，手臂伸展时应直臂，弯曲时应有一定的角度，手型多为握拳。要求完成动作清晰、有力，即在最短的时间内完成向下一个动作的转变，其转变过程不得出现多余的无控制形态，手臂到达下一个动作所规定的位置时不能有明显的晃动现象，同时手臂动作应处于身体额状面前方。手臂动作应在移动迅速、定点准确的基础上,以手指带动发力,选择最短的路线到达下一个动作。

3. 步　伐

啦啦操的步伐要求在短时间内到达指定位置,且每个步伐清晰、有力,不需要有意识的缓冲。动作伸展时不要屈膝,屈膝时角度应有一定要求,膝关节与脚尖的方向始终保持一致。

(二)内部特征

啦啦操基本动作的内部特征包括发力、重心控制、停顿三个方面,具体表现在头部运动、四肢发力和移动中的重心控制上。

1. 头部运动

在做头部运动时,头部放松,颈部发力,注意动作过程中的加速、最后的制动与定位。

2. 四肢发力

在运动过程中,肌肉用力使手臂或腿部的动作加速,在完成动作转变的过程中不宜用力过猛,以免致使动作整体视觉效果僵硬。正确的动作要领是有力而不僵硬,松弛而不松懈,在手臂肌肉发力时肩部肌肉放松,不可耸肩。

3. 移动中的重心控制

身体的平衡是安全、流畅完成动作的基础。随着运动方向变化时,可利用肢体的伸展与收缩来调节身体的平衡使重心稳定,也可以利用肌肉的反作用力与肌肉收缩时产生的牵引力来保持重心的稳定。

第三节　啦啦操专项体能

啦啦操身体素质的训练对于运动员技术的提升及啦啦操综合能力的发展具有非常重要的意义,优秀啦啦操运动员各项技能的展示都是以科学的身体素质训练为基础的,因此啦啦操运动员不但要练习各项啦啦操风格的成套动作,而且要进行柔韧、力量、耐力等身体素质的练习。本节从柔韧、力量、耐力三个方面对啦啦操的身体素质训练基本手段进行阐述,有助于学习者更深入地了解啦啦操身体素质的训练内容,为啦啦操的科学发展奠定坚实的基础。

一、柔韧素质训练

啦啦操运动员的柔韧素质主要体现为肩、胸、腰、髋、腿的柔韧性。

(一)肩部柔韧性练习

肩部训练常用的方法有压肩、转肩。

1. 压　肩

(1)面对肋木,手扶一定高度,体前屈压肩(图12-1)。

（2）背对墙壁或肋木，手臂后举扶墙或反握肋木，下蹲向下拉肩（图12-2）。

图12-1　压肩1　　　　图12-2　压肩2

2. 转　肩

双手持木棍或绳子，与肩同宽，连续快速直臂向前、后绕肩，并逐渐缩短两手之间的距离（图12-3）。

图12-3　转肩

（二）胸部柔韧性练习

胸部训练常用的方法为压胸。

面对墙壁，双手上举扶墙，身体前倾，抬头挺胸压胸，使胸部尽量贴于墙面（图12-4）。

图12-4　压胸

（三）腰部柔韧性练习

腰部训练常用的方法有压腰、下腰。

1. 压　腰

身体趴于地面,保护者将练习者上体向上拉至90,腰部放松向下压,熟练后可逐步缩小手脚间的距离(图12-5)。

图12-5　压腰

2. 下　腰

身体直立,双腿与肩同宽,手臂上举,抬头向后下腰直到双手撑地,下腰时按照"头—胸—腰"的步骤逐个弯曲,胯略往前顶,保持重心稳定,保护者在旁辅助(图12-6)。

图12-6　下腰

(四)髋部柔韧性练习

髋部训练常用的方法为髋绕环。

仰卧于垫子上,一腿伸直放于地面,另一腿向上吸腿从正上方向外绕动至侧方,大腿外侧触地后,沿地面向下伸直膝盖,还原成并腿(图12-7)。内绕环动作相同,顺序相反。

图12-7　髋绕环

(五)腿部柔韧性练习

腿部训练常用的方法有压腿、踢腿、体前屈。

1. 压　腿

将一腿置于肋木上,直膝、胯正,可向前、侧、后压腿(图12-8)。

图 12-8　压腿

2. 踢　腿

主力腿站立,双臂侧平举,摆动腿经后点地向前加速上踢腿(图 12-9)、摆动腿经后侧点地向侧加速上踢腿(图 12-10)、摆动腿经前点地向后加速上踢腿(图 12-11)。

图 12-9　踢腿 1　　　　　　图 12-10　踢腿 2　　　　　　图 12-11　踢腿 3

3. 体前屈

直膝勾脚坐于垫上,双手抓住脚尖,身体做抬头挺胸伸拉保持 10～15 秒,

然后绷脚、低头含胸保持 3～5 秒,反复练习 10～20 次,最后使胸和头部尽量贴紧腿部停留 30～60 秒(图 12-12)。

图 12-12　体前屈

二、力量素质训练

啦啦操运动员的力量素质主要体现在上肢、下肢、躯干的力量。

(一)上肢力量练习

俯卧撑具体做法为:俯卧,双臂分开,与肩同宽或比肩略宽,两臂俯撑,伸直,脚尖着地,头稍微抬起,眼看地面。收腹,背部保持自然弧度,肘关节微屈。缓慢下降身体,上身离地面 2 厘米左右时,稍停顿,再双臂撑起到起始位(图 12-13)。身体下降时吸气,还原时呼气。

图 12-13　俯卧撑

（二）下肢力量练习

交替跳具体做法为：直立站好，跳起后两腿前后分开，前腿下蹲，腿脚尖点地，垂直向下，两腿同时发力往上跳，重心向上，两条腿交换后再迅速下蹲（图 12-14）。

图 12-14　交替跳

（三）躯干力量练习

仰卧折叠具体做法为：仰卧姿态开始，以髋关节为折叠点，上体与下肢同时向上靠拢，然后还原成仰卧（图 12-15）。

图 12-15　仰卧折叠

三、耐力素质训练

啦啦操运动员的耐力素质训练主要有氧耐力练习和无氧耐力练习。

（一）有氧耐力练习

持续 30 分钟以上的动作练习，成套动作或者身体素质循环练习。

（二）无氧耐力练习

（1）1～2 分钟各种啦啦操组合练习。
（2）1～2 分钟各种跑跳组合练习。
（3）2 分钟以内的啦啦操成套练习。

啦啦操
竞赛规则

第十三章 排 舞

学习目标

思政元素

了解排舞运动的历史变迁和中国特色排舞风格彰显的民族文化特征,践行多民族文化融合和不同风格元素创新的时代发展需要;传承、发展和宣扬中国传统文化,在排舞运动中体验舞蹈和音乐带给身体和心理的愉悦感觉;提高参与者的身体机能、提升审美情趣、体会团队情感共鸣;学会调控不良情绪带来的负面影响,在优美的乐曲中形成正向的刺激,保持积极向上的良好状态。

身体能力

在运动中增强体质、享受乐趣;身体形态、心肺耐力、运动素质等方面达到《国家学生体质健康标准》测试要求;学会排舞基本技术,具有调整身体姿势的能力,勤练以适应不同的运动情景。

认知能力

了解排舞运动的起源与发展,了解排舞锻炼的长短期益处,掌握排舞增进身心健康的手段与方法,掌握排舞竞赛的基本规则;具有在不同运动情景中恰当运用技术的能力,具有协调他人与环境、运用策略解决问题的能力,具有一定排舞比赛观赏能力。

第一节 排舞运动简介

排舞是近年来在世界各地广泛流行的国际性健身舞蹈。它兼具不同舞蹈风格和音乐元素,体现不同民族文化和风情,既有热情奔放的拉丁舞,又有舞姿优雅的现代舞;集舞蹈、健身、音乐于一体,具有广泛的健身性、娱乐性和大众性,受到大众健身爱好者的青睐。

一、排舞运动的概念、起源与发展

(一) 排舞运动的概念

排舞的英文名称为 line dance,从字面上理解就是一种排成一排排跳的舞蹈,编舞者按照所选伴奏音乐的结构,以国际多元化舞步为元素,创编成一套有方向及节奏重复规律的成套舞蹈动作。

(二) 排舞运动的起源

排舞起源于20世纪70年代的美国西部乡村舞蹈,又叫牛仔舞。舞步源自欧洲皇室的宫廷舞,起先用吉他和拍手的方式起舞,后融入欧洲宫廷和拉丁式舞步,后来流传至民间改造成轻松的舞步,并随着欧洲移民传到美国,成为美国20世纪初期流行的社交舞。受美国社交俱乐部的启发,美国的一些DISCO俱乐部和西部乡村民间舞蹈俱乐部派生出各种不同风格的排舞,包含了多种舞蹈元素的风格特征。因此,排舞与多种舞蹈形式十分相似。仅从排成排跳来说,像太平洋一些岛屿的草裙舞、英国莫理斯舞和美洲印第安人的舞蹈都是排成排跳的民间舞。

20世纪70年代,随着多媒体音响技术的发明,迪斯科音乐再度在美国兴起,在迪斯科的舞台上出现了今天被称为"排舞"的舞蹈形式。现代排舞的真正诞生是在20世纪80年代早期,但在当时,在一些迪斯科俱乐部中开始出现了经过改编的"迪斯科排舞",迪斯科音乐的兴起对现代排舞的诞生起了很大的促进作用。

20世纪80年代早期,随着西部乡村音乐在美国的大流行,为配合西部乡村音乐的传播,作为今天被接受的现代排舞诞生了。1980年,美国人吉姆根据西部乡村舞曲编排了一支排舞:5个身着休闲西装、头戴皮草帽、脚穿旅游鞋的40多岁的男子重复着向前走、向后退、踏步、踢腿、转圈等简单易学的舞步组合,并配合随意的身体动作。这是第一个被知晓的有设计编排舞步动作的排舞,充分演绎了美国西部乡村音乐的动感、随意、休闲。由于这一时期排舞都来源于美国西部乡村舞,在当时主要是为了配合和促进乡村音乐的发展,因此带有西部乡村音乐的烙印。这些被改编为排舞的西部乡村舞蹈标志着现代排舞的正式诞生。

(三) 排舞运动的发展

1. 国际排舞运动的发展

1) 乡村音乐阶段

20世纪90年代初期,特别是1992年,美国乡村音乐人比利谱写了一首名为"Achy Break Heart"的歌曲。为了配合推广这首歌曲,比利委托他人为这首歌编排设计了一支排舞,这首歌最终成为20世纪90年代最著名的乡村音乐之一,并被传播到世界各地。这首歌的巨大成功使得配合推广这首歌的排舞广为人知,并随着乡村音乐被广泛传播到世界各地,同时配合乡村音乐编排的排舞热潮又一次掀起,许多著名的排舞都是这一时期的作品。

2) 多元化融入阶段

20世纪90年代中后期,排舞逐渐脱离乡村音乐的束缚,开始寻求大量其他风格的舞蹈,如拉丁舞、嘻哈舞、节奏布鲁斯舞、舞厅舞、爵士舞、踢踏舞等多种舞蹈形式,并随着特定的循环节奏交替旋转起舞。在这一时期,排舞吸取体育舞蹈的舞步动作和编排模式,形成了具有自我风格特点的编排设计和舞步规范。例如,每支排舞都有固定的曲目名称、舞步组合节以及拍数,并逐渐形成了独一无二的舞步。

3）全面发展阶段

全世界最好听、最流行的歌曲几乎都被编成了排舞。目前,全世界已有60 000多支持舞曲目,每首曲目都有自己独一无二的舞步,同一首曲目全世界的舞步动作都是一致的。在这个一致的舞步标准、多重的舞蹈元素组合与变化下,舞者根据自身情况诠释属于自己的舞蹈,在世界各地享受以舞会友的乐趣。排舞的音乐风格从美国西部乡村音乐到古典音乐、流行音乐、世界名曲甚至歌剧主题曲,舞蹈元素从社交舞到体育舞蹈、爵士舞、踢踏舞、东方舞、街舞等当今流行的舞蹈形式。排舞运动正是不断地把各种舞蹈和音乐元素组合、变化、融合、优化、创新后,形成了当今这一内容丰富、风格多样的休闲健身运动。丰富多样的音乐形态是排舞创编的资源库,不断涌现的流行音乐是排舞创编永不枯竭的动力源泉。

2. 中国排舞运动的发展

1）引入期

从2004年至2007年,我国开始从国外大量引进各种风格的排舞曲目,这段时期是我国排舞运动的引进时期。2004年,上海市社会体育指导中心把排舞运动引进我国并很快在上海、北京、深圳等大中城市开展起来。一些地方体育主管部门通过举行丰富多彩的排舞活动和各种形式的排舞比赛来推广和普及排舞运动。以《昆力奔驰》《摇摆时钟》《魔力火车》等经典曲目为先导,排舞运动逐步进入我国现代都市文化市场和人们的文化生活中。这些排舞曲目通俗易懂、简单易学,富于现代气息,视觉冲击效果强烈,满足了城市一部分人群休闲放松的精神需要,使人们对排舞逐渐有了一定的认识。2007年11月,我国派出了排舞代表团,首次出访马来西亚参加国际排舞展演活动,实现了我国排舞运动与国际的接轨。

2）推广期

2008年,中华全国总工会将排舞运动列入工作计划;2008年3月,全国全健排舞培训班在北京举行,参加培训的有来自全国19个省、35个市的体育舞蹈爱好者,这标志着我国全面启动推广排舞运动,全国2亿多产业职工参与到这项新的全民健身运动中。为配合北京奥运会开幕式,经奥组委、北京市人民政府批准,在北京市体育局、北京市体育总会等的共同支持下,800名排舞爱好者在天安门广场上身着奥运五环颜色组成五个方阵,进行了大型排舞表演。至此,排舞运动的风采展现在国人面前。这次具有中国特色的排舞运动表演使排舞运动广为人知,排舞运动在体育教育系统、工会组织系统、舞蹈艺术系统三方推动下迅速在华夏大地普及与推广开来。

3）发展期

2013年3月28日,"全国排舞运动推广中心"在杭州成立。全国排舞运动推广中心是由国家体育总局体操运动管理中心授权组建的唯一国家级排舞运动推广机构。随着排舞的推广与普及,在我国已逐步建立起良好的群众基础,因其风格独特、舞蹈形式和音乐元素多种多样而深受大众喜爱。同年,国家体育总局启动了"挖掘与传承中国传统体育文化——排舞采风活动",自此融入中国不同民族舞蹈元素的排舞原创作品不断涌现。

2014年,全国排舞运动推广中心组织全国各地不同民族的25 703名排舞精英齐聚杭州,共同挑战"最大规模的排舞"吉尼斯世界纪录并获得圆满成功。该纪录被官方带到英国伦敦并在"世界吉尼斯日"上进行展示。本次挑战是我国大众健身事业和排舞运动完美结合的呈现,也是我国全民健身事业在国际上的宣传和展示。2014年以来,云南、四川、北京、江苏、湖南、湖北、福建、山东、重庆等地不仅排舞培训人数屡创新高,还组织全国分站赛,参赛人数逾千人,11月初的"舞动中国排舞联赛总决赛吸引了全国60多支参赛队伍,10万余人前来参赛。

4)创新期

《全民健身计划(2016—2020)》中提出:拓展国际大众体育交流,引领全民健身开放发展。坚持"请进来、走出去",拓展全民健身理论、项目、人才、设备等国际交流渠道,推动全民健身向更高层次发展。2017年全国排舞推广中心发布的《2017—2020年全国排舞竞赛评分规则》中的原创组别中包含民族类作品。2018年,国家体育总局、国家民委印发的《关于进一步加强少数民族传统体育工作的指导意见》中也提出:加大力度支持民族地区、边疆地区少数民族传统体育文化的发展。这为我国不同民族舞蹈元素应用到排舞原创作品中创造了有利条件。将中国不同民族舞蹈元素融入排舞创编作品中,创编具有中国不同民族舞蹈特点的排舞作品是世界排舞项目发展的新契机,推动了中国排舞项目的多元化发展。

二、排舞运动的分类和价值

(一)排舞运动的分类

1. 按照舞蹈动作的难易程度与变化划分

(1)初级排舞:从开始到结束反复重复固定的舞步组合,动作难度及变化简单。

(2)中级排舞:由两个或三个段落组合而成,舞步重复不固定,或某一段落的舞步还未跳完,就又从头开始跳,动作难度及变化较为复杂。

(3)高级排舞:由三个或三个以上段落组合而成,段落重复不固定,没有规律性,动作难度及变化复杂。

2. 按照舞蹈段落重复时身体方向的变化划分

(1)没有方向变化:在整个舞蹈段落中,无论舞步动作的方向怎样变化,段落结束时仍保持段落开始时的方向。

(2)两个方向变化:在段落与段落之间有一次方向的变化,一般情况下是在转体180°的方向上开始。

(3)四个方向变化:每重复一次舞蹈段落,都在转体90°新的方向上开始。

3. 按照类型划分

(1)常规性排舞:有明显的固定舞步组合,从音乐的开始到结束都反复地重复着同一固定的舞步组合,动作相对较简单。

(2)分段型排舞:从音乐的开始到结束,在两段舞步中加入间舞(tag)的舞步,或某一段落的舞步还没跳完,又从头开始跳,这被称为中断。该类型的排舞在学习时相对较难记忆。

(3)组合型排舞:由三个或者三个以上的段落组合而成的,它不按照一定的规律进行循环,有一些段落重复,有一些段落不重复。对于不同舞曲的旋律,创编者可充分自由地发挥,对排舞进行自由的组合和编排。

(4) 表演型排舞：变化多端,舞步花哨,舞步的组合较为复杂,没有固定的规律性,从音乐的开始到结束,中间可加入别的音乐或者舞步,适用于表演。

(二) 排舞运动的价值

1. 健身价值

排舞的绝大多数舞曲时长为 2～5 分钟,属于中等耐力有氧运动。开始阶段,能量主要来自血糖的分解,到后期才开始动用体内脂肪。由于排舞是多舞种的"大集成",许多曲目都有腰股部和髋部动作,有利于塑造优美形体。每个人根据自身情况,随着旋律优美、轻松活泼的音乐,将舞步、身体、手臂动作结合起来,幅度可大可小,自由发挥。通过一定量的练习,肌肉协调性、柔韧性和关节的灵活性以及动作的节奏感都会大大提高。有关研究证实,持续经过一段时间的排舞运动后,可改变人体安静状态下的生理状况,提高身体各机能系统的活跃状态,把安静时长期处于关闭状态的血管、肌纤维和神经细胞等激活,使各器官的血液获得充足的氧气和营养物质,提高消化系统机能,改善机体健康状态。

2. 健心价值

健身排舞和其他体育休闲方式一样,可使人获得一定的感官满足和精神放松。排舞丰富的音乐、多变的舞步、自由的参与形式使人们在参加时能最大限度地放松身心,产生出幸福和自我满足的个人情感,增强人们积极的自我想象。参与排舞练习还能增进人与人之间的思想交流,消除对现实生活的不满,有效降低心理负荷,增强健康信心。边运动边享受好听的音乐,身心兼顾,一举多得,无疑是最理想的缓解心理压力的方式之一。在翩翩起舞的过程中,练习者的注意力必然集中在欣赏优雅的舞曲音乐,并跟着节奏将内心情感抒发在舞姿上,由于注意的转移,身体其他部分的机能得到调整和充分休息,因此参加排舞运动能消除紧张的情绪和缓解压力。练习者在优美动听的音乐、美妙的舞姿中消除疲劳、陶冶心灵,感受到愉快的情绪,从而达到最佳的心理状态。

3. 健脑价值

记忆是过去的经验在人脑中的反映,其形式有形象记忆、概念记忆、逻辑记忆、情绪记忆及运动记忆等。在排舞的练习过程中,不仅要运用形象记忆、概念记忆,还要运用情绪记忆和运动记忆。随着年龄的不断增长,记忆力会以很慢的速度减退。通过排舞练习以及对大脑神经的不断刺激来减缓记忆力的减退,可达到良好的健脑效果。排舞曲目有上万首,每支舞曲都有自己的舞步。在练习过程中,首先要记住每个舞步,同时还要熟练掌握舞步,才能跟着音乐起舞。在练习过程中,学员们不但要复习已掌握的舞曲,加深记忆,而且要不断地学练新的舞曲。因此,每次学习都具有新鲜感和掌握舞曲之后的成就感。

4. 健美价值

排舞练习是在优美动听的音乐旋律中用心灵共舞,把细腻的情感注入舞姿中,并以高超的舞蹈技艺形神一致地表现出各种动与静的姿态,塑造出各种美妙的意境组合,体现出美的姿态、美的造型,创设出体育与艺术、健与力高度结合的意境,给人们艺术熏陶和美的享受。因此,排舞练习对形态、姿态、健康等方面都有较高的要求,经常参加排舞练习是一项很好的形体训练,可以提高人体的协调能力,强健身体各个部位的肌肉群,增加骨骼的骨密度,具有积极的健美作用。

5. 终身锻炼价值

排舞适合各个年龄层次，学练的门槛较低。"会走路就会跳排舞"这句话说明了即使没有舞蹈基础，也能进行排舞练习。众多排舞舞曲中包含了多种舞蹈和音乐风格，每一支舞曲都有精心设计的动作规范。针对不同性别、年龄层次的人群，有较为适合的运动量和强度。青年人比较喜欢热情奔放的舞曲和舞蹈类型，可选择拉丁舞、爵士舞、街舞、舞厅舞等舞蹈风格；中老年人则可以选择舒缓、柔情的华尔兹、恰恰恰等舞蹈风格。因此，可以将排舞作为一项终身锻炼项目。

6. 社会价值

社会体育的参与主要取决于生活方式、社会物质条件和个人的体育价值观念。闲暇时间是社会体育发展的重要前提。排舞运动对锻炼时间要求不高，30分钟左右就能收到较好的锻炼效果。开展排舞运动不需要配备专门的服装或运动器械，只需一双舒适的鞋、一片空旷的场地。排舞的少局限性和广适应性使得时间、社会物质条件等因素的制约性相形见绌，人们可轻松自由地参与、享受这项休闲运动。排舞"站成一排排跳"的形式决定了参与者必须组成一种临时的或相对稳定的健身娱乐群体。参与者以提高健康水平、支配闲暇时间、扩大社交范围为目的，无论是在城市还是在农村，无论是在社区还是在单位，无论是自发组织还是单位组织，它都传递出积极的生活理念，倡导健康向上的生活方式，有利于增强地域、社区、行业内部的凝聚力，在当前建设和谐社会、创造社会主义新生活的大环境下，无疑可起到润滑的作用。

7. 艺术价值

排舞体现了音乐与舞蹈的共性美，音乐与舞蹈有着天然的姻缘关系。音乐以其优美的旋律、鲜明的节奏、多彩的风格使舞蹈的艺术表现力更加丰富动人。音乐通过自身的旋律及节奏不但增强了舞蹈情感的表达能力，而且与舞蹈的节奏融合在一起，增强了舞蹈的美感及艺术表现力。在健身排舞中，由于每支乐曲对应特定的舞步，所以音乐与舞蹈真正融为一体，相互映照，达到一种大众都可体验的效果。排舞动作整齐划一，体现形式美；排舞表演时舞者统一的服装、整齐划一动作、激情洋溢的笑脸，无不让参与者和欣赏者同时感到排舞带来的表演艺术和表演形式上的美。排舞的音乐和舞步的多样性、异域性，体现出不同的民族美，排舞在发展过程中融入了爵士舞、拉丁舞、华尔兹、街舞等各种风格的音乐和舞蹈元素，风格迥异的音乐配上独一无二的舞步，让人们在一项运动中体会到形态各异的地域文化和民族风情。

8. 娱乐价值

运动的乐趣主要在于通过审美得到自由享受与审美快感。运动给人的快感并非是从一系列可能使人产生快意的事物中随意选择出来的，而是从身心健康中取得的"高级的快感"。健身排舞洋溢的热情，风格各异的音乐，看似随意却又充满活力的动作，使参与者和观赏者都可以得到身心的自由享受和审美快感，是人们工作、学习之余放松身心、消遣娱乐的首选。

第二节　排舞重点舞步与成套动作教学

一、排舞成套动作《我和 2035 有个约》重点舞步

（1）剪刀步：分为右剪刀步和左剪刀步，2 拍完成 3 个动作。

1 & 2 拍：右脚向右后方侧步，左脚并右脚，右脚前交叉，重心前移。

3 & 4 拍：左脚向左后方侧步，右脚并左脚，左脚前交叉，重心前移。

剪刀步

（2）划桨转：共 4 拍。

以左脚为轴，右脚分别向 12 点钟、9 点钟、6 点钟、3 点钟点地。右脚点地时左腿膝关节弯曲，提起时膝关节伸展，身体随节奏上下起伏。

划桨转

（3）1/2 定轴转：共 4 拍。

以右脚为例，右脚上步，重心前移，以左脚为轴，身体左转 180°，重心移至左脚。

1/2 定轴转

（4）旁恰恰步：分为右旁恰恰步和左旁恰恰，是排舞拉丁风格中较为常见的步法，2 拍完成 3 个动作。

1 & 2 拍：右腿向右侧一步，重心在右腿。左腿与右脚靠拢；右腿向身体右侧迈出，重心在右腿。

3 & 4 拍：左腿向左侧一步，重心在左腿。右腿与左脚靠拢；左腿向身体左侧迈出，重心在左腿。

旁恰恰步

（5）藤步：分为左藤步和右藤步，共 8 拍。

1～4 拍：右脚向右迈步，左脚后交叉，右脚向右迈步，左脚点地并脚。

5～8 拍：左脚向左迈步，右脚后交叉，左脚向左迈步，右脚点地并脚。

藤步

（6）查尔斯顿踢步：共 4 拍。

1 拍：右脚向前，重心移至右脚。

2 拍：左脚前踢，左腿伸直，脚尖下压。

3 拍：左脚后退，重心移至左脚。

4 拍：右脚向后，脚尖点地。

查尔斯顿踢步

（7）脚尖开关步：2 拍完成 4 个动作。

1 & 2 拍：右脚脚后跟点地，同时左腿膝关节弯曲，& 右脚还原直立。

3 & 4 拍：左脚脚后跟点地，同时右腿膝关节弯曲，& 左脚还原直立。

脚尖开关步

（8）摇椅步：以右摇椅步为例。

1 拍：右脚前踏，重心在右腿。

2 拍：左脚原地踏，重心后移至左腿。

3 拍：右脚后踏，重心在右腿。

4 拍：左脚原地踏，重心前移至左腿。

右腿摇椅步

二、排舞成套动作《我和2035有个约》教学讲解和动作示范

类型:律动类　方向:1

风格:活力健身操　前奏:48拍

级别:初级　起步脚:右脚

拍数:A32;B32;C32;T32　舞序:ABCC/ABCC/T/CC

音乐:《我和2035有个约》　创编:张维维

(一) A段(共32拍)

[1~8] 向前走,脚跟脚尖点地。

1~4拍:右脚—左脚前进,右脚脚跟前点,右脚脚尖后点。

5~8拍:重复1~4拍。

[9~16] 剪刀步,划桨转。

1&2拍:右脚侧步,左脚并脚,右脚前交叉。

3&4拍:左脚侧步,右脚并脚,左脚前交叉。

5~8拍:右脚向12点钟、9点钟、6点钟、3点钟方向点地。

[17~24] 右藤步,左藤步。

1~4拍:右脚向右迈步,左脚后交叉,右脚向右迈步,左脚点地并脚。

5~8拍:右脚向左迈步,右脚后交叉,左脚向左迈步,右脚点地并脚。

[25~32] 向右转一圈,左迈步,并脚。

1~2拍:右脚向右迈步,右转一圈同时左后屈腿。

3~4拍:左脚并脚。

5~8拍:左脚向左迈步并弯曲膝盖,收回并脚。

A段正面示范

A段背面示范

(二) B段(共32拍)

[1~8] 上步,定轴转,并脚,头上击掌两次。

1~2拍:右脚进,左1/2转体(定轴转)。

3~4拍:并脚,头上击掌两次。

5~6拍:左脚进,右1/2转体(定轴转)。

7~8拍:并脚,头上击掌两次。

[9~16] 查尔斯顿步两次。

1~4拍:右脚进,左脚前踢,左脚后退,右脚后点地。

5~8拍:重复1~4拍。

[17~24] 右恰恰,后交叉,原地踏,左恰恰,后交叉,原地踏。

1&2拍:右脚侧步,左脚并,右脚侧步。

3&4拍:左脚后交叉点地,右脚原地踏。

5~8拍:与1~4拍动作相同,方向相反。

[25~32] 右—左脚跟点地,右—左脚尖点地,前交叉,原地踏,迈步,全转。

1~4拍:右脚跟点地,左脚跟点地,右脚脚尖侧点,左脚脚尖侧点。

B段正面示范

B段背面示范

5~8拍:左脚前交叉,右脚原地踏,左脚侧步同时左转一圈,重心在左脚。

(三)C段(共32拍)

[1~8] 右脚—左脚—右脚向前,并脚,扫腿。

1~4拍:右—左—右进,并脚。

5~6拍:右脚踏步同时左脚从前向后扫腿,左脚后交叉点地。

7~8拍:左转一圈。

C段正面示范

[9~16] 侧步,脚尖点地同时膝盖内扣,并脚跳四次。

1~4拍:左脚侧步,右脚脚尖点地同时右膝盖内扣,右脚侧步,左脚脚点地同时左膝盖内扣。

5~8拍:并脚向上跳4次。

C段背面示范

[17~24] 右摇椅步。

1~4拍:右脚进,左脚后踏,右脚退,左脚前踏(右摇椅步)。

5~8拍:重复1~4拍。

[25~32] 侧步,点地,侧步,点地,右转1/2。

1~4拍:右脚侧步,左脚侧点地,左脚侧步,右脚侧点地。

5~8拍:右1/4转体同时右脚进,左1/4转体同时左脚进,右脚—左脚原地踏步。

(四)T间奏(共32拍)

[1~8]T转体,侧步,推掌两次。

1~4拍:右转1/8同时右脚侧步,左脚侧步,胸前推掌两次。

5~8拍:左转1/4同时左脚侧步,右脚侧步,胸前推掌两次。

T间奏正面示范

[9~16] 侧步,点地。

1~4拍:右脚侧步,左脚点地,左脚侧步,右脚点地。

5~8拍:重复1~4拍。

[17~24]:重复1~8拍。

[25~32]:重复9~16拍。

T间奏背面示范

三、排舞成套动作《来个蹦蹦》重点舞步

(1)奔跑步。

1&拍:右脚向前跨步,同时左脚后撤;左脚抬起,同时右脚后滑。

2&拍:左脚向前跨步,同时右脚后撤;右脚抬起,同时左脚后滑。

奔跑步正面示范

3&拍:右脚向前跨步,同时左脚后撤;左脚抬起,同时右脚后滑。

4&拍:左脚向前跨步,同时右脚后撤;右脚抬起,同时左脚后滑。

(2)右旋步,左旋步。

1&2&拍:左脚跟、右脚尖同时向右旋转,还原,左脚尖、右脚跟同时向右旋转,还原。

奔跑步侧面示范

右旋步、左旋步正面示范

3＆4＆拍：左脚跟、右脚尖同时向右旋转,还原,左脚跟、右脚尖同时向右旋转,还原。

5＆6＆拍：左脚跟、右脚尖同时向左旋转,还原,左脚尖、右脚跟同时向左旋转,还原。

右旋步、左旋步背面示范

7＆8＆拍：左脚跟、右脚尖同时向左旋转,还原,左脚跟、右脚尖同时向左旋转,还原。

（3）蝴蝶步。

1拍：左脚跟抬起,脚尖向内,同时右脚抬起,脚尖向内；右脚脚跟内转下落,交叉于左脚前,同时左脚脚跟向右转下落。

蝴蝶步正面示范

2拍：右脚跟抬起,脚尖向内,同时左脚抬起,脚尖向内；右脚脚跟内转下落,交叉于右脚前,同时左脚脚跟向左转下落。

3拍：左脚跟抬起,脚尖向内,同时右脚抬起,脚尖向内；右脚脚跟内转下落,交叉于右脚后,同时左脚脚跟向右转下落。

蝴蝶步侧面示范

4拍：右脚跟抬起,脚尖向内,同时左脚抬起,脚尖向内；右脚脚跟内转下落,交叉于左脚后,同时左脚脚跟向左转下落。

5拍：左脚跟抬起,脚尖向内,同时右脚抬起,脚尖向内；右脚脚跟内转下落,交叉于左脚前,同时左脚脚跟向右转下落。

6拍：右脚跟抬起,脚尖向内,同时左脚抬起,脚尖向内；左脚脚跟内转下落,交叉于右脚前,同时右脚脚跟向左转下落。

7拍：左脚跟抬起,脚尖向内,同时右脚抬起,脚尖向内；右脚脚跟内转下落,交叉于右脚后,同时左脚脚跟向右转下落。

8拍：右脚跟抬起,脚尖向内,同时左脚抬起,脚尖向内；右脚脚跟内转下落,交叉于左脚后,同时右脚脚跟向左转下落。

四、排舞成套动作《来个蹦蹦》教学讲解和动作示范

类型：曳步舞　　方向：1

风格：曳步舞　　前奏：40拍

级别：中级　　起步脚：右脚

拍数：A32；B32；C32　　舞序：ABC/ABC/BA

音乐：《来个蹦蹦》　　创编：张维维

（一）A段（共32拍）

[1～8]右脚起奔跑步。

1＆拍：右脚向前跨步,同时左脚后撤,左脚抬起,同时右脚后滑。

A段正面示范

2＆拍：左脚向前跨步,同时右脚后撤,右脚抬起,同时左脚后滑。

3＆拍：右脚向前跨步,同时左脚后撤,左脚抬起,同时右脚后滑。

4＆拍：左脚向前跨步,同时右脚后撤,右脚抬起,同时左脚后滑。

5＆拍：右脚向前跨步,同时左脚后撤,左脚抬起,同时右脚后滑。

A段背面示范

6&拍:左脚向前跨步,同时右脚后撤,右脚抬起,同时左脚后滑。

7&拍:右脚向前跨步,同时左脚后撤,左脚抬起,同时右脚后滑。

8&拍:左脚向前跨步,同时右脚后撤,右脚抬起,同时左脚后滑。

[9～16] 脚跟外转,左转 1/2 点地,左转 1/2 点地,收脚。

1～2拍:左脚脚跟向右转,同时右脚前点地;脚尖向右转,同时右脚后点地。

3～4拍:左脚脚跟向右转,同时右脚前点地;脚尖向右转,同时右脚后点地。

5～6拍:向左转体 1/2,同时右脚点地;向左转体 1/2,同时右脚点地。

7～8拍:右腿抬起,下压脚落地。

[17～24] 左脚起奔跑步。

1&拍:左脚向前跨步,同时右脚后撤,右脚抬起,同时左脚后滑。

2&拍:右脚向前跨步,同时左脚后撤,左脚抬起,同时右脚后滑。

3&拍:左脚向前跨步,同时右脚后撤,右脚抬起,同时左脚后滑。

4&拍:右脚向前跨步,同时左脚后撤,左脚抬起,同时右脚后滑。

5&拍:左脚向前跨步,同时右脚后撤,右脚抬起,同时左脚后滑。

6&拍:右脚向前跨步,同时左脚后撤,左脚抬起,同时右脚后滑。

7&拍:左脚向前跨步,同时右脚后撤,右脚抬起,同时左脚后滑。

8&拍:右脚向前跨步,同时左脚后撤,左脚抬起,同时右脚后滑。

[25～32] 脚跟外转,右转 1/2 点地,右转 1/2 点地,收脚。

1～2拍:右脚脚跟向左转,同时左脚前点地;脚尖向左转,同时左脚后点地。

3～4拍:右脚脚跟向左转,同时左脚前点地;脚尖向左转,同时左脚后点地。

5～6拍:向右转体 1/2,同时左脚点地;向右转体 1/2,同时左脚点地。

7～8拍:左腿抬起,下压脚落地。

(二) B 段(共 32 拍)

[1～8] 蝴蝶步。

1拍:左脚跟抬起,脚尖向内,同时右脚抬起,脚尖向内;右脚脚跟内转下落,交叉于左脚前,同时左脚脚跟向右转下落。

B 段正面示范

2拍:右脚跟抬起,脚尖向内,同时左脚抬起,脚尖向内;左脚脚跟内转下落,交叉于右脚前,同时右脚脚跟向左转下落。

3拍:左脚跟抬起,脚尖向内,同时右脚抬起,脚尖向内;左脚脚跟内转下落,交叉于右脚后,同时右脚脚跟向右转下落。

B 段背面示范

4拍:右脚跟抬起,脚尖向内,同时左脚抬起,脚尖向内;右脚脚跟内转下落,交叉于左脚后,同时左脚脚跟向左转下落。

5拍:左脚跟抬起,脚尖向内,同时右脚抬起,脚尖向内;右脚脚跟内转下落,交叉于左脚前,同时左脚脚跟向右转下落。

6拍:右脚跟抬起,脚尖向内,同时左脚抬起,脚尖向内;左脚脚跟内转下落,交叉于右脚前,同时右脚脚跟向左转下落。

7拍:左脚跟抬起,脚尖向内,同时右脚抬起,脚尖向内;左脚脚跟内转下落,交叉于右脚后,同时左脚脚跟向右转下落。

8拍:右脚跟抬起,脚尖向内,同时左脚抬起,脚尖向内;右脚脚跟内转下落,交叉于左脚后,同时右脚脚跟向左转下落。

[9~16]右踢换点,左踢换点。

1&2拍:右脚前踢,右脚原地踏,左脚侧旁点。

3&4拍:左脚前踢,左脚原地踏,右脚侧旁点。

5&6拍:右脚前踢,右脚原地踏,左脚侧旁点。

7&8拍:左脚前踢,左脚原地踏,右脚侧旁点。

[17~24]前交叉,侧步,并脚。

1 2&拍:右脚脚跟交叉于左脚前,左脚侧步,同时右脚脚跟向外转,右脚并脚。

3 4&拍:左脚脚跟交叉于右脚前,右脚侧步,同时左脚脚跟向外转,左脚并脚。

5 6&拍:右脚脚跟交叉于左脚前,左脚侧步,同时右脚脚跟向外转,左脚并脚。

7 8&拍:左脚脚跟交叉于右脚前,右脚侧步,同时左脚脚跟向外转,左脚并脚。

[25~32]划桨转,V字步。

1~4拍:左转1/4(重心在左),同时右脚侧点地;左转1/4(重心在左),同时右脚侧点地;左转。

1/4(重心在左),同时右脚侧点地;左转1/4(重心在左),同时右脚侧点地。

5&6&拍:右脚脚跟向右前方点地,左脚脚跟向左前方点地,右脚还原,左脚并脚。

7&8&拍:右脚脚跟向右前方点地,左脚脚跟向左前方点地,右脚还原,左脚并脚。

(三)C段(共32拍)

[1~8]侧踢,原地踏,后交叉,抬膝离地,跺脚2次。

1&2拍:右脚脚跟向外踹出,右脚落地,左脚后交叉。

C段正面示范

3&4拍:左脚脚跟向外踹出,左脚落地,右脚后交叉。

5~6拍:右脚脚跟向左擦地后膝盖抬起,膝盖外展,脚尖向外。

7~8拍:右脚原地踏两次。

[9~16]右旋步,左旋步。

1&2&拍:左脚跟、右脚尖同时向右旋转,还原,左脚尖、右脚跟同时向右旋转,还原。

C段背面示范

3&4&拍:左脚跟、右脚尖同时向右旋转,还原,左脚跟、右脚尖同时向右旋转,还原。

5&6&拍:左脚跟、右脚尖同时向左旋转,还原,左脚尖、右脚跟同时向左旋转,还原。

7&8&拍:左脚跟、右脚尖同时向左旋转,还原,左脚跟、右脚尖同时向左旋转,还原。

[17~24]侧踢,原地踏,后交叉,抬膝离地,跺脚2次。

1&2拍:左脚脚跟向外踹出,左脚落地,右脚后交叉。

3&4拍:右脚脚跟向外踹出,右脚落地,左脚后交叉。

5&6拍:左脚脚跟向右擦地后膝盖抬起,膝盖外展脚尖向外。

7&8拍:左脚原地踏两次。

[25~32]左旋步,右旋步。

1&2&拍:左脚跟、右脚尖同时向左旋转,还原,左脚尖、右脚跟同时向左旋转,还原。

3&4&拍:左脚跟、右脚尖同时向左旋转,还原,左脚跟、右脚尖同时向左旋转,还原。
5&6&拍:左脚跟、右脚尖同时向右旋转,还原,左脚尖、脚跟同时向右旋转,还原。
7&8&拍:左脚跟、右脚尖同时向右旋转,还原,左脚跟、右脚尖同时向右旋转,还原。

第三节 排舞专项体能

一、基本舞姿训练

舞姿即身体的基本姿势形态。舞姿讲究"手、眼、身、法",配合身体躯干、腿部、手臂、头和眼睛的协调性而完成。基本舞姿包括手脚的基本形态、基本位置、部法的训练,配合腰腿功、技巧形成一组具有高度雕塑性、富有表现力的舞蹈动作。排舞舞姿训练以芭蕾基本功练习为基础。

1. 基本手型

芭蕾手型(也称圆手),从手腕到指尖为圆滑的弧线,后三指轻轻靠拢,食指和中指相错靠拢,大拇指与食指平行,并在一个平面上。

2. 手臂的基本位置

1)一位手

(1)位置:双手以手形的外侧(手刃部)顺人体髋部三角区下延,两只胳膊呈椭圆形(图13-1a)。

(2)要求:两手手心相对,双手手指的间距为4~5指宽,双肘略往前用力(双肘不应夹住身体两侧)。

2)二位手

(1)位置:从一位手双手抬至胸前下端(图13-1b)。

(2)要求:保持一位手的形态,双臂肘关节带动整个手与臂缓缓抬起,至胸脐中前端停,双臂有托起一个大大的圆盘子的感觉。

注意事项:抬起时应以肘关节带动双臂,不能以手腕部带动双臂上抬,否则不但会失去双臂的椭圆造型,而且会形成手指、关节的下垂,失去二位手的整体形态美。

3)三位手

(1)位置:经二位手抬至前额前上端(图13-1c)。

(2)要求:保持好一、二位手的椭圆,双肩下沉,不要随着抬手而上耸。

注意事项:双手不能抬至头顶垂直位置,应以额顶前上方为准,突出自然舒展的状态。

4)四位手

(1)位置:以二位手的右手向下延至二位手位置,左手不动,形成分手形态(图13-1d)。

(2)要求:右手带动右臂向下时,应以手指带动手臂下行。

注意事项:保持左手三位手的位置形态不变,不应因右手的下行而影响左手形态,造成左手的松懈下垂。

5）五位手

（1）位置：左手依旧不动，右手臂打开行至肩膀侧前位置（图13-1e）。

（2）要求：右手臂打开时，手指应随着呼吸有一细微自然动摆动作并带动整个手臂打开至肩旁，应有手指拨开珠帘的感觉。到位时，掌心朝向前下方。

6）六位手

（1）位置：右手不动，左手如右手四位手动作样，下延至二位手位置（图13-1f）。

（2）要求：六位手的过程及感觉要求同四位手。

7）七位手

（1）位置：右手不动，左手如右手五位手动作样向外打开，形成双臂打开的形态（图13-1g）。

（2）要求：手臂打开的感觉及两个手臂的掌心朝向要求同五位手，双肘关节及腕部应向前形成一定弧度，如同抱着一棵大树。同时，双肩尽量松弛，形成紧凑又松弛的自然状态。

8）还　原

（1）位置：七位手落至一位手的过程中，双手翻腕，下延至一位手。

（2）要求：双手翻腕时头部应看向右手手背，目光随手背下延至一定高度时，回头目视一方向停住。

注意事项：翻腕时，应配合一个小的呼吸再行下延，同时双手手指应向外微伸，形成双臂下延过程的自然舒展。

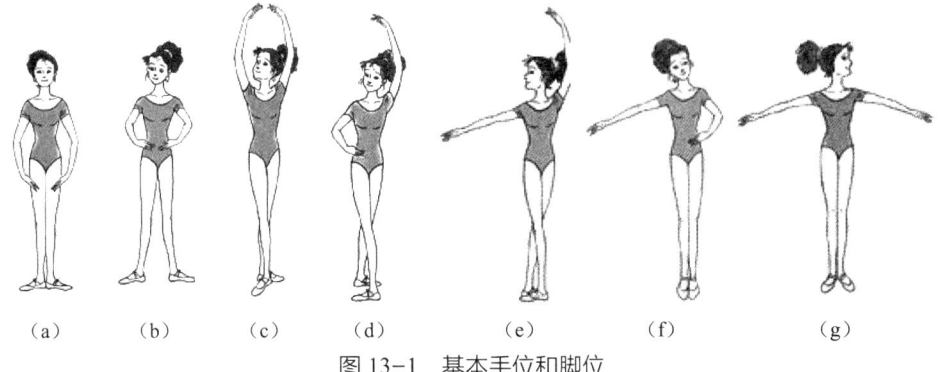

(a)　　(b)　　(c)　　(d)　　(e)　　(f)　　(g)

图13-1　基本手位和脚位

3. 脚的基本位置

脚位有6种基本位置，构成了舞者达成稳定或直立的基础。

（1）一位：双腿外开，两脚段相对，双脚成180°直线；肩部放松，颈部伸长，夹紧臀部（图13-1a）。

（2）二位：双脚保持直线，向旁打开，双脚距离与肩同宽或打开一脚的距离（图13-1b）。

（3）三位：双腿外开，脚向内收回至双脚重叠，前脚跟紧贴后脚心，前脚盖住后脚的一半（图13-1c）。

（4）四位：前后脚间有一脚的距离，重心在中间，前脚跟与后脚趾关节成一条线（图13-1d）。

（5）五位：双脚紧紧靠在一起，脚跟对脚尖（图13-1e）。

(6)六位:后脚尖上前,与前脚尖靠拢并步(图13-1f)。

二、力量素质训练

通过力量素质练习可增加腿部以及腰部、背部的力量,也可提高舞蹈动作姿态的控制能力,使舞蹈动作更富弹性、节奏感和感染力。在力量练习过程中,对动作一定要有姿态要求,每个动作之间的间歇一般不超过30秒,每组动作之间的间歇不超过3分钟。练习部位可重点放在腰腹和腰背核心部位、臀部和腿部。

核心力量是身体一切运动的基础核心,是连接身体上下力量的枢纽。一切运动,即便是日常走路都与核心力量有密切关系,当身体在高速运动时,核心力量可以迅速帮助身体根据需要调整上、下力量的平衡,避免身体运动力量不协调而造成运动损伤。

(一)核心力量训练动作

(1)平板支撑:俯卧,肘关节弯曲,前臂紧贴地面,同时手肘和手掌都放平在地面,手肘在肩膀的正下方;保持肩膀和肘关节垂直于地面,双脚踩地,允许脚趾弯曲,躯干伸直,头部、肩部、背部、胯部和踝部保持在同一水平面上;收紧腰腹和臀部,保持匀速的呼吸。

(2)俄罗斯转体:坐姿,手交叉,提膝,脚离地,空中回转,左肘部接触右膝,右肘部接触左膝,做到力竭。注意,过程中一直保持脚面离地。

(3)卷腹:坐姿,屈膝,手交叉在胸前,卷腹,使肘部靠近大腿。

(4)仰卧举腿:仰卧,手放到臀部下方,头稍微离地,腿伸直,脚踝伸直,脚跟离地约15厘米,膝盖不要弯曲,缓慢将腿抬高至与地面成45°,保持3秒后将腿放下。

(5)仰卧摆动提腿:仰卧,手放到臀部下方,头稍微离地,腿伸直,脚踝伸直,分开提腿,同时另一只腿在起始位置保持不动。

(6)仰卧分腿:仰卧起始姿势同仰卧举腿,不同之处在于,仰卧举腿中是提腿,而这里是分腿,尽可能打开,然后闭合。

(7)陆地游泳:俯卧,双手朝前自然平伸,尽可能地抬高右腿和左臂,顶点处保持3秒,缓慢放下;相同姿势,抬左腿和右臂。

注意:整个过程中保持躯干贴着地面,头微微抬起,平衡整个身体。

(8)仰卧单车:仰卧,双手抱头,一条腿完全屈伸,离地面约10~15厘米,另一条腿的膝盖屈伸至胸前,尝试够异侧的肘部,然后开始做仰卧单车的动作,收腿,伸直另一腿,去够异侧的肘部。

注意:伸展腿在完整伸直后再收回,确保动作缓慢,以达到最大的锻炼效果。

(二)腿部力量训练动作

腿部力量强弱对于学跳排舞是非常重要的,不同舞蹈类型排舞对下肢力量有着不同的要求。例如,踢踏舞、拉丁舞、爵士舞、波尔卡等类型的排舞对腿部力量有着较高的要求。腿部力量对于普通人也是非常重要的,科学地增强腿部力量,不仅可以提升运动能力,还可以增强对腿部膝关节的保护,有效减低关节拉力和磨损。

(1)深蹲:双腿自然分开,比肩宽,尽可能多打开一些,上身挺直,双臂前平举,脚尖向外约45°，臀部像坐凳子一样，身体慢慢向下蹲，尽量保证身体下蹲至最低位。向上起时，头部用力向上带动腿部，还原至准备姿势。注意：膝关节不能超过脚尖。

（2）箭步蹲：保持躯干正直，向前迈出一步，步子尽可能迈得大些，脚后跟先着地，身体下蹲，手臂稳住杠铃，直到膝关节呈70°夹角；后腿在身体后方伸展，膝关节弯曲但不要触及地面。用迈出腿的脚后跟发力，使自己返回到起始位置。

（3）原地双脚向上纵跳：双脚左右开立，与肩同宽，两臂做前后摆动动作，两臂前摆时，两腿要伸直，后摆时两腿屈膝，降低重心，上体稍向前倾，手尽量往后摆。双脚快速用力蹬地，同时两臂要稍曲，由后往前上方摆动，向前上方跳起腾空，并充分展体。落地时，收腹举腿，小腿往前伸，同时双臂用力往后摆动，屈膝落地缓冲。

（4）团身跳：原地双脚跳，尽量跳到最高点，在跃起过程中迅速、同步地屈膝、屈髋，并在最高点时达到最大屈曲幅度，然后伸膝伸髋并原地落下，落下时为再次跃起做准备，然后再次迅速跃起。

（5）开合跳：双脚并拢，双手拍大腿两侧，身体保持稳定，并往头顶方向延伸，尽量不要驼背；双脚往外张开约一个肩膀的宽度，双手往头顶方向击掌，注意手肘尽量伸直在头部两侧，同时使身体往上延伸；双脚合并，双手归回大腿两侧。动作重复循环，每次做三组即可。

三、柔韧素质训练

柔韧素质在排舞表演中起着重要作用，良好的柔韧性能够增大动作的幅度，使动作更加舒展、优美，是提高质量、完成动作的保证。根据排舞项目特点的需要，应重点发展肩关节、腿、胯的柔韧性。肩部的柔韧性应重点发展肩的伸展性和灵活性，腿胯部应重点发展大幅度快踢腿的能力、腿的控制能力及髋关节的灵活性。

在众多的柔韧素质训练方法中，静力性拉伸法和动力性拉伸法是两种最简易、非常高效的训练方法。主动柔韧性练习更接近于实际需要，而被动柔韧性练习能有效地提高柔韧性。静力拉伸法是对训练对象进行某个部分的反复拉伸运动，依靠自身控制力控制好平衡，保持姿势静势。训练对象在对身体韧带、肌肉、肌腱进行拉伸时，需要将被拉伸的部位进行最大限度地拉伸，有酸胀感觉时可以停下，休息片刻后进行再次练习。主动静力性拉伸训练每天应进行不少于三次，且每次要连续重复五次左右动作，每次动作之间可以进行休息，但时间不能超过一分钟。

动力拉伸法是指有节奏地多次重复一个动作，训练对象会在感受到酸胀、疼痛后放松，减缓动作，旨在用高强度的动作迅速提升韧带、肌肉韧性。采用这种方法需要注意的是训练者不可突破身体极限进行训练，切不可用力过猛，应有节奏、力度适中地对肌肉弹性进行训练。要使排舞动作富有弹性，长期进行柔韧训练是非常重要的，并且发展柔韧素质要与放松练习交替进行，这样利用韧带和肌肉的伸展与放松可以避免受伤。

（一）肩部柔韧性练习

具体做法：

（1）悬垂，反握肋木，向下吊肩。两手握棍或绳心，做直臂向后和向前的转肩练习，逐渐缩短握距。

（2）站立，连续快速直臂向前、侧、后绕肩。

（3）站在一定高度上做体前屈，手触地面。

（4）腿垫高的分腿体前屈，或手握肋木的高举腿分腿坐，在外力作用下向后压腿的体后屈练习。

（5）俯卧，上体挺胸抬起，两手上举，帮助者站在背后，两手握练习者上臂，向后拉压肩胸，向后下拉伸腰部。

（二）髋、腿的柔韧性练习

主要手段有压、搬腿、劈叉压、踢腿等。

具体做法：

（1）压腿：将腿置于助木上，直膝、胯正，可向前侧、后压腿。

（2）搬腿：单腿站立，一腿举起，直膝、胯正，在外力作用下，向前、侧、后搬腿。

（3）劈叉压：在纵叉和横叉姿势下，两脚垫高，上体挺直、直膝胯正，在外力作用或自身重量下，向下压髋。

（4）踢腿：包括大幅度的快速前、侧、后的正踢、绕腿以及体前屈后踢腿练习。可以通过扶把杆踢腿、行进间走步踢腿、原地高踢腿等进行练习。

四、表现力训练

表现力是指人内在的情感在外部动作表现的形式，是人们通过面部表情和身体动作来抒发内在情感的能力。具体来说，就是舞者表现出的舞蹈激情和自信能力。影响排舞表现力的因素是多方面的，归纳起来大致有两方面，即舞蹈技术水平和艺术修养水平，具体包括素质条件、动作规格、气质等。这些因素对舞者表现意识的形成、舞蹈动作完成的质量、舞蹈表演内涵的丰富、表情的激发以及艺术修养的培养都有不同程度的影响，并最终影响舞者的表现力水平。

发展排舞表现力的训练方法主要有：

（一）手的感觉训练

通过学习不同类型舞蹈的不同手型，增强手指的感觉。例如，通过芭蕾的手型体会其柔美，通过西班牙舞手型体会其奔放，通过爵士舞手型体会其果断，通过中国古典舞手型体会其抑扬顿挫。

（二）脚的感觉训练

主要通过把杆练习完成脚的感觉训练。例如，进行擦地、勾脚、绷脚、小踢腿、画圈等练习来增强脚趾关节的感觉。另外，还可以进行不加上肢动作的走、跑、跳练习，体会脚掌与地面的亲和力，增强动作的弹性。

（1）擦地：一位或五位站立，通过向前、侧、后方向的绷脚练习，锻炼踝关节、脚背的力量，训练腿部肌肉，是整个腿部训练中的基础动作。

动作做法：一位或五位站立，双手或单手扶把，收臀收腹，后背夹紧，重心在主力腿上，动力腿保持正直，绷脚向前擦地，脚尖与主力腿在一条直线上，然后沿原路线收回。

(2) 蹲：通过腿的屈伸练习训练腿的各部位肌肉，使之均衡发展，还能提高跟腱弹性以及膝关节的控制力。

(3) 小踢腿：一位或五位站立，动力腿向前擦出后不停顿，继续向空中踢出，在25°稍停，落地后脚尖前点地，收回五位。向侧、向后小踢腿动作相同。

(4) 小弹腿：五位站立，主力腿支撑，动力腿向侧擦地或离地与地面成25°，动力腿大腿不动，小腿快速收回，用脚击打主力腿的小腿前部，后小腿迅速向前弹出控制在25°。

(5) 控制：主力腿支撑，动力腿经擦地向前抬起，在90°或尽量高的位置停顿一定时间，在落下点收回。

五、乐感的培养

乐感是舞者对音乐的感知能力，音乐是舞蹈的灵魂。排舞的动作只有在音乐的衬托之下，才能使其更具生命力与艺术性。音乐的风格指导着动作的风格。音乐的强弱变化为动作的力度与起伏创造了内在的条件，从而增加了排舞的韵律美。因此，只有真正理解音乐的风格，掌握旋律的高低起伏、节奏的强弱变化，才能使动作与音乐相协调，才能充分地用身体语言抒发内心的情感。

（一）了解所学排舞曲目的音乐背景

音乐是一种世界性的语言，它源自生活，是创作者所在时代背景、社会生活以及思想情感的反映和体现。学习排舞，不仅要会跳一支舞，更要了解曲目的人文内涵和排舞背后的人文知识。教师在教授排舞曲目前应介绍所学曲目的音乐背景，包括国家、时代、人物、歌词大意以及歌者所要表达的情感等，使学生体会歌者意境，感知音乐节奏，并在学习中融入自身理解，这样才能更好地通过肢体动作来表达，从而达到理想的教学效果。例如中级排舞曲目《邦肖跺步舞》(Bomshel Stomp)，Bomshel 是美国乡村音乐风格的美女组合，这首曲子是她们于2006年录制的专辑歌曲之一，音乐节奏轻快、流畅，演唱者直抒胸臆，不矫揉造作，因此在演绎此排舞时要全身心放松，体会重踏的感觉。恰恰风格舞曲《魅力恰恰》则多用到身体的摇摆、多次转位以及胯部与上肢配合等形式，以其动感的节奏及主题的呈示、展开、再现的形式为众人展现出青春朝气的活力形象，为排舞的众多舞种孕育出更丰富的形式。这要求学生要了解其内涵，跳出真正的情感，将其视为一种爱的表达和感情的抒发。

（二）熟知常见排舞风格的特点

排舞风格有很多种，在高校课堂教学中常见的风格有恰恰恰、华尔兹、波尔卡、踢踏舞、街舞等。不同风格的排舞在节拍、节奏、强弱、重心变化上都有自己的特点（表13-1）。现代诸多舞曲音乐具有易识别的特点，曲调流畅，艺术形象的生动和鲜明性与音韵歌词结合紧密，注重词、曲结合的考究程度，更加侧重音乐形象独立刻画的意义。例如，波尔卡风格的排舞曲目特点为舞步轻松欢快，较多运用波尔卡步、滑步、踏车步等相对较快的舞步，节拍2/4拍，四拍的口令是1&2、3&4，描述的是一只脚与另一只脚以2/4拍交替律动进行。在教学讲解所学排舞舞种风格及内涵，分析不同音乐种类的旋律和节奏，结合多媒体为学生放映示范视频，使学生切实感受到音乐与舞步动作的协调统一，从理论和感官角度培养学生音乐感知能力和音乐美感。

表 13-1　常见排舞风格的特点

风格	节拍	节奏	强弱变化	特征	代表作品
华尔兹	3/4拍	1-2-3	强、弱、弱	升降	《德克萨斯华尔兹》
恰恰恰	4/4拍	1-2-3-4 &	强、弱、次强、弱	摇摆	《魅力恰恰》
波尔卡	2/4拍	1 & 2,3 & 4	强、弱	律动	《昆力奔驰》
踢踏舞	4/4拍	不固定	强、弱、次强、弱	轻快	《火焰之舞》
街舞	4/4拍	不固定	强、弱、次强、弱	现代	《非我所爱》

（三）找准排舞音乐节奏

排舞节奏是跳舞时动作力度的强弱、速度的快慢、幅度的大小以及起伏等方面的对比和变化。排舞动作的强弱与音乐节拍的强弱是一致的，因此听音乐时不要去听歌词，而是努力区分节拍中的强拍和弱拍。排舞作为国家全民健身项目之一，小至课堂、社区，大至比赛舞台，离不开曲（伴奏歌曲）、舞（舞码）、乐（律动与感觉）的"现代三位一体形式"，这就强调了作为舞者应紧跟节拍的重要性。找准第一拍非常重要，排舞中的起拍一般在歌词开始或强拍后，也可以根据排舞舞谱中的描述，从音乐开始数拍数，找准第一拍。另外，学生自己喊节拍，记住节拍中的&拍，配合音乐反复练习，也是提高乐感必要的环节。

（四）利用现代通信工具和多媒体，做到"多"听和"广"听

教师在每学期授课前做好"案头"工作，利用微信、QQ等现代通信工具建立交流群，将所学排舞曲目和不同风格曲目音乐分享到群文件，鼓励学生"多"听和"广"听，熟悉音乐结构以及旋律，掌握音乐节奏，使学生内心具有节奏感。课堂教学热身部分，教师准备与所学曲目节奏相似、风格相近、节拍清晰的音乐，配合简单步伐，共同领悟音乐与动作的密切配合。在教学方法上，运用口令与节拍练习的方法，即教师一边播放音乐，一边喊着口令，待学生熟练后再配合步伐，经过如此反复练习，使学生加深对音乐的理解，从而培养音乐美感。

（五）充分发挥学习主观能动性和创造性

课堂教学中，建议让学生成为课堂的主人。教师前期所做的铺垫，可作为学生的自学思路。在中后期，教师可先指定几首考试所用的音乐曲目，鼓励学生自创、自编排舞；或者教授舞码之后，让学生编排手臂动作，使学生逐渐摆脱对教师教授的依赖。从跟随教师做到自编舞蹈，是对教学效果的重要检验，更是对音乐理解、乐感培养的一个重大飞跃。学生只有在充分理解音乐、具有乐感素质的前提下，才能编排出一套符合舞步风格的排舞，进而推进学生在排舞学习中的主观能动性。

排舞竞赛规则

第四篇
时尚体育

第十四章 轮 滑

学习目标

思政元素

在轮滑运动中体验到满足、自信、自尊、享受乐趣;能够相互尊重、有效互动、包容与合作,展示公平竞争和道德行为;理解和管理身体疲劳或疼痛等身体反应;不管遇到什么困难和挑战或失败都能保持良好的情绪并持续运动;保持开放的心态,愿意学习其他文化,分享自己的经验。

身体能力

心血管在耐力、速度、力量、柔韧等方面达到《国家学生体质健康标准》测试要求;学会轮滑(速滑、自由滑)的基本技术,掌握调整和控制身体姿势与平衡的能力,以适应不同运动情景。

认知能力

在不同运动情景中能够思考、理解,并能使用恰当的轮滑技术;能够理解、遵守轮滑规则,协调他人和周围环境,运用战术或策略应对遇到的挑战;理解参加轮滑锻炼的长短期益处。

第一节 轮滑运动简介

轮滑运动在我国原称旱冰运动,又称四轮溜冰运动。它包括速度轮滑、花样轮滑、单排轮轮滑球、双排轮轮滑球、极限轮滑(滑板)、轮滑速降、自由式轮滑等项目。这些项目均以带有4或5个轮子的轮滑鞋为主要工具,以在地面上或表演道具上滑行为基础,因此称为轮滑运动。

一、轮滑运动的起源和发展

轮滑运动是一项历史悠久且具有国际性的体育运动。它诞生于18世纪初期,当时在荷兰冬季冰封的河道里通过滑冰进行旅行是非常普及的方法。据说,荷兰的一名滑冰爱好者在自然冰融化不能继续滑冰时,为实现在夏天也能滑冰的愿望,自己动手将木线轴安装在皮鞋底下,在平坦的地面上滑来滑去,从而发明了最初的轮滑鞋。该发明引起了人们的兴趣,轮滑运动就此诞生。

1818年,轮滑出现在柏林的芭蕾舞舞台上,这使滑轮滑成为当时最时髦的事情。1819年,法国将轮滑鞋的专利授予了蒙修尔·帕迪布来丁,他的轮滑鞋将木板固定于靴底上,下面固定着2~4个铜制、木制或象牙制的轮子,排列成一条直线。1823年,伦敦的罗伯特·约翰·泰尔斯注册了新的轮滑鞋专利,他发明的轮滑鞋鞋底有五个排成一条直线的轮子,虽滑得快,但不能像现在的单排轮轮滑鞋那样转弯。1840年,巴黎也兴起了轮滑运动。1861年,巴黎世界博览会上出现了轮滑表演,这将轮滑运动推向一个新的阶段。

二、轮滑运动的特点

轮滑运动的特点主要是:

(1) 容易普及。轮滑运动虽对场地有一定的要求,但那只是针对竞赛而言。如果只是为健身和游戏,那么在街头巷尾、公园马路,有一块地面就可以滑轮滑。现在市场上的轮滑鞋又多又好又便宜,普通人家都可以消费得起,因此普及起来非常容易。目前很多中小学都已将轮滑作为体育课内容之一。

(2) 技术简单。轮滑初步滑行的技术比较简单,只要在走路的基础上将蹬地方向稍作改变,即可滑行起来。很多青少年都是无师自通,稍加练习,即可滑得熟练潇洒。

(3) 强身健体。作为体育运动,轮滑有着很高的锻炼和健身价值。经常参加轮滑运动,可以有效地发展身体各方面的素质,改善身体机能,提高平衡能力,培养勇敢顽强、吃苦耐劳的良好意志品质。

(4) 趣味性强。开始学习轮滑时,人们对于轻轻一蹬即能向前轻松滑行会产生很强的兴趣和继续学习的欲望。当能轻松滑行、自如转弯,随心所欲地做动作时,就能吸引人们去掌握更高的技术,这就是轮滑的魅力。

三、轮滑运动的健身作用

轮滑运动的健身作用主要体现在:

(1) 轮滑对运动系统的影响。轮滑是一项在运动中灵活变换重心,维持动态平衡的运动,因此练习轮滑能有效提高人体的平衡能力。滑轮滑时,人要把全身的重量放在不到1厘米宽的轮刃上,除保持一定的身体姿势滑行之外,还要做各种各样的动作,可见轮滑运动对提高人体的平衡能力有突出作用。另外,轮滑对提高两腿及两脚的肌肉力量也有明显效果。滑轮滑时,体力负担主要在下肢,人的大肌肉群很多也集中在下肢,两腿除了总是蹬地和支撑身体重量以外,还要克服由于急转、急停、旋转、跳跃等动作产生的巨大惯性和离心力。据统计,在高速滑跑中突然做急停动作时作用在双脚上的力相当于二三百千克的重量,因此轮滑运动员的腿部肌肉都很发达,力量很强。此外,滑轮滑时为了保持平衡和做各种动作,身体各部位的肌肉必须协同用力,因此可以发展协调性。打轮滑球时,不仅要有很强的臂力以便很好地掌握使用球拍的技术,还要有全面的身体力量以适应激烈的身体对抗和接触。由此可见，轮滑运动可以使人的运动能力得到全面的发展和锻炼。

（2）对心肺功能的影响。参加轮滑运动，其运动量和强度都很大，因而对参加者的心肺功能要求很高。经常参加轮滑锻炼，可以有效地提高心肺功能。据测定，速度轮滑运动员的心脏比一般人的心脏横径大 4 厘米左右，长径大 1 厘米左右，这种功能性肥大是心脏肌肉发达的表现，其心脏搏动有力且缓慢。

（3）对神经系统的影响。轮滑运动不但有速度变化，而且旋转的方向、位置等也在不断变化，这些都会使人的大脑中的前庭分析器受到刺激，产生兴奋。同时，位于肌肉、肌腱、关节面和韧带中的运动分析器的感觉神经末梢，在肌肉收缩、拉长以及关节屈伸时都会受到刺激。与前庭分析器一样，感觉器中产生的兴奋分别沿着各自的神经通路传到大脑皮层或相应的中枢部位，从而产生对身体各部位的位置、速度、肌肉活动状态的感觉。

（4）对意志品质的影响。初学轮滑比较容易，但要想滑好，就需要下功夫练习。初学轮滑就像小孩学走路，必然会遇到摔跤的问题。要学会不怕摔，需要勇敢；要学会自我保护，需要技巧。这些都是对意志品质的锻炼和培养。

四、常见单排轮滑鞋的分类

常见单排轮滑鞋有如下几类：

（1）休闲鞋。常见轮滑鞋（图 14-1）的 4 个轮子一样大，只有右脚跟带刹车（也有两脚都带刹车的），因结构、质量等问题，容易造成运动损伤，通常不建议体重较大的成人使用。

（2）平地花式鞋。平地花式鞋（图 14-2）简称平花鞋。平花鞋和休闲鞋类似（作用基本相同），相比休闲鞋较为专业，轮子呈高低不平状态，一般中间两个轮子较大，前后轮较小（并不一定，有些是依刀架的高低调整轮子高低），呈香蕉型，便于过桩。平花运动相对安全、普及度高、趣味性强，且能兼顾初学者速滑学习的需要，建议轮滑爱好者把平花鞋作为自己的第一双轮滑鞋。

（3）极限鞋。极限鞋分两轮和四轮（图 14-3），刀架一般为尼龙材质，有弹性和韧性。跑 U 形池，刀架有凹槽，可以卡管。这种鞋适合技术比较好的人，用以跳跃最好。技术条件一样的情况下，速度最快的是轮子大的速滑鞋。极限运动危险性相对较高，因此不建议初学者购买使用极限鞋。

（4）速滑鞋。鞋身采用一体式设计（图 14-4），有 4 轮和 5 轮的，轮子很大，速度有更大提升空间。单排速滑组别指定使用 4 轮速滑鞋。速滑鞋速度快，转弯相对困难，适用于职业运动员，不建议初学者购买使用。

图 14-1　休闲鞋

图 14-2　平地花式鞋

图 14-3　极限鞋

图 14-4　速滑鞋

第二节 轮滑基本技术

一、基本姿势和站立

对轮滑而言,正确地站立是滑行的基础。初学者初次穿上轮滑鞋站起来,会因轮子意外的滑动而站立不稳,因此应掌握以下 3 种基本站立方法。

(1)丁字站立法。两脚成丁字步站立,前脚跟卡住后脚的脚弓,两膝微屈,重心稍偏于后脚上,上体稍微前倾。由于前脚跟顶在后脚的轮架上,两脚都不易产生滑动,因此比较稳定。

站立法

(2)八字站立法。两脚脚尖自然分开,形成自然开角,两脚跟靠近。上体稍前倾,两膝微屈,两臂自然下垂。重心落在两脚中间,可避免两脚的前后滑动。

(3)平行站立法。两脚分开,相距 10~20 厘米,两脚尖稍内扣,保持两脚平行。膝部微屈,上体稍前倾,身体重心落在两脚中间,平稳站立。

注意事项:

(1)上述 3 种站立方法用力的共同特点是两大腿要稍绷紧,控制腿脚的稳定性,不让任何一只脚随便滑动。站立时,上体和两臂要保持相对稳定,不能让腰、腿、脚在没有准备的情况下乱动,否则就会引起某一只脚的滑动,从而破坏整体平衡。

(2)初学者要注意站立时两脚向内侧微倒,也就是用轮子的"内刃"着地。一般人开始学习时踝关节外侧力量不够,无法维持轮滑鞋的正直站立,而一般人踝关节的内侧韧带力量比外侧强,两脚向内侧倾倒,可以较稳定地支撑住,因此在初学时应将双脚向内侧倾倒,在以后的练习中可逐渐努力使脚变为正直站立。

二、原地适应性练习

初学轮滑者在学习滑行前一定要做一些原地的适应性练习,这是非常重要的练习步骤。这些适应性练习可提高初学者的兴趣、胆量,提高身体的稳定性和掌握平衡的能力,提高对轮滑鞋滑动性能的适应和控制能力。

原地适应性练习

(一)原地左右移动重心

在两脚平行站立的基础上,上体向一侧移动,并逐步将身体重心完全移至支撑腿上,另一脚只负担很小的重量,辅助维持平衡。待平稳后,上体再向另一侧腿上移动,并将身体重心完全移到该腿上。应反复练习,因为这是滑行中横向移动重心的重要基础。

注意事项:

(1)练习时一定要保持两脚平行,如果两脚呈八字形,即使是脚尖分开得很小,也会在重心移动时一只脚随重心向侧前滑出,导致重心不能落到该腿上。

(2)穿单排轮轮滑鞋练习时,重心移到哪只脚上支撑,就应努力使该脚直立,并停顿控制一会儿,练习控制其稳定直立的能力。

（二）原地踏步练习

在八字站立的基础上，重心移到左脚上，右腿微屈上抬，使脚离地 5～10 厘米，再落下；重心移到右脚上，左脚抬起，再落下。交替连续做，这是向前迈步行走的基础。

注意事项：

（1）踏步时身体和腿都要放松，大腿抬起时膝部放松弯曲，带动小腿抬起，然后放松落地。

（2）踏步时两臂可做配合腿部运动的摆臂动作。

（三）原地蹲起练习

两脚平行站立或八字站立，做向下蹲再起来的动作。开始时可半蹲，逐渐加大蹲的程度，最后可做深蹲。开始时可慢做，然后逐渐加快并连续做。

注意事项：

（1）做原地蹲起练习时，上体应保持直立，不可向前屈体再直立，而是只做腿的蹲屈动作。注意伸屈踝、膝、髋三个关节时的协调性，以保持重心的垂直升降。

（2）下蹲时两臂可做配合腿部运动的向前摆臂动作。

（四）单腿支撑平衡练习

在双脚平行站立的基础上，将身体重心完全移到一条腿上，然后慢慢将另一条腿抬起，脚稍离地即可，停留 3～10 秒。支撑腿微屈，重心要平稳地落在支撑脚上。平稳地停留一定时间后，抬起的脚落地，再换另一条腿练习。两脚交替练习，这是向前滑进中单腿支撑平衡的基础。

注意事项：穿单排轮轮滑鞋做单腿支撑时，应努力使支撑脚直立，练习控制使其稳定。如支撑不稳，宁可让其向脚的里侧倒，也不要向外侧倒，否则全身就会向该侧摔倒。

（五）两脚原地前后滑动

在两脚平行站立的基础上，一脚向前，同时另一脚向后，两脚交替地来回滑动；两臂做前后摆动，像走路一样与两腿配合。两脚滑动时始终保持平行，重心始终保持在两脚中间，两腿伸直，由大腿发力做前后滑动。这是提高对重心的控制能力和对滑动的适应能力的练习。

（六）原地高抬腿练习

在原地踏步的基础上，每次抬腿逐渐加高，最后抬至大腿与地面平行。抬腿时上体同时稍前倾，与身体协调配合，保持重心稳定，防止重心后移。这一练习应在掌握初步滑行技术，又有一定控制重心能力时再做。

三、行走和初步滑行

（一）迈步移动重心练习

初学者要能在原地做到较好地移动重心，就应进行向前和向左右移动重心的练习。正确地移动身体重心和迈步，是正确滑行的基础。

迈步移动重心

1. 向前八字走

用丁字步站立或八字步站立,在原地踏步的基础上,一脚稍抬起,向前迈出一小步,脚尖稍偏外,仍呈八字形落地,同时身体重心迅速跟上,待脚落地重心即压上,然后后脚抬起再向前迈出。两脚交替向前迈步走。

注意事项:

(1)做此练习时,重心一定要随迈出的脚同时前移,脚落地重心即落上。如果先迈脚后移重心,前脚落地即会被移重心时的惯性力推动向前滑走,使重心无法落于前脚上。

(2)开始练时迈出的步子一定要小,以使重心能及时跟上,待熟练后可加大、加快步子。

(3)刚开始练习时,应走几步即停住,原地站立,稳定一下重心,然后继续走。

2. 左右迈步移动

在平行站立的基础上,左腿向左横迈一小步,随之身体重心迅速跟上,然后右脚向左脚靠拢着地;稳定后,右脚向右横迈一步,随之身体重心迅速跟上,左脚再向右脚靠拢着地。左右反复做,这是在滑行中横向移重心的基础。

注意事项:

(1)做此练习时两脚一定要保持平行,脚尖不要外分,否则会随着重心的移动而滑走。

(2)开始练习时,步子要小一些,以后可稍加大一些,但不可过大。合适的步幅是重心在一条腿上支撑时,另一条腿在体侧伸直所能达到的距离。蹲得深一些,步幅就会大一些;蹲姿高,则步幅小。

(3)练习稍熟练后,应在向左移重心时右腿适当加点蹬地的力量,向右移重心时左腿适当加点蹬地的力量,以此培养侧蹬用力的习惯。

3. 横向交叉步移动

横向交叉步移动是弯道滑行时交叉压步的重要基础动作,可在学习弯道压步之前进行练习。动作基础同横向移动一样,所不同的是:右脚收回时不仅靠拢,还从左脚前上方越过,在左脚的左前方落地成交叉步,向左侧移动重心,然后左脚从右腿后收回来,继续向左侧横向迈步,接着右脚收回做交叉步。可练习多次连续交叉步。练习花样轮滑、轮滑球、自由滑行者还应练习向右做交叉步,动作要领与向左做交叉步相同,方向相反。

(二)初步滑行练习

1. 走步双滑练习

在向前八字走的基础上,每次连续走几步即可产生一定的惯性,然后两脚迅速并拢,并由八字变为两脚平行,借助惯性向前滑行,体会身体向前滑行的感觉。然后走几步再并拢双脚滑行,力争连续做多次。

走步双滑

注意事项:

(1)穿单排轮轮滑鞋练习走步时,应两脚稍向内侧倒,当双脚利用惯性滑行时再努力练习双脚直立支撑滑行。

(2)练习时可高姿势做,也可半蹲姿势做。若想获得较大的惯性,可迈步稍快,但不可迈步过大,否则收腿较难且容易摔跤。

2. 交替蹬地接双脚惯性滑行

初步做到两脚交替蹬地交替滑行后,可将其与双脚惯性滑行结合起来练习。方法是交替蹬地3~4步或5~6步,取得一定的前进惯性后,双脚并拢并平行,借助惯性向前滑行一定距离,然后交替蹬地几步,再借助惯性滑行,反复练习。

该练习是学习初步滑行时最基本、最常用、效果最好的方法。练习时可以在双脚惯性滑行时把前几步蹬地时产生的重心偏斜或不稳定调整过来,使其稳定后再继续练习。

注意事项:

(1)在双脚惯性滑行时应尽量练习单排轮轮滑鞋的直立支撑能力,尽力克服两脚内倒的动作。

(2)初学者易犯重心后坐的错误,主要是踝关节前屈不够,造成小腿直立而臀部后坐,滑行时脚下稍加速即易向后倒。应注意膝、踝前屈;重心位于前脚掌处,形成正确的蹲屈姿势。

四、连续滑行和全身配合动作

侧蹬和倒移重心是轮滑滑行的基本要素,是产生前进动力的基本动作。每次滑行最初几个动作时,两脚蹬地方向是侧后方,滑起来以后,蹬地方向就应逐渐变向侧方。滑行的速度越快,蹬地方向越偏向身体的正侧方。

(一)连续滑行时的侧蹬和倒移重心

当左脚开始侧蹬时,重心位于右腿之上并稍偏外(右)一点;左腿边蹬,重心边向左回移,当左腿蹬直时重心位于支撑腿(右腿)的正上方;当左腿向回收腿时(大腿带小腿,脚向后内方向放松地绕一个小圈,收回到右脚处),重心继续左移到右腿的左上方,此时左脚收回于靠近右脚处落地,落于重心的右下一点,同时右脚向右前方滑出并开始向右侧蹬地,而此时重心位于左腿之上并稍偏外(左)一点,由左腿支撑重心向前滑行。右脚边蹬,重心边向右回移,当右腿蹬直时重心位于支撑腿(左腿)的正上方;当右腿向回收腿时(大腿带小腿,脚向后内方向放松地绕一个小圈,收回到左脚处),重心继续右移到左腿的右上方,此时右脚收回于靠近左脚处落地。两脚交替地侧蹬和交替地支撑重心滑行,即形成了轮滑的直线向前滑行技术。

连续滑行

注意事项:

(1)每只脚收回时都要尽量靠近支撑脚处落地,如离支撑脚过远,则不能保证重心在支撑脚的正上方,总是骑着重心滑行。

(2)脚落地时脚尖方向尽量向前,不要太向外形成大的八字形。过大的八字形会影响重心的左右移动,也会总是骑着重心滑行。

(3)脚落地时不要向前超过支撑脚太多,否则会造成向后蹬地,形成走步式滑行的错误动作。

(二)上体及两臂的配合动作

1. 上体的配合动作

在学习滑行的初始阶段,上体只要稍前倾,注意放松即可。当能够连续滑行时,上体前倾要稍大一些。在与蹬腿和移动重心配合时,要清楚重心在臀部,左右移动重心时上体整体移动,千万不要让头和上体的上半部分左右摆动很大,而臀部移动很小甚至不动。移动重心时腰部要放松而灵活,起到协调、帮助和控制动作的作用。

2. 两臂的配合动作

在学习滑行的初始阶段,两臂只要放松下垂,随着身体和腿的动作本能地做一些保护性的姿势和动作即可。当能够连续滑行时,两臂可做一些摆臂动作,以帮助和配合腿的动作。摆臂的方向是正前和侧后,向前摆时上臂与地面垂直时停住,小臂继续摆至脸的前下方;向后摆至身体侧后方时臂伸直,摆的高度和幅度视滑行时的身体姿势高低及滑步的幅度而定。摆臂的方法:左腿向左侧蹬直时,左臂向前摆至最高点,右臂向后摆至最高点;左腿做后引、收腿、脚落地的过程是两臂回摆的过程,当左脚落地同时右腿蹬地时,两臂向左侧摆动,当右腿蹬直时两臂摆至最高点。

注意事项:初学者在滑行动作不连贯或蹬腿动作很慢时,可不必摆臂或不追求摆臂动作的配合,只有滑行动作较连贯,幅度较大时才适合做摆臂动作。

五、惯性转弯

惯性转弯是利用原有的滑行惯性所做的转弯动作,是每个轮滑者必然面对的问题,也是应该掌握的技术。惯性转弯可以分为高姿势惯性转弯和低姿势惯性转弯。

惯性转弯

(一)高姿势惯性转弯

当向前滑行具有一定惯性后,上体抬起,两腿接近伸直,两脚左右靠近。如果向左转弯,左脚在前,右脚在后,但要保持两脚平行,重心在两脚之间的前1/3处。做好这个姿势后,全身向左倾斜,用轮子刃的左侧着地(特别是前脚),借助原有的惯性就会自然地向左转弯滑行。向右转弯的动作方法相同,方向相反。

(二)低姿势惯性转弯

低姿势惯性转弯又称急转弯,在需要紧急躲避人或物,或者需要紧急地停下来时应用。

动作要领:当滑行速度较快,具有较大的惯性时,上体抬起直立,重心降低,两脚前后分开较大。如果向左转弯,左脚在前,右脚在后,但要保持两脚平行,重心在两脚之间的前1/3处。做好这个姿势的同时,将重心(臀部)向左倾倒,但上体保持直立,甚至有一些向右倾倒(即反向平衡的动作),以帮助重心向左倾倒。这样即可借助原来的惯性向左侧急速转弯,甚至转一个圈而停下来。向右转弯的动作方法相同,方向相反。

(三)单脚惯性急转弯

单脚惯性急转弯应在具有较高的平衡能力和能够非常熟练地做双腿低姿势惯性急转弯后再进行练习。

动作要领:在低姿势惯性急转弯的基础上,练习将两腿前后分开变为两脚平行,再进一步将里侧脚稍抬起(向左转时抬左脚),身体重量压在倾斜角度很大的外侧腿上,身体保持直立,甚至有一点向右倾倒(即反向平衡的动作),内侧脚落地开始正常滑行。做急转弯的过程中,要注意抬起的脚随时准备落地支撑以防止摔倒;上体注意正直,以保持稳定性。向另一侧转弯的动作方法相同,方向相反。

六、压步转弯

压步动作是指转弯或弯道滑行时不减速,并能增加速度的技术。

动作要领:上体前倾,腿部弯曲。开始压步的第一个动作是左脚落地。左脚落地时脚尖应向前,并且脚腕稍向外倾斜,用轮刃的外侧着地,落地即承接重心支撑滑行,右脚开始向右侧蹬地。在右脚蹬地的过程中和蹬地结束时重心继续向左前方移动,并超过左脚的支点,右腿随即用膝领先收回,右脚越过左脚,在左脚的左前方落地并承接重心支撑滑行,左腿在右腿后稍向右蹬地,然后收回落在已移到右脚左侧的重心下支撑滑行,右腿开始向侧蹬地做下一次压步。

压步转弯

七、停 止

初学者具有初步滑行能力后,就应学会简单的停止方法。这样将能掌握自己身体的运动方向和滑行速度,还可以比较灵活地适应场中的实际情况,避免冲撞等意外事故的发生。根据不同的地面以及不同的速度,应采用不同的停止方法。

停止方法

(一)转弯减速法

这是一种比较稳定的、适用于各种轮滑鞋、在各种场地条件下都不易摔倒的通用方法,也是最常用的方法。动作原理是用做惯性转弯的动作来消耗掉滑行的速度惯性,逐渐减速,直至最后停止。

(二)T形停止法

当左脚支撑滑行时,上体抬起直立,右脚脚尖外转,右脚横放在左脚后面,两脚呈T形,使右脚的轮子横向与地面摩擦。摩擦时两腿弯曲并保持适当紧张,不要使两腿分开过大,同时重心要下降并逐渐移向右脚,加大摩擦,使之减速直至停止。也可以右脚在前,用左脚摩擦,用力方法相同。该方法停止速度较慢,动作简单,适宜初学者和滑速较慢时使用。如果想急停,重量应更多地压在后脚上。

(三)转体急停法

转体急停也叫侧向停止法,是一种难度很大的停止法,只有技术非常熟练、腿部力量很强的人在非常光滑的地面(如水磨石地面、光滑的地板等)上才可使用。在不光滑的地面上不应使用这种方法,以免摔倒受伤;技术不高的人也应慎用这种方法。

滑行中要急停时,身体迅速向一侧转体90°,与此同时两脚随之转动90°左右,并前后平行分开,同时身体重心急速降低并后移,前脚(向左转体时的右脚)前伸,使其远离身体重心,与地面成小角度的反支撑,后脚也应在重心的前面成一定角度的反支撑,使轮与地面摩擦,滑行突然停止。

八、倒　滑

倒滑时无论做什么动作,都要保持上体正直,两腿弯曲,重心下降,两臂于身体两侧帮助维持平衡。

倒　滑

(一)双脚交替蹬地直线倒滑

做好倒滑基本姿势后,两脚呈内八字开立。开始时右脚向侧前用力蹬地,重心移到左腿上,向左后滑行;右脚蹬地后脚跟抬起,用前轮着地,并收回到左脚内侧,此时重心(臀部)开始向右侧摆移,左脚向侧前用力蹬地,同时右脚后跟外转落地,随重心的移动方向承接和支撑重心,向右后滑行;左脚蹬地结束后脚跟迅速提起,用前轮着地,并收回到右脚内侧,当右脚再蹬地时左脚后脚跟外转落地滑行。上述动作两脚交替连续进行。

(二)倒滑转弯

倒滑转弯有两种方式。一种是倒滑惯性转弯,与正滑惯性转弯方法基本相同。当倒滑有了一定惯性后,两脚前后开立,如果向左转弯,左脚在后,右脚在前,但要保持两脚平行。做好这个姿势后,全身向左倾斜,用轮子刃的左侧着地(特别是后脚),借助原有的惯性就会自然地向左转弯滑行。向右转弯的动作方法相同,方向相反。

另一种转弯方式是连续侧蹬转弯。在直线倒滑时如想向左转弯,重心移到左脚上,左脚用平刃或外侧刃支撑体重,用右脚连续向右侧蹬地,即可向左转弯。如果向右转弯,动作方法相同,方向相反。如果想急转弯,重心向外侧多倾倒一些即可。

(三)倒滑压步

倒滑压步是倒滑中转弯不减速,反而加速的技术动作。一般都是在已倒滑几步,或从正滑转身为倒滑,具有初速度时开始。

动作要领:在两脚交替倒滑中,若想向左压步转弯,在右脚向右侧蹬地、左脚向左后支撑滑行时,重心(臀部)要再向左倾倒一些。当右脚蹬地结束回收腿时,重心已超出到左脚支点的左边,此时左脚已变为用轮刃的外侧着地支撑,右脚收回时从左脚前上方移到左脚的左侧,落地并承接支撑重心,然后左脚从右脚后边收回。如果不做连续压步,左脚收回后按交替蹬地倒滑动作方法,落地连续直线倒滑;如果要继续连续压步,左脚收回后外侧刃落地继续向左后滑,重心继续向左移,右脚同时蹬地,然后收回做交叉压步。倒滑向右压步动作方法相同,方向相反。

九、转　身

转身是指由正滑变为倒滑及由倒滑变为正滑的技术。

转　身

(一)正滑变倒滑方法一:正反步转身法

在正滑中想要向右转身,应在左脚收回落地时,将脚尖方向偏右一些落地,然后在右脚抬起的同时,上体开始向右转体,同时右腿、右脚右转180°落地;在右脚落地的同时,左脚脚跟抬起,以使上体也能转体到180°,然后左脚随身体转过来落地,即可以接续做倒滑的动作。如果想要向左转身,动作方法相同,方向相反。

(二)正滑变倒滑方法二:提脚跟跳转法

在正滑中想要转身变为倒滑,双脚靠近滑行,如果从左面转身,可以将右脚稍靠前点,也可以使双脚平行。在滑行中,双脚跟突然提起离开地面,同时身体突然主动用力向左转体180°,带动臀部、腿、脚都转动180°,然后双脚跟迅速落地,即可接续做倒滑的动作。如果从右面转身,可以左脚稍靠前点,也可以双脚平行,动作方法相同。

(三)倒滑变正滑

倒滑变正滑的方法主要是反正步转身法:在倒滑中想要向右转身,当右脚蹬地结束抬起时,上体迅速向右转体,同时右脚外转180°落地,重心随之移到右脚上;右脚落地的同时,左脚跟迅速抬起,并随身体转过来落地,即可开始正滑。

第三节　自由式轮滑

自由式轮滑(简称平花)是指穿着轮滑鞋,在固定数量的标准桩距间做无跳起动作的各式连续滑行。按目前国内进行的自由式轮滑竞赛项目(平地花式绕桩、多人平地花式绕桩、速度过桩),可以将平花分成速度式和自由式两种。平花速度式:可利用任何一种脚动作快速绕桩滑行,主要体现在动作技术娴熟、准确、快速。平花自由式:在按配乐节奏做基本技术动作的基础上自由发挥组合的流畅绕桩滑行,主要体现在动作基础技术熟练,掌握一定的难度动作,舞美、音乐与滑行整体协调流畅,包含技术、难度、观赏性等综合要素。

自由式轮滑的最大特点是,初学入门较容易,因无跳起动作,所以危险性伤害很小,适应性很广,男女老少都方便练习,不像花样轮滑对场地有严格要求及有旋转跳跃的高难动作。自由式轮滑的自由发挥度使其流畅柔美的轮上舞姿魅力无穷,已成为当今轮滑时尚的最新亮点,越来越受到人们的青睐。自由式轮滑虽入门较易,但要想掌握好,必须不断练习、交流,提高综合素质。

一、自由式轮滑的特点

自由式轮滑的特点体现在如下方面:

(1)技巧是自由式轮滑的主体。自由式轮滑不是机能性项目,它与速滑、冰球、田径等机能性项目的训练有本质差别,而与体操、跳水、花样轮滑和花样滑冰却有相同的性质。尤其是与花样滑冰比较,除所用滑行器材和场地有差异之外,有很多可借鉴的地方。在该项目中,正确的技术和动作重复的数量是获得成功的唯一道路,技术和数量是训练的重要指标。

(2)平衡是自由式轮滑的基础。运动员穿着轮滑鞋在地面上滑动,在滑动的基础上完成跳跃、旋转、滑行和各种技术动作。因此,掌握滑动中的平衡是完成各类技术动作的基础,任何动作都是在平衡的条件下完成的。

（3）桩是自由式轮滑的载体。无论滑行、跳跃还是旋转，自由式轮滑运动均贯穿一个"桩"字。自由式轮滑技巧的核心以及艺术表现都依靠桩体现出来。在技术动作上，其自身的标准、准确性体现在桩上；在编排上，三种不同的桩距为运动员提供了不同层次的表演平台；在音乐上，每个音符、节奏的演绎同样离不开桩点。离开了桩点，自由式轮滑的性质将不复存在，因此桩点是自由式轮滑演绎的平台。

（4）艺术表演以及音乐是自由式轮滑的灵魂。自由式轮滑是体育和艺术相结合的项目。这项运动不但要有技巧，而且要有高度的艺术表现力和创造力。编排一套动作套路是一个创作过程，必须有丰富的想象力，才能使动作套路清楚地表达出音乐的主题，提高动作套路的艺术价值，增强艺术感染力。如果说技术水平是自由式轮滑运动的主体，那么艺术水平是促进技术水平不断提高和深受广大观众喜爱的灵魂。只有技术动作达到很高的质量，才具有艺术性和竞争性；只有富有创新性的编排和艺术表现形式，才能体现自由式轮滑的魅力；只有高质量的表演和优美的技术动作，才符合自由式轮滑运动的发展趋势。

（5）创新是自由式轮滑发展的动力。自由式轮滑毕竟是一个刚刚起步的运动项目，技术动作在不断更新，只知埋头苦练却不懂思考的选手永远只能跟从他人亦步亦趋，永远不能攀登技艺的高峰。整项运动需要不断更新、总结，这样自由式轮滑才能不断趋于成熟，不断推广发展。没有创新，自由式轮滑将缺乏动力，只能停留在现有的水平。

二、自由式轮滑的装备

（一）平地花式鞋

自由式轮滑需要用到的轮滑鞋是专业的平地花式鞋，其特点是：

（1）鞋身全部使用 PVC、塑钢或者碳纤维压模制成，鞋帮（绑腿）部分比较高，也是由整块的 PVC、塑钢或者碳纤维压模制成，目的是保护脚踝。

（2）脚背部分和脚踝部分有两条能量带，用巴扣连接。

（3）金属一体式刀架以其轻便、牢固等特点为刀架首选。35～39 码的轮滑鞋用 231 刀架，40～44 码的轮滑鞋用 243 刀架。

（4）由于项目需要，轮子的排布要做"香蕉轮"，即中间两个轮子大，前后两个轮子小，便于做花样动作过桩。若轮滑鞋的刀架是高低刀架，也可以用大小相同的轮子，可达到同样的效果。

（5）轮滑鞋的刀架和鞋靴必须牢固地固定，轮轴不能突出到轮子以外，轮滑鞋没有制动装置，即没有刹车。

（二）其他装备

练习者必须佩戴头盔、护具等，并在运动前进行热身，充分活动各部位关节。

（1）头盔：自由式轮滑对头盔没有特殊要求，仅要求在街区速度赛上必须戴头盔。特别提醒的是，不能将轮滑当成交通工具，在开放式街区滑行。

（2）护具：整套护具包括护膝、护肘、护手。

（3）轮滑桩：桩是载体，尤其是在自由式轮滑中，各种技术动作都是围绕桩进行的，并且通过桩验证动作的精准度,因此桩是自由式轮滑不可或缺的载体。

(4)其他配件包括提鞋钩、轮滑背包等轮滑周边产品。

(5)服装以适用为原则,便于运动的运动服是首选。在比赛过程中由于创意的需要,可以定制特别的服装,但要以不影响正常运动为前提。

(三)轮滑场地规定

1. 场地

自由式轮滑的练习场地要求地面平坦,不滑不黏;比赛场地最好大于40米×10米。

2. 平地花式桩位

(1)每排桩均由20个桩点组成,第一排桩距为50厘米,第二排桩距为80厘米,第三排桩距为120厘米,每排之间距离不能少于2米。80厘米是标准桩距,初学者均从80厘米的桩距开始练习。

(2)桩点的纵向中心线均在一条直线上。

(3)每个桩的定位点为圆形,其尺寸与桩底座尺寸相当,并且需要标出圆心点。

3. 速度过桩桩位

(1)每排桩距均为80厘米,两排桩之间的距离至少为3米。

(2)两排桩之间需要放置隔离带,隔离带长度至少为15.2米,高度不超过30厘米。

(3)主起跑线距离首桩12米,终点线在尾桩后80厘米。

三、自由式轮滑的基本技术

(一)花式绕桩

1. 向前"葫芦"滑

开始时以双脚内侧站立,起滑时身体稍前倾,屈膝用力,两脚脚尖向外,两臂左右伸开,帮助维持身体平衡。当双脚向前外滑至最大弧线时(两脚稍宽于肩),两脚尖迅速内收靠拢,恢复至开始姿势。连续做双脚的分开与靠拢,即可成"葫芦"式连续滑行。

"葫芦"步

2. 前向双脚交叉过桩(正剪)

两脚一前一后呈交叉状滑行,绕过第一桩,至第一和第二桩之间;两脚踝向两外侧发力,带动双脚打开,双脚在第二桩两侧过第二桩;重复以上动作,滑行至第二和第三桩交叉向前之间,两脚踝向里发力,带动双脚交叉,交叉滑行过第三桩,至第三和第四桩之间;脚踝向外侧发力,双脚打开,滑过第四桩。以此类推。

正剪

3. 后向双脚交叉过桩(倒剪)

上身向交叉在后的脚的方向微微侧身,视线能通过肩膀看到身后的桩,即肩膀让出视线;两脚打开,向后呈括弧状滑行过第一个桩,至第一桩和第二桩之间时,两膝盖向内侧发力,一前一后收拢,呈交叉状滑行绕过第二桩;

倒剪

重复以上动作,交叉滑行至第二桩和第三桩之间,两膝盖向两外侧发力,带动双脚打开;打开滑行,在桩两侧过第三桩,滑行至第三桩和第四桩之间,两膝盖交叉向后发力,带动双脚交叉,交叉滑行过第四桩。以此类推。

4. 前向蛇行过桩(前蛇)

两脚保持一前一后呈直线状,沿着桩的一侧滑行,绕过第一桩,至第一桩和第二桩之间;腰部发力转体,带动膝盖和脚踝转向桩的另外一侧,双脚一前一后沿着桩的另外一侧滑行,绕过第二桩;重复以上动作,滑行至第二桩和第三桩之间,腰部发力转体,带动膝盖和脚转向桩的一侧,一前一后沿着桩的一侧滑行过第三桩,至第三桩和第四桩之间;腰部发力转体,带动膝盖和脚转向桩的另外一侧,一前一后沿着桩的另外一侧滑行。以此类推,蛇形向前。

前 蛇

5. 后向蛇行过桩(倒蛇)

上身向后方脚的方向微微侧身,视线可以通过肩膀看到身后的桩,即肩膀让出视线;两脚一前一后在桩的一侧呈括弧状滑行,绕过第一个桩,至第一桩和第二桩之间时,腰部向另一侧发力,带动膝盖和两脚一前一后在桩的另一侧呈括弧状滑行,绕过第二桩;重复以上动作,滑行至第二桩和第三桩之间,腰部向一侧发力,带动双脚绕行至桩的一侧,一前一后滑行过第三桩;蛇形向后滑行至第三桩和第四桩之间,腰部向另一侧发力,两脚一前一后在桩的另一侧呈括弧状滑行,绕过第四桩。以此类推。

倒 蛇

6. 横向双脚交叉过桩(正尼)

双脚打开成内蟹剪状(X状),左脚为浮腿,斜线切动,推动右腿S形前进。双脚打开成前交叉状滑行,右腿从桩的右侧滑过桩,左脚抬起,从左侧过桩后正切线收脚,过第一桩后两脚成蟹剪状;右腿从桩的左侧滑过桩,左脚抬起变向,从桩的右侧过桩后反切线收脚,过第二桩后,两脚成交叉的外蟹剪状。以此类推。

正 尼

这个动作可以说是正剪与蟹步的组合,也可以说是一个向前正剪与一个侧向正剪的组合。以右脚动作为例,首先正剪上桩,在双脚打开时左脚踢出,扭胯形成蟹步并将腿收回剪桩,之后循环。

7. 横向双脚交叉过桩(倒尼)

双脚打开成内蟹剪状(X状),右脚为浮腿,斜线切动,推动左腿S形向后滑动。双脚打开成后交叉状滑行,左腿从桩的左侧向后滑过桩,右脚抬起,从右侧过桩后正切线收脚,过第一桩后两脚成蟹剪状;左腿从桩的右侧滑过桩,后交叉右脚抬起变向,从桩的左侧过桩后反切线收脚,过第二桩后两脚成交叉的蟹剪状,重复以上动作。

倒 尼

8. 向前单脚支撑蛇行过桩(正单脚)

右脚单脚正向前滑行,左脚浮腿自然摆在右脚后方。由桩的左侧入桩,向右侧发力过第一桩,由第一桩的上身左侧弧线滑行至第二桩的右侧,重复以上动作,右脚向左形滑行侧发力,由第二桩的右侧弧线滑行至第三桩的左

正单脚

侧,向右侧发力,由第三桩的左侧滑行至第四桩的右侧。以此类推。

9. **向后单脚支撑蛇行过桩（倒单脚）**

上身向后微侧,头能通过肩膀看见身后的桩即可,左脚呈单脚向后 S 形滑行,腰部发力,由桩的右侧入桩滑行过第一桩,带动脚由第一桩右侧蛇线滑行至第二桩的左侧,重复以上动作,腰向左侧发力,带动脚由第二桩的左侧滑行至第三桩的右侧,再由第三桩的右侧滑行至第四桩的左侧。以此类推。

倒单脚

（二）速度过桩基本技术（速桩）

1. **起跑姿势**

1）侧身起跑准备姿势

侧身起跑的主要特点是能用较强的蹬摆动作克服人体的静止状态,取得前进的初速度。一般腿部力量较强的轮滑者会采用这种起跑方式。当听到"上道"的口令时,轮滑者以直立姿势站好,当听到"预备"口令时,轮滑者侧身面向起跑方向,两腿与肩同宽平行分立,用轮子的内刃着地,将有力腿放在后面,两腿与起跑线成 20°～30°角,身体重心落在两腿中间,两膝微屈,约成 110°角,膝盖内扣,上体前倾,与地面成 40°～50°角,前侧手臂自然下垂,后侧手臂向侧后平举,高度不超过肩,目视前方 8～10 米处,当听到"蜂鸣声"立即跑出。

练习方法：

（1）原地模仿练习。

（2）慢速度状态练习。

（3）逐渐加速到正常起跑状态并提高滑行速度。

2）正向起跑准备姿势

正向起跑姿势由于两脚离起跑线较近,因而离开起跑线所用的时间较少,起动速度较快。因用身体重心前移克服人体静止状态,所需的腿部力量相对较小,因此一般为反应敏捷的轮滑者所采用。当听到"上道"口令时,轮滑者面向起跑方向,以直立姿势站在起跑线前；当听到"预备"口令时,轮滑者两脚跟分开 5～10 厘米,脚尖分开成 90°～120°角,用轮子的内刃紧压地面,两脚呈外八字形站好,这时两腿微屈,成 110°角,两膝关节前弓,身体重心落在两脚中间并稍偏前,身体重心投影点位于脚的前内侧,上体稍前倾,与地面成 40°～50°角。如果右脚是有力脚,则左臂放于体前自然下垂,右臂放于体侧后平举,高度不超过肩,目视前方 8～10 米处,当听到"蜂鸣"声时立即跑出。

练习方法：

（1）原地模仿练习。

（2）慢速度状态练习。

（3）逐渐加速到正常起跑状态并提高滑行速度。

2. **起跑后的第一步**

一般来说,起跑后的第一步为起动。起动技术的好坏在很大程度上决定着起跑的效果和起跑的速度。侧向起跑时,听到"蜂鸣"声后,轮滑者应将前脚微微抬离地面并迅速外转,同时后腿用力蹬地,身体前倾,配合下肢动作,小振幅摆动双臂。外转的前脚,应用轮子的内刃着地,以踏切动作向前稍迈出,并使脚跟落于前进方向的中线上,臀部前送,重心投影点落于两脚的稍前内侧。后腿蹬伸的角度为45°左右。正向起跑与侧向起跑基本相同,但听到"蜂鸣"声后前脚不必有外转动作或外转幅度很小。

练习方法:

（1）原地模仿练习。

（2）慢速度状态练习。

3. 切跑式疾跑

两腿以蹬切动作向侧后方蹬伸,以轮子的内刃着地,两脚外展的角度保持固定或变化很小,完成疾跑阶段。这种方法速度较快,适合于腿部力量较强、灵活性较好的轮滑者,但对起跑与正常滑跑的衔接技术以及体力有较高的要求。

练习方法:

（1）原地模仿练习。

（2）慢速度状态练习。

（3）逐渐加速到正常起跑状态并提高滑行速度。

4. 疾跑与滑行的衔接

疾跑后采用若干个单步,利用惯性把疾跑中已经获得的向前速度转移到正常滑跑中,这一过程是速度过桩的起跑衔接。这时要明显地由以轮子内刃蹬地的疾跑技术过渡到以轮子外刃着地、平刃惯性滑行和内刃蹬地的滑行技术。

练习方法:

（1）原地模仿练习。

（2）慢速度状态练习。

（3）逐渐加速到正常起跑状态并提高滑行速度。

5. 进桩滑行

进桩滑行是正单脚技术的延伸,在滑行过程中连续地由外刃转换为内刃。要求膝盖弯曲,滑行动力主要来自小腿的快速摆动。上身保持直立,浮腿屈在滑行腿后方,双臂用于保持身体平衡,自然微展于身体两侧,保持几乎不摆动。

练习方法:

（1）慢速度状态稳定练习。

（2）逐渐加速,直至达到自己能控制的最高速度。

自由式轮滑
竞赛规则

第十五章 瑜 伽

学习目标

思政元素

通过姿势练习与体能练习,培养良好体态,彰显大学生良好的精神风貌,为身体素质的提高与"健康第一"的实现打下良好基础;在小组与班级合作中,遵守规则、互相尊重、有效互动、包容与合作,实践公平竞争,提升相关道德水平;学习并实践对运动损伤的处理方法,学会有效管理身体的方法;在瑜伽学习中体验到满足、自信、自尊,享受运动的乐趣,学习情绪管理的具体方法,提高社会适应能力,提升对人与自然和谐共处的认知;在困难和挑战面前保持良好的情绪并持续运动,不怕苦、不怕累,培养吃苦耐劳的顽强意志,打好为祖国做贡献的身体、心理基础。

身体能力

耐力、速度、力量、柔韧、灵敏等身体素质达到《国家学生体质健康标准》测试要求;在安全练习指南指导下,安全、有效地掌握基本瑜伽姿势的练习方法和技能;通过姿势练习发现自己体态、身体等方面的薄弱环节并进行针对性的改善与加强;学习并实践相应的生活方式,包括但不限于瑜伽语音冥想、瑜伽呼吸术、瑜伽休息术等;逐渐掌握在课外自主进行体育锻炼的基本常识,提高自我锻炼的能力。

认知能力

了解瑜伽练习的益处,树立良好的身体认知观与身体观;能够根据时令、季节、身体状况等选择相应的锻炼方式和日常保健方法,养成良好的和谐相处的思维方式;掌握必要的运动安全知识,了解常见运动损伤及预防措施;具备一定的对体育美如身体形态、体育比赛的欣赏与鉴别能力。

第一节 瑜伽运动简介

瑜伽(yoga)是梵文词,意思是自我和原始动因的结合或和谐的关系。瑜伽源于古印度,是古印度六大哲学派别中的一系,探寻"梵我合一"的道理与方法。在没有文字记载的远古时代,瑜伽就已用言传身教的师徒传授形式传承了下来。大约在公元前300年,瑜伽之祖帕坦伽利(Patanjali)创作了《瑜伽经》,阐明了使身体健康、精神充实的修炼课程,该课程经过系统化和规范化,构成当代瑜伽修习的基础。

具有深厚东方体育文化和哲学背景的瑜伽是一种身心结合的体育运动,主要通过呼吸法、姿势、放松术、冥想等增进人们身、心、群的全面健康。瑜伽的基本姿势涉及人体的主要部位和穴位,可以有效提高灵敏、柔韧等身体素质,刺激内脏,活化腺体,改善人体运动系统、消化系统、神经系统等。瑜伽呼吸法能活跃身体机能,帮助控制意念,使人平静;冥想则使人心灵清澈,明心见性。

现代瑜伽作为一套从肉体到精神的完备修持方法,讲究身心融合为一,意味着身心处于稳定、平衡状态。瑜伽易学有效,能使人终身受益。2014年12月11日,联合国大会宣布6月21日为国际瑜伽日,2015年6月21日为首届国际瑜伽日。

一、适合现代生活的瑜伽修习

(一)平和深长的吐故纳新

呼吸就是生命,是人最重要的机能。人的身体状况在很大程度上依赖于呼吸的规律性,呼吸方式甚至可以反映出一个人的情绪情感。身心状况会影响呼吸,反之亦然。深呼吸对身心有放松的作用和积极的影响。

瑜伽呼吸技法通过深呼吸滋养饥饿的细胞,使人体放松并恢复活力,从而增进心理上的平衡。同时,利用气息打通精细神经系统,有助于培养注意力。在姿势练习中,呼吸可以帮助放松,并做到进一步伸展,强化内脏的按摩;与放松术结合时,有助于安抚和平静身心;与语音冥想结合时,还能帮助集中心智,增强彼此的效果,使人们在生理与精神上都有所收获。

练习瑜伽基本呼吸技法,通常先学习腹式呼吸法,再学习完全瑜伽呼吸法,熟悉之后,再学练其他呼吸技法,并要始终缓慢谨慎地实践,确保呼吸在任何时候都觉得舒服。同时,随时感受身心的反应,疲倦时尽量不要练习,也别让肺部过度用力;若呼吸急促,应及时调整。此外,空气不洁时,请勿练习瑜伽呼吸技法。

腹式呼吸法:背部挺直,或站立或坐着或躺着,一只手轻轻放在肚脐上,彻底地呼气;吸气时,腹部扩张,手会自然被腹部拱起;慢慢呼气,呼尽时腹部微微收缩,手也随之下降。继续以自己的频率呼吸,练习时间不限。

完全瑜伽呼吸法:背部挺直,或站立或坐着或躺着,双手轻轻放在肚脐上,彻底地呼气,腹部内收;吸气,让腹部稍微扩张;继续吸气,让肋骨的下端扩张;充分吸气,让上胸部扩张,体会气息到达锁骨;按相反的顺序呼气,即首先放松胸部上段,接着是胸部中段,在气呼尽时,轻收小腹。重复上述步骤,练习时间不限。

腹式呼吸

(二)安全有效的瑜伽姿势

瑜伽姿势的英文为asana,按字面译为"舒服的姿势"。完整均衡的瑜伽姿势不仅可以以系统、精准的方式调整身体,放松紧张的肌肉和僵硬的关节,增强柔韧性和力量,塑造肌肉轮廓,进而改善平衡,加强耐力,预防意外伤害的发生,还可以促进血液循环,刺激排毒,并按摩内脏、活化腺体,使它们发挥出最佳的功能。

同时,瑜伽姿势还可以调节荷尔蒙的释放,进而调节情绪,提高免疫功能,对情绪、心态、新陈代谢、免疫功能以及生殖系统都有积极的影响。另外,瑜伽姿势还可舒经活络,恢复精细的神经功能。瑜伽姿势练习的好处不只局限于身体上的得益,如能配合瑜伽呼吸术、放松术,将会使人感到身心活力充沛,感知能力提高,情绪稳定,并在精神上获得益处。

(三) 舒心愉悦的精神放松

瑜伽的健康效益之一来自放松,可以减缓心跳与呼吸,稳定血压。其中,瑜伽放松术是主动的、特意的放松,反过来又能使呼吸更加顺畅、充足。

(1) 仰卧放松功:仰卧,手臂放在身体两侧,掌心向上,双脚自然向两侧垂下;闭上双眼,放松全身;平静而自然地呼吸;意守自己的呼吸。

(2) 俯卧放松功:俯卧,手臂放在身体两侧;闭上双眼,放松全身;平静而自然地呼吸;意守自己的呼吸。

(3) 婴儿式:双膝并拢跪地,两臂伸直至头顶之前,肘放松至地面,掌心向下;闭上双眼,放松全身;平静而自然地呼吸;意守自己的呼吸。

(四) 易学有效的语音冥想——内在的安宁与喜悦

瑜伽语音冥想在各种不同的冥想中是最简单、最有效、益处最多的,可以帮助缓解压力,消除根深蒂固的恐惧和焦虑,净化心灵,使思想达到平静与安宁,有助于达到自我认知的最高层面。

根据瑜伽的理念,人体存在一个无形的系统或能量网络,称为经络。正如动脉是血液进入主要器官与四肢的通道一样,经络把众所周知的精细生命力或"气"输送到身体的各个部分。这种气的流通是身心健康安宁的精髓。然而,日常生活中经络却会经常因压力、不良生活方式、缺乏锻炼等而部分或整体阻塞。瑜伽姿势和呼吸术能帮助打通较为表浅的经络,而深处和较为精细的经络则需要靠瑜伽放松术和语音冥想来打通。

冥想是在排除一切杂念后沉思、静虑的过程。瑜伽语音冥想能消除压力和焦虑,给予人内在的安宁与深层的快乐。

(1) 瑜伽语音可以作为背景音乐随时听,如在课间、打扫卫生、走路或者睡前,随时随地都可以听。

(2) 聆听:以舒服的姿势坐或卧,静心倾听语音,将其迎入心中,将心思意念休憩在瑜伽语音冥想之中。

(3) 复诵:可以随时轻柔或大声地复诵,且不必担心是否走调或发音不准。瑜伽语音本身效力强大,并非发音精准才能获得效益。只需把意念集中在语音上,不必全神贯注,保持轻松、自在、专注即可。

(4) 瑜伽歌舞:轻松自在、无忧无虑地哼唱瑜伽语音,并随之拍手或舞动身体,可以让人体验到内在的喜悦与幸福,有效地缓解焦虑。

二、瑜伽的功效

现代瑜伽修习体系的四部分互为补充。瑜伽姿势轻柔舒缓,许多姿势来自大自然原始状态下的动植物。结合人体生理、心理特点进行锻炼,可以提高人体免疫力,增强人体自愈能力。配合特有的呼吸方式与瑜伽语音冥想,可以洗涤心灵、释放压力、调节精神,同时可以塑造形体、提升气质,达到内外兼修,焕发生命光彩。

具体来说,瑜伽的功效有:

（1）消除疲劳,平静心境,使人保持一种舒畅宁静的状态。

（2）保持姿态平衡。瑜伽师们认为人体的很多疾病,如颈椎病、腰椎病等是因为姿势不正确、失调造成的。练习瑜伽能够使每一个小关节、脊柱、肌肉、韧带和血管处于良好的状态。

（3）净化血液,调节体重,有效地消除脂肪,维持饮食平衡。

（4）作为有氧项目,瑜伽有利于增强心肺系统,燃脂、调整体型,提高身体素质,增强免疫力,改善精神状态等。

（5）瑜伽的主要发力肌群是核心肌群,所以常练瑜伽可以增强核心力量。核心肌肉可以说是身体的力量源泉,健康有力的核心肌肉可以让人在日常生活中更加轻松地面对那些繁杂的事务,而且能有效地缓解平时的腰酸背痛。

三、瑜伽饮食

瑜伽将人的身体比作汽车,将食物比作汽车的燃料,燃料质量越高,汽车性能就越好。食物对身心和精神的健康有巨大的影响,因此饮食在瑜伽生活方式中是至关重要的一环。在瑜伽领域中,食物被划分为悦性、变性、惰性三大类。

（一）悦性食物

富有悦性力量的食物称为悦性食物,较容易消化,在体内不易堆积毒素,能使身体变得健康轻松和精力充沛,使身心变得愉悦、自律、快乐,使心灵处于平和与稳定的状态。

悦性食物包括所有谷类（如米、麦、面、玉米、大麦、燕麦）、水果、大多数蔬菜、牛奶、乳类制品（如奶酪）、豆类、坚果、温和的香料等。

（二）变性食物

富有变性力量的食物称为变性食物,食用后会使人变得好动,但若食用过多,会使人变得过分积极、烦躁不安,甚至产生憎恨、嫉妒、沮丧、愤怒、恐惧等情绪。变性食物有咖啡、巧克力、茶、海带、酱油、气味强烈的调味品、可可、汽水等。

（三）惰性食物

富有惰性力量的食物称为惰性食物,食用后会使人嗜睡、昏沉、不安,易生倦怠、生病,产生慵懒和不可遏止的欲望,缺乏生命力和开创力。惰性食物包括所有的肉类、鱼、蛋、洋葱、菇类、蒜、青葱、韭菜、榴莲、酒、烟、麻醉品等。

陈腐的食物（如臭豆腐等）、放置过久的食物也会变为惰性食物。

整体而言,悦性食物在滋养身体的同时,能让心灵感受到其所带来的清净及喜悦,食用后精力充沛,却又平静祥和,不容易胡思乱想,自添烦恼,是瑜伽行者鼓励摄取的；变性食物须适时适量地食用；惰性食物易让人产生昏沉、倦怠、烦躁不安、忧思等负面情绪,须尽量避免。

此外,瑜伽饮食的分类并非一成不变,会随着气候、个人身体状况而变化,如在气候寒冷的地方,变性食物就会变为悦性食物,惰性食物就会变为变性食物。

第二节　瑜伽姿势

瑜伽姿势法是瑜伽练习中最初能体会到肉体和精神相结合的重要部分,其含义为在舒适的范围内长时间保持姿势,主要通过与呼吸的配合,借由一些扭转、弯曲、伸展的静态动作及动作间的止息时间,活化腺体、按摩内脏、松弛神经、伸展肌肉、强化身体、镇静心灵。

练习瑜伽姿势能够预防和调理疾病,强身健体,对身心健康产生莫大的裨益。瑜伽姿势能打通经络堵塞之处,促进"气"在全身上下的流动和平衡。气息通畅才能保证内脏的活力,发挥内脏的最佳功能,从而使身心达到最佳的状态。有许多瑜伽姿势,包括那些简单温和的姿势,都能刺激、按压人体的各种针灸穴位,从而对经络产生积极的作用。因此,经常练习各种瑜伽姿势能够促进气的流通和平衡。

一、体态调整

(一)暖身与专项体能

(1)手臂旋转式:站立,双臂侧平举,松握拳,掌心向上;以流畅的姿势屈肘,直至把拳头落至肩膀;上臂不动,前臂下垂,掌心向后;前臂内旋并向外伸展,双臂侧平举,手背向前;接着前臂以相反的顺序,下、里、上、外地旋转,拳头再朝上,这是一个回合。至少重复5个回合。

手臂旋转式

(2)开合跳。
(3)平板支撑。
(4)踩踏车式。

(二)基本姿势

1. 山式

(1)两脚并拢或稍分开,脚趾朝前,两脚平行;体重均匀分布在双脚上。
(2)轻收腹,稍收臀,保证脊柱前后左右正常的生理弯曲;胸部上提;肩膀向后向下推移;双臂双手轻柔地向下延伸。
(3)稍收下巴,放松颈部后方,以减轻头部前倾对颈椎的压力;面部放松,做几次深呼吸。

山式

2. 动态风吹树式

(1)双脚稍分开,山式站立;吸气,左臂经体侧高举过头,贴耳伸出,掌心朝右(图15-1);呼气,向右弯腰,左臂和手指向外伸出,掌心向下(图15-2);再吸气,上身回正;再呼气,手臂放下;重复另一侧。

图 15-1　吸气时动作　　图 15-2　呼气时动作

（2）挑战法：配合呼吸的静态练习，屈右膝以增强髋、腰和肋骨的伸展，弯曲幅度更大，缓慢均匀地呼吸；右臂向下延伸，保持 10～20 秒。

3．双生龙式

（1）两脚分开，与胯同宽，山式站立，稍屈膝；身体以下丹田处为中心点，双髋轮流向后推移，有节奏地左右扭转；头部随躯干转动，放松肩膀，两臂小幅度轻摆；自然地呼吸。

（2）随着身体越来越暖和，可稍微加大扭转的幅度，两臂自然甩动并轻柔地拍打腹部，上身放松，自然呼吸，保持 30～45 秒。

（3）逐渐放慢髋部扭转速度，直到躯干正对前方；两臂随之减缓甩动，自然地回到身体两侧；挺直膝盖。

双生龙式

4．简易新月式

（1）跪立，脚趾朝后；右脚前跨，小腿与地面垂直；身体前倾，双手放在右脚的两侧，掌心或指尖触地。

（2）左腿稍微向后滑，放低髋部；拉伸脊柱，肩膀放松下沉，拉开与耳朵的距离。

（3）上身稍后倾，加强腹股沟的伸展，两手交叠置于前侧膝盖，轻柔地呼吸，保持 30～45 秒。

（4）双手撑地，髋部后移，收回右腿，坐在脚跟上；换边做。

简易新月式

5．温和船式

（1）背部挺直地坐着，屈膝脚掌贴地；双手扶膝；身体稍后倾，收腹，两膝、两脚并拢。

（2）两脚抬高数寸，两臂前平举，掌心向下，轻握拳；至小腿平行于地面，稍微弯膝。

（3）呼气时，两脚放到地上，双手扶膝。

温和船式

6．动态倾斜桥式

（1）仰卧，屈膝，双脚离臀部几寸，两脚两膝分开，与胯同宽，脚趾朝前，手臂放在身体两侧，掌心向下；吸气时，臀内收，提升背部和髋部，使膝盖到胸部稍有坡度；呼气时，脊柱一节一节地回到地上。

（2）进行 3～5 次动态练习后起至膝盖与肩膀成一条直线，收紧臀肌，稳固姿势，感觉大腿肌肉同时伸展并加强，保持姿势 10～30 秒，自然地呼吸（图 15-3）。

（3）挑战法：双手抓脚踝，继续收紧臀部，延伸腹肌，保持姿势（图 15-4）。

图 15-3　动态倾斜桥式

图 15-4　动态倾斜桥式挑站法

7. 抱膝放松式

（1）仰卧屈膝，脚底贴地；后腰下压，两臂抱膝拉向胸前；自然呼吸（图 15-5）。

（2）变体：刚进入姿势时，左右轻轻摇摆后静止。

（3）挑战法：手握异侧肘部。

图 15-5　抱膝放松式

8. 简易坐

坐在地上，两腿前伸；弯左腿，把左脚放在右大腿之下；弯右腿，把右脚放在左大腿下方，盘腿而坐；双手分别放在两膝之上，放松肩膀和手臂，保持姿势，自然地呼吸（图 15-6、图 15-7）。

图 15-6　简易坐 1

图 15-7　简易坐 2

简易坐是一种舒服的坐姿,通常用于瑜伽语音冥想、呼吸技法、简易的伸展动作,可以很好地增强髋部和膝盖的灵活性。在盘坐过程中,可以随时交换双脚的位置。

9. 瑜伽放松术

(1)仰卧,身体成直线;双腿分开,双脚自然外垂;双手以舒适的距离放在体侧,掌心向上;下巴稍内收,使颈后放松,或者在头下放一块叠好的毯子,轻轻闭上双眼。依次放松身体各部位,从脚跟开始,体会脚跟、小腿和大腿在放松时向地面的下沉;把意识带到髋部,体会臀部贴着地板完全放松,让腹部柔软,放松背部和胸部;放松肩膀、双臂,双手毫无负担地放在地上,释放掉身上的一切紧张;放松脖子、下巴和整个面部,去除在双颊和眉毛以及前额上的负担,双眼轻柔地闭上,整个身体完全地放松着。

(2)结束这个动作时轻柔地唤醒身体。保持原地不动,拇指在内握拳松拳,轻轻地转动手腕和脚腕,轻轻地转动头部;两腿弯曲,脚掌贴地,双腿依次倒向垫子的两侧;双手胸前搓热,用掌跟轻捂双眼,感受手掌的热量通过眼睛进入身体;在不透光的手掌里面,先睁开眼睛再松开双手,顺势伸个大大的懒腰;再做几个温和的呼吸,先翻身右侧卧,再用双手推地而起成坐姿。如果能在放松术之后紧接着进行几分钟或者更长时间的语音冥想,则将起到事半功倍的效果。

体态调整组合说明

二、关节保养

(一)暖身与专项体能练习

1. 上肢练习

(1)手指强健法:两臂前平举,掌心向上,交替伸展手指与握拳。
(2)手腕弯动法:两臂前平举,掌心向下,手腕交替上下弯动。
(3)手腕旋转法:两臂侧平举,拇指在内握拳;以手腕为支点,双拳依次向前、后转圈。

上肢练习与挤肩胛式

2. 肩膀转动式

(1)双脚并拢或稍分开,山式站立;屈肘使小臂与地面平行;双手松握拳,拳心相对。
(2)两肩依次向上、前、下、后轻轻画圆圈,逐步增大,自然地呼吸。
(3)回正中,反方向向后转圈。

3. 挤肩胛式

(1)两脚并拢或稍分开,十指体后相交。
(2)吸气时,肩膀稍往后推;呼气时,两手两臂往下伸直;自然地呼吸。
(3)挑战法:呼气时两手先往下伸,接着轻缓地抬高手臂。

4. 膝部练习

坐姿,两腿向前伸直。

膝弯曲:十指在右大腿后相交,右膝向上弯曲;保持两手在右腿后,伸直两臂,将右腿伸出去;弯曲右膝,把右脚向臀部还原;重复12次,换腿做。

膝旋转:十指在右大腿后相交,抱近到身躯;以右膝做支点,将右小腿做顺时针方向的圆圈运动,至少做 12 圈;反方向也至少做 12 圈;换左腿做同样的动作。

5. HIIT 燃脂练习

(1)循环 1:原地慢跑 25 秒—开合跳 25 秒—勾腿跳 25 秒—高抬腿 25 秒—原地摆臂快跑 25 秒—深蹲跳 12 次—左右小跳 25 秒—滑雪跳 20 次—休息 15 秒。

(2)循环 2:原地慢跑 20 秒—开合跳 20 秒—勾腿跳 20 秒—高抬腿 20 秒—原地摆臂快跑 20 秒—深蹲跳 10 次—左右小跳 20 秒—滑雪跳 20 次—休息 20 秒。

(3)放松:原地慢跑 20 秒—开合跳 20 秒—站姿右/左侧大腿前侧拉伸。

(二)基本姿势

1. 三角转换式

(1)双脚分开站立,比肩稍宽,脚趾稍朝外;吸气时,两臂侧平举。

(2)吸气时拉伸脊柱,呼气时躯干向左侧弯;左手置于大腿或小腿或脚踝舒服的位置;右手上举,沿手指向外伸展;再次吸气时抬起躯干。两侧动态练习。

三角转换式

2. 绕臂扭转式

(1)双脚分开站立,比肩稍宽,脚趾稍朝外;吸气时,两臂侧平举。

(2)呼气时身体转向右方,左手搭右肩,右手背贴右髋;向右看,轻柔地呼吸;吸气时身体慢慢地转回正中,保持双臂侧平举;呼气时,转到另一侧。

(3)2~6 个回合后,呼气时放下手臂,两脚并拢,放松。

绕臂扭转式

3. 猫伸展式

(1)跪坐至四肢着地,双手置于肩膀正下方,膝盖在髋部正下方,脚趾朝后。

(2)慢慢吸气的同时脊柱往下凹,胸、臀部上提,直视前方或稍仰视;慢慢地呼气,埋头拱背,臀部内收。

(3)动作配合呼吸,交替背部一凹一拱,平稳顺畅地呼吸(5~12 次)。吸气时脊柱回正,呼气时两手逐步收回,坐到脚跟上,放松。

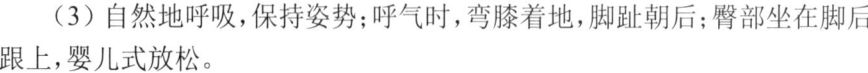

猫伸展式

4. 顶峰式

(1)跪坐在两脚脚跟上,脊柱挺直;双手前移,至四肢着地式;两脚两膝分开与胯同宽。

(2)吸气时,伸直两腿,抬高髋、臀;呼气时,重心向双脚移动,脚跟压向地面;放松颈部,自然呼吸。可以的话,双臂与背部应成一条直线,头部处于两臂间,将脚跟放在地面上,身体呈三角状。

(3)自然地呼吸,保持姿势;呼气时,弯膝着地,脚趾朝后;臀部坐在脚后跟上,婴儿式放松。

(4)增加难度:保持单腿支撑。

顶峰式

5. 脚部关节练习

坐在垫子上,两脚前伸并稍分开,上身稍后倾,两手在体后支撑。

(1) 脚趾练习:把10个脚趾向下勾,保持2～4秒;接着脚趾上翘,像扇子一样张开,保持2～4秒。交替重复做10～15次。放松脚趾,休息几秒。

(2) 脚背练习:绷脚背,脚趾向前伸直,保持2～4秒,集中在脚踝的动作和伸展上;接着脚跟前推,勾脚,体会小腿肚的伸展感,保持2～4秒。交替重复10～12次,休息几秒钟。

(3) 两脚转圈:两脚再分开一些,向内、外轻柔缓慢地依次转圈10～12次;双脚一起顺时针、逆时针转圈10～12次,放松双腿和双脚。

6. 翔鹰式

翔鹰式

(1) 俯卧,前额或下巴贴地,两脚分开,与胯同宽,两臂侧平举,掌心向下。

(2) 呼气时收缩大腿和臀部,吸气时抬起双腿、头部、躯干和手臂,目视前方或下方;轻柔地呼吸,保持3～25秒。

(3) 呼气并慢慢放下身体,重复2～4次。

7. 竖腿式

(1) 直腿仰卧,两腿稍分开,双臂在体侧,掌心向下;收下巴,放松面部、脖子和肩膀。

(2) 吸气时,右膝绷直尽量抬高,右腿约与地面成90°(图15-8);呼气时,放下腿,同时下背部继续向地面推送;换边做。

(3) 配合着呼吸,继续交替双腿的动作,每侧5～15次,然后彻底放松。

8. 尾骨按摩式

(1) 仰卧,屈膝,脚掌贴地,双臂放在体侧,掌心向上。

(2) 腰背下压,两脚抬起,让骶骨贴着地面;并拢双腿,保持屈膝,开始转小圈。先慢慢地向右转(5～10圈),然后换方向转动相同圈数,体会骶骨和脊椎下段被按摩着。

图15-8 竖腿式

(3) 慢慢地把圈子加大,转10圈或更多。

(4) 脚放下,腿伸出,闭眼,掌心向上。

9. 先紧后松术

(1) 仰卧,两腿伸出,两脚分开,自然外垂;手臂置于身体两侧,掌心向上,手指自然弯曲;稍收下巴,放松颈部后方。

(2) 抬右腿,绷脚,伸展脚背和脚踝,保持2～6秒后落下,放松;换左腿做同样的练习。

(3) 屈肘,小臂垂直地面,两手用力张开2～6秒,接着拇指在内用力握拳并收紧手臂肌肉2～6秒;两臂放下后自然放松。

(4) 用力收紧臀肌2～6秒,然后放松臀部。

(5) 肩膀留在地上,扩展胸部并收紧背肌,脊柱上段稍微离地略拱,保持2～6秒,然后放松。

（6）尽量朝耳朵耸肩，保持 2～6 秒，然后拉开耳朵与肩膀的距离，用力下拉 2～6 秒，然后放松。

（7）头部左右摆动几次，然后放松。

（8）面部所有肌肉都朝鼻尖收缩，保持 2～6 秒；眼睛、嘴巴大大地张开，舌头用力伸出，保持 2～6 秒，之后面部放松。

关节保养组合说明

三、呼吸系统保养

（一）暖身与专项体能练习

1. 增强精力呼吸法

双脚并拢或稍分开，山式站立，两臂在体侧；用鼻子深而缓地吸气，抬双臂，高举过头；用喉咙出声地吐气，双手慢慢放回体侧；动作配合着呼吸，重复 5～10 个回合。

2. 灵肩式

双脚稍分开，山式站立；右臂高举过头，屈肘，右肘尖朝上；屈左臂，左手尽量贴脊柱，掌心朝外抓着右手指；在舒适范围内双手紧扣，自然呼吸；换边做。

3. 背部体能练习

（1）肩胛骨前缩后伸—背部夹笔—简化支撑弓步转体—下蹲抬臂。

（2）猫式伸展—俯卧 TW 伸展—俯卧 YW 伸展—俯卧对角伸展—蛙泳划臂。

（3）跪姿背部拉伸—摇摆式。

（二）基本姿势

1. 简易侧伸展式

（1）两脚分开，比肩宽站立，双手扶胯；左脚向内转至少 45°，右脚向外转 90°，同时身体右转。

（2）吸气时，收缩大腿肌并拉长脊柱；呼气时，躯干自髋部前弯至脊柱成斜线的位置；缓慢均匀地呼吸，保持 5～25 秒。

简易侧伸展式

（3）准备收势：可稍微屈膝，呼气时收腹，吸气时慢慢抬起躯干。

（4）呼气时，两脚转向前方，同时躯干转回正中；换边做。

（5）两脚并拢，放下手臂休息。

2. 战士第一式

（1）站立，双脚在合适的范围内大大张开，双手扶胯；左脚稍朝内，右脚向右转 90°，躯干向右转，确保髋部两侧水平正对前方。

（2）先吸气，呼气时屈右膝，小腿垂直于地面，膝盖与脚趾同向，左腿伸直；吸气时，两臂经体侧高举过头，双掌合十；深长缓慢地呼吸，保持 10～20 秒（图 15-9）。

（3）吸气时，伸直右腿；呼气时，回正中，手扶胯；换边做。

（4）挑战法：保持姿势时，头轻轻后仰，双眼注视手掌，尽量伸展脊柱（图 15-10）。

图15-9 战士第一式1

图15-10 战士第一式2

3. 简易轮式

（1）双腿伸直坐着，双手置于臀两侧地面；身体后倾，双手移至臀后支撑，与肩同宽，手指朝外；屈膝，双膝双脚并拢平放地上。

（2）吸气时，收臀，手脚下压，慢慢抬高臀部，大腿、躯干与地面平行，头部轻柔后仰，自然地呼吸，保持10～30秒。

（3）呼气时，慢慢放回地上，抬起头部；重复1～4次后，伸直腿休息。

简易轮式

4. 叩首式

（1）跪坐在脚跟上，脚趾向后；挺直背部，手指插在小腿与地面之间（图15-11）。

（2）吸气时伸展脊柱；呼气时保持脊柱拉伸，躯干从髋部前弯，腹部、肋骨的下段放在大腿上；前额触地，与膝盖相隔适当距离（图15-12）。

（3）抬高臀部，头顶着地，大腿与地面垂直；伸直手臂，自然地呼吸，保持5～45秒（图15-13）。

（4）前额贴地保持片刻，臀部慢慢坐回到脚跟上，慢慢抬起头部和躯干。

图15-11 叩首式1

图15-12 叩首式2

图15-13 叩首式3

5. 眼镜蛇伸展式

（1）俯卧，前额或下巴贴地，双腿并拢，臀部夹紧。

（2）彻底地呼气，收紧臀部；吸气时慢慢抬起头、肩、胸，目视前方或下方；呼气时有控制地放下身体。

（3）头转向一侧手臂垂放身旁。

6. 炮弹式

（1）仰卧，双腿伸直；腰背下压，吸气时抬起并屈右腿，十指相交抱右膝。

（2）呼气时，轻轻把右膝拉到胸前；将气呼尽后屏息，抬起头和肩膀，下巴尽量靠近膝盖。

（3）吸气时，肩、头依次回到地面，伸直手臂，膝盖离开胸部；呼气时，松开双手，腿和双臂放回地上。

（4）重复另一侧和双腿，至少 3 个回合，接着以三摩地放松式休息。

炮弹式

7. 头转动式

（1）仰卧，头部摆正，下巴稍微内收。

（2）头轻轻地向右转动，然后向左，做小幅度的持续运动；保持下颌放松，牙齿稍微分开，嘴巴闭合，正常地呼吸；慢慢地增加动作的幅度。

（3）头回正并休息。

呼吸系统保养组合说明

四、消化系统保养

（一）暖身与专项体能练习

1. 雷电坐

双膝并拢或稍分开着地，脚跟分开，大脚趾互相交叉，脚跟朝外状似马鞍形，坐在上面，保持背部挺直，双手放在腿上，放松手臂和肩膀，自然呼吸（图 15-14）。

2. 踮脚伸展式

（1）两脚与胯同宽站立，两臂放在体侧；吸气时，两臂经体侧高举过头，在头顶上方十指交叉；呼气时，掌心朝上。

（2）吸气时，脚跟上提，踮脚站立，整个身体向上延伸；手臂轻轻地向上后方伸展，自然地呼吸（图 15-15）；呼气时，放下脚跟。

（3）保持脚跟着地，吸气时，拉伸脊柱，颈部后仰，看着双手，自然地呼吸；呼气时，眼看前方（图 15-16）。

图 15-14　雷电坐

图 15-15　踮脚伸展式 1

图 15-16　踮脚伸展式 2

3. 双人拉伸练习

（1）牵手横叉练习。

（2）牵手船式练习。

（3）婴儿式+仰卧拉伸练习。

（4）眼镜蛇式+幻椅式拉伸练习。

4. 腹肌练习

（1）卷腹—西西里卷腹—反向卷腹。

（2）简易俄罗斯伸展—跨步拉伸—支撑侧提膝。

（3）屈膝侧支撑—平板支撑。

（4）V字支撑转体—仰卧交替抬腿。

（二）基本姿势

1. 简易侧角式

（1）双脚在舒适的范围内宽阔地分开，左脚稍朝内，右脚向外90°，右脚跟对着左足弓；吸气时，两臂侧平举，掌心向下；呼气时，屈右膝，小腿与地面垂直。

简易侧角式

（2）吸气时，拉伸脊柱；呼气时，躯干向右侧弯，右肘放在右大腿上；左臂贴耳伸出，掌心向下，面部朝前，自然呼吸。

（3）吸气时，手臂带动躯干起身，伸直右膝；呼气时，放下双臂，双脚朝前；换边做。

2. 斜伸展式

（1）双腿伸直坐着，双手置于臀部两侧；身体后倾，双手放在肩膀稍靠后的地面支撑；与肩同宽，手指朝外或朝前；屈膝，两膝两脚并拢，双脚平放地面。

（2）手脚下压，胸部上提，上背后弯。

斜伸展式

（3）呼气时，收腹；吸气时，收臀，慢慢抬起臀部；脚前移至腿，伸直，脚底贴地；目视前方，自然地呼吸。

（4）呼气时慢慢放下臀部，双手放在大腿上休息。

3. 单腿交换伸展式

单腿交换伸展式

（1）端坐，双腿伸出；弯左膝使脚掌紧贴左大腿内侧，双臂前平举；吸气时，双臂高举过头，上体稍后倾，拉伸脊柱。

（2）呼气时，躯干由髋部前弯，在舒适的范围内腹部贴向小腿，保持背部平直，肩膀放松，握小腿或脚踝舒服的位置，保持20～40秒。

（3）彻底地呼气，接着吸气，抬起头、肩和后背，双手沿左腿向上滑动，慢慢坐起；换边做。

4. 轻柔弓式

（1）俯卧，前额或下巴贴地；两脚分开，与胯同宽，脚趾朝后，两臂在体侧，掌心向上。

（2）绷脚面，弯膝，小腿与地面垂直；呼气时保持臀部收紧，大腿贴着地面。

(3) 吸气时,抬起头、胸、手臂和大腿,双手向后延伸,掌心相对,目视地面;轻柔地呼吸。
(4) 呼气时,慢慢地放下胸、头、臂和大腿。

5. 踩踏车式

(1) 仰卧,屈膝,脚掌平放地面;双臂置于体侧,掌心向下;腰背下压,双膝带到胸前。
(2) 绷脚面,双腿慢慢向前踩小圆圈,仿佛在骑自行车(图 15-17)。
(3) 圈子逐渐踩大,腿尽量伸直并靠近地面,呼吸和动作均匀顺畅,重复 20～40 次。
(4) 停止踩圈,膝盖收至胸前。
(5) 用相同的方法,换个方向朝后踩。
(6) 最后一圈,双腿收至胸前,双脚放在地上,伸直双腿,放松。

图 15-17 踩踏车式

6. 迷你坐

(1) 仰卧,屈膝,双脚平贴地面并稍分开,双臂放在体侧,掌心向下。
(2) 后腰下压,吸气时收腹收下巴,抬头、肩和上背部,手臂前伸与地面平行。
(3) 呼气时依次放下上背、肩膀、手臂和头部。
(4) 双腿伸直,掌心向上,休息。

迷你坐

7. 简易下半身摇摆式

(1) 仰卧屈膝,脚掌平贴地面,两膝两脚分开,与胯同宽;两臂侧平举,掌心向下。
(2) 双腿轻轻地倒向右边,在舒适的范围内尽量接近地面;吸气时,双腿回到正中;接着呼气,双腿倒向左边;重复几次后加入变体,头转向异侧。
(3) 吸气时双腿回正中,呼气时双腿伸直,两臂放在体侧。

消化系统保养组合说明

五、性别保养

(一)暖身与专项体能练习

1. 蜂雀式

(1) 山式站立;吸气时两臂侧平举掌,掌心向上;呼气时屈肘,指尖碰触肩膀。
(2) 以肩为圆心,两肘往前画圈,先从小圈开始,在舒适的范围内逐渐把圈子画大,直到两臂在胸前相互碰到,自然地呼吸;最后一圈,肘尖回正中;反向做同样的练习;放松两臂和肩膀。
(3) 肩前后触碰:保持大臂水平,呼气时两肘在胸前触碰,接着吸气时尽量往后伸展,交替进行。
(4) 肩上下触碰:保持姿势,两手背在脑后触碰。

2.蝴蝶式

（1）坐在垫子上，两脚心相对，脊背挺直，尽可能地让脚跟往会阴的地方内收。

（2）双手五指并拢放在同侧膝盖上；保持均匀的呼吸，边轻轻垂直下压同侧膝盖，保持动作30～60秒。

（3）吸气时，双腿并拢，双手抱住小腿前侧放松一下背部。

3.一字马竖叉练习

臀部动态拉伸—右腿弓步提膝（换边做）—俯身慢速跨步登山—跪姿左侧大腿前侧拉伸（换边做）—前一动作重复两遍—髋关节环绕—左侧跨坐臀部拉伸（换边做）—跨坐右侧提腿拉伸（换边做）—左侧跨坐臀部拉伸（换边做）—跨坐右侧提腿拉伸（换边做）—髋关节环绕—左侧竖叉动态拉伸（换边做）—髋关节环绕—左侧竖叉动态拉伸（换边做）

（二）基本姿势

1.新月式

（1）跪立，脚趾朝后；右脚前跨，小腿与地面垂直；身体前倾，双手放在右脚两侧，往后移动左膝，放低髋部。

（2）吸气时，两臂向前高举过头，掌心向前；呼气时，收紧臀肌，保持右小腿位置。

新月式

（3）吸气时，上提骶骨和肋骨，脊柱后弯，颈部后仰，轻柔地呼吸，保持5～15秒。

（4）吸气时，提胸，下巴内收，挺直脊柱；呼气时，双手着地，髋部后移，收回右腿，坐在脚跟上。

（5）起身，恢复跪立姿式，换边做。

2.简易后弯式

（1）跪立，脚趾向后，坐在脚跟上；身体后倾，手掌放在臀后地面与肩同宽，指尖向后或朝外，两掌均匀支撑，目视前方（图15-18）。

（2）手掌用力下压，吸气时上提扩张胸部，背部轻轻后弯，颈部温和后仰，自然地呼吸（图15-19）。

图15-18　简易后弯式1

图15-19　简易后弯式2

（3）先松开胸部的伸展，吸气时下巴内收，头部回正；呼气时手往前挪，上身坐直，双手放到大腿上。

3. 鸽子伸展式

（1）坐在地上，双腿伸出；弯右膝，右腿外侧贴地；躯干右转，双手放在右膝两侧；躯干前倾并弯肘，左臀上提，左腿顺臀部往后伸出；伸直手肘。

（2）确保右膝右髋在一条直线上，两侧髋部水平正对前方，右脚位于左髋或左大腿下方。

（3）吸气时，脊柱上提；保持姿势，自然地呼吸；手肘或额头做支撑，自然地呼吸。

（4）收回双手，抬起躯干，换边练习。

鸽子伸展式

4. 膝髋伸展式

（1）仰卧屈膝，两脚平贴地面；两脚两膝分开与胯同宽；抬右脚，脚踝放在左大腿上。

（2）右脚踝保持不动，左脚抬离地面；右臂从双腿间穿过并在左膝后十指交叉，保持手肘伸直；屈肘，轻轻地把左膝带至胸前，直到臀部有伸展感；自然地呼吸。

（3）伸直手臂，松开双手，两脚放回地上。

5. 宽角式

1）宽角前弯式

挺直背脊，两腿在舒适的范围内大大分开，双手放在体前；深吸气挺胸，背部轻轻后仰；呼气时，躯干从髋部前弯，保持背部平直，将腹部贴向地面；保持5～30秒，自然地呼吸；吸气时，双手压地，同时抬起躯干。

2）宽角侧弯式

挺直背脊，两腿在舒适的范围内大大分开，双手放在体前；躯干转到右侧，双手放在右腿的两侧；深吸气挺胸，背部轻轻后仰；呼气时躯干从髋部前弯，双手握右腿小腿、脚踝或脚。放松背部，躯干靠近腿部；保持5～30秒，均匀地呼吸；吸气时，双手撑着地面抬起躯干；躯干转回正中；换边做。

宽角式

6. 工匠俯首式

（1）坐在垫子上，合拢脚底，两手十指相交，包住脚趾，在舒适的范围内把脚跟拉向腹股沟。

（2）吸气时挺直腰背；呼气时，躯干从髋部慢慢前弯至舒适的位置；自然地呼吸，保持5～50秒。

（3）交替前弯和坐直两个动作3～5次。

工匠俯首式

7. 韦史奴式

（1）朝左侧卧，以手托头；左肘尖至脚趾应尽量成一条直线；右手指尖在腹前触地，以平衡身体。

（2）弯右膝，用右手的食指和中指握着右脚大脚趾；伸直右腿，向上延伸，保持10～30秒，均匀呼吸。

（3）松开脚趾，放下腿；头枕着手臂休息；换边做。

韦史奴式

8. 下半身摇摆式

（1）仰卧屈膝，两膝两脚并拢；十指交叉枕在头下；后腰下压，两膝带到胸前，保持收腹

图 15-20　下半身摇摆式

和两膝并拢(图 15-20)。

(2) 先吸气,呼气时以腰为支点,双腿慢慢倒向右侧;吸气时,双腿回到正中;接着呼气,双腿倒向左侧。

(3) 吸气时双腿回到正中,呼气时两脚放到地上,双腿伸直,两臂放回体侧。

性别保养组合说明

六、减脂塑形

(一) 暖身与专项体能练习

1. 回飞棒式

挺直脊背坐着,双腿舒适地分开,手放于体前;深吸气挺胸,背部轻轻后仰;双手侧平举(图 15-21);呼气时,躯干从髋部前弯;左手握右脚脚踝,右手向斜后方伸展,眼睛尽量看右手(图 15-22);吸气时,回正中;呼气时,转到另一侧。

图 15-21　回飞棒式 1

图 15-22　回飞棒式 2

2. 哈喇狗式

站在垫子上,两脚尖向外打开;吸气时拉伸脊柱;呼气时从髋部前弯,手掌放在垫子上;或头顶落在垫子上,保持姿势,自然呼吸(图 15-23)。

挑战法:双手可在背后合十,指尖指向头顶方向(图 15-24)。

图 15-23　哈喇狗式

图 15-24　哈喇狗式挑战法

3. 蹲　式

(1) 挺身直立,在感到舒适的情况下两脚宽阔地分开,两脚指向外侧,两手十指相交,掌心向上,两臂自然垂下,置于体前。

(2) 弯曲双膝,将身躯慢慢向下降低约 30 厘米后恢复到(1)。

蹲式

（3）再次弯曲双膝，身躯下降比第一次更低，再恢复到（1）。

（4）再次弯曲双膝，降低身躯到大腿与地面平行，再恢复到（1）。

（5）再次弯曲双膝，降低身躯到两手略微高于地面，再恢复到（1）。

4. 风车式

（1）双脚分开站立，距离比肩宽，脚趾稍外分；吸气时，双臂侧平举；呼气时，从髋部弯腰，直到背部与地面平行（图15-25）。

（2）呼气时，整个躯干转向左侧；左臂笔直上举，目视左手，掌心向左；缓慢均匀地呼吸，保持20～30秒。

（3）吸气时，身体回正；呼气时，向右旋转（图15-26），重复上面的步骤。

（4）身体回正，然后慢慢抬起躯干，放下双臂；双脚并拢，放松。

图 15-25　风车式 1

图 15-26　风车式 2

5. 臀腿练习

站姿后侧抬腿—螃蟹走—箱式深蹲—箭步蹲。

（二）基本姿势

1. 三角伸展式

（1）双脚大大分开，左脚尖稍朝内，右脚向外90°，右脚跟对着左足弓。

（2）吸气时，两臂侧平举，挺胸拉伸脊柱；呼气时，髋部向左推，躯干往右弯，右手放在膝盖左右至地上舒服的位置；左臂向上伸展，掌心向外，均匀呼吸，保持30～60秒。

（3）呼气时收臀，吸气时左臂带动起身；重复另一侧；呼气时双脚并拢，放下双臂。

（4）挑战法：将右手指轻轻放在地上，眼睛看上方手指。

三角伸展式

2. 幻椅式

（1）双脚并拢或稍分开，山式站立，双手胸前合十。

（2）吸气时拉伸脊柱；呼气时屈膝，放低躯干，臀部下沉，胸部尽量后收；同时手臂高举过头，保持合十，目视前方；自然地呼吸，保持30秒。

（3）吸气时起身直立，放下双臂。

幻椅式

3. 战士第二式

（1）双脚在舒适的范围内大大分开，左脚稍朝内，右脚向外 90°，右脚跟对着左足弓；吸气时，两臂侧平举，掌心向下；呼气时，屈右膝，小腿与地面垂直，左腿后伸，膝挺直；如果可以，大腿与地面平行。

战士第二式

（2）头转向右方，稍收下巴，头轻轻转向右侧，眼睛注视右手手指指尖；自然地呼吸，保持约 30 秒；吸气时，回到三角式；呼气时，身体回正；重复另一侧。

4. 侧角式

（1）双脚在舒适的范围内宽阔地分开，左脚稍朝内，右脚向外 90°，右脚跟对着左足弓；吸气时，两臂侧平举，掌心向下；呼气时，屈右膝，小腿与地面垂直；如果可以，大腿与地面平行，左膝膝盖伸直。

（2）吸气时，拉伸脊柱；呼气时，躯干向右侧弯，沿右腿放低右手，置于右脚侧地面；左臂贴耳伸出，掌心向下，面部朝前；用力下压两脚，保持 30~60 秒，平稳地呼吸（图 15-27）。

图 15-27　侧角式

（3）吸气时，手臂带动躯干起身，伸直右腿；呼气时，身体回正；重复另一侧。

5. 树　式

（1）双腿并拢或稍分开，山式站立；提起左脚跟，脚趾着地，重心放在左脚；吸气时，抬左膝，左脚沿右腿内侧向上推送，至握住脚踝，将脚底放在靠近腹股沟的大腿根部，脚趾朝下；尽量打开髋部，让身体在一个平面上，保持髋部正对前方，左膝朝外。

（2）双手在胸前合掌；吸气时，双臂慢慢高举过头，贴耳伸出（图 15-28）。

（3）合掌回到胸前，左脚放到地上，两臂放回体侧；深呼吸 5~8 次后，换方向做练习。

6. 海豚式

图 15-28　树式

（1）跪坐，四肢着地，脚趾向后；弯肘，前臂贴地，十指相交，上臂垂直地面（图 15-29）。

（2）深吸气，呼气时收腹，身体前移使鼻子越过双手，贴到或贴近地面（图 15-30）；吸气时，小臂和手用力下压还原。

（3）最后一次，松开手指，双手和膝盖着地；坐到脚后跟上，放松臂、肩、背。

挑战法——蜥蜴式：呼气前移，腹部贴地；吸气时，回到海豚式起始姿势；呼气时，下巴和胸部向后触地，保持 10~15 秒，轻柔均匀地呼吸；吸气时，回到起始姿势（图 15-31）。

图 15-29　海豚式 1

图 15-30　海豚式 2

图 15-31　海豚式 3

7. 趾掌平衡式

（1）双手和膝盖着地，两脚两膝并拢，脚趾点地；双手放在肩前数寸；脚趾和手掌用力下压，收腹收臀，保持背部平直，伸直双腿。

（2）膝盖落地，保持脚趾点地，休息片刻。

8. 船　式

（1）仰卧，双腿并拢；双臂高举过头，掌心向上；呼气时腰背下压。

（2）吸气时，双臂前摆，同时抬起上身和双腿；以臀部为支点平衡住身体，伸直膝盖；自然地呼吸。

（3）呼气时，慢慢放下身体，以 10～20 秒的深呼吸来恢复精力。

9. 摇摆式

（1）仰卧，双膝带到胸部，十指在膝后相交；吸气时，拱背向后滚动，提起髋部和小腿。

（2）呼气时，借腿部的前蹬带起身体，并以坐骨梢为平衡点，脚不落地；接着向后摆，头部稍抬起（图 15-32）。

摇摆式

图 15-32　摇摆式

（3）来回摆动 5 次（或者随意多做几次）后坐起来，双脚放在地上，挺直脊柱，休息片刻，这是一个回合。

（4）做 3～5 个回合，接着伸直双腿，放松。

减脂塑形组合说明

七、拜日式

拜日式是瑜伽的基础动作之一。据说是古代印度人清晨起床后，面对地平线上冉冉升起的太阳，为表达心中的膜拜之情而创造的一系列姿势，以感激太阳赐予人类光明和能量。

（1）挺身站立，两脚靠拢，胸前合十，正常呼吸。

（2）吸气时双臂高举，食指相触，掌心向前，身体自髋部向后弯。

（3）呼气时，向前弯身，屈膝，双掌尽量触地。

（4）吸气时，把左脚向后伸展，头向后弯，胸部向前方挺出，背部呈凹形。

（5）呼气时，右脚向后移，成顶峰式。

（6）吸气时，臀部微微向前移动，直到两臂垂直于地面为止。

（7）蓄气不呼，弯曲两肘，膝盖着地，把胸腔朝着地板方向放低。

（8）保持胸部略高于地面，边呼气边把胸部向前移，直到腹部和大腿依次接触地面。吸气，慢慢伸直两臂，背部成凹拱形，头部向后仰起。

拜日式

（9）呼气时，把臀部升高到空中，回到顶峰式。

（10）吸气时，弯曲左腿并向前迈一大步，向上看，胸膛向前挺，脊柱呈凹拱形。

（11）保持两掌着地，呼气时，右脚收回，与左脚并拢，伸直双腿。

（12）吸气时，两臂伸直慢慢抬高，同时慢慢抬起身体，两臂和背部向后弯。

（13）一边呼气，一边将手臂收回，两手在胸前合十，恢复到开始的姿势。

八、商卡洁肠功

准备一大瓶温水，放入少许盐。喝两杯这样的水后，做下面5个瑜伽姿势，每个做6次。

商卡洁肠功五个动作

（1）摩天式：站姿，两脚稍分开；手扶异侧肘部，高举过头；呼气，上身前倾与地面平行；吸气，用脚尖挺立，向上方伸展整个身体，保持几秒；呼气，放下。

（2）风吹树式：基本站立，十指相交，两臂高举过头，掌心朝上；踮脚，上身从腰部弯向右侧，保持几秒，然后倾向左侧。

（3）腰旋转式：直立，宽阔地分开两腿，两手十指相交；呼气，上身弯曲至与地面平行，吸气右转，吐气左转。

（4）眼镜蛇扭动式：俯卧在地，两手掌平放在胸膛两侧；吸气时，伸臂抬起身体，直到两臂完全伸直；把头转向右方，两眼注视左脚跟，保持几秒；然后转向左侧，做同样动作。

（5）腹部按摩功：蹲下，两脚微分，双手扶两膝；弯曲右膝，放于地上，吸气，在保持两膝不动的同时将躯干转向左侧，两眼注视身后；吸气，慢慢恢复到原来蹲下的姿势；弯曲左膝，做同样练习。

做完上述姿势后，迅速喝两杯水，再以同样顺序继续做上述5个姿势。反复几次，直到解便为止；解便后做仰卧放松功15～20分钟。至少在45分钟内不能进食，如果真的需要吃，一定要吃素食。

注意：不要强迫自己解便；要知道此后可能还会解便几次；放松时，尽量不要让自己睡去。患高血压的人不要放盐；如果做后觉得疲劳，虽然不是严重的问题，但在下次做前要考虑是否做和何时做。

洁肠功的练习频率视练习者的意愿而定，通常每月一次或每周一次即可。对于便秘、胃酸过多、胃气胀、消化不良等人，这是一个有益的练习。洁肠对肾脏和泌尿系统也是很好的。患胃溃疡或十二指肠溃疡的人除非得到医生同意，否则不应练这个功法。患高血压的人只要不用盐水而用温水就可以做这个练习。

瑜伽竞赛规则

第十六章 攀 岩

教学目标

思政元素

在运动中磨炼意志、培养优良品质;能够与同学相互尊重,通力合作,展现民主、文明、和谐的价值观。通过比赛规则的学习,培养公平、公正的规则意识;通过赛训,学习攀岩运动员努力向上、永不言弃、爱国无私的优良品质。

身体能力

心血管耐力、速度、力量、肌肉耐力、柔韧等方面达到《国家学生体质健康标准》测试要求;学会攀岩基本技术,具备调整和控制身体姿势与平衡的能力,以适应不同的运动环境。

认知能力

了解攀岩运动的起源与发展,理解参加攀岩运动的短期及长期益处;在不同的运动环境中能够思考、理解并合理地使用攀岩技术;能够合理分析攀岩的安全和危险,正确进行保护操作;运用策略解决遇到的挑战。

第一节 攀岩运动简介

一、攀岩运动的定义

攀岩运动是从现代登山运动中衍生出的一项运动。具体来讲,它是一种通过专门的攀登技术训练,以各种装备作为保护或攀登的工具,通过克服地心引力,攀登自然岩壁或人工岩壁的运动,主要包括难度攀岩、速度攀岩和攀石三种形式。

攀岩运动要求攀登者充分协调上肢、下肢和躯干力量,在不同高度、不同角度及不同介质的岩壁上连续完成转身、引体、动态蹲跳等一系列攀登动作。攀岩运动的攀登过程动静结合、刚柔相济,素有"岩壁芭蕾"之美誉,集探险、竞技、健身、娱乐、观赏于一身,融力量、勇气、智慧、时尚、美感于一体,惊险、刺激而又具有挑战性。

二、攀岩运动的特点与功能

(一)攀岩运动的特点

攀岩运动集探险、竞技、健身、娱乐于一体,其亲近自然、挑战极限、超越自我的特性正吸引着越来越多的参与者。每项体育运动都存在有别于其他项目的特殊性,攀岩运动的特点主要体现在以下几个方面。

1. 运动场地的唯一性

攀岩是唯一一项在陡峭的岩壁(包括人工岩壁)表面开展的运动。在人类开展攀岩运动之前,无数雄伟壮丽的悬崖峭壁只能供人们欣赏其静态之美,而自从有了攀岩运动,人类就开始不断地赋予岩壁以生命之美。这一特殊性吸引了无数人,人们对攀岩运动产生了无限的好奇与遐想,从而使人们拥有一种想去体验的冲动和欲望。

2. 探险运动的危险性

攀岩最早作为人类探索自然的行为,受自然环境、气候条件和装备器材等因素的影响和制约,其危险性是不言而喻的。这种危险性还源于它是一项在高空开展的运动,只要离开岩壁,就有脱落的可能,就可能存在危险,这要求每个参与者在思想上要有足够的认识,并通过不断实践,掌握相关技术,积累各方面的经验。

3. 极限运动的挑战性

攀岩作为一项极限运动,对人的身体、心理都极具挑战性。攀登者对线路的高度、难度及单位时间内完成的距离(即速度)不断地发起挑战,每次攀登都是不断地挑战困难并战胜困难的过程,充分体现出人与自然的和谐,展示了人类的力量、勇气与智慧。

4. 竞技运动的观赏性

自20世纪中叶开始,攀岩作为一项竞技运动在世界各地得到快速普及和推广。目前,攀岩运动在比赛场地、装备器材、规程、规则、项目设置、竞技水平、媒体宣传等各个方面日趋成熟和完善,并已达到了较高水平。攀岩比赛场面惊险、刺激,运动员动静结合、刚柔相济,集中展现了攀岩运动"岩壁芭蕾"之美感,具有良好的观赏性。

5. 大众运动的参与性

随着攀岩场地条件的不断改进和装备器材的不断改良,攀岩运动的安全性大大提高,这为大众参与创造了必要条件。目前,攀岩运动已成为都市白领追求时尚、放松心情的理想选择,成为对广大青少年进行素质教育的有效途径,成为众多户外运动俱乐部引以为傲的拳头产品,成为拓展培训中不可缺少的挑战项目。

6. 复杂运动的创造性

攀岩是一项复杂运动。攀登者在攀登前要根据不同的岩壁、不同的线路及个人的状况制定出相应的攀登计划与方案,并在攀登过程中对新出现的情况不断地调整,采取新的应变对策(即第二方案或备用方案)。对竞技攀岩来讲,由于比赛多采用封闭式攀登,参赛选手必须时刻保持清醒,冷静、迅速、果断地选择最佳攀登动作与路线。任何失误,哪怕仅仅是一个不合理的动作,都将导致失败。

这种复杂性同时也决定了攀岩运动具有无限的创造性。攀登的线路可能在天然岩壁上，也可能在人工岩壁上。线路的角度可分为俯角（角度小于90°）、直角（角度为90°）、仰角（角度大于90°且小于180°）和屋檐（角度为180°）四种。线路上的支点类型分为抠、按、捏、洞等，每个支点的方向及支点之间的位置和距离又是不确定的，这些因素决定了攀岩没有完全固定的动作，要想做好就必须不断地实践并创造新的动作。正是这种永无止境的创新，赋予了攀岩运动无限的生命力。

（二）攀岩运动的功能

1. 健身功能

参加攀岩运动可以全面、协调地提高身体素质。首先，通过攀岩运动，上肢、下肢和躯干的力量素质可以得到平衡发展，同时还可以增强爆发力和力量耐力；其次，还可以发展柔韧性、协调性和灵敏性。

2. 教育功能

攀岩的过程和攀岩的训练过程的实质是一个不断挑战困难的过程。攀岩者在攀登一条线路的过程中可能会面临恐高、脱落，甚至冲坠等危险和挑战，而当攀岩者攀完具有一定难度的线路后，他一定会挑战难度更大的线路。因此，攀岩运动能培养人们，特别是青少年勇于攀登、永不言弃的意志品质。攀岩是一个较为成熟的竞技项目，能有效地培养人们的竞争意识和团结协作精神。攀岩比赛主要有速度赛、难度赛和攀石赛，这三种形式分别体现了更快、更高、更强的奥林匹克精神。因此，参与攀岩比赛还能培养攀岩者公平竞争、团结协作的精神。

3. 娱乐功能

攀岩运动独具魅力，它集竞技、娱乐、观赏于一体。攀岩者感受攀岩运动带来的刺激，观众感叹于它的惊险。此外，中央电视台体育频道关于攀岩赛事转播的收视率很高，攀岩爱好者人数不断增长，这也从侧面说明了攀岩运动在娱乐方面的功能。

4. 经济功能

目前，攀岩运动在专业装备、器材和服装领域已形成了较为成熟的生产、批发和零售体系，有人工岩壁建造和自然岩壁开发的专业公司，有专门经营攀岩活动的岩壁场馆和俱乐部，有政府和企业相结合的商业性攀岩赛事。攀岩已不仅仅是"体育搭台、经济唱戏"，而是其本身就作为体育大家庭的一员，在社会经济活动中发挥着越来越重要的作用。

5. 其他特殊功能

攀岩运动具有探险运动、极限运动的特性，这使其在军事、科学探险、救援与逃生等领域中具有特殊功能。例如，在军事领域中，利用攀登技术和单绳上升、下降技术在山地野战和城市巷战中达到出奇制胜的效果；在科学探险中，利用攀登技术考察洞穴、山峰和极地；在救援与逃生中，攀登技术主要用于高层建筑火灾、山区地震、景区游客坠崖等情况。

第二节 攀岩基本技术

一、攀岩常用装备

攀岩是一项具有危险性的运动,从其诞生之日起,人们就开始不断地研制、生产各种装备与器械来保障攀登者的安全。装备是否合格直接关系到攀登者的生命安全,在购买和选用时一定要谨慎。此外,还需要正确地使用装备,规范地进行技术操作,合理有效地进行攀登,使用后正确地保养、存放装备等,这样才能保障安全地从事攀岩运动。

攀岩装备须符合中华人民共和国国家标准(GB 标准),或者使用通过国际攀登联合会(UIAA)测试标准或欧洲安全标准(CE)的装备。

攀岩运动的装备按材质分为织物类(尼龙等材质)、金属类(铝、合金等材质)等,按功能分为保护性装备和辅助性装备。

攀岩的装备器材主要包括安全带、下降保护器、上升器、安全铁锁、绳索、头盔、攀岩鞋、镁粉和粉袋、绳套、岩石锥等。攀岩的装备器材是攀岩运动的一部分,是攀岩者的安全保证,尤其在自然岩壁的攀登中,因此平时要爱护装备并妥善保管。

(一)绳 索

攀岩最直接的危险来自坠落对攀岩者产生的冲击力,使用攀岩专用绳索是解决这一问题最主要的方法。攀岩专用绳索由高强度的尼龙按特殊的方法编织而成,由绳芯、表皮两部分组成,具有一定的延展性,可以吸收坠落时所产生的大部分冲击力,从而起到保护攀岩者的作用,且在攀岩者与保护者之间建立连接关系。

攀岩专用绳索一般分为静力绳、动力绳和辅绳,如图 16-1 和图 16-2 所示。

(a)静力绳　　(b)动力绳

图 16-1　攀岩专用绳索　　　　　图 16-2　辅绳

静力绳多用于下降及无冲坠状态下的操作。静力绳多为单色或一种主色覆盖率达到 80% 以上。

动力绳一般又分为单绳、双绳和半绳。单绳直径一般为 9.1～11 毫米,用于可能产生冲坠的各种攀岩中。双绳直径为 7.8～9.4 毫米,常用于攀冰、大岩壁攀登等,在攀岩时必须同时使用两根绳。半绳直径为 8.0～8.3 毫米,在任何情况下都需要同时使用两根绳子,两根绳必须同时挂入每个保护点。

辅绳一般为花色，直径比攀岩绳细，多为 5～8 毫米，在攀岩中起到辅助保护的作用，如保护站设置用绳、抓结用绳。

使用攀岩绳的注意事项：

（1）应经过国际攀登联合会测试标准或欧洲安全标准的认证。

（2）考虑到易耗性，最好不要互相转借。

（3）为保证安全，尽量避免接触强烈的紫外线。

（4）避免接触油类、酒精、汽油、油漆、油漆溶剂及酸性、碱性化学物品。

（5）避免接触水、冰、火、高温物体。

（6）避免接触尖锐的东西，如锋利的岩石、沙砾、冰爪、冰镐尖。

攀岩绳在使用前应进行检查，用手捋一遍。攀岩绳应该粗细均匀，无鼓包，柔软度适中，没有明显变硬或变软的地方。检查绳子表皮有无破损。在攀岩绳的使用过程中，在绳子下要使用绳包、绳筐或防水布垫，尤其在攀冰时更为重要。不能踩、拖绳子或将其当坐垫用，以防止岩屑、细沙进入绳子纤维中而形成缓慢切割。避免将绳子用于其他用途，如捆扎物品、晾衣服、拖拉重物。攀岩绳使用后应解开所有的绳结并散开，存放于阴凉、干燥的通风处。绳子要避免经常清洗，如需要清洗，应使用清水冲洗。如果要添加洗涤液，必须使用专业的洗绳液，然后风干。

（二）扁带/绳套

扁带/绳套（图 16-3）在保护系统中做软性连接，通常与人工保护点或自然保护点直接连接后，经铁锁连接形成保护点。

根据扁带的打结方法，扁带可分为机械缝制的扁带和手工打结的扁带。机械缝制的扁带的拉力可达 22 千牛；手工打结的扁带，由于使用水结连接，所以拉力很难达到 20 千牛。

（三）安全带

安全带用于连接攀登者、保护者及装备，使攀登者更加舒适、安全地进行攀登。安全带可分为全身式安全带和半身式安全带（图 16-4），也可分为可调式安全带和不可调式安全带。

图 16-3　扁带/绳套

（a）半身式安全带　　（b）全身式安全带

图 16-4　安全带

安全带的使用注意事项：

（1）穿戴时分清上、下、里、外、左、右，避免颠倒扭曲。

（2）根据用途选择合适的安全带，穿好后松紧适度。

（3）安全带须穿在衣服的最外层，不得有任何物件遮掩安全带。

（4）腰带和腿带必须反扣回去，反扣后的长度应大于8厘米。

（5）在进行任何操作前，如攀岩、下降等，必须再次检查安全带是否达到安全规范。

（6）攀岩过程中不能解开或调节安全带。

（7）装备挂环不能用于保护、下降等任何受力操作，因为装备挂环最多承重5千克。

（四）铁　锁

铁锁通常与安全带、扁带、绳子直接连接，起连接作用。根据锁门的设计，铁锁可以分为丝扣锁、普通锁；根据铁锁的型号又可分为H形锁、D形锁、O形锁等（图16-5）。

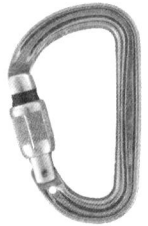  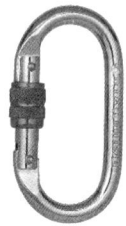

(a) H形锁　　　(b) D形锁　　　(c) O形锁

图16-5　铁锁

铁锁使用时应注意：

（1）尽可能保证铁锁纵向受力。

（2）丝扣锁在使用过程中要拧紧丝扣。

（3）锁门开口一侧应避免与绳子接触。

（4）使用中应妥善佩戴，避免从高空坠落。

（5）丝扣处如有沙粒要及时清理。

（6）受力后不得与岩石、硬物撞击，要合理选择连接位置。

（五）下降/保护器

下降/保护器使用于下降和保护中，利用绳子与器械之间的摩擦力，达到减速或停止滑动的目的，以保障攀登者的安全。较为常用的下降/保护器有"8"字环、ATC、GRIGRI、REVERSO等（图16-6）。"8"字环是最常用的保护器，ATC是可以进行双绳操作的保护器，GRIGRI可以进行自锁，REVERSO可以进行双绳操作且拥有自锁功能。不同的下降器/保护器各有特点，可以根据需求选择使用。

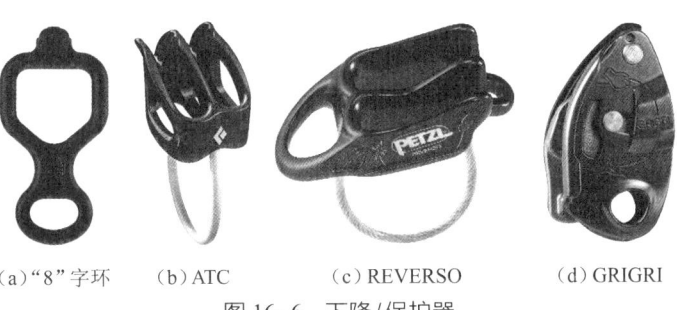

(a) "8"字环　　(b) ATC　　(c) REVERSO　　(d) GRIGRI

图16-6　下降/保护器

（六）上升器

上升器是在单绳技术中解决向上运动的器械，在攀岩过程中能起到保护作用。按用途不同，上升器分为手柄式上升器、胸式上升器（图16-7）、脚式上升器。其中，手柄式上升器最为常用，又分为左手式和右手式两种，适合不同用手习惯的攀岩者；后两种上升器多用于探洞运动。

（七）头　盔

在攀岩过程中，头盔可避免头部受落石或其他落物的伤害，起到保护头部及颈部的作用。攀岩中应使用专用头盔（图16-8），切忌用自行车头盔、工地头盔代替，因为攀岩专用头盔具有特殊的设计。在有硬物坠落、冲击力过大时，攀岩专用头盔会产生裂纹，可以分散重力对颈部的冲击力，从而有效地起到保护作用。

（a）手柄式上升器

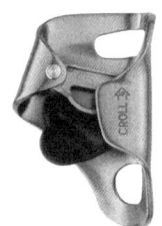
（b）胸式上升器

图16-7　上升器

图16-8　头盔

（八）攀岩鞋

攀岩鞋（图16-9）是专门用于攀岩运动的，用特殊的橡胶包裹可能用到的脚部的各个部分。攀岩鞋有助于攀岩者在岩壁上更好地使用蹬踏等技术。

（九）镁粉和镁粉袋

镁粉可以吸收手掌上的汗水和增加攀登时的手部摩擦力，镁粉袋（图16-10）用于存放镁粉。

图16-9　攀岩鞋

图16-10　镁粉袋

二、攀岩的绳结技术

在攀登过程中，绳子要与其他保护装备、固定点及绳子自身发生各种连接，以解决各种实际问题。绳结技术是确保攀登安全的基本技术。打绳结本身很容易,重要的是能学以致用,能根据实际情况采用安全、高效的解决方法,这种能力需要通过在实践中不断总结经验来培养。

(一)"8"字结

双重"8"字结的目的是做个固定的绳圈,在攀岩运动中需要采用"8"字结将主绳与安全带进行连接。只要将绳索对折后打个"8"字结,便形成双重"8"字结。在绳索中部打个"8"字结,然后将绳头顺着结从反方向穿过绳圈,同样也可以完成双重"8"字结。这个打法可以将绳索打在其他物品上,十分方便。"8"字结的优点是简单易学,容易辨别正误,强度相对较大,不易松开;不足之处是大强度受力后不易解开。

"8"字结

(二)布林结

布林结多用于与保护点的连接。布林结的优点在于打结时方便快捷,大强度受力后依然容易解开。但布林结在不受力时容易松动甚至完全脱落,因此需要打绳尾结并应在使用过程中经常检查。

布林结

(三)蝴蝶结

蝴蝶结用来连接绳索和固定保护装置。蝴蝶结可承受任何一端或绳圈的拉力,而且不会松开。打完结后两绳头成一直线,在结组过程中很实用。

蝴蝶结

(四)双套结

双套结用来连接绳索和固定装置,设保护系统时常常会绕固定点(如树干)打此结,连接岩钉也可用此结。双套结两端绳索均可受力,打好结后不需要解开,易于调整保护者和保护点之间的绳索长度。双套结在登山的修路和先锋攀登中应用广泛。

双套结

(五)平　结

平结是将绳索两端缠绕后拉拢,在交叉的上方再缠绕一次,可用来连接两根粗细相同的绳子,不受力时易解开。平结用途广泛,绳子盘好后可用平结收尾,捆绑东西时也可以用平结。

平　结

(六)渔人结

渔人结可用来连接两根绳子绳头,即将两条绳子的前端交互并列,其中一条绳子在另一条绳子上打一个单结,另一边相同,然后将两条绳端用力向两边拉紧。

渔人结

(七)水　结

水结用来连接管状扁带,做成扁带套。将一条扁带的末端打一个单结,尾端要留下充分的长度,将另一条扁带从前一条扁带的末端开始逆向顺结

水　结

形穿过,将结收紧。要经常检查打好的水结,绳尾最少留 5 厘米,若尾端太短须重打一次。

三、攀岩运动的保护技术

在攀岩过程中,由于各种原因攀登者可能会发生脱落现象。合理采取防护措施,可以防止伤害事故的发生,保证攀岩者的安全。

在攀岩的过程中,攀登者应不断地积累攀登、保护等各方面的实践经验,并有针对性地培养对可能发生的任何危险情形的预见性及判断力,如脱落过程中怎样进行自我保护,在自然岩壁攀登时是否有落石。

(一)保护者的职责与素质

熟练过硬的技术是做好保护的基础。保护者必须熟练掌握上方保护技术,包括装备的佩戴、动作的运用等。保护者要能够根据攀岩者的情况适时做出相应的保护动作,而不是简单机械地进行保护。

保护者的失误将直接威胁到攀岩者的生命,因此任何闪失都是不允许的。保护者一旦穿好装备进入保护状态,就要全程密切关注攀岩者。在保护过程中,保护者必须杜绝出现以下情况或行为:

(1)与其他人聊天说话。

(2)环顾四周,注意力不集中,尤其是当同一岩壁上有多人攀岩时。

(3)吸烟。

(4)打电话。

(5)打盹。

保护者与攀岩者之间需要不断地沟通交流,以了解攀岩者的情况,时刻保护攀岩者。例如,在攀岩前,保护者通过与攀岩者沟通确认攀岩者的状态能否进行攀岩;在下降时可以进行信号传递,确保攀岩过程中的安全。

保护者还需要具备良好的心态,要有足够的耐心,善于关心与鼓励他人。尤其是当攀岩者在完成一个难点时,可能需要多次尝试,这就需要保护者耐心地鼓励攀岩者,不能催促攀岩者,否则就有可能发生危险。当攀岩者感到恐惧、力不从心时,保护者应给予更多的关心和鼓励,但不要随意进行指点,以免打乱攀岩者的思绪。

攀岩中的脱落往往是一瞬间发生的,除了某些客观因素(如岩点破碎、支点转动)造成的脱落以外,大多数坠落都是有征兆的,这需要保护者具备敏锐的观察力,当出现以下情况时保护者要格外注意:

(1)攀岩者提醒保护者注意时。

(2)攀岩者在某一难点上有明显停顿。

(3)攀岩者力竭,手脚在某一点上持续抖动。

(4)攀岩者在某一难点上多次尝试一个动作。

在攀岩过程中,可能会出现突发情况,需要保护者第一时间处理。保护者首先要保持冷静,然后迅速采取相应措施来防控危险。出现以下情况时保护者要立即处理:

(1)攀岩者突然脱落。

（2）攀岩者脱落时撞向岩壁。
（3）保护器械脱离或突然失效。
（4）岩点松动或破碎。
（5）攀岩者被绳烫伤。

（二）攀岩运动保护的技术

在攀岩运动中，保护者利用主绳、铁锁、安全带、保护器等相关攀岩保护装备，在攀登的全程中给攀岩者提供安全的保护。攀岩者完成攀岩以后，保护者要视情况决定是否需要帮助其回到地面。保护者要保证攀岩者脱落时不会撞击到地面，并且尽量避免冲坠可能带来的扭、挫伤等危险。另外，还要保持绳索松紧适度，避免妨碍攀岩者的动作。攀岩者是在保护者利用绳索给予的保护下进行攀岩的。绳索的一端通过铁锁或直接与攀岩者腰间的安全带连接，另一端穿过保护者身上与保护者腰间安全带相连的铁锁和保护器，中间则穿过一个或多个固定的安全支点上的铁锁。在攀岩者上升时，保护者不断给绳（或收绳）。在攀岩者失手时，保护者拉紧绳索，制止坠落。发生突然坠落时，冲击力是很大的，直接手握绳索很难拉住攀岩者，主要利用绳索与铁锁及保护器的摩擦力来抵消冲击力。保护支点上摩擦力很大，所以体重较轻的人是可以保护体重较重的人的。

保护者需要准备必需的技术装备，包括安全带、主锁、保护器、手套、头盔。一定要选择适用于攀岩的安全带。保护者可能会持续工作，有时需要把攀岩者停在半空，因此腰带一定要足够宽厚，为保护者提供最大限度的舒适。保护器选哪一种均可，但一定要能够非常熟练地运用。切忌拿到新的保护器就直接使用，使用不当则会造成非常严重的后果。

一定要亲自动手检查装备，不能只用肉眼观察。例如，铁锁的丝扣很难用肉眼判断是否拧紧，需要动手拧一拧才能确定。

（1）保护者检查攀岩者的安全带穿戴是否正确，腰带有无反扣，"8"字结打法位置是否正确，是否穿着攀岩鞋等。

（2）攀岩者也应该检查保护者的安全带穿戴是否正确，腰带有无反扣，保护器与绳索的连接位置及方法是否正确，铁锁是否连在安全带的保护环上等。

（3）检查无误后，保护者应整理绳子，将多余的绳子放在自己保护一侧的身后，保证在保护过程中不会因移动等踩到绳子。如果在室外，还应准备绳包或绳筐并将绳子置入其中。

（4）双方进行口令沟通、确认。此环节贯穿整个攀岩过程。在攀岩过程中的沟通不要嫌麻烦，而且口令沟通更不可走形式。说到而没有确认检查，后果会很严重。攀岩者和保护者使用相同的语言信号进行沟通，攀岩将会变得更加安全。许多攀岩事故都是由于沟通有误或者误解了对方的意思造成的。大多数攀岩口令在国际上是通用的。

攀岩保护与攀爬语言沟通

攀岩者一旦离开地面，保护者必须已经进入保护状态，按照"五步保护法"完成保护。在整个保护过程中，保护者的技术动作要规范，对保护者绳子松紧度、站位、移动和辅助保护等都有要求。

（1）绳子松紧度：在攀岩者刚刚起步离开地面时，保护者要尽量收紧绳索，以免攀岩者突然脱落或者因绳索弹性过大而导致直接掉在地上。通常，在攀岩者的脚超过地面3（约3

块岩板的距离)后,保护绳应保持一定的松度,以免因保护绳过度牵扯而影响攀岩者的攀爬;或者由于保护绳拉扯过度而让攀岩者可以借力攀爬,从而降低了训练效果;保护绳过度牵扯会直接将攀岩者从岩壁上拉下来。在攀岩者即将脱落时或者到顶后准备下降前,保护者一定要收紧绳索。

(2)站位:保护者通过保护点、保护器与绳子之间产生的摩擦力保护攀岩者。摩擦力越大,制动效果越好,保护越轻松。保护器按照规定的连接方式连接即可,但保护点与绳子的摩擦系数很大程度上取决于保护者的站位。简单来讲,站位越靠近岩壁,顶绳夹角越小,摩擦力越大,制动效果越好,这就要求保护者在保护过程中尽可能贴近岩壁。保护者应站在攀爬线路的侧后方,因为保护者站在攀岩者的正下方无法有效观察攀岩者的状况,存在安全隐患。

(3)移动:在保护过程中,保护者要随着攀岩者的移动变化、速度变化、线路变化等调整自己的站位。但是无论保护者怎么移动,身体要迅速调整成制动姿态,并且制动手任何时候都不得离开绳子。当攀岩者攀爬速度较快时,保护者要有意识地向后退。当攀岩者休息或停留时,保护者要尽快调整站位,仍要贴近岩壁,站到路线的侧后方。如果攀爬线路交错,保护者要以攀岩者脱落后不绊到保护绳为原则调整站位。

(4)辅助保护:原则上,攀岩者只需要一名保护者独立完成保护即可,但实际情况中有时会用到辅助保护。当攀岩者体重较重时,保护者可在合理的站位后面设置锚点并与安全带连接,以免攀岩者脱落后自己也被拉到空中。在设置地面锚点时,连接锚点与安全带之间的扁带长度要尽可能与连接点到锚点之间的距离相同。如果扁带长度过长,保护者制动时可能会突然拽住自己;扁带长度太短,则会影响保护者的正确站姿。一定要用另一把主锁连接安全带一端,不允许使用连接保护器的主锁连接。锚点要设置在保护者制动一侧的后方,不可设在保护者的前方或两腿之间,也可以再请一名保护者在身后拉拽安全带。当攀岩者没有太多经验时,可以再请一名保护者在攀岩者的下方进行徒手保护,以免攀岩者突然脱落后直接落地。有些攀岩馆采用先进的顶端机械保护器完成保护,不需要人工保护,但这需要操作人员具备熟练的操作技术。有些攀岩馆路线相对固定,把锚点打在地上,直接连接保护器进行保护(即保护器不与保护者连接),保护者只负责抓绳。这种方法的保护点是固定的,无法移动,出现突发情况时无法调整,所以不建议使用。

(5)保护者放攀岩者下降:当攀岩者攀登到线路顶端或中途放弃攀登时,保护者通过主绳或保护器将攀岩者匀速、缓慢地放到地面上。

(6)完成攀岩,保护结束:只有攀岩者安全着地,保护者的保护才结束。攀岩结束后,攀岩者向保护者致谢。保护者要协助攀岩者解开"8"字结。保护者解除保护,并整理绳子。

顶绳保护方法的基本技术动作由五个连续步骤组成,故称为"五步保护法"。以下动作解析以右手为制动手。

"五步保护法"的基本步骤如下。

准备姿势:左手(导向手)抓保护器上端绳子,抓握位置以能伸直左臂为宜(尽量抓远些);右手(制动手)握保护器下方的绳子,手尽量靠近保护器,但不能贴住保护器,以免受力时被带进保护器,这样能多收绳子,提高效率。双手均以虎口抓握绳子,便于用力。

五步保护法

第一步:双手配合用力,左手往下拽绳,右手往上提绳。双手动作要同步,确保双手之间没有多余的绳子。

第二步:右手抓握绳子迅速向右后方下摆,返回到制动端。此动作一定要快,不得在第一步结束后停留。

第三步:左手从保护器外侧抓右手制动端的绳子,抓好后双手紧贴。左手与保护器应保持一定的距离,以免手被挤到。

第四步:右手再次抓握左手上方的绳子,回到准备姿势时的位置。

第五步:左手回到保护器上方,抓握绳子。此时,双手位置与准备姿势相同。

在实施"五步保护法"时,保护者应随攀岩者的位移、速度的变化做出调整:

(1)攀岩者完成手部动作后,保护者开始收绳,避免收绳时绳子的摆动影响攀岩者抓握支点。

(2)只要攀岩者向上方发生位移,就要完成一次"五步保护动作"。

(3)如果保护者开始收绳,攀岩者突然停住或者返回原点,保护者的制动手应立即回到腰间的侧后方,即制动端,不可停留在第一步,因为这时如果攀岩者脱落,保护器与主绳的摩擦力将大大降低。

(4)每一步的握绳,无论是左手还是右手,都要以虎口满把握绳,不可用手指捏绳。

(5)只要攀岩者在路线上出现停留,保护者就一定要回到制动状态等待,即制动手放到保护器下。

结束攀爬后,当攀岩者攀爬到顶或准备脱落时,保护者要在第一时间迅速收紧绳子并准备将其放回地面。保护者的具体步骤如下:

(1)调整站位,以免绳子交叉或摩擦攀岩者的后背、腿部等。通常,保护者站到攀岩路线的侧后方。保护者与岩壁的距离约2米,太近会撞到岩壁,太远则会失去重心,从而失去对攀岩者的控制。

(2)双手放到制动端握紧绳子,重心下降,双脚开立,身体站稳,进入保护状态。

(3)与攀岩者沟通,准备放其下降。

(4)双手仍握住绳子,虎口轻轻松开,绳子随攀岩者的重心移动慢慢滑动。如果攀岩者体重较重或绳子太细,可采取双手轮换倒位的方法。如果此时保护者的位置离岩壁较远,可以握紧绳子往前走,以实现放人。

(5)在整个下降过程中,保护者应密切关注攀岩者,全程保持匀速且速度要慢。如果岩壁有角度、造型的差异,放人速度以攀岩者回荡中不会撞到岩壁任何部位为宜。

(6)当攀岩者接近地面时,放慢放绳速度,让其双脚先站稳后再充分放绳。

(7)待攀岩者站稳后迅速给绳,并帮助其解除"8"字结。

四、攀爬技术

(一)手 法

由于人工岩壁的手点有不同的作用力方向,有的手点有多个开口方向,因此在攀爬过程中,应根据手点的具体情况来确定手法和力量的使用。

在攀爬过程中,手腕应放松,并尽量伸展,增加手指与岩点之间的接触,综合使用手指的力量。攀岩的基本手法有握、抓、抠、搂等。

攀岩手法选择

握：整个手掌和手指包裹握住支点用力，主要用于柱状点。

抓：四个手指前三个指关节全部抓住支点用力，主要用于深槽点。

抠：四个手指第一和第二指关节弯曲，第一指关节向内抠支点用力，主要用于带有倒槽的浅槽状点。

搂：手掌外侧小拇指端弯曲，钩挂在支点上用力，主要用于小凸起点，可以更好地放松食指和中指。

攀岩基本手法

（二）脚　法

在攀爬中脚所使用的点称为脚点。攀岩鞋接触支点的部位主要为鞋正前尖、鞋尖内侧、鞋尖外侧、鞋后跟、鞋背面。踩点时一般只能踩一半，不能踩太多，更不能把整个脚掌放上去，以使脚在承力的情况下能够左右旋转，方便在攀爬过程中换脚、转体等。

攀岩基本脚法

在攀爬过程中，每次踩点都需要精确脚落点位置，移动重心时脚后跟尽量不要跷起，而是通过改变膝关节的位置来移动重心。攀岩的脚法主要有外侧踩点、正踩踩点、内侧踩点等。

外侧踩点：脚尖外侧踩岩点，脚踝放松平放，与岩壁成 95°～175° 角。

正踩踩点：脚尖踩岩点，脚踝放松平放，与岩壁成 85°～95° 角。

内侧踩点：脚尖内侧踩岩点，脚踝放松，水平放置，与岩壁成 15°～85° 角。

（三）预备式

攀岩预备式又称作三点平衡式，是攀岩最基础的平衡技巧，通常为两个脚点、一个手点。

攀岩预备式

第三节　攀岩专项体能

攀岩运动的练习内容包括身体形态、力量素质、柔韧素质、耐力素质等。在攀岩运动的练习过程中，只有综合、全面地练习各种素质，才能使身体协调发展，提高攀岩运动的能力。

一、手法练习

练习者双脚站立在地面上，用手触摸岩板上的岩点，感受不同岩点的抓、握、捏等的感觉，练习使用合理的手法抓点。

采用预备式，双脚踩在岩点上不动，双手轮换抓点，并换不同的点进行练习。

二、脚法练习

结合手法，在岩壁上进行横移练习。

单一脚法练习：正踩、内侧踩、外侧踩三种脚法踩点横移；采用三种脚法组合进行横移练习。

三、身体形态练习

身高高、手臂长、体重轻等是进行攀岩的有利身体条件。因此,在练习过程中可以多安排身体形态练习,这对提高攀岩运动能力具有重要作用。制定改善身体形态练习计划主要依据身体形态测试的评估结果。攀岩者以保持和改善身体形态为目的,进行全身各部位的身体形态练习。根据每个人的身体形态安排适合个人的身体形态练习内容。

身体形态练习计划的内容包括运动形式和运动负荷。根据练习目的合理选择练习形式。对于普通攀岩者来说,可以采用静态悬垂、负重悬垂、瑜伽、形体操等练习形式。身体形态练习的运动负荷包括强度、持续时间、组数、间隔时间和练习频率五个方面。

（1）强度：应逐渐加大动作幅度或逐渐加大负重,让练习者感到目标肌肉受到牵拉或略感不适。若没有牵拉的感觉,则达不到练习效果,但也不能使负荷强度大到引起疼痛的程度。

（2）持续时间：在进行静力练习初期,练习部位出现牵拉感觉时,停留1分钟,以后逐渐延长持续时间,几周后可以增加到每次停留时间为2～3分钟,一般不超过4分钟。

（3）组数：每项练习重复4～6组。根据练习者的感觉,逐渐增大牵拉的程度,增加练习组数。

（4）间隔时间：稍微放松,待牵拉感觉缓解后,再开始下一次练习。

（5）运动频率：身体形态练习最好每天锻炼一次,如果时间不允许,至少两天锻炼一次,否则不易收到效果或保持锻炼效果。

四、力量素质训练

选择正确的锻炼手段,确定适当的运动负荷,是制定力量素质练习运动计划的关键。为制定出个性化的力量素质练习运动计划,必须以练习者健康状况的调查评估和身体素质的测试评估信息为依据,还要了解练习者的练习力量素质的经验以及力量素质水平。确定练习者的练习经验与水平的简单方法是询问其参加练习的持续时间。参加力量练习少于一年的属于初学,持续练习两至三年的属于中级水平,持续练习超过四年的属于高级水平。

在制定力量素质练习计划的具体内容之前,要明确练习者的锻炼目的。首先,要明确练习者需要增强哪方面的能力,这样才能找出需要重点增强锻炼的肌群,然后明确需要发展的是肌肉力量,还是肌肉耐力,还是其他力量素质。

攀岩运动的力量练习方法有多角度锁定引体、全程引体、单臂引体、楼梯引体、斜身引体、引体攀爬、负重引体、背人引体、岩点引体移动、垂直悬挂练习指力、借用指力板做引体训练、垂直悬挂、仰卧起坐、俯卧挺身等。

练习顺序是指在一次力量素质练习中将练习动作排成一个特定的序列。练习顺序的安排应使前一次练习引起的疲劳对下一项练习的影响最小。在力量素质练习中,安排练习顺序的方法有很多,可归纳为以下几种：

（1）一般先进行复杂的攀岩专项练习,然后进行基础力量素质、单关节练习,或先进行大肌肉群的练习,然后进行小肌肉群的练习。

（2）推和拉的动作交替进行,平衡发展。

（3）上肢练习和下肢练习交替进行,均衡发展。

（4）多关节练习、单关节练习与交替推拉练习相结合。通常先进行上肢练习,然后进行下肢练习。

（5）采用攀岩攀登和身体素质相结合的循环练习。

五、柔韧素质训练

制定柔韧素质练习计划主要依据柔韧素质的测试、评估结果。身体各部位柔韧性基本正常者,练习计划以保持和提高柔韧性为目的,可进行全身各部位的柔韧性练习。柔韧性较差者,应以改善柔韧性较差的部位作为练习的重点。

根据近期练习目的正确地选择运动形式,即手段方法。对于普通攀岩练习者来说,如果关节本身没有活动障碍,影响柔韧性的因素主要在于肌肉的伸展性。攀岩运动柔韧性的练习方法有递进横向攀爬、脚先动横移、举腿触点、钩点起身、斜板仰卧起坐、半悬空俯卧、站立体前屈、压肩、手指交叉推压、交叉拉臂、弓步压腿膝等。练习形式应以静力性动作为主,可让练习者主动完成,也可帮助其完成。如果练习者有特殊需要,也可以进行极限回弹练习。

静力性柔韧素质练习的内容包括强度、持续时间、练习组数、间隔时间和练习频率五个方面。

（1）强度:无论是主动伸展还是被动练习,都应逐渐加大动作幅度或逐渐加大给予的助力,让练习者感到目标肌肉受到牵拉或略感不适,即为适合的负荷强度。如果没有牵拉的感觉,就达不到练习效果,但练习强度也不能大到引起疼痛的程度。

（2）持续时间:练习初期,当练习部位出现牵拉感觉时,保持 10~15 秒,以后逐渐延长持续时间,几周后可以增加到 20~30 秒,一般持续时间不超过 60 秒。

（3）练习组数:重复 3~5 组。根据练习者的感觉逐渐增大牵拉的程度。

（4）间隔时间:稍事放松,待牵拉感缓解后,再开始下一次练习。

（5）练习频率:柔韧性练习最好每天锻炼一次,如果时间不允许,至少隔一天锻炼一次,否则不易收到或保持锻炼效果。

极限回弹练习的内容也包括强度、持续时间、练习组数、间隔时间和练习频率五方面。

（1）强度:每次练习前,先让练习者做静力性的等长收缩对抗,然后按压练习者的目标肌肉,应有牵拉感或略感不适。

（2）持续时间:肌肉静力性收缩持续 6 秒,放松 6 秒,肌肉被动伸展保持 15~30 秒。

（3）练习组数:可重复 3~5 组。

（4）间隔时间:间隔时间应短暂。

（5）练习频率:每周 3~4 次,最好达到 7 次。

柔韧素质练习的注意事项:

（1）进行柔韧素质练习之前,应先进行热身活动,如慢跑,以提高锻炼效果,并预防受伤。

（2）避免进行冲击性的柔韧素质练习,防止在柔韧素质练习过程中发生运动损伤。

（3）柔韧素质练习应从大关节开始逐渐活动至小关节。

（4）进行被动柔韧素质练习时,攀岩指导员一定要避免用力过大,要及时与练习者交流,了解练习者的感觉。

（5）可以在准备活动、整理活动中进行柔韧素质练习。

（6）练习者如无特殊的竞技运动需要，避免进行一些竞技运动专项的柔韧素质练习，以免受伤。

（7）进行静力性柔韧素质练习时，呼吸应保持顺畅。

（8）进行极限回弹练习时，应注意关节角度的极限；在静力性等长收缩阶段，要保持呼吸，并注意原动肌和对抗肌的配合。

六、耐力素质训练

人体内脏器官系统的功能活动有一定的惰性，因此在制定耐力素质练习计划时，一定要遵循渐进性原则。针对锻炼者的身体情况和锻炼目标，运动量要由小到大，负荷应逐渐地提高。如果突然加大练习强度、加长练习时间，则可能导致身体机能失调，机体受到损伤。

耐力素质练习计划制定的依据同样来自健康状况调查与评估和身体素质测试与评估中有关练习者健康状况（特别是心血管系统）的信息及心肺耐力的测试结果。耐力素质练习计划中各个要素的确定要适合练习者目前的身体健康状况和心肺耐力水平。

耐力素质最好的练习形式就是练习者所喜欢并能长期有规律地坚持的练习形式，如交叉横移攀爬、换手横移攀爬、单手横移攀爬、盲攀、无脚点横移攀爬、指点横移攀爬、手脚同点横移攀爬、线路连续攀爬等。

耐力素质练习计划的内容包括练习频率、练习强度、练习方法。

（1）练习频率：对于身体情况水平较低的初级练习者来说，开始练习时，每周练习的次数应少一些，平均分配练习时间，可每隔一天练习一次，每周3次；当水平提高后，可增加练习频率，一般每周4～5次。

（2）练习强度：练习强度是设计练习计划中最重要，也是最困难的部分，需要适当地监测以确定练习强度是否适当。理论上，每个人在开始攀岩前都应该进行一次全面的运动试验，但这并不现实。另外，从安全角度考虑，多数人也并不适合一开始参与运动就做运动试验。

测试小臂肌肉松紧度是确定练习强度的方法之一，在练习过程中测量练习者的小臂松紧程度，小壁肌肉越紧，说明耐力训练强度越大。对于初学攀岩的人来说，最先感受到刺激的是小臂。因此，可以根据练习者小臂的肌肉松紧度测量练习强度。测量小臂的肌肉松紧度有三个标准：小臂松软，则练习强度较小；小臂胀而不硬，则练习强度刚好；小臂僵硬无力，则练习强度大。

（3）练习方法：提高心肺耐力的耐力素质练习方法有耐力基本练习、持续练习、间歇练习、交叉练习、循环练习、递增强度练习等。

① 耐力基本练习法：首先通过测试确定个人最高攀登能力（完成攀登的最难级别线路），然后完成3组攀岩练习，每组4条线路，每组练习线路的难度根据个人最高攀登能力的百分比来确定。攀岩的难度负荷为可以攀爬这种难度线路的次数，如30%难度负荷是可以连续攀爬7条这种难度的线路，80%难度负荷是可以连续攀爬2条这种难度的线路。

示例一

第一组：4条线路，50%×个人最高攀登能力级别

第二组：4条线路，100%×个人最高攀登能力级别

第三组:4 条线路,80%×个人最高攀登能力级别

示例二

练习者攀登能力最高级别为 5.11 级。

第一组:4 条线路,60%×5.11 级别的强度 ≈ 5.9 难度

第二组:4 条线路,80%×5.11 级别的强度 ≈ 5.10d 难度

第三组:4 条线路,70%×5.11 级别的强度 ≈ 5.10a 难度

② 持续练习法:指强度较低、持续时间较长且不间歇地进行练习的方法。开始 4～6 分钟为准备活动,此后至少 20 分钟以内强度应保持在靶心率之内,最后约 5 分钟为整理活动,降低强度,心率逐渐恢复。持续练习法运动强度易控制,适合于所有人群。

③ 间歇练习法:大强度和小强度运动交替练习的方法。例如,3 分钟高强度活动(锻炼时心率可超过靶心率高限的 10%)与 3 min 小强度活动交替进行。

④ 交叉练习法:结合几种耐力素质练习形式的练习方法。可以在每个练习阶段采用不同的练习形式(在一个周期内循环两种或更多种),也可以在一次练习中采用几种不同的练习形式。

⑤ 循环练习法:力量素质练习和有氧练习相结合的练习方法。将有氧练习放在力量素质练习之间,各练习之间只有短暂休息或无间歇,其目的是将心率增加到靶心率范围之内,以同步提高心肺耐力和肌肉耐力。

⑥ 递增强度练习法(金字塔练习法):先确定个人最高攀登能力水平级别,然后依据该难度级别的百分比确定以下每组练习的难度负荷。随着每组强度逐渐增大,练习次数逐渐减少。

示例

第一组:8 条线路,50%×个人最高攀登能力级别

第二组:6 条线路,65%×个人最高攀登能力级别

第三组:4 条线路或至力竭,75%×个人最高攀登能力级别

⑦ 递减强度练习法:同金字塔练习法相反,随着每组强度逐渐降低,每组练习次数逐渐增加。

示例

第一组:2～4 条线路或至力竭,约 100%×个人最高攀登能力级别

第二组:3～6 条线路或至力竭,约 80%×个人最高攀登能力级别

第三组:4～6 条线路或至力竭,约 50%×个人最高攀登能力级别

第四组:5～7 条线路或至力竭,约 20%×个人最高攀登能力级别

⑧ 突破练习法:练习者做某一练习,已完成一定的高度,无力继续完成全程线路时,教师指导其继续完成 1～2 次攀登,使肌肉得到最大限度的锻炼。

⑨ 退让练习法:练习者完成正常练习至疲劳,教师帮助指导其完成向下攀登的动作,然后由练习者自己完成与攀爬相反用力的动作。

攀岩竞赛规则

第十七章 定向

学习目标

思政元素

通过情景模拟、红色历史典故运用等方法,培养学生的爱国主义精神;通过在地形复杂、障碍丛生的环境中完成训练与比赛,锻炼学生顽强的毅力和拼搏的精神;以接力赛、团队赛的形式,在任务合理分工、相互合作获得比赛胜利的过程中,使学生形成团队合作意识,以及为了集体利益而自我奉献的精神。

身体能力

在运动中增强体质、享受乐趣;身体形态、心肺耐力、运动素质等方面达到《国家学生体质健康标准》测试要求;学会定向运动的基本技术、战术,具有调整身体姿势与越野跑能力,勤练、常赛,以适应校园、公园、山地等不同的运动情景。

认知能力

了解定向运动的起源与发展,理解参加定向运动的益处,掌握定向运动增进身心健康的手段与方法,遵守定向运动的竞赛规则;具有在不同运动场地中恰当运用技战术的能力;能够正确合理地分析野外环境奔跑过程中的安全与危险,运用正确的战术、选择合理的路线解决遇到的挑战。

第一节 定向运动简介

一、定向运动的概念

定向运动是指运动员借助一个指北针和一张详细精确的定向地图,按顺序找到地图上所标出路线中的各个检查点,选择适合自己的最佳路线直到终点,以用时最短者为优胜。定向运动是一项体力与智力相结合的运动,需要在不同的环境中根据自己掌握的知识对路线做出正确的选择,快速完

定向运动简介

成比赛。其既有助于培养独立思考和解决问题的能力,增强战胜困难、勇往直前的勇气,提升压力下理智判断、果断决定的性格品质,又能够强健体魄、陶冶情操。

二、定向运动的起源

地图是部队作战的必备"武器",在海上或陆地行军等军事活动中都必须以地图作为向导。军事上的需求是推动地图的测绘水平不断发展进步的最大动力。过去大比例尺的精确地图大都是由军队测绘部门绘作的,并且作为国家机密专供部队使用。想要发挥地图的作用,就必须具备识图能力并使用指北针。因此,测量、绘制地形图和使用指北针是大多数军事院校中的必修内容。1886年,读图和野外定向进入了斯德哥尔摩和奥斯陆的军官学校课程。于是,orientering(瑞典语"定向")一词在当年的课程说明中第一次出现,意为借助地图和指北针穿越未知的地带。1893年5月28日,这种结合了越野跑和读图的orienteringslopnng(字面意思为"定向赛跑")首次成为每年举行的斯德哥尔摩驻军运动会的正式项目。两年后,定向赛跑又成为综合军事体育比赛的项目之一。从那以后,在挪威、瑞典和英国举行军事定向赛跑的活动逐渐多了起来。

从19世纪初期到中后期,在不列颠群岛和斯堪的纳维亚半岛开展的"回归自然"运动中,使用地图和指北针进行的野外寻宝游戏大受欢迎。1897年10月31日,在挪威首都奥斯陆附近,第尔弗运动俱乐部举办了世界上第一次公开的定向比赛,参赛者虽只有8人,但这次比赛仍被认为是定向运动史上的第一座里程碑,这一年也被认为是定向运动元年。此后,定向运动俱乐部开始零星地出现在挪威和瑞典。

20世纪初,斯德哥尔摩业余运动协会主席、瑞典童子军领袖吉兰特少校开始尝试将定向运动改造成大众化的运动形式。当时,田径运动在瑞典开始衰落,参加田径运动的年轻人越来越少。为了使这种在自然环境中的越野跑变得更加具有吸引力,吉兰特决定让运动员利用地图和指北针自己选择路线进行训练和比赛。1912年,在吉兰特的倡导下,定向运动成为瑞典的竞技运动项目,吉兰特被称为"现代定向运动之父"。

20世纪30年代,定向运动已经在瑞典、挪威、芬兰和丹麦等国有了较好的发展。1932年,第一次世界定向锦标赛举行。1961年5月,国际定向联合会(IOF)在丹麦首都哥本哈根成立。截至2012年底,其会员已发展到包括中国在内的74个国家和地区。1977年,国际定向联合会获得了国际奥委会的承认。国际定向联合会还是国际世界运动会协会、国际单项体育联合总会的成员。2001年,定向运动成为世界运动会(World Games)的正式比赛项目。

三、定向运动的分类

常见的定向运动形式有下列几种:

(1)徒步定向(又称定向越野)。这是各种定向运动类型中组织较为简便、开展最为广泛的一种。由于它最能考验个人识图用图、野外选择路线和奔跑的能力,因此无论男女老少,都可以在同一个场地上享受竞技的快乐,是"适合每个人的运动"。

(2)山地车定向。山地车定向,顾名思义,就是选手们骑在山地自行车上疾驰的定向运动。它需要的场地比徒步定向略大,区域内的大小道路要能够连成网络,以便选手骑行。由于不便频繁看图,山地自行车定向的选手比徒步定向的选手更需要培养地图默记能力,在崎崎地形上熟练地运用山地自行车的技术也是必不可少的。

（3）滑雪定向。滑雪定向与徒步定向的主要区别是选手需要使用滑雪装备（非机动的），供比赛用的滑道需要使用摩托雪橇提前开辟。同一比赛线路上的滑道通常不止一条，以便选手自行选择更有利于自己的滑行线路。

（4）选标定向。选标定向原来是专为残障人士设计的定向运动形式。其基本赛法是：在野外道路的两侧设置若干检查点群（每处3～6个点标），选手们需要按照地图与检查点说明表的指示，在每个检查点群处挑选出唯一正确的点标。这种赛法既可以让乘坐轮椅车的伤残人士加入定向运动中来，又可以供新手进行定向基本技术训练，同样也是一种能让所有人都饶有兴趣地参加的专项技能比赛。

四、定向运动的常用器材与装备

（一）指北针

指北针的主要作用是辨别方向、标定地图、确定站立点与目标点的方向等。常见的定向运动指北针包括刻度盘指北针、拇指指北针、拇指刻度盘指北针。

指北针的持握方法如下。

（1）刻度盘指北针：读图时水平持握指北针于身体前面正中的位置，高与腰或胸齐，前进方向箭头与身体正中线平行，指向身体正前方。

（2）拇指指北针：读图时用拇指将指北针前端右侧顶角压在自己在地图上目前的位置后面，水平持地图于身体前面正中的位置，高与腰或胸齐，前进方向箭头与身体正中线平行，指向身体正前方。

指北针

（二）地 图

地图是定向运动中最重要的器材，其质量的好坏直接关系到比赛过程是否安全、结果是否公正。因此，国际定向联合会专门为定向越野地图制定了《国际定向运动地图规范》，按照不同的赛事特点，分别对比例尺、等高距、符号、色彩等多方面进行了详细的规范。

定向地图

（三）比赛线路

比赛线路由活动组织者印刷或手绘在地图上，发给参赛人使用。在一条典型的定向越野比赛线路中，三角符号表示起点；单圆圈表示检查点，它在现地的精确位置是圆圈的中心；双圆圈表示终点。检查点圆圈之间有直线连接，但这并不意味着必须沿着直线前进，而是可以自己选择行进路线，但必须按图上标明的检查点序号顺序依次前进。

定向地图上的线路

（四）检查点

检查点是工作人员于比赛前在比赛场地中摆放的标志。严格意义上的检查点是由三个部分组成的，即点标旗、点签和特征物/特征点。

（1）点标旗是用三面标志旗围成的"三角形"灯笼，每个面的标志旗呈正方形，沿对角线分开，左上为白色，右下为橙红色，尺寸为 30 厘米 × 30 厘米。点标上有编号（代号），通常标示在点标上或其附近，以便在比赛时根据此编号来判断自己是否找到了正确的检查点。

定向运动使用器材

（2）点签提供找到检查点的凭据。传统的点签是钳夹式的，由弹性较佳的塑料或金属材料制成，顶端装有钢针。每个检查点点签的钢针以不同方式排列，这使点签可以夹出不同图案的针孔，以证实参赛者找到了哪个检查点。

电子式点签器前端有一个带圆洞的指卡感应区，将电子指卡贴近感应区时，点签会把当时的时间自动写入指卡。当完成比赛到达终点时，指卡上不但记录了比赛用时，而且记录了到达每个检查点的具体时间，包括点与点之间的各路段用时。

（五）检查点说明表

检查点说明表是以表格形式提供给参赛者的一套全世界的统一符号或文字系统。它可以使参赛者在进入图上的检查点圆圈之后，不必再四处寻找点标的位置，以保证参赛者的主要精力和时间都用在比赛的快速行进上。

一条完整比赛线路的说明符号表包括下述内容。

（1）表头：包括赛事名称、组别（可选项）、线路编号或名称、线路长（精确到 0.1 千米）、爬高量（精确到 5 米）。

（2）表身：依次对各检查点进行说明，包括起点的位置、各个检查点和规定路线（必经路线）。为方便参赛人使用，一般每隔三行加粗一条横线。

（3）表尾：说明最后一个检查点至终点的所有情况，包括该路段的长度与类型、是否有通道、其栏隔的形式等。

在使用符号对检查点进行说明时，国际定向联合会有着非常严格的规定，必须按要求将不同内容分别填入 A～H 的 8 列中（表 17-1）。

表 17-1 检查点说明符号

A	B	C	D	E	F	G	H
2	225	↖	⋮	▦	B×4	＜	人

A	检查点编号
B	检查点代码
C	同样特征物的区别方位
D	检查点特征
E	检查点特征与特征描述
F	规模/结合方式/弯部
G	点标旗所在方位
H	其他信息

同样，为方便参赛者使用，要求每隔三列加粗一条列线（竖线）。它所表达的含义是：粗线右侧的内容是重点。

第二节 定向基本技战术

一、定向地图

地图一般分为普通地图和专题地图两大类。普通地图是以相对均衡的详细程度表示制图区域内的自然和社会经济现象的地图,包括平面图、地形图和地理图三种。专题地图以普通地图为基础,只对专题内容详尽表示,而对其他地理信息则简化或者选择相关的内容予以表示。定向地图是有关地面通行性的详细信息(障碍和易跑性)的专题地形图。

定向地图跑图

定向地图是一种专用地图,也是一种附加了地面阻碍或妨碍通行信息和易跑性信息,用磁北方向线定向的详细地形图。为了能给在高速奔跑中的参赛者导航提供帮助,定向地图强调在确保清晰易读的前提下,详细描述所有可能影响读图、路线选择及对导航有重要意义的特征及其属性,特别是强调描述奔跑中可能观察到的明显特征、阻碍通行和妨碍通行的特征、植被的易跑性和通视度。

定向地图的基本内容包括三个部分:数学基础、地理要素和整饰要素。定向地图要求将对读图和选择路线有影响的因素都表示出来,如地貌、地表状况、可奔跑性、水系、建筑群与独立房屋、道路网、其他线状地物以及对判定方向与确定点位有用的地物等。一张定向地图上一般包括比例尺、等高距、磁北线、各种地物、地貌符号、图例说明和检查点说明等内容。

(一)比例尺

1. 比例尺的概念

定向地图中的比例尺是指地图上某一线段的长度与相应实地的水平距离之比,实际上就是地表现象的缩小程度。其算数表达式为:

$$\text{地图比例尺} = \frac{\text{图上距离}}{\text{实地距离}} = \frac{1}{L}$$

其中,L 为地图上单位长度所代表的实地水平距离。由此可见,比例尺分式中的分母越小,地图比例尺就越大,地图上描绘的内容就越详尽;分母越大,地图比例尺就越小,地图上描绘的内容就越简略。

定向地图的比例尺通常在 1∶15 000 ~ 1∶500 之间。比例尺的选择主要取决于项目类型、参赛者的年龄和使用领域。例如,百米定向地图通常为 1∶500 和 1∶1 000,长距离比赛地图的比例尺通常为 1∶10 000 或 1∶15 000。

2. 比例尺的特点

(1)比例尺只是一个单纯的比值,因此相比的两个量须取同样的单位,单位不同不能成比。

(2)大比例尺图和小比例尺图的区别按照比例尺的比值衡量。比值的大小可依比例尺分母来确定:分母小,则比值大,比例尺就大;分母大,则比值小,比例尺就小。例如,

1∶10 000 大于 1∶15 000,1∶25 000 小于 1∶10 000。

(3) 当一幅地图的图幅面积一定时,比例尺越小,其包括的实地范围就越大,图上显示的内容就越简略。

(4) 比例尺越大,图上量测的精度越高;比例尺越小,图上量测的精度越低。

3. **图上距离的量算**

1) 用直尺量读

当使用刻有"直线比例尺"的指北针底板量读时,可依据刻在尺上的数值在图上直接读出相应的实地距离。

当使用普通"厘米尺"量读时,要先从图上量取所求两点间的长度,然后乘以该图比例尺分母,读出相应的水平距离,并将结果换算为米或千米:

$$实地距离 = 图上距离 \times 比例尺分母$$

例如,在比例尺为 1∶10 000 的图上量得某两点间距离为 5 毫米(0.5 厘米),则实地水平距离为:5 毫米 × 10 000 = 50 000 毫米 = 50 米。

当量算某两点间的弯曲距离(如公路)时,可将曲线切分成若干段短直线,然后分段量算并相加。

2) 利用直线比例尺和磁北线间隔判断

定向地图上通常印有图形比例尺,又称"直线比例尺"。为方便参赛者在高速运动中使用,图形比例尺的长度按照规定应为 20~40 毫米,即与图上 2~3 条磁北线的间隔一致。

通过其显示的等分格与数值,既可以利用图形比例尺进行量算,又可以借助磁北线的间隔概略判断图上任意两点的相应实地水平距离。

3) 用手量读

用手量读时应提前测量、熟悉自己的手指(骨节或指甲等)的宽度、长度或厚度等,然后在比赛中替代"厘米尺"进行量读。此方法的缺点是不够精确,但使用时方便快捷。类似的还有对自己头发粗度的测量,熟悉它的尺寸对判断图上的细微距离更有用。

4. **图上量算距离应注意的问题**

从图上量得的距离,无论是直线还是曲线,都是两点间的水平距离。如果实地的地形平坦,图上所量距离接近实地水平距离;如果实地两点间的地形起伏,则两点间的实际距离大于图上量得的水平距离。因此,当需要精确计算图上两点间的距离时,必须根据地形的起伏情况具体分析,将图上量得的距离加上适当改正数。表 17-2 列出了不同坡度的道路上由实验得到的距离改正数。在有些地区,如沟壑纵横的地形,实际改正数可能大于表中所列数据。

表 17-2 由实验得到的不同坡度道路的距离改正数

坡 度	改正数/%	坡 度	改正数/%
0°~5°	3	20°~25°	40
5°~10°	10	25°~30°	50
10°~15°	20	30°~35°	65
15°~20°	30	35°~40°	80

如果对距离只求概略了解,可以根据以下经验数据进行改正:

(1)平坦地(有微起伏),改正数为10%~15%。

(2)丘陵地(比高在100米以下),改正数为15%~20%。

(3)一般山地(比高为100~200米),改正数为20%~30%。

(二)定向地图的颜色

定向地图上可以有8种颜色,其中7种颜色用于表达地理要素和技术符号,紫色用于表达路线。7种颜色与各种符号结合即可表达出复杂的地物和微小地貌。

定向地图上的颜色

棕色:地貌和人工铺筑的地表等。

黑色:岩石和石头等微小地貌、人造地物等。

灰色:露岩地等微小地貌、房屋及房屋中的通道等地物特征。

蓝色:水系和沼泽等。

绿色:植被。

黄色:植被。黄色和绿色结合而成的黄绿色用于表示私人领地或禁入区。

紫色:路线。

白色:易跑树林。

(三)定向地图的符号

地图符号是地图与用图者对话的语言,是获取现地地形信息的主要来源。因此,完整、准确地识别符号是正确使用地图的前提。识别符号不能靠机械记忆,而是需要了解它们的制定原则,了解符号的图形、颜色和表意之间的逻辑联系,这样才能根据符号联想出每一种地面物体的外形、特点及意义。以下对地图符号的介绍,系依据国际定向联合会最新颁发的《国际定向运动地图规范》(ISOM2017),并以1:15 000比例尺的地图符号为例。

1.符号的分类与颜色

同其他地形图一样,定向地图也要求完整而详细地表示地貌、水系、建筑物、道路、植被和境界,即所谓"地图的六大要素"。以下是国际定向联合会根据定向越野比赛的特殊需要,将定向地图的符号分成的七个类别:

(1)地貌,用棕色表示。这类符号包括地面详细形态的专门符号,如冲沟、土坎、土墙、小丘、破碎地面等(图17-1)。

等高线/示坡线
计曲线、等高线注记
半距等高线
土崖/土坎
土埂/土墙
大冲沟、小冲沟
小丘、土丘、狭长土丘
大洼地、小洼地、小土坑
破碎地面
特殊地貌特征

图17-1 地貌符号

(2)岩石与石块,用黑色或灰色表示。岩石与石块是地貌的特殊形式,它们既是读图与确定站立点位时最易用的特征物,又可以向参赛者表明是危险还是可以奔跑的通行情况。为使它们明显区别于其他地貌符号,这类符号使用黑色(仅岩面空地用灰色表示,图17-2)。

(3)水系与沼泽(湿地、淤泥地),用蓝色表示。这类符号包括所有露天的明水系,当伴有水生或沼泽生的植物时,可与相应的植被符号配合表示(图17-3)。

图 17-2　岩石与石块符号　　　　图 17-3　水系与沼泽符号

（4）植被，用空白或者黄色和绿色表示。由于植被既能影响人的视野和运动速度，又能为在野外行动的人提供重要的特征物，因此定向地图对植被进行了详细的区分（图 17-4）。

（5）人工地图，用黑色和用于显示范围的浅棕色、橄榄绿色等表示。人工建造物和主要由人类活动造成的特征物在野外相对来说十分醒目，因此这类符号在所有户外活动中的导航和定位作用都非常明显（图 17-5）。

（6）技术符号，用黑色和蓝色表示。技术符号在所有类型的地图上都是重要的内容，在定向地图上主要有磁北线、地图套版线、高程注记点等（图 17-6）。

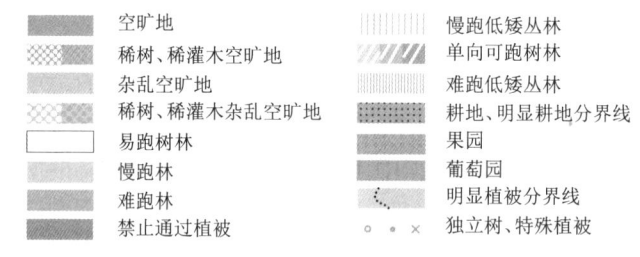

图 17-4　植被符号

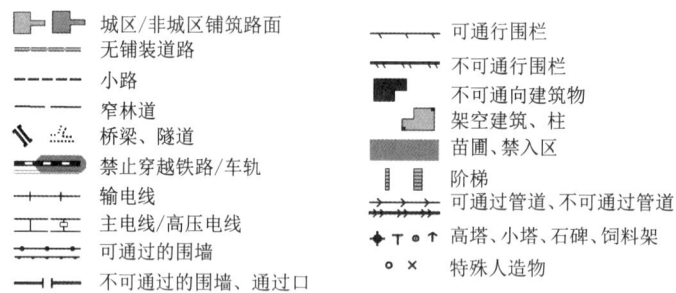

图 17-5　人工地图

特别提醒：出于保守国土秘密的需要，在我国公开使用的定向地图上不会标注精确的高程数据。

（7）线路设计符号，用紫色表示。这类符号用以表达比赛线路及其各路段上通行、障碍、

图 17-6　技术符号

危险、保障等情况(图17-7)。线路设计符号早年间是在赛前手工绘制在地图上的,现在由于OCAD（orienteering computer-aided design)定向制图软件的普遍使用,已经能够做好与地图绘图同步生成。

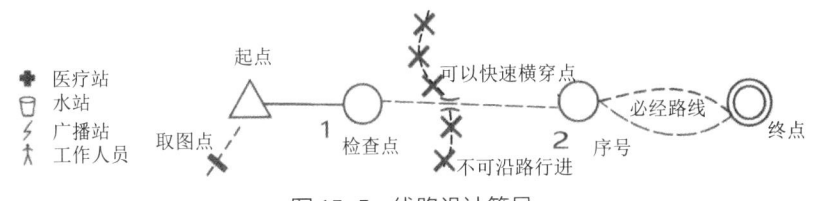

图17-7 线路设计符号

2. 符号图形的特点

定向地图中使用的符号(表17-2)包括点状符号、线状符号、面状符号及配置符号四种类型,分别表示相应的地物和微小地貌。

表17-2 定向地图中的符号

符号举例	定位点
· ○ ◆ ▲ ● ▢	图形中心
∪ ⋎ ↑ ⋁ T	符号重心

（1）点状符号:用于表示实地中必须标示出来的具有重要方位意义的独立特征,如独立树、山洞等。独立特征通常形态较小,无法依比例尺表示,只能用规定的点状符号以夸大的形式表示出来,因此点状符号是不依比例尺表示的符号,只能表示特征的性质、定位和分类等级,如石头和巨石。实地中,特征的具体位置在点状符号的重心位置。

（2）线状符号:用于表示实地中的线状特征,如道路、沟渠、垣栅、输电线等。线状特征通常宽度较窄,无法依比例尺表示,只能以夸大的形式表示出来,因此线状符号是半依比例尺符号,其长度是依比例尺表示的,而粗细是不依比例尺表示的。另外,线状符号还有多种线型,如粗实线、细实线、长虚线、短虚线、齿线、斜齿线、珠线等。线状符号通过颜色、线型及长度的组合,可以表现出各种线状特征的具体长度、类型与宽度等级(如路的易跑性)、高度等级(如陡崖的可通过性)、深度等级(如水道的可通过性)、导航等级(如明显和不明显小路)等属性。

（3）面状符号:用于表示实地的面状特征,如房屋、湖泊、耕地等。面状特征的长和宽都可以依比例尺表示,因此面状符号是依比例尺符号。面状符号通过颜色或颜色与图案的组合,可以表现出特征的具体位置、准确的分布范围、外部轮廓及属性(如阻碍或妨碍通行的情况,易跑性和通视性及特征的长、宽和面积等)。

（4）配置符号:在一定空间范围内,按一定的密度配置相应的点状符号形成的类似面状符号的符号;用于表示实地中呈面状分布,但分布较零乱,分布界限、具体位置和数量很难确定的特征,如沙砾地、石块地等反映地表性质的区域微地貌及果林、坟地等呈区域分布的地物特征。配置符号只能表示实地中长和宽都达到一定分布密度的特征的范围及其相对边界。在实地中,边界外也可能有少量零散的特征分布。

3.认识符号需要注意的问题

在定向地图上，对于一组属性相近的地物，通常只规定一个基本符号，然后依据这些符号的不同分类，分别使用不同的颜色。在识别符号时，注意不要搞混。由此可见，定向比赛应该尽量避免使用单色地图。

为了表示某些同类地物之间的差别，一般将它们的基本符号做一些局部的改变或进行方向调整。在识别这些符号时应特别仔细，注意符号本身或其与周围地形之间的细微差别。

当若干同类符号以某种有规律的排列方式来表示地物时，其所反映的只是地物的性质和范围，并不代表地物的具体个数和精确位置。

某些地物，虽然性质相同，但其长度、宽度、高度或直径不同时，图形特点将会改变——在一定条件下相互转化。这就说明，面状地物、线状地物或点状地物，虽然它们的符号在图上的区别是比较明显的，但在现地，除非具有足够的经验，否则就不易看出它们之间的区别。

（四）地貌——等高线的识别

地貌是地表高低起伏状态，如山地、平地、山背、山谷等，当然也包括一些附属它的地物，如土坎、土堆、冲沟等。

定向地图采用等高线法表示地貌，由于定向地图上的所有要素都建立在地貌的基础上，并与地物形成各种关系，因此能够熟练地利用等高线图形理解地貌是非常重要的。例如，地物的分布、比赛线路的方向和距离等，都受到地表起伏变化的制约和影响，而且在地物稀少的地方及森林中，地貌就是主要的甚至唯一的行进参照物，是参赛者最基本（概略定向的依据）、最稳定（现地变化最小）、最可靠（双脚随时能感受到它）的向导。

要想在野外充分地利用定向地图上表示的地貌，必须首先弄懂等高线表示地貌的方法并学会运用等高线研究地貌的方法。

1.等高线表示地貌的方法

1）等高线的高程起算面

等高线是按高程测绘的。高程是地面上各点高出平均海水面的高度，即海拔，又称真高、绝对高。两点间高程之差叫高差，即比高，又称相对高。

2）等高线表示地貌的原理

等高线表示地貌的原理（图17-8）可以通俗地解释为：设想把一座山从下至上按相等的

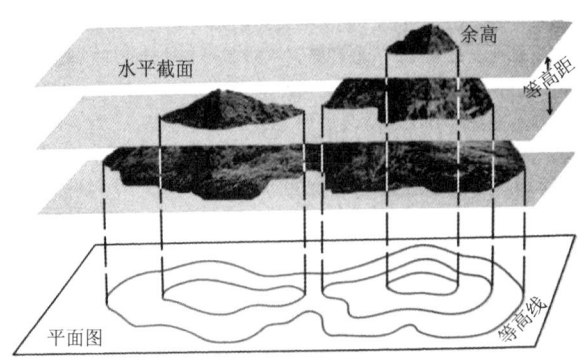

图17-8　等高线表示地貌原理图

高度一层一层地水平切开,那么山的表面便形成了若干大小不同的截口线,同一条截口线上各点的高度相等,将这些截口线垂直投影到一个水平面上,形成一圈套一圈的等高线图,显示出该山的形态。

如果切割山体的每个水平截面都具有各自的海拔,那么不难看出,等高线实际上就是由高程相等的各点连接而成的闭合曲线。

3)等高线表示地貌的特点

(1)地图上的每条等高线都是实地等高线的水平投影,它既描绘出地貌的轮廓,又表示出地貌的起伏。

(2)在同一条等高线上,各点的高度相等;每条等高线都是闭合曲线。

(3)在同一幅地图上或同一等高距条件下,等高线多,则山高,等高线少,则山低;凹地的等高线表示深浅。

(4)在同一幅地图上或同一等高距条件下,等高线间隔小,实地坡度陡;等高线间隔大,实地坡度缓。

4)等高距的规定

等高距是相邻两个水平截面之间的垂直距离。等高距的大小在很大程度上决定着地貌表示的详略。等高距越小,等高线越多,地貌表示得越详细;等高距越大,等高线越少,地貌表示得越概略。

由于实地地貌的起伏及切割程度的千差万别,适合显示平坦地区的等高距,在显示山区时可能会使等高线过密甚至重合;反之,适合显示山区的等高距,在表示平坦地区时又可能出现等高线过于稀疏的状况。同时,等高线的疏密还会影响地图的清晰性和易读性,因此,国际定向联合会对定向地图的等高距做专门规定,并要求将等高距标注在每张图的显著位置上。国际定向联合会规定:比例尺 1∶15 000 的定向地图,等高距为 5 米;在整张图上地面的坡度都比较平缓时,可以采用 2.5 米的等高距;在同一张图上不允许使用两种等高距。

5)等高线的种类和作用

等高线包括首曲线、计曲线、间曲线,如图 17-9 所示。

(1)首曲线,又称基本等高线,用 0.14 毫米的棕色线表示,并按规定的等高距显示地貌的基本形态。

(2)计曲线,又称加粗等高线,用 0.25 毫米的棕色线表示。它是为了便于计算高差,每隔 4 条基本等高线加粗描绘的一条曲线。

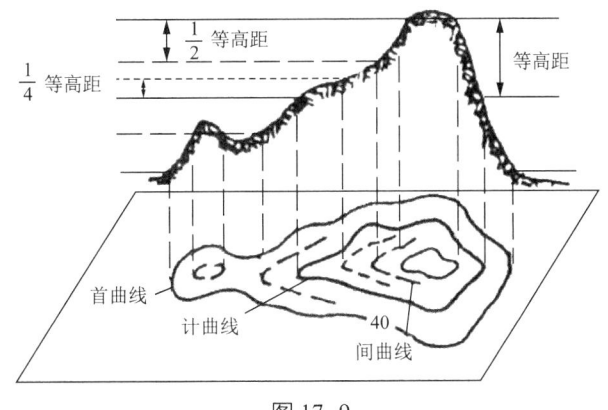

图 17-9

（3）间曲线，又称辅助等高线，用 0.1 毫米的棕色虚线表示。它是按约 1/2 的等高距测绘的曲线，可以提供更详细的有关地表形态的信息。

6）示坡线

示坡线是顺着下坡方向绘制并与等高线垂直相交的小短线。它通常绘在等高线最有特征的弯曲上，如山顶、鞍部或凹地底部，以及在读图困难、有必要表明下坡方向的地方。

7）地貌的基本形态及其等高线图形

地貌的每一种形态都有一个独特的等高线图形。等高线上任一微小的弯曲都可以表明地貌的特征。表 17-3 为定向地图上常见的几种地貌基本形态及其等高线图形。

表 17-3　定向地图上常见的地貌基本形态及其等高线图形

名　称	基本形态	图　形	简　注
山			用一组环形等高线表示，有时在其顶部最小环圈的外侧绘有示坡线
山背			从山脚至山顶的凸形斜面，是一组以山顶为准向外凸的等高线图形
山谷			两山背间的凹形斜面，是一组以山顶（或鞍部）为准向里凹的等高线图形
洼地			低于周围地面且无水的地方，通常在其等高线图形的内侧绘有示坡线
鞍部			通常既是两个山脊的下端点，又是两个山谷的顶点
山脊			若干山顶、山背、鞍部的凸棱部分的连接线
台地			斜面上的小面积平缓地，是一组（或一条）向下坡方向凸出的等高线
山垄			斜面上的长而狭窄的小山背，是一组向下坡方向凸出的等高线图形
山凸			斜面上的短而狭窄的小山背，是一条向下坡方向凸出的等高线图形
丘			体积较小的只能以一条等高线表示的小山包

2. 利用等高线研究地貌的方法

学会判定地貌的起伏是对利用等高线研究地貌的最起码的要求。判定地貌的起伏,也就是判定现地地貌的斜坡方向。因此,开始训练识别等高线时,首先应该学会利用示坡线、标高点、河流走向、等高线注记和图形等,快速判明斜坡的升降方向(图17-10)。

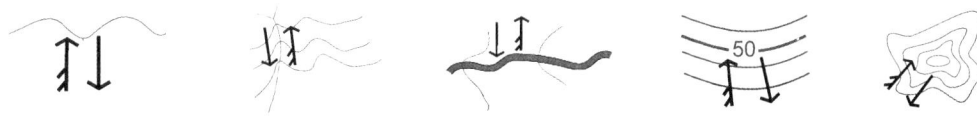

图17-10　利用等高线判明斜坡升降方向

(1)利用示坡线判定:顺示坡线方向为下坡,逆示坡线方向为上坡。

(2)利用河流(谷地)判定:沿河流(谷地)方向时,向河源为上坡,背河源为下坡;过河流(谷地)方向时,向河流为下坡,背河流为上坡。

(3)利用等高线注记:朝字头方向为上坡,朝字脚方向为下坡。

(4)利用等高线图形:山背、山垄等地貌隆起部分的等高线图形,其凸出的部分总是朝下坡方向,而山谷、凹地等的图形则相反,总是朝上坡方向。

另外,山的等高线图形一般山脚处较疏,山的中上部较密。因此,上坡方向就是等高线图形由疏变密的方向,下坡方向就是等高线图形由密变疏的方向。

(五) 读图的一般规则

1. 要完整、正确地理解定向地图

定向地图不是地面客观存在的机械反映,它是制图人采用取舍、合并、移位、夸大、概括等制图综合方法完成的。因此,图上物体的数量、形状、大小、精确位置等与实地并非总是完全一致的。例如:

(1)在多种地物聚集的地方,只表示了对运动有价值的地物,其他地物通常不表示或只有重点地选择表示。

(2)山背上、河岸边的细小凹凸在图上不可能全部表示出来,仅表示出了它们的概略形状。

(3)公路、铁路等线状地物符号的宽度是夸大的,地图比例尺越小,夸大程度越高,这必然引起线状地物两旁其他符号的位移,因此这些符号的位置就不可能十分精确。

2. 要有选择地了解地图的内容

读图时不能漫无边际地看,而应有选择地把注意力集中在与如何解决定向和越野跑问题有关的地域和内容上。可以先综合扫视一下图上的比赛地域,而后确定需要重点考察的内容,进而获取需要的信息。

3. 要对各类符号进行综合阅读

不能孤立地看待地物或地貌的单个符号,而应将它们与地貌及其他地形要素联系起来阅读,即不仅要了解它们的性质,还要了解它们之间的方向、距离、高差等空间位置关系,从而明确这些要素对竞赛的综合影响。

4. 要注意读图与记图的关系

读图时,要边理解,边记忆,对在比赛中可能有助于判明方向与确定站立点的各种要素更应如此。有效的读图应转变为这样一种能力:比赛中不必过多而频繁地查看地图就能在自己的意识中清楚地再现从图上得到的信息,并根据自己的记忆快速而准确地确定自己在图上的位置、下一步的运动路线和方向。

5. 要考虑现地的可能变化

虽然定向地图的测制十分强调现势性,但由人工或自然的原因造成地形变化是不可避免的,有时甚至是十分迅速的。因此,读图时必须根据图中注明的测图时间,考虑图上表现内容落后于现地变化的可能性。一般而言,测图时间距离使用时间越长,图上与现地之间的差异就越大。

6. 读图基本原则

1)有路不越野

如果有道路可利用,应尽量选择道路,以防在越野穿插中因树木、杂草的阻碍以及路线的坎坷不平而降低行进速度。

2)走近不走远

有路可选,但距离太远亦不宜采用。对地形较为平坦、树木不多的地形,可直接越野穿插。

3)统观全局提前绕

在检查点与检查点之间有较大的障碍物时,要结合检查点的位置,提前选择最佳的运动路线。

4)依线又依点

要充分利用线状地物,依"线"运动,要利用明显地物地貌特点,依"点"定向,用"线""点"控制运动方向。

二、定向运动基本技术

(一)标定地图

使地图与现地方向保持一致即标定地图。标定地图后,利用地图信息(或结合指北针),确定下一个目标的方位即确定前进方向。标定地图的几种方法:

(1)概略标定。当在实地正确地辨别方向后,只要将地图平放,使地图上方对向实际地理的北方,地图即被标定。这种方法简便迅速,是定向运动中最常用的方法。

(2)利用指北针定向。将指北针平放于地图上,待磁针静止时,磁针N极(红色)所指的方向是北方,然后转动地图,使地图磁北方向与磁针N极所指方向一致,地图即被标定。

(3)利用直长地物标定。首先应在图上找到这段直长地物(如道路、围栏、沟渠、高压线等),对照两侧地形,使地图与实地各处地形的关系位置一致,然后转动地图,使地图上的直长地物符号与实地的直长地物方向一致,地图即被标定。

(4)利用明显地形点标定地图。首先确定站立点,再选择一个图上与实地都有的远方明显目标,然后转动地图,使图上的站立点至目标的连线与实地的站立点至目标点的连线重合,地图即被定好。

(二)确定站立点

熟练地掌握在图上确定站立点的各种方法是使用地图的关键。不仅要记住这些方法的步骤、要领,最重要的是根据不同情况,有选择地使用或结合使用。

(1)直接确定。当自己所处位置是在明显地形点上时,只要从图上找出该地形点,即可确定站立点。这是一种在行进中,特别是奔跑中最常用的方法。

(2)利用位置关系确定。当站立点位于明显点(可以是交叉路口、独立建筑、湖泊等)附近时,可以采用位置关系法。利用位置关系法确定站立点主要依据两个要素:一是明显点至站立点的方向;二是明显点至站立点的距离。在地形起伏较大的地方,还可以结合等高线情况进行判定。通常,先在地图上找到明显点,再根据测出的方向和距离确定自己的站立点。

(3)利用交会法确定。当附近无明显点时,可以利用交会法确定站立点。根据不同情况,又可分为90°法、后方交会法和连线法。

① 90°法。当站立点位于线状地形(道路、沟渠、山背线、谷底线、坡度变换线等)上时,如果在与运动方向相垂直的方向上能找出一个明显的地形点,那么线状地形符号与该地形点垂直方向线的交点即为站立点。

② 后方交会法。当站立点位于地形较开阔、通视良好且有两个以上明显地形点时,先标定地图,然后分别向各个方位物瞄准,并在地图上画出方向线,这些方向线的交点就是站立点。

③ 连线法。当站立点位于线状地形上,且恰好也在某两个明显地形点的连线上时,这两条的交点就是站立点。

(三)折叠地图

拿到地图后,应根据个人习惯将地图折叠成方便持图的大小。在跑动中要不断根据需要来折叠地图,以便能更舒适地读图和方便地进行路线选择。折叠地图要注意:

(1)沿地图磁北方向线折叠,用图时无须再确定磁北方向线(有时为方便读图也可以不沿磁北方向线折叠)。

(2)折叠后的地图大部分都能握在掌中,用手掌托着地图。

(3)保证折叠后的地图还有足够的可视区域(包括要提前阅读的部分地图)。

(4)要方便再次折叠地图。

(四)拇指辅行法

在定向行进过程中,可以借助拇指辅行法随时确定自己的站立点。标定地图后,把拇指放在地图上自己所站立的位置,这样前进方向便在拇指前面。当改变前进方向时,地图也随之转动,保持地图北与实地北相一致。前进时,拇指随着人的位置改变逐渐向前移动,在经过明显地形点时校准拇指的位置,这样就可以在任何时候都能立即指出自己在图中的位置。

(五)指北针技术

在定向运动中,指北针的主要用途是标定地图和确定前进方向。

1. 用指北针标定地图

标定地图包括原地标定地图和在行进中标定地图。在原地标定地图时，转动身体直至指北针磁针与地图磁北线平行且磁针红端（北端）与磁北方向一致，地图即被标定。在行进中标定地图时，在沿着选定路线行进过程中，随着前进方向的改变，同时向身体转动方向相反的方向转动地图，当指北针磁针与地图磁北线平行且磁针红端（北端）与磁北方向一致时，地图即被标定。

指北针确定前进方向

2. 用指北针确定前进方向（"红对红"的方法）

第一步：将指北针套在左手拇指上，使蓝色箭头从所在位置指向所要到达的位置。

第二步：将指北针和地图作为一个整体，水平放置在面前，转动身体，使指北针上的红色指针指向地图所示的正北，此时指北针上蓝色箭头所指方向即为要前进的方向。

（六）读　图

在定向比赛中，参赛者对地图的认知贯穿整个比赛过程。认知地图的能力（即读图能力）是定向运动员的一项重要的专项技能。定向地图为参赛者提供了大量的、丰富的地理信息。比赛中，如果参赛者掌握了正确的读图方法和读图次序，就能快速地从地图上的信息中提取出与比赛路线相关的地理信息，将会大幅地缩短在比赛中的读图用时，提高比赛成绩。此外，把握好读图的时机、利用记忆地图的方法尽量减少比赛中的读图次数也是重要的读图技巧。

1. 读图的技术要领

1）简化—提取—记忆地图信息

读图实际上就是简化并提取地图信息的过程。高水平的定向者在读图时并不是去认知所有的地图信息，而是通过有规律的反复扫视，从地图中简化并提取需要的地图信息，这个过程就是简化地图和提取地图信息并记忆的过程。

下面介绍简化地图和提取记忆地图信息的原则。

（1）从大到小。读图的顺序遵循"从大到小"的原则。第一，拿到地图后应立刻扫视整张地图，并结合已有信息在大脑中形成对地形的整体认知。整体认知应包括主要山脉的分布及走向、主要水系的分布及走向、植被的可跑性程度及分布、建筑物的分布等。第二，根据实际需要选择参照物和完成行进路线需要的引导物，选择顺序为先面状、线状的地貌和地物，再到点状的地物，一些小的细节甚至可以忽略不计。如图17-11所示，2号检查点到3号检查点地形比较复杂，如果要认知地图上的每一个细节信息，或者说在行进时要做到时刻明确站立点，行进速度将受到极大影响。而在实际行进中，地图上的细节完全可以忽略，只需提取与行进方向有关的主要引导物信息，再通过精确定向即可到达检查点。

（2）由高到低。高的地貌和地物可以帮助确定站立点，即使丢失站立点时也很容易借助它们来重新定位，因此在选择参照物时要先找高的地貌或地物。

（3）先地貌后地物。要在读图时养成先地貌后地物的思维习惯。地貌信息是地图信息中最稳定、可靠的信息，也是最基础的信息。在头脑中形成了实地地貌状况后，再将地物信息与地貌信息相结合，也就是通常所说的先把等高线"立体化"，再选择参照物及路线。

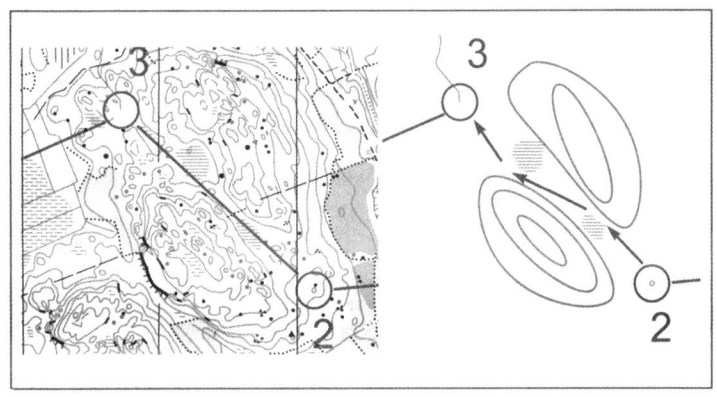

原图地物细碎,不易判读;地图简化后,两座山间有两片水域

图 17-11　地图简化

如图 17-12 所示,在到达攻击点(小路岔路口)后,如果仅记住检查点 1 位于小路岔路口右侧小路,而正好该小路分叉口不明显,则易错跑中间小路,若该小路有其他组别点位又没看读检查点说明,则很容易造成打卡错误。如果注意到中间小路基本沿等高线进行跑动,而实际点位方向小路呈下坡情况,那么错误就可以快速纠正甚至避免。

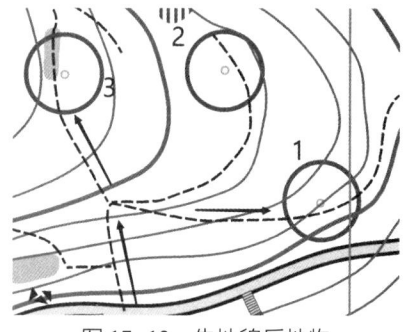

图 17-12　先地貌后地物

（4）忽略重复的特征,抓住突出的特征。如图 17-13 和图 17-14 所示,4 号点前往 5 号点的地域特点是小路交错纵横,周围特征地物繁多,如果不进行必要简化,按图 17-13 实际行进,则很容易出现错误。如果按简化效果图 17-14,将多余小路、地物进行简化,而保留沿途有利于行进位置判断的特征地物,那么就可以达到事半功倍的效果,提高实际奔跑速度。

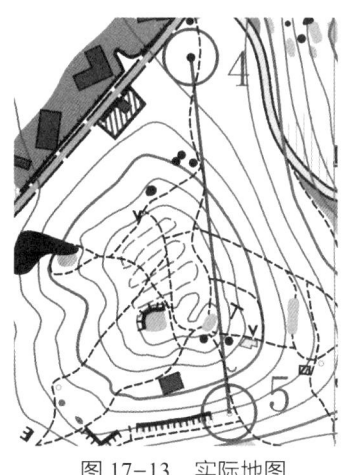
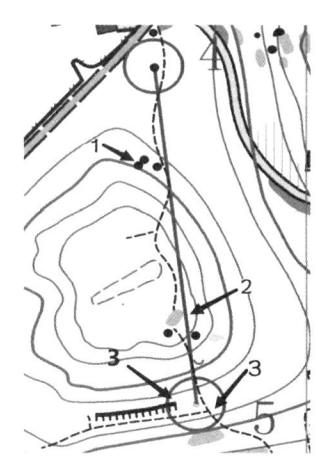

图 17-13　实际地图　　　　图 17-14　简化效果图

奔跑过程中利用 1 号攻击点石块、2 号攻击点空地可快速进行位置标定,利用 3 号特征地物石崖与小路岔路口可快速到达 5 号点附近。

2）概略定向

概略定向就是采用拇指辅行法、借点法、借线法、目标偏测法、水平位移法等基本的按图行进方法,甚至单纯采用指北针定向法径直找点的方法,以较快的速度,少看图甚至用记忆法前进。

要在比赛中最大限度地发挥出概略定向的功效,参赛者应具备下述能力：

（1）超前读图。把注意力集中在对前方较大或较明显的特征物的选择、观察、印证上。对于前方或身边的地形细部特征,可以留意,但没有必要花费时间去——核实。

（2）概括地形。为了保持必要的速度,必须在概略定向时采取"大而化之"的读图方法,这就是概括地形的能力。在我国不少丘陵地带或国外典型的定向场地（如北欧常见的冰碛地貌）中,等高线图形比较零碎,地物丰富多样,只有运用概括地形的方法,才能使看似杂乱无章、复杂的地形变得有条理、简单起来。

概括地形需要用到较多的正确识别地图的知识,例如简化等高线,需要懂得分析地貌的结构,了解山的基本形态等。

（3）运动中读图的能力。有经验的定向选手在运动过程中不会把眼睛久久地停留在图上,他们在概略定向中很少看图,就算看也只是短短的几秒钟。这就需要把注意力、技能、体能三方面的要素兼顾、协调地运用好,并达到一种"平衡"。要掌握这种"平衡",到野外反复地进行练习或经常地参加比赛就是最好的办法。

除在生疏的地形上训练外,在熟悉的地形也可以进行训练。

（4）对图的理解记忆能力。运动中读图或奔跑中短暂停留读图是一种综合的能力。仅就读图的技术来说,拿图的方法、标定地图的熟练程度、概括地形的能力、超前读图和记忆的能力均需达到"流畅"的程度。

在上述事项之中,"超前读图和记忆的能力"是最难掌握的。解决这个问题的关键是培养自己对定向地图全面而深刻理解的能力。

（5）保障概略定向的"安全性"。概略定向虽然可以提高运动速度,减少因无谓地看图而造成的精力和时间的浪费,但是很多初学者常常因此犯重大错误。

为防止发生这种情况,在采取概略定向战术时应该掌握下述两个方法：

① 利用拦截物。拦截物是在需要时可以用来阻止、拦截参赛者犯错的明显特征物。该特征物最好是线状的（如河流、道路等）,或者是由两个点状特征物之间的连线形成的空中"拦截线",将参赛者的行动限制在一个安全的范围内。

利用拦截物有两个典型的时机：一是在所选定的运动路线（或前进方向）的两侧,用于行进过程中的保障；二是在检查点的后侧,用于防止跑过点标。

② 利用参照物。利用参照物,又名沿途收集特征或利用核查点。这里参照物的含义与按图行进、现地对照时的参照物含义是有细微差别的,它是在选定路线的前进途中遇到的各种明显特征物。

可以利用参照物持续地辅助、佐证定位,以确保前进方向与路线的正确性,进而达到明确自己进度的目的。

参照物允许随时寻找并加以利用,拦截物则应在每个赛段的起步前就明确。

3）精确定向

当一个比赛路段中没有较大、较明显的特征物可用,或者检查点位于细碎特征物（点）之上、之中时,就需要采取精确定向的战术。

图 17-15 中的检查点很难定位,用指北针瞄准行进方向,从图上量出站立点(小路交汇点)到检查点的实地距离;从进攻点开始步测,并根据量测的距离和指北针定向,接近检查点。

图 17-16 中地形检查点位于情况复杂的细碎地貌中。应采用如下方法到达:选择小路交汇处作为进攻点;以概略定向到达进攻点后,在图上量出至点位距离(换算成复步);用指北针仔细地测定检查点方向,沿此方向步测前进,前进时以沿途石块作为参考点。

图 17-15 检查点定位

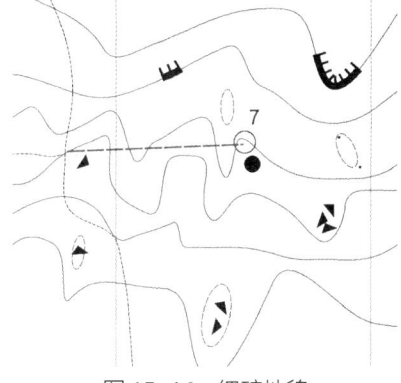
图 17-16 细碎地貌

精确定向最重要的是细心。读图要细心,运用指北针瞄准前进方向要细心,并且经常离不开步测、目测等方法的辅助。

为保证注意力能够集中,在精确定向时要控制好运动的速度,并且特别需要随时明确自己所在的位置。

寻找位于山坡斜面(半山腰)上的检查点难度比较大,可以结合精确定向的方法进行寻找。最好从上往下接近检查点,这样可利用高处一般通视良好的优势,俯瞰检查点及其周围的地形。

图 17-17 中点位位于明显地貌,寻找地物应采用如下方法:选择小路交汇处作为进攻点;以概略定向到达进攻点后,在图上量出至点位距离(换算成复步)以及高程差;用指北针仔细地测定检查点方向,沿此方向步测前进,前进时以地貌高点作为参考点快速接近点位。

(七)路线选择

选择路线是定向的核心。良好的路线选择可以帮助运动员节省大量时间,尤其在地形条件复杂的比赛中更是如此。

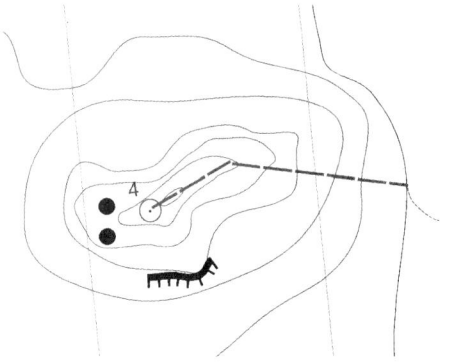
图 17-17 明显地貌

在地图中看起来短的路线在比赛中并不一定是最省时的,如在林间小路上前进显然比穿越树林要快得多,而翻山越岭也许还不如绕路快。此外,路线选择因人而异,不同的运动员有不同的特点。例如,有的人可能不善于跑平路,但穿越树林的速度非常快;有的人跑平路很快,但爬山非常慢。

1. 路线选择策略

1) 路线选择的基本原则

(1) 选择最适合自己的路线。路线选择策略是参赛者体能、技能、心理技能和战术能力的综合体现。每一名参赛者的综合能力,都有自己的特点,因此在定向运动中没有最好的路线选择,只有最适合的路线选择。此外,参赛者的身体状态、心理状态以及比赛时的气候条件、安全等因素对路线选择的影响也要考虑在内。

(2) 提前选择。运动员在精确定向时应减慢行进速度进行读图,接近检查点时已提前计划好下一路段的路线选择。

(3) 逆向选择路线。逆向选择路线是从目标点向已知点确定路线,这种方法是高水平运动员在比赛中常用的选择路线方法。逆向选择路线虽然有悖于定向初学者的习惯,但对高水平运动员来说,采用这样的读图方式,能尽快选择到目标点附近的攻击点,目标点到已知点路段的无效地图信息也能得到尽快剔除。

2) 路线选择的注意事项

在选择最适合自己的路线这一原则指导下,路线选择通常应注意:

(1) 简单。应尽量选择不易出错的简单路线。

(2) 距离短。应尽量选择距离短的路线,但如果选择距离短的路线要翻越山地,那么此路线只适合腿部力量较好的参赛者。

(3) 速度快。应尽量选择能够提高行进速度的路线。

(4) 安全。安全的路线选择应从三个方面理解:① 选择的路线必须是自己有能力执行的路线;② 应选择适合的定向技术保证路线的安全,如攻击点、偏向瞄准等;③ 参赛者根据比赛的需要,为保证顺利到达终点,刻意放弃距离短或可缩短用时的较难路线,而选择简单的、安全的路线。

2. 路线选择技术

1) 导航特征

确立导航特征的目标,将复杂地图简单化。确立导航特征是路线选择的第一步,特别是在概略定向中,导航特征起着关键作用。在选择导航特征时要遵循四个原则,即从大到小、从高到低、先地貌后地物、先面线状后点状。根据这四个原则还可确立一级层面的导航特征、二级层面的导航特征等。

2) 攻击点

在导航特征的引导下确定攻击点。除明显地物可作为攻击点以外,可以作为攻击点的特征还包括:明显地貌特征(如山凸、山凹、台地、冲沟等)和线性地物的交汇点、交叉点、拐点。

图 17-18 中由 8 号检查点前往 9 号检查点距离较长,无法直接定位,因此需选取合适攻击点分段进行标定:以山顶建筑石堆为沿途攻击点,再沿山谷到达山脚建筑物,再利用指北针瞄准地形西北角到达点位。

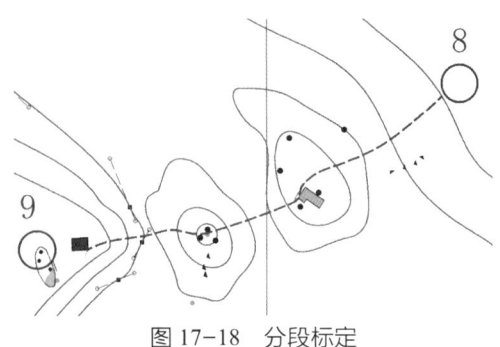

图 17-18 分段标定

虽然以检查点后方的特征作为攻击点会增加奔跑距离,但可以明显降低出错的可能性。

当检查点位于坡地上时,应考虑选择高处的特征作为攻击点。从高处向下接近检查点,能使参赛者视野开阔,有利于观察地形和选择行进路线,而且下坡时可以节省体力,能让参赛者保持清醒的头脑进行精确定向。如果在接近检查点时再爬高,那么身体在疲劳状态下进行精确定向容易失误。此外,由于上坡速度较慢,如果在接近检查点时再爬高,那么容易被身后的参赛者发现并跟随前往检查点。当检查点位于山谷或石崖底部时,从低处往往较容易发现检查点。当然,从高处接近检查点也可能存在跑过检查点的危险,在寻找检查点的过程中应该避免这种可能性。

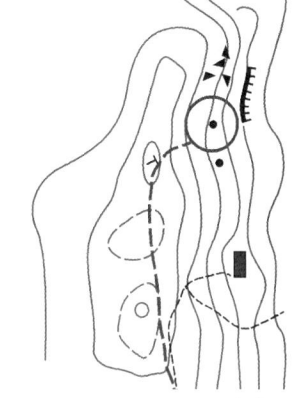

图 17-19 攻击点

如图 17-19 所示,用概略定向上到山脊上之后,直奔塔形建筑,以此作为攻击点。

3)偏向瞄准

进行偏向瞄准时,不但可以利用地物的线状特征,还可以利用一些地貌的线状特征。

如图 17-20 所示,以湖泊为攻击点,到达湖泊后沿着湖泊边沿(扶手)顺利到达检查点。

如图 17-21 所示,通过偏向瞄准和攻击点技术的综合运用,将使寻找检查点的过程变得更快、更安全。

图 17-20 偏向瞄准 1

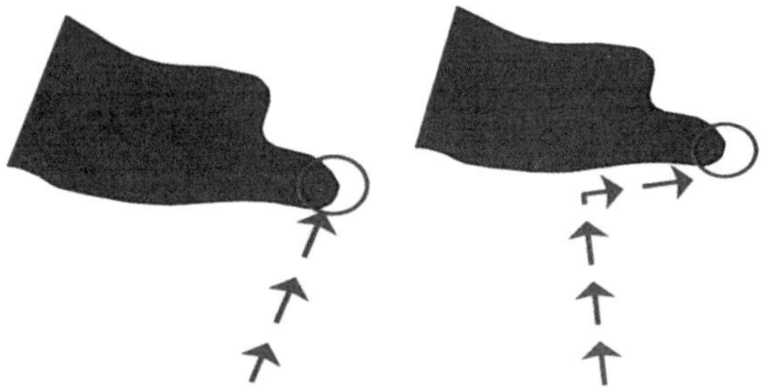

图 17-21 偏向瞄准 2

4)沿等高线行进

对于高水平定向者而言,等高线也是一类线状特征。当相邻两个检查点的高程相近时,最好沿等高线前往。沿等高线行进首先可以节省体能,其次不容易迷失方位。在沿等高线行进时,走高不走低,利用地处高处的视野优势进行点位寻找。

图 17-22 中由 3 号检查点前往 4 号检查点,由于所在等高线差距不大,可采用平移等高线法,先沿山脊上行一根等高线到达石堆,随后平移等高线,直至到达点位石块附近。

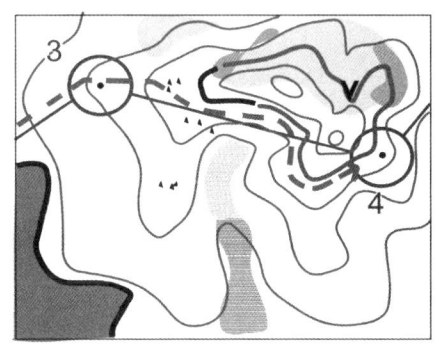

图 17-22 平移等高线

5)直线穿越

利用攻击点、偏向瞄准和等高线虽然能更安全地导航,但基本上都会增加行进距离。因此,在地势较平缓时,应尽量沿连线进行直线穿越。直线穿越对定向者方向感、距离感、重新定位能力都有较高的要求,使用不当反而会浪费时间。因此,进行直线穿越时,要充分利用连线两侧的特征来导航,避免偏离方向。

图 17-23 中 4 号点前往 5 号点,整体通透性极好,点位地物极其明显,因此采用直插法,利用指北针标定方向,随后以两旁的湖与土崖协助导航进行标定,到达点位。

6）沿"扶手"行进

"扶手"是把实地中的线形地形,如各种道路、输电线、地类界、溪流、面状地物的边界等地物地貌,比喻为上下楼梯时的扶手。利用"扶手"可以较为容易和安全地到达目的地（图 17-24）。在定向运动中要尽可能地利用"扶手"。明显的"扶手"包括道路、小溪、植被分界线、围栏等线状地物,隐形的"扶手"有山脊线、山背线、山凹线等（图 17-25）。

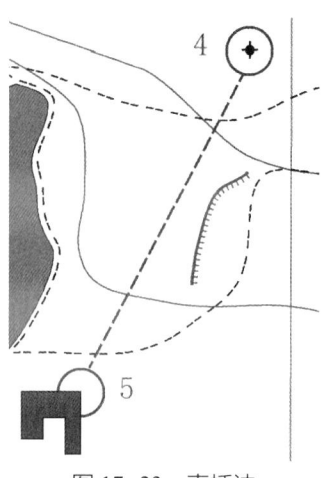

图 17-23　直插法

7）综合比较

在做出最终路线选择前,要省时、省力,尽量避免翻山越岭,尽量避免穿越难通行植被（有路不越野）,避免不可通过的障碍,充分发挥自己的技能或体能优势。比较几种不同的路线再做最后的决定,避免轻率地确定路线后在途中发现不妥再临时更改。

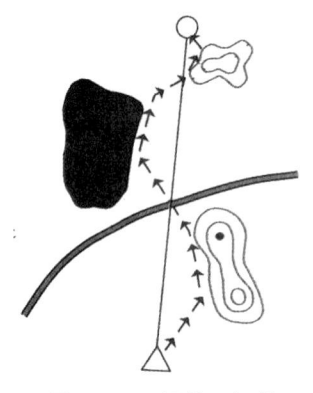

图 17-24　沿扶手行进

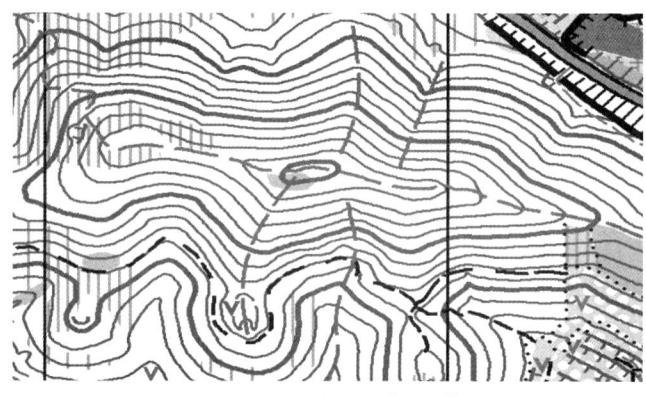

图 17-25　隐形的"扶手"

如图 17-26 所示,对于 A、B、C 三条线路,应当结合自身实际情况选择最适合自己的路线。

（八）打卡流程

打卡流程是检查点捕捉技术的核心环节,它是指发现点标旗、到达检查点、核查检查点代码、打卡、迅速离开检查点的过程。参赛者形成良好的打卡流程习惯,不但能缩短比赛用时,减少被其他参赛者跟跑的可能,而且能保持整个比赛过程的流畅性。

良好的打卡流程应按以下程序执行：

（1）在接近点标旗或检查点地形特征之前,计划

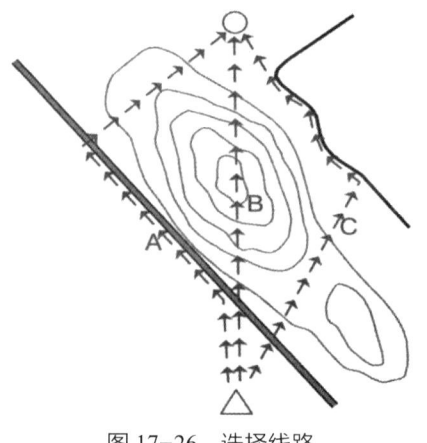

图 17-26　选择线路

好离开检查点的路线。

(2)利用接近检查点的时间重新折叠地图,查看检查点代码,观察离开检查点的方向和特征。

(3)核对检查点代号,打卡,按预先计划好的路线离开检查点,重新检查前进方向是否正确。

(九)方向感与距离感

定向运动中,参赛者的方向感和距离感非常重要,特别是在比赛地域导航特征很少的情况下更是如此。方向感就是人对方向的感知程度;距离感是指运动员对站立点到目标点距离的判断和已跑过的实际距离的估算。

(十)重新定位

丢失站立点是每个定向者最不愿遇到的情况,即使是高水平的定向者也难免在高速行进中由于失误而丢失站立点,这时需要通过重新定位找回站立点。高水平定向者处理站立点迷失的方式与初、中级水平的定向者完全相同,即立刻停止前进,标定地图,在地图上找到最后一个自己能明确确定站立点的位置,回忆自己离开它后的前进方向和距离,得出目前位置的大概区域,观察实地四周的特征,在图上找到对应的特征。如果仍然无法确定站立点,应该果断地返回到上一个能明确确定的站立点(甚至是上一个检查点),再重新选择路线前进。

三、定向运动基本战术

(一)开赛阶段战术

开始赛段的战术主要是指比赛路线由起点开始第一、二个路段所运用的战术。

1. 出发前的战术

(1)取得地图后,应快速阅读地图,了解比赛路线的情况,判断第一点的出发方向。在目前国内的部分比赛中,出发的位置与起点的位置是一致的,因此在比赛出发前可以留意同组中出发靠前运动员的出发方向,如果前几位跑的方向相同,拿图后可按相同的方向跑,边跑边读图,特别是前进方向的路面情况较好时。如果方向不同,说明找寻第一个检查点可能有多条路线选择,这时出发不应太快,应做出正确的选择。当出发点与图上起点不一致时,运动员出发后需根据引导带向前跑一段距离才能到达出发点,后面的运动员看不到前面运动员的出发路线。因此,在这类比赛时,要特别注意拿到地图出发后快速阅读地图。沿引导带到达起点后,快速判断第一点的方向。

(2)在世界锦标赛上,所有队伍可以在前一天的领队教练员会议结束后拿到所有路线的检查点说明表,因而可以根据检查点说明对地形及植被有一个大概的了解。目前在国内的比赛中,有时提前1天发放检查点说明表,有时在出发前1~2分钟发放,因此都有时间判断地形及场地的大概情况,并结合自己的体能特点制订体能分配计划。

(3)阅读检查点说明表。检查点说明对参赛者的路线选择有一定的影响。一般参赛者在捕捉一个点标前,应该先查看检查点的代码和地物,在找到检查点后也要查看检查点说明,以确认所找到的点标是否正确。

比赛要求找的是特征而不是点标旗,当检查点设置在点状或面状地物旁时,一般只需读检查点代码和检查点地物即可,不需要读检查点说明表中的其他内容,因为当检查点设置在一个石头或房子旁时,其位置通常会放在参赛者前往该地物方向的后面。当检查点设置在较长的不可翻越的地物旁时,如悬崖,则要看点标旗的位置是在顶部还是在脚下,因为可能需要根据位置的不同而选择完全不同的路线。此外,在森林的比赛中,有时也需要全部理解检查点说明表的全部内容。

2. 起点到第一、二个检查点的战术

(1) 控制跑动速度,顺利找到1号点标,建立比赛信心。

比赛中开始路段是一场比赛的重点路段,这个路段对于所有运动员完成比赛来说至关重要。开始路段的发挥直接影响到完成后面路线的信心,因此在开始路段跑动不要太快,主要目的是保证顺利找到检查点。

(2) 了解地图质量。如果地图质量差,则应减少穿越,那么就要减少走小路的机会,多选择明显的路。

熟悉制图员的风格与水平有两个途径:一是在比赛开始路段中对制图员的风格和水平做出判断,二是从比赛前组委会提供的训练地图中了解。另外,不同的制图员对植被覆盖情况的可跑性判断可能有一些理解上的偏差,因此参赛者通过这两种途径了解制图员的风格是非常必要的。

(二) 中间赛段战术

中间赛段战术主要是指从比赛路线上第二个路段后开始到最后一两个路段前所应用的战术。

1. 捕捉检查点战术

在找点过程中应注意:第一,检查点中心是什么,应找的是什么;第二,攻击点选择的安全性问题;第三,从攻击点到检查点的过程应非常小心,特别是由攻击点到检查点的距离较远时。

攻击点对选择路线的影响较大,因为好的攻击点能保证参赛者安全、快速地找到点标。即使是到达攻击点的路线比较复杂,也不应该放弃找攻击点而直接寻找检查点,因为后者有可能花费更多的时间。

对于从攻击点到检查点需穿越复杂地带的情况,可首先标定前进方向,判断距离,然后通过慢跑或者使用步测技术,小心地接近检查点。如果距离较远,则使用步测技术的误差可能较大,可通过分段使用步测技术的方法向点标前进,即根据整个路段中的一些小的不明显的地物或特征进行分段,一段段地使用步测技术,找到每个小特征处,通过这些小特征校正或减小使用步测技术进行距离判断可能导致的误差。

2. 控制奔跑速度的战术

在中间赛段,控制好速度,合理平衡体能和智能的分配是比赛成败的关键。对于定向运动参赛者来说,最容易犯的错误是跑得太快以至于失去自己在地图上的位置。与其他奔跑运动项目不同,定向运动对速度的控制是非常精确的,速度的提升与很多因素有关。速度控

制由超前地图、地图记忆、读图速度、路线选择等分解技能构成,同时又与概略定向和精确定向有紧密的联系。另外,体能、技能、天气、季节、地面状况、导航难度、疲劳、紧张焦虑和自信程度等都可能影响速度控制。

在中间赛段,即使是好跑的路段,也不能全速奔跑,而是应该适当降低速度。一方面,避免因体能消耗过多而影响后续的比赛过程;另一方面,可花一些精力研究一下技术问题,如提前研究下一路段的路线选择策略。在中间赛段控制奔跑速度应用最多的战术是"红绿灯"战术。

"红绿灯"战术主要利用概略定向和精确定向战术对比赛过程中的体能和智力进行合理的分配。在"红绿灯"战术中,可以把一个路段(点与点之间的距离)分为三段,就像在街口遇到的红绿灯一样。首先是绿灯赛段,主要使用概略定向技术发挥体能,尽量快地接近攻击点;其次是黄灯赛段,当快接近攻击点时,黄灯开始闪烁,这时应适当降低奔跑速度,增加找寻攻击点的注意力,以保证顺利找到攻击点;再次是红灯赛段,到达攻击点后红灯开始闪烁,这时应将主要精力用于仔细分辨检查点附近的地形细节以保证顺利找到检查点,而速度也应该是点与点之间最慢的。

3. 绿色地带的穿越战术

穿越浓密林地的目的是节省比赛时间,但如果穿越时出现错误,那么反而会浪费时间。因此,只能在有十分把握的情况下才能穿越。在做出穿越决策时,不但要仔细读图来分析实地的情况,而且要考虑地图的质量。通常绿色区域是地图上准确性相对较低的区域,如果地图的整体质量不佳,那么借助地图穿越绿色区域可能会遇到一些意外情况。遇到这种情况时,最好的策略是放弃穿越计划。此外,还要根据实地情况及时调整穿越计划。例如从地图上看,所需穿越的绿色地带距离较短,但到达实地时发现实地灌木丛浓密,在这种情况下贸然进入林中,很可能走到半路就无法继续前进。这时要迅速做出决定,是改变线路还是继续前进。

穿越绿色地带时还需要注意观察等高线,原则上只有在坡度不大的下坡路段才可以应用穿越战术,上坡路段不能应用穿越战术。

(三)结束赛段战术

结束赛段战术主要是指在完成比赛线路中最后一两个路段所应用的战术。

顺利完成结束赛段的关键是集中被分散的注意力。由于比赛接近尾声,当运动员到达最后一两个点位时,往往能听到来自终点的声音,这些声音很容易使体力消耗极大的参赛者注意力分散,导致出现重大失误。

第三节 定向专项体能

一、耐力素质训练

(一)定向运动与耐力素质

定向运动对于初、中级水平者而言是间歇+非周期性变速跑,而对高水平者主要还是非周期性变速跑。参赛者在比赛途中常常需要看图、辨别方向、打卡等,在长时间激烈的奔跑中要不断地完成跨越、跳跃、攀爬等动作,需要一定的爆发力、加速能力和协调能力,尤其是长时间的持续奔跑对力量耐力、速度耐力、心血管系统、呼吸系统要求很高。因此,一个训练有素的定向运动员除具备智慧和熟练的定向技术外,必须有良好的有氧耐力、无氧耐力、力量耐力和速度耐力。

(二)定向运动员各种耐力训练方法

1. 有氧耐力训练方法

(1)结合专项技术训练的持续跑和法特莱克跑提高定向运动员有氧耐力的训练,最好能够结合专项技术的练习,如选择在有森林、草地的公园或风景秀丽的野外场地进行,并结合定向的识图训练。训练时,先慢跑热身,然后快跑和慢跑交替进行,距离控制在100～600米之间,要求在识图时不要停或走,提高在跑动中图地对照的能力。跑的总距离为10～20千米,时间控制在60～180分钟之间。这样训练的优点是可在提高运动员身体能力的同时,提高识图的能力,提高运动员的兴奋性,使机体承受较大的运动负荷,从而使运动员在放松的心理状态下完成训练任务;缺点是教练员不能准确地计算运动员的运动负荷,完全由运动员自觉完成训练内容,有时难以完成定量的负荷。这种训练主要培养运动员的长时间奔跑能力。

(2)其他方法。

① 定时跑:在田径场、公路或森林中做10～20分钟或更长时间的定时跑。

② 定时定距跑:在田径场或公路上做定时跑完规定距离的练习,如要求在规定时间内跑完5 000米。

③ 变速跑:在田径场进行变速跑训练,一般以400米、600米 800米、1 000米等段落进行。一般以心率控制,快跑段心率控制在140次/分左右,慢跑段心率恢复到120次/分以下,间歇时心率恢复到100次/分以下后开始下一组练习。

④ 重复跑:在田径场进行,发展有氧耐力的重复跑练习强度不应太大,跑距应较长些。

⑤ 越野跑:在公路、树林、草地、山坡等场地进行,跑的距离一般为5 000～20 000米。

⑥ 水中定时游泳:不规定游泳姿势及速度,只规定在水中游一定的时间。

⑦ 5分钟以上不间断的篮球运球跑、30分钟以上的足球游戏或15分钟以上的跳绳。

⑧ 5分钟以上的循环练习:选择8～10个练习,组成一套循环练习,进行5分钟以上。心率控制在140～160次/分,休息恢复到120次/分以下后开始下一组练习。

2. 无氧耐力训练方法

无氧耐力训练主要采用间歇训练法。训练时,练习段落先短后长,逐渐增高体内血乳酸浓度,并控制好两次之间的无氧间歇能力,使身体适应这种持续的乳酸刺激,从而提高耐乳酸能力,以适合专项速度耐力的需要。

(1)结合定向专项技术训练的间歇跑。

以间歇跑方法发展全程最高的平均速度的能力训练时,教练员可设计星形定向折返跑训练,以结合定向专项技术训练提高运动员的体能。教练员在星形定向时,规定运动员完成一个点的任务后必须回到星形中心点才可进行下一个点,教练员根据每一个点折返到中间点的距离和完成时间,通过测算运动员即时心率有效监控运动员的负荷量。例如,跑第一点的运动员距离(两点之间)为 3 000 米,完成时间为 14 分钟,即时心率为 160～170 次/分;跑另一点的运动员距离(两点之间)为 600 米,完成时间为 2 分钟,持续跑(快),心率为 170～180 次/分。跑完一个点后,间歇时心率恢复到 130 次/分时进行下一次练习。采用间歇跑方法发展全程最高平均速度能力的训练是突出跑的强度,可有效提高运动员较长时间快速跑的能力。

(2)其他方法。

① 原地间歇高抬腿跑:原地做快速高抬腿练习,主要发展乳酸性无氧耐力,可做 1 分钟练习或 100～150 次为一组。

② 高抬腿跑转加速跑:行进间,高抬腿跑 20 米,左右转加速跑 80 米。

③ 原地或行进间间歇的车轮跑。

④ 反复跑:重复跑次数应根据距离的长短和运动员水平而定。

⑤ 5 000 米重复计时跑。

⑥ 反复加速跑:跑道上加速跑 100 米或更长距离,跑完后放松走回再继续跑。

⑦ 变速跑:变速快跑与慢跑结合进行,主要发展乳酸性无氧耐力,常采用 400 米快 200 米慢或 300 米快 200 米慢,或 600 米快 200 米慢等。

3. 力量耐力训练方法

运动员力量耐力水平取决于多种因素,其中最主要的是血液循环系统和呼吸系统的机能能力、无氧代谢的机能能力和工作肌群协同有效地供给工作能力以及运动员克服自身疲劳的意志品质。此外,力量耐力和最大力量有密切的关系,不同的运动员完成同一负重的次数主要取决于最大力量,最大力量大,则重复组数多,力量耐力好。

循环训练法是提高力量耐力的主要办法。循环训练主要有两种不同的方式,高强度间隙循环训练和低强度间隙循环训练。循环练习要保证一定的练习密度和练习强度,练习中不可安排间隙休息,或者没有练习时间限制,但必须确定一组或三组循环练习的时间要求。提高训练强度的方法是重复次数和负荷不变而减少完成每组循环的时间,可用心率计算的方法来对照间隙休息时间,当心率下降至 120 次/分时,即可开始下一组训练。

运动员力量素质训练必须贯彻在每个阶段的训练中,力量耐力训练要结合专项有计划、有系统地进行,这样才能保证运动员体能不断地巩固与提高,以适应比赛的要求。

(1)1 分钟立俯撑:由直立姿势开始,下蹲两手撑地,伸直腿成俯撑,然后收腹成蹲撑,再还原成直立,每组 1 分钟,4～6 组,间歇 5 分钟,要求动作规范,可以穿沙背心做该练习。

(2)连续跑台阶:在高 20 厘米的楼梯或高 50 厘米的看台上,连续跑 30～50 步,可以穿沙背心做该练习。

(3)原地高抬腿:每组 100～150 次,6～8 组,可负重练习。

(4)后蹬跑:每次 100～150 米或负重后蹬跑 80～100 米,6～8 组。

(5)长距离多级跳:在跑道上做多级跳,每组跳 80～200 米,3～5 组。

(6)连续深蹲跳:每组 20～30 次,7～8 组。

(7)双摇跳绳:每组跳 40～50 次,5～7 组。

(8)跨、攀越障碍:设置一个或多个障碍物,让运动员跨越或攀越障碍物,每组 15～20

次,7～8组。

4. 速度耐力训练方法

速度耐力是定向运动的核心,而速度则是速度耐力的基础和保证。定向运动员奔跑中机体的无氧代谢贯穿于整个运动过程中。由于运动时无氧代谢比例加大,发展糖酵解功能的能力就必须使运动负荷达到一定强度,以提高运动员抗酸、耐酸的能力,所以速度耐力训练应该贯穿于训练的全过程。具体方法有:

1)比赛/计时法

(1)超强度训练:较正规比赛强度大,但是持续时间或运动距离较正规比赛短。

(2)最大强度训练:训练强度与比赛相同或略小于比赛,训练的距离或持续时间与比赛时间相同。

(3)次最大强度训练:训练强度较比赛低,但是距离或持续时间比较长。

2)距离/持续时间法

(1)持续训练:以70%～90%的比赛强度持续练习。

(2)变换训练:按事先设计好的强度变化、时间变化、运动量变化、密度变化等进行训练。

3)间歇训练法

(1)大运动量训练:

① 训练强度为中低水平,比赛强度的60%～80%。

② 持续时间短,距离适中,高级运动员以14～180秒跑100～1 000米,初级运动员以17～100秒跑100～400米。

③ 运动量要大,高级运动员可重复8～40次,初级运动员可重复5～12次。密度要高,间歇短,恢复不完全,高级运动员心率恢复到125～130次/分即可,初级运动员心率恢复到110～120次/分即可;相当于完全恢复所需时间的1/3以下,高级运动员可恢复45～90秒,低级运动员可恢复(间歇)60～120秒。

(2)高强度训练:

① 训练强度高,相当于比赛强度的80%～90%。

② 持续时间/距离要短,高级运动员以13～180秒跑100～1 000米,初级运动员以14～95秒跑100～400米。

③ 运动量要小,高级运动员可重复4～12次,初级运动员可重复4～8次。

④ 密度中等,间歇时间延长,但仍不能完全恢复,心率恢复到110～120次/分即可,高级运动员需要90～180秒,初级运动员需要120～140秒。

4)重复训练法

(1)训练强度很高,比赛强度的90%～100%。

(2)训练持续很短。

(3)训练运动量很小,重复3～6次。

(4)训练密度很低,间歇较长,接近完全恢复再进行下一组,心率恢复到100次/分以下,用时3～45分钟。

二、柔韧素质训练

柔韧素质是指人体关节的活动幅度,肌肉和韧带的伸展能力。良好的柔韧素质不仅能防止运动训练中的损伤,还能使完成动作的灵活性、协调性更好。柔韧素质的好坏取决于骨的结构及关节周围组织的韧带、肌腱、肌肉、皮肤的伸展能力和弹性。另外,中枢神经的调节、对抗肌之间协调性的改善,以及对肌肉紧张和放松的调节能力的提高,都会影响柔韧素质的发展。

(一)影响柔韧素质的因素

(1)肌肉、韧带组织的弹性:首先取决于性别和年龄特征,如男子与女子的肌肉组成成分不一样,则弹性不同;少年儿童较成年人弹性好。其次取决于中枢神经系统的兴奋性,因为在中枢神经系统的影响下,肌肉的弹性会发生显著的变化,如在比赛中情绪高涨时柔韧性会增大。

(2)关节的骨结构和周围组织体积的大小:前者是影响柔韧性的最不易改变的因素,基本上由遗传决定;后者对关节活动有限制作用。

(3)心理紧张:可通过中枢神经系统影响到有机体各部位的工作状况,过度紧张会使神经系统转为抑制,严重影响各部位的协调能力,从而影响柔韧性。

(4)外部环境的温度:外界温度在18°以上是表现柔韧性最有利的条件,而在18°以下则不利。例如,早晨明显下降,中午要好一些。

(5)疲劳程度:在疲劳的情况下柔韧性有很大的变化,主动柔韧性指标下降,而被动柔韧性指标则提高。

(二)发展柔韧素质所应注意的问题

发展柔韧素质通常采用的方法是伸展练习。伸展练习可在训练前、中或后进行,以哪种顺序通常取决于个人的习惯、时间限制等。

(1)充分准备。每次训练前可先用2~3分钟热身,再伸臂抬腿,全身伸展,以促使肌肉"苏醒"。热身顺序为:从头部开始,慢慢地移动身体各部位,动作缓慢轻柔。

(2)循序渐进。动作由简单到复杂,活动幅度由小到大,时间由短逐渐延长。动作贵在连贯协调,不可运用爆发力,也不要过度追求动作幅度,否则会损伤肌肉,影响爆发力。

(3)强度适中。注意身体的感受,若感到动作不灵活或疼痛难忍,就应减小动作幅度。

(4)温故知新。开始新动作前要反复练习前面做过的动作,有人认为动作多、经常变换就新颖,其实这是错误的理解。平时训练是为比赛打基础的,因此要扎实、牢固。

(5)动静结合。静力性练习每次不要超过10秒。某部位韧带拉伸一定时间,数秒钟后,紧接着该部位就要做动力性动作。如前面提到的压腿后的踢腿练习,还有压肩练习结束后要做肩绕环、抖手臂等,这样可保证肌肉良好的弹性,增加中枢神经系统对肌肉活动的调节能力。同时,还要注意结合项目技术动作的特定要求发展柔韧性,要多做动力性拉伸练习,不断变换姿势和拉伸部位。

(6)整体训练。不能孤立、片面地强调某一部位的柔韧性训练,而应重视身体各部位的柔韧性训练。人体是一个协调统一的整体,均衡发展才能提高身体的运动能力。

(7)注意感觉。练习时需调节好呼吸,保持注意力集中,仔细体会动作姿势,感觉动作准确到位的程度。

(三)下肢专项柔韧素质训练方法

1. 脚和踝柔韧性练习方法——拉伸脚掌和脚趾下部

坐下,一条腿的小腿放在另一条腿的大腿上,一只手抓住踝关节,另一只手抓住脚趾和脚掌。双脚轮流练习。

要求:呼气并向上(脚背方向)拉引脚趾。动作幅度尽量要大,保持10秒左右,重复5组。

2. 小腿柔韧性练习方法——拉伸小腿前部和外侧

面对柱子或围栏并用双手握住,两脚左右开立并且脚尖尽量内扣,呼气,屈髋并后移髋关节,双腿与躯干成45°夹角。

要求:动作幅度要尽量大,保持10秒左右,重复5组。

3. 大腿柔韧性练习方法——拉伸大腿前部

臀部坐在跪着的脚上,后倒身体,直到背部平躺在垫上,脚跟在大腿两侧,脚尖向后,双手屈肘垫在头下。

要求:动作幅度要尽量大,保持10秒左右,重复5组。

4. 髋部、臀部柔韧性练习方法——拉伸髋部和臀部

坐在垫上,双腿体前伸展,双手在髋两侧支撑,右大腿外展,屈膝,右脚接触左腿膝部,吸气,双臂撑起身体,左腿移向身后伸展,大腿、膝盖、小腿和脚背接触垫子,呼气下压左腿,换腿重复练习。

要求:动作幅度要尽量大,保持10秒左右,重复5组。

每次训练中都要求训练者做上述四种姿势的柔韧性专项练习,尤其是注重踝关节的柔韧性素质。系统地保持柔韧素质,对于改进技术质量、提高定向运动成绩和预防运动伤害具有重要作用,是定向运动训练过程中必不可少的组成部分。定向运动员采用适宜的柔韧素质训练手段和方法,提高多方面柔韧素质水平,对在短期内提高运动成绩具有深远意义。

三、灵敏性与协调性训练

发展定向运动员身体的灵敏性与协调性有助于帮助运动员在训练和比赛中突遇险情时做出正确的反应动作,提高反应速度,保证训练和比赛的安全。

(一)定向运动灵敏性训练

灵敏性是指在各种突然变换的条件下,运动员能够迅速、准确、协调地改变身体运动空间位置和运动方向,以适应运动环境的能力。影响灵敏素质的主要因素包括平衡能力、速度、力量和协调能力。

1. 基本训练原则

(1)灵敏素质与其他素质有着密切关系,在发展灵敏素质的同时应发展其他身体素质。

(2)灵敏素质训练时间不宜过长,重复次数也不宜过多。

（3）灵敏素质练习对掌握和改进技术动作较重要。

（4）无论是在定向运动初级阶段，还是在高级阶段，都应安排灵敏素质的训练。

2.训练方法

从生理学角度来讲，灵敏训练是一个条件反射的过程。定向运动的灵敏性可以从两方面理解：首先是意识上反应要快，其次是动作上反应要快。

（1）在训练中让运动员快速、准确、协调地做出各种规定动作。

（2）做调整身体方位的练习，如利用体操器械做各种复杂的动作。

（3）利用专项中环节技术或细节技术中的技能模仿练习，发展专项技术所需的协调性。

（4）让运动员在跑、跳过程中做出各种动作，如快速改变方向跑、各种躲闪动作、突然起动、快速急停等练习。

（5）在练习中，可用垒球投掷运动员身体各部位，运动员应尽量躲闪垒球。

（二）定向运动协调能力训练

协调能力是指机体不同系统、不同部位、不同器官协同配合完成动作或技战术活动的能力，在技术和技战术能力形成中具有重要作用。协调性是一种非常复杂的能力，与技术动作熟练程度和各项身体素质相互影响，还受遗传和心理状态影响。

1.基本训练原则

（1）协调素质与其他素质有着密切关系，在发展协调素质的同时应发展其他身体素质。

（2）协调素质训练时间不宜过长，一般在体能或力量训练之前进行，重复次数不宜过多。

（3）无论是在定向运动初级阶段，还是在高级阶段，都应安排协调素质的训练。

2.训练方法

协调性训练方法包括纵跳、前后跳、侧跳、方形跳、转向跳、跳跃转向、侧向交叉步、手脚反向动作、站蹲撑立。

协调性训练要求在速度与时间和动作配合下完成，动作越复杂，学习效果越佳，所以在训练中可再编10～20项动作，在训练过程中将这些动作穿插进行，以达到最好的训练效果。

徒步定向（定向越野）规则

第十八章 健 美

学习目标

思政元素

在健美练习的锤炼过程中,能够获得对待疲劳与疼痛的管理经验;在不断地克服困难的进取中,获得自信、满足感和快乐;在与他人的互动、团队合作中,表现出包容、尊重的态度和互相帮助和激励的行为;在公共的锻炼环境中,能够爱护公物,轻拿轻放,自觉遵守场地和器材使用管理规定。

身体能力

掌握徒手和器械的抗阻力量练习技术和拉伸的基本技术,努力形成良好的健康的体姿、体态,在心血管耐力、速度、力量、柔韧等方面达到《国家学生体质健康标准》测试要求。

认知能力

从对人体结构的了解来增加自我认知,懂得自己与他人的异同;学会接纳由先天决定的自我,并在不断的自我追求、自我雕刻过程中完善自我;懂得运动健身给人们的健康、生活所带来的长期和短期的收益以及与紧张的学习生活形成的良好互补和相互促进作用。

第一节 健美运动简介

健美运动是一项通过徒手和各种器械,运用专门的动作方式和方法进行锻炼,以发达肌肉、增长体力、改善形体和陶冶情操为目的的运动项目。

健美运动的动作方式是多种多样的,既有成套的徒手健美体操,又有球、棒等轻器械体操,这些主要用于女子健美训练,借以减肥和改善体形体态,提高韵律感。更有许多能发达身体各部位肌肉的举重练习器械和动作,如杠铃、哑铃、壶铃等举重器械,单杠、双杠等体操器械,以及弹簧拉力器、滑轮拉力器、橡皮筋和各种特制的综合力量练习器等。

健美运动作为一个运动项目,除了具有一般体育活动所共有的锻炼身

健美运动
发展简史

体、增进健康、增强体质的作用外,还特别能发达全身各部位的肌肉,增长体力,改善体形体态,以及陶冶美好的情操,它不仅强调"健",还强调"美",把体育和美育融为一体。

第二节　健美基本技术

一、抗阻力量练习的基本技术

（一）握法与握距

1. 握　法

握法是两手持握器械把手、杠铃和哑铃的方法。在日常的练习中,经常用到下列几种不同的握法。

（1）正握:前臂内旋的握法。
（2）反握:前臂外旋的握法。
（3）正反握:一手正握,一手反握。
（4）对握:两手掌心相对的握法。

在以上握法中,拇指都要压在食指和中指上,因为这种握法稳固且安全。

2. 握　距

通常分为窄握、中握和宽握三种。两手之间的距离同肩宽或窄于肩宽称为窄握距;两手之间的距离比肩宽10～20厘米为中握距;两手之间的距离比肩宽20厘米以上时为宽握距。

（二）动作节奏

动作节奏是指做练习时,目标肌肉做向心收缩和离心收缩的快慢。为了不使用惯性力量和避免冲击带来的损伤,目标肌肉向心收缩和离心收缩的时间一般都是2～4秒,也可以向心收缩快些（2～3秒）,离心收缩慢些（3～4秒）。

（三）呼吸方法

通用的呼吸方法为:目标肌肉做向心收缩时呼气,做离心收缩时吸气。长时间进行憋气练习会对人体产生负面作用,它的不良影响有:

（1）憋气时,会压迫胸腔,使胸膜腔内压上升,造成静脉血回心受阻,进而使心脏充盈不充分,输出量锐减,血压大幅下降,导致心肌、脑细胞及视网膜供血不足,从而有可能产生头晕、恶心、耳鸣和眼黑等情况,影响和干扰练习的正常进行。

（2）憋气结束,出现反射性的深呼吸,造成胸膜腔内压骤减,原来在静脉流动的血液迅速回心,冲击心肌并容易使心肌过度伸展,心排血量大增,血压也骤升,这对心力储备差者十分不利。当血管弹性差、脆性大时,容易导致心、脑、眼等部位的血管破损,造成严重的后果。

（四）保护带的使用

在进行力量练习时,应有选择地使用保护带,而不是在所有的练习中都使用保护带。知道使用保护带的益处和不足,如使用腰部保护带能增加腹腔内的压力,从而保护脊柱,减少脊柱的压力。但过分依赖保护带,会减少自身核心稳定和力量的发展和强化,一旦没有佩戴保护带,练习量和强度就很难提升且容易受伤。在做站立式和俯身式动作,并且使用较大重量,做腰背部负荷较大的练习或伤部处于恢复期时,可以在适当短的时间内使用保护带,但不建议长期佩戴。

二、身体主要部位肌肉的核心塑型动作

人体肌肉量的分布区主要聚集在胸、背、腿、肩部、手臂。对这些身体部位进行分化式、多层面和多角度的锤炼,有利于改善身体成分和体型(形),使身体更健康、更有力量和更美。

对一名新手来说,掌握这些身体部位的一些多关节的复合性动作尤为关键。这些复合性的动作练习,相对单关节的动作练习来说,能给人体带来更多、更广和更深的刺激和收益。这些练习效果好和效率高的复合性动作为本节的重点,给予了更多和更详细的描述和示范,而一些简单的、单关节的动作没有特别列出来。

(一)胸部肌肉的塑型动作

1. 俯卧撑

主要参与的肌肉有胸大肌、肱三头肌、三角肌前束;次要参与的肌肉有前锯肌、斜方肌、核心肌群。

动作的一般过程为:

(1)起始姿势。两手支撑在地面或支架上,双手间距略比肩宽,双腿并拢,以脚趾点地支撑。手脚四点支撑于地面,手臂与地面保持垂直,臀部夹紧,身体核心区域保持收缩,从头到脚形成一条直线,没有塌腰和撅臀等现象。

(2)下降阶段。抬头挺胸,屈肘,在胸大肌做离心收缩的控制下让躯干缓慢下降,大臂在体侧与躯干形成45°左右的夹角。当大臂达到与地面或背部平行的高度时,稍停一两秒,使胸大肌有充分的拉伸感。在此过程中吸气。

(3)推升阶段。胸大肌做向心收缩,协同手臂的力量将躯干推起至肘关节伸直,不锁死肘关节的位置。在此过程中呼气。

(4)重复以上过程至相应的次数。

注意事项:

(1)应以比肩略宽的中距俯卧撑为主进行练习。窄距俯卧撑对发展肱三头肌的力量有利,宽距俯卧撑对三角肌前束的压力较大。要想最大限度地集中锻炼胸大肌,就要尽量减少肱三头肌和三角肌的参与用力。

(2)屈臂支撑时要充分下沉身体拉长胸大肌,向上撑起时不要提臀或者塌腰。

俯卧撑

2. 双杠臂屈伸

双杠臂屈伸以练习胸大肌、肱三头肌和三角肌(前束)为主,兼练背阔肌、斜方肌等。

动作的一般过程为:

(1)起始姿势。双手旋紧双杠(左手逆时针旋转,右手顺时针旋转),肘窝朝前,使肱骨

双杠臂屈伸

移向关节窝后侧;上体前倾,重心靠前,低头,双腿并拢,双脚要伸向身体的前方。为了更好地维持身体平衡,膝关节可适当弯曲。

（2）下降阶段。身体进一步前倾,后背圆撑,把更多的张力放在胸大肌上,收下颌,肘关节慢慢弯曲,让胸大肌主导控制身体缓慢下降至大臂与地面平行的高度。胸大肌在此过程中被充分拉长,然后稍停一两秒。与此同时,手臂应该在躯干两侧略微张开,肘尖朝斜后方而不是正后方。在此过程中吸气。

（3）推升阶段。双手依旧旋紧双杠,胸大肌主导发力,从被拉长的状态开始收缩,同时肩、肘关节伸展,大小臂接近完全伸直即可,但肘关节不要超伸。在此过程中呼气。

（4）重复以上过程至应有的练习次数。

注意事项:

（1）两腿在身体前练胸的效果要好于两腿在体后的姿势。

（2）选取宽握距:窄握对肱三头肌刺激大,宽握对胸肌刺激大。

（3）下放速度要慢,动作行程不要降太低,以免对肩关节的压力过大,增大受伤的机会。

（4）保持肘关节外展,而不是向后。

3. 自由器械卧推类动作

自由器械一般指杠铃、哑铃、壶铃等,也被称为"万能器械"。相对于负重被稳定地卡在或固定在器械上、运动轨迹也被设定好了的固定器械来说,练习者在做动作时,首先要靠自身力量维持负重在整个动作轨迹中的平衡,其次还可以根据肌肉的特性调整关节的角度,通过运动轨迹上的变化使同一目标肌肉得到更加全面的锻炼。

杠铃平板卧推

卧推类力量练习是最重要的上身锻炼内容之一。它不仅对上半身的肌肉发展至关重要,还是出色的身体力量建设者。许多人认为卧推只是胸部锻炼,但实际上手臂的肱三头肌、肩膀、背部,甚至身体的核心部位都多少参与其中,它是一个复杂的多关节复合性动作。

杠铃上斜卧推

杠铃和哑铃的卧推在形式上又可以分为上斜式、平板式和下斜式卧推。下面通过杠铃平板卧推的动作要领来讲解这类动作的要点。其他变式可通过相关的动作视频来学习。

哑铃上斜卧推

杠铃平板卧推的主要目标肌肉群是身体前侧的胸大肌、肱三头肌和三角肌前束。同时为了帮助身体稳定地靠在卧推凳上,身体后侧的肌肉(如斜方肌、菱形肌等)通过等长收缩的方式适当收紧肩胛骨。

动作的一般过程为:

（1）起始姿势。坐在卧推椅的末端,慢慢在椅子上躺平。双脚发力将身体向上搓,直至眼睛处于杆的正下方。两脚向臀部方向收回,在凳子的两边脚踏实地地形成稳固的支撑。身体核心部位保持适当紧张,然后向天花板挺胸、沉肩并适当收紧两肩胛骨。

采用全握握法,即大拇指环绕包裹着杠铃,使杠铃杆沿虎口至小鱼际下方的连线方向压在手掌上。杠铃通过处于中立位的手腕作用在小臂上。

（2）出杠阶段。深吸一口气,屏住呼吸,用力向天花板方向顶起杠铃,在重量可控的情况下平行移动出卡槽至肩膀的正上方。

（3）下落阶段。杠铃在胸肌的控制下，屈肘缓慢地下降，落在两乳头连线的胸部上方10厘米的高度。在杠铃下落到最低点时，小臂垂直地面，大臂与身体成45°左右的夹角。在此过程中吸气。

（4）推起阶段。把杠铃从两乳头连线处沿斜线快速推回至肩膀上方，在此过程中呼气。重复以上过程至应有的练习次数。

（5）回杠阶段。在回杠前，先发力伸直手肘，待手臂锁定后，将杠铃从肩膀正上方向卧推架平行移动，待杠铃与卧推架壁贴合后，再屈肘下放杠铃至卡槽上。

注意事项：

（1）双脚要踩在地面上，不要踮脚，也不要出现拱起身体、减少借力的情况。

（2）确保两侧肩胛下压，向中央夹紧，并在动作过程中始终维持这样的姿态，由此保障胸肌受力高效、均衡。

（3）做大重量的练习时，一定要有一位保护者。

（二）背部肌肉的塑形动作

1. 正手引体向上

引体向上是人体手臂抓握力、上肢力量、胸部力量、背部力量和腰腹肌力量的综合体现。在塑形时，主要用它来增加背部的宽度，即追求大圆肌、小圆肌和背阔肌的发达程度。

动作的一般过程为：

正手引体向上

（1）起始姿势。起跳用两手正握单杠，略宽于肩，两脚离地，两臂垂直。

（2）上拉阶段。将意念集中在肘关节上，肘关节下拉，在背阔肌收缩的力量下将身体往上拉起。当下巴超过单杠时稍做停顿，顶峰收缩静止一两秒，使背阔肌得到最大限度的收缩。在此过程中呼气。

（3）下落阶段。逐渐放松背阔肌，两肩胛骨由收缩状态逐渐打开，让身体缓缓下降，直到回到两臂完全垂直的状态，两脚不能触及地面。在此过程中吸气。

（4）重复以上过程至应有的练习次数。

注意事项：

（1）核心收紧，将两小腿向体前伸。不要反弓背部，时间长了腰椎易受伤。

（2）上拉时，不要刻意伸下巴够杠，否则练习次数较多时，颈椎会有不适。

（3）在下降阶段，不可让身体在重力的惯性下快速下降，以免对肩关节造成大的冲击而损伤肩关节。

（4）动作全程中，不要让身体前后摆动，以免因手抓不住杠而后仰摔下，造成损伤。

2. 杠铃硬拉

杠铃硬拉是涉及人体最多肌肉群的动作。在塑型时，主要用它来发展人体后侧链的肌肉群，如竖脊肌、臀大肌和腘绳肌、小腿三头肌等。

动作的一般过程为：

杠铃硬拉

（1）起始姿势。上步走到杠铃杆前，双脚在杠铃杆下方中间的位置左右开立，宽度略比肩窄，身体对齐杠铃杆的中心点。屈髋俯身，屈膝，使肩胛骨位于杠铃杆正上方。背部挺直,从头部至臀部呈一条直线,双手直臂在两腿外侧握杠。

(2)提升阶段。进一步将腰背部、腿部、臀部肌肉收紧,让身体进入硬拉前的紧张状态。以髋关节为轴,脚后跟向下蹬地且上体向上抬起,将杠铃从地面沿着腿部向上提升,膝关节和髋关节依次伸直,身体成直立状态。手臂在整个提升过程中的长度保持不变。在此过程中呼气。

(3)下降阶段。屈髋向后,使杠铃杆沿大腿向下移动,当超过膝关节后,屈膝将杠铃沿小腿下放还原。连续做时,杠铃不要接触地面,以保持持续的肌肉张力。在此过程中吸气。

(4)重复以上过程至应有的练习次数。

注意事项:

(1)在整个硬拉的过程中,手臂要始终保持垂直状态,可以选择正握,也可以正反交叉握杠,如果不是大重量,建议正握即可。

(2)一定要保证背部平直。不要向上弓背,也不要让背部反弓下塌,因为这样会增加背部受伤的风险。

(3)收缩臀大肌之后,要保持身体竖直,上体不要超伸后仰。

3. 杠铃、哑铃俯身划船

杠铃和哑铃俯身划船是增加背部肌肉厚度的主要练习手段之一,因其运动轨迹形状似划船动作而得名。主要锻炼的目标肌群为背阔肌、大圆肌、三角肌后束及手肘屈肌。

以杠铃俯身划船为例,动作的一般过程为:

杠铃俯身划船

(1)起始姿势。上步走到杠铃杆下,双脚在杠铃杆中间的位置左右开立,略比肩窄,身体对齐杠铃杆的中心点。腰背挺直,屈髋俯身,屈膝,双手直臂在两腿外侧握杠。吸气,以背阔肌收缩的力量,屈肘将杠铃横杠沿小腿提至膝关节以上。

哑铃俯身划船

(2)上拉阶段。继续以背阔肌之力,将杠铃往肚脐方向拉起。拉起时,要先启动背部肩胛骨的收缩,然后再做拉的动作。与此同时,胸部稍挺,让杠铃杆碰到肚脐即可。在此过程中呼气。

(3)下放阶段。在还原的过程中,一定要在背阔肌的控制下将杠铃原路慢速放下,背部两肩胛骨有打开的感觉。在此过程中吸气。

(4)重复以上过程至应有的练习次数。

注意事项:

(1)刚开始练习杠铃俯身划船时,身体俯身角度可以为45°,也可以高一些,但不能太高。如果太高,则会练到斜方肌上部,背阔肌感受度会减弱。后期俯身角度可以略微低一些,但不要低于15°。

(2)在划船过程中,始终保持挺胸、收腹、紧腰,不得弓背松腰。

(3)练背的一个很重要的点就是收缩肩胛骨,两侧肩胛向内收紧。如果没有到这一步,发力模式就很容易做错。

用哑铃练习划船,主要有双手和单手持铃两种方法。哑铃俯身划船根据习惯和条件有两种体姿:一种是一手持铃,另一手撑在膝盖上;另一种是一手持铃,同侧腿直立,另一条腿和手跪撑在凳子上。后一种单腿跪撑式单手划船能更好地集中背阔肌的力量,减轻两腿和腰背肌的负担,健美运动员大都采用这种体姿。还有一种哑铃划船姿势是俯卧在上斜板上做的,这种姿势多为女子采用。

(三) 腿部肌肉的塑形动作

1. 弓步蹲 (也称跨步蹲、箭步蹲)

弓步是与日常生活息息相关的一个动作。走路、跨步、跑跳、变向都与这个动作相关,因此弓步蹲就成为一个非常好的功能性练习动作。

锻炼的目标肌肉群主要有臀大肌、股四头肌,辅助训练腘绳肌、小腿三头肌和保持躯干稳定性的核心肌群。

原地弓步蹲

动作的一般过程为:

(1) 起始姿势。双臂徒手或持重物自然下垂于体侧,收紧核心,双脚左右分立,与肩同宽。

(2) 下蹲阶段。一脚向前或向后跨一步,重心下降,并保持在两腿之间,上体保持中立,不要过度前倾或后仰。两腿屈膝、屈髋下蹲,蹲至上体与前腿成 90°,前、后腿的大小腿夹角为 90°,后侧腿的膝关节接近地面,但不触地。在此过程中吸气。

行进间弓步蹲

(3) 蹲起阶段。前腿蹬地,提升重心的同时向后或前收腿,恢复到初始站姿。在此过程中呼气。

(4) 连续或前后腿交换,重复以上过程至应有的练习次数。

注意事项:

(1) 不要在软垫上进行练习,而要在硬地上进行练习。

(2) 从前面看,脚部、膝盖、髋部和肩部呈一条直线,髋部和肩部完全与地面平行。

(3) 从侧面看,前腿胫骨垂直于地面,后腿膝盖与髋部和肩呈一条直线。

(4) 避免任何可能引起膝盖或下背部疼痛的动作幅度。

2. 保加利亚分腿蹲

保加利亚分腿蹲的动作过程主要由前腿的髋和膝关节的屈伸构成,因此它可以练到臀大肌、腘绳肌和股四头肌,以及维持身体稳定性的肌群,如臀中肌、臀小肌和核心肌群。

动作的一般过程为:

保加利亚分腿蹲

(1) 准备姿势。找一张高度略低于膝盖的矮凳,双脚在凳前前后开立。后脚脚尖放在凳子上,前脚向前迈出,调整两脚之间的站距至身体稳定。收紧腰腹,保持上体直立,双手在体侧各握一杠铃片。

(2) 下蹲阶段。前腿屈髋和屈膝向下蹲,当大腿与小腿垂直时,停顿一两秒。此时,后面腿的膝盖接近碰到地面。在最低点时,大部分的重量(约 80%)压在前面的腿上,剩余的重量(约 20%)置于后脚,后面的腿更多的是帮助维持身体平衡,不应该主动发力。在此过程中吸气。

(3) 蹲起阶段。在保持身体姿势稳定的情况下,前腿主动发力向下蹬地,通过伸膝、伸髋向上蹲起,至前腿的膝盖完全伸直。在此过程中呼气。

(4) 连续或前后腿交换后,重复以上过程至应有的练习次数。

注意事项:

(1) 膝盖不要内扣,使膝盖与脚尖的方向保持一致。

(2) 当前腿膝关节超过脚尖后,就会给膝关节带来更大的压力。

(3) 前腿的脚跟发力,腘绳肌会有更好的发力感;脚前掌发力,股四头肌会有更好的发力感。

3. 杠铃深蹲

杠铃深蹲主要锻炼腿部、臀部的肌肉,附带锻炼腰部、腹部肌肉等,涉及人体约 70% 的肌肉。

杠铃深蹲

动作的一般过程为:

1) 前期准备

(1) 装备:底儿硬的平底鞋和合适重量的杠铃。如果穿着具有减震功能的运动鞋,反作用力将会减弱,同时也会增加动作的不稳定性。

(2) 杠铃高度:将杠铃放置在与自己的胸部相同的高度。

(3) 握杠技巧:手腕保持中立位,即手腕不要背屈,肘部应由外张到下压。

(4) 身体姿态:挺胸抬头,目视前方,收紧核心,收紧肩胛骨。

(5) 杠铃位置:杠铃杆放置在颈后的位置有斜方肌上和三角肌后束两种,主要学习杠铃放置在斜方肌上的高杠位。

2) 起杠与出杠

在起杠时,双脚应处于杠铃的正下方,将重心放在脚掌的中心。准备起杠时,先深吸一口气,让腹部绷紧。完成起杠动作最简单的操作方式是将微屈的髋关节在臀部肌肉的发力下由后向前挺直躯干。不能用股四头肌猛地发力将杠铃向上撞起。起杠后,待身体稳定,就可以做好出杠的准备了。

出杠时,建议使用二步或三步出杠法,可以最大化保存体力并为回杠做好准备。

(1) 二步出杠法:两只脚在起杠后各退一步,调整好站距后即开始下蹲。

(2) 三步出杠法:一侧脚迈两次小步,另一侧脚迈一次大步。

切忌向后退太多步出杠,这样容易浪费力气和带来更多的身体晃动与不稳定。

3) 蹲起阶段

深吸一口气,收紧腹部并下蹲,同时屈髋、屈膝和屈踝,挺直背部。臀部是向后坐而不是向下,就像身后放了一把椅子要坐在上面。下蹲的过程中,保持膝盖方向与双脚脚尖方向一致。下蹲至大腿与地面平行或臀部略低于膝关节即可。站起时,呼气,两腿向下用力,同时伸髋、伸膝,背部收紧,臀部由后向前推,回到直立姿态。重复以上过程至应有的练习次数。

4) 回杠技巧

先是用同样的脚步数原路回到起杠处,然后通过主动屈髋(不是主动屈膝)将杠铃杆与齐胸高的卡槽架壁贴合,然后松劲,杠铃就会自动滑落到卡槽中。

注意事项:

(1) 下蹲时,膝盖应与脚尖的方向一致,不能内扣。

(2) 从侧面看,在整个过程中,杠铃的上下运动轨迹在接近两脚正中位置的垂直线上。

(3)从后面看,在整个过程中,臀部始终在两腿中间,没有出现左右偏坐的情况。

4. 负重臀推

臀部推力练习是发展臀肌的动作。髋关节屈和伸产生推力时会用到臀大肌、臀中肌、股四头肌和腘绳肌,同时还涉及整个身体核心稳定的肌群,以保持身体平衡和脊柱的稳定。

臀推

动作的一般过程为:

(1)前期准备。先找一张练习用的凳子,凳子的高度最好到膝盖下方。将凳子固定。选择合适重量的杠铃片或杠铃等作为负重物。

(2)准备姿势。将杠铃片放在身体的一侧,坐到横放的凳子的前方。上背靠在凳子上,将杠铃片提到腹部。将双脚的距离调到略比肩宽,脚尖朝前方约15°。肩胛骨的下缘抵在凳子上,双手在腹前扶住杠铃片。

(3)推升阶段。以髋关节为轴,让充分拉长的臀部肌肉发力,通过伸髋的力量将杠铃片抬起到大腿与小腿成90°的位置,核心肌群逐渐收紧,到身体与地面平行的位置。微收下颚,眼睛直视杠铃片。在臀肌顶峰收缩时,停留一两秒。在此过程中呼气。

(4)下降阶段。逐渐放松臀肌,核心肌群保持适当紧张,臀部慢慢下放,再次拉长臀肌,并准备再次通过臀肌的收缩来推升压在腹部的杠铃片。在此过程中吸气。

(5)重复以上过程至应有的练习次数。

注意事项:

(1)每次推起重量之前,向核心吸入大量空气后屏住。

(2)以屈髋和伸髋的方式使臀肌发力。

(3)用杠铃做练习时,杠下方铺上或卷上软垫或瑜伽垫,避免压到骨骼而产生疼痛感。

(四)肩部肌肉的塑形动作

1. 杠铃肩推

杠铃肩推能锻炼肩部三角肌的前束和中束、上胸部肌肉、肱三头肌,以及很多小肌群,如肩胛带肌群、斜方肌、前锯肌等。

(1)起始姿势。两脚左右分立,与肩同宽或稍宽,在前臂与地面垂直的位置处握架子上的杠铃横杆,夹肘向上顶,将杠铃从杠铃架上取下并静置于上胸部锁骨位置处。挺胸,腰、腹、臀部收紧,同时背部肩胛骨收紧,保证核心稳定和正确的盆骨位置。手肘垂直于手腕,减少杠铃给手腕带来的压力。

(2)上推阶段。以肩关节为轴,三角肌的前束、中束主导发力,将杠铃向上推起,头稍向后仰,让杠铃杆划过面部,头部迅速回位。两臂继续上举杠铃至头顶正上方,大臂在耳朵两侧。从侧面看,杠铃与手臂、腰部、两脚的中间位置处于一条垂直线上。在此过程中呼气。

杠铃立姿肩推

(3)下降阶段。在三角肌的控制下屈肩和屈肘,缓慢再次后仰和回收头,手肘逐渐向前外翻,将杠铃杆重新置于胸部的锁骨处。在此过程中吸气。

(4)重复以上过程至应有的练习次数。

哑铃坐姿推举

注意事项:

(1)过度后仰背部,会给腰部带来过大的压力。

(2)保持身体核心稳定很重要,这是手臂发力的基础。

(3)可做半程的上推动作,以减少肱三头肌的发力并给肩部的肌肉以更持续的刺激。

2.哑铃阿诺德推举

目标肌肉群为三角肌的前束、中束。

动作的一般过程为:

(1)起始姿势。坐在凳子上,挺直腰背,两手握哑铃,屈肘将哑铃放到比肩略高的位置,双手掌心面对自己。此时大臂与地面平行、小臂垂直于地面,目视前方。

(2)上推阶段。双手以肩关节为轴将大臂从胸前外旋打开至体侧,掌心由面向自己转至掌心向前。向上推起在头部两侧的哑铃(运动轨迹似一个梯形)直至手臂自然伸直,哑铃停留在头部上方一两秒。在此过程中呼气。

(3)下降阶段。在肩关节的控制下,屈肘,使哑铃慢慢下落至头的两侧,然后内旋肩关节,使大臂由体侧转至胸前,回到起始位置。在此过程中吸气。

(4)重复以上过程至应有的练习次数。

注意事项:

(1)练习过程中要将意念集中在肩部肌肉上。

(2)推举时,哑铃未从身体前转到身体的两侧,肩部肌肉受力行程会缩短。

(3)推举时,肘关节不要完全伸直,以减少三角肌的受力,否则会使练习效果大打折扣。

哑铃阿诺德推举

(五)手臂肌肉的塑型动作

1.杠铃坐姿肱二头肌弯举

目标肌肉为肱二头肌,协同肌肉为肱肌、肱桡肌、前臂肌肉。

动作的一般过程为:

(1)起始姿势。身体骑坐在固定的凳子上,上体稍前倾,两臂伸直并搁在斜板上,腋窝卡在斜板的上沿,拳心向前,两手反握杠铃,与肩同宽。

(2)动作过程。吸气,两臂以肘关节为轴,肱二头肌做向心收缩,用力拉杠铃至锁骨附近,顶峰收缩,稍停两三秒。呼气,肱二头肌在做离心收缩的过程中缓慢下放杠铃,回到起始位置。

(3)重复以上过程至应有的练习次数。

注意事项:

(1)肱二头肌通过肘关节屈伸带动前臂上拉和下放杠铃时,上臂和身体不要摆动,这样可以减少借助外力的情况。

(2)在练习过程中,减少手腕的屈和伸来发力。

杠铃坐姿肱二头肌弯举

杠铃立姿肱二头肌弯举

2.反手引体向上

反手引体向上是锻炼背部肌肉的动作,也是锻炼肱二头肌的最佳动作。引体向上是一种复合性的多关节动作,通过两个关节(肘关节和肩关节)来锻炼肱二头肌。从增肌的角度来看,利用反手引体向上来锻炼肱二头肌,效果更好,效率更高。

反手引体向上

动作的一般过程为：

（1）准备姿势。起跳，用两手反握单杠，略窄于肩，两脚离地，两臂自然垂直，挺胸。

（2）上拉阶段。利用背阔肌和肱二头肌收缩的力量，以屈肩、屈肘的方式将身体往上拉起，当下巴超过单杠时，肱二头肌顶峰收缩，静止一两秒钟，给予肱二头肌最大强度的刺激。在此过程中吐气。

（3）下降阶段。逐渐放松背阔肌和肱二头肌，让身体在肱二头肌的控制下缓缓下降，直到回到两臂垂直的状态。此时，两脚不能触及地面。在此过程中吸气。

（4）重复以上过程至应有的练习次数。

注意事项：

（1）练习时，意念要集中在肱二头肌的发力上。

（2）在上拉时，不要刻意伸下颚够杠。

（3）在离心下降阶段，不可让身体快速下降，以免对肩关节造成大的冲击而伤肩。

3. 双杠臂屈伸

肱三头肌是手臂最大的一块肌肉，也是最强壮的一块肌肉，双杠臂屈伸是练肱三头肌较好的选择。

双杠臂屈伸 + 肱三头肌

动作的一般过程为：

（1）起始姿势。双手旋紧双杠（左手逆时针旋转，右手顺时针旋转），肘窝朝前，肱骨移向关节窝后侧；臀部收紧，使骨盆处于中立位，双腿在体后并拢，脚尖绷直。

（2）下降阶段。上体前倾，肘关节慢慢弯曲，让肱三头肌主导控制身体缓慢下降至大臂与地面平行的高度，肘尖朝正后方，稍停一两秒。在此过程中吸气。

（3）推升阶段。双手依旧旋紧双杠，意念依然集中在肱三头肌的发力上，并使肱二头肌从被拉长的状态开始收缩，当大小臂接近伸直即可，不要超伸肘关节。上体回到准备姿势状态。在此过程中呼气。

（4）重复以上过程至应有的练习次数。

注意事项：

（1）选择窄握距：窄握对肱三头肌刺激大，宽握对胸肌刺激大。

（2）与以练习下胸部肌肉为主的双杠臂屈伸动作的不同之处在于双腿在体后。

（3）离心下降阶段，下放的速度要慢，不能使身体在重力的惯性下下降，以免伤肩。

肌肉拉伸技术

（4）撑直手臂后，应该沉肩，而不要耸肩或向前探肩。

第三节　健美运动练习的安排与营养

一、健美运动练习内容的编排

一般是先将身体部位进行划分，然后根据每周练习的次数或天数，在周练习计划上进行练习内容的合理编排,以保证身体的不同部位都能得到较全面的锻炼和发展。这里给出一般性的建议,供练习者在初级阶段试用或使用。随着个人编排能力的提高和个体化的需要,可以有不一样的变化。

练两次/天的建议:第一次胸+肩+三头+腹部;第二次背+二头+腿+腰部。

练三次/天的建议:第一次胸+肩;第二次背+三头+腹部;第三次二头+腿+腰部。

练四次/天的建议:第一次胸+腹部;第二次背+腰;第三次肩+三头;第四次二头+腿。

练五次/天的建议:第一次胸+腹部;第二次背;第三次肩+腰部;第四次二头+三头+腹部;第五次腿。

二、健美运动练习的一般程序

(1) 一般情况下,热身完毕后,先做抗阻练习(无氧、力量练习),后做有氧练习(如跑步)和拉伸放松。

(2) 抗阻练习的内容安排顺序很有讲究。

① 先做多关节自由重量、中高重量的动作,比如杠铃深蹲、哑铃卧推、俯身划船、引体向上等。

② 然后做多关节固定器械的安全动作,中高重量动作,比如固定器械胸部卧推、夹胸等。

③ 接着做针对小肌群的单关节动作,中小重量动作,比如哑铃飞鸟、二头弯举等。

④ 再下来做核心区域的腹肌练习。

⑤ 最后做有氧类的练习。

⑥ 拉伸和放松。

这样安排的好处是,在身体状态最好的时候做自由重量、多关节参与的动作,然后做小肌群的、单关节动作强化练习。由于小肌群和神经功能还没有疲劳,可以取得最好的练习效果。

先做力量练习,再做有氧练习,可以让身体效果有更好的发挥,不容易受伤。同时,力量练习之后再做有氧练习,可以让脂肪参与供能的比例更高,减脂的效果也会更好。反之,如果在有氧练习身体疲劳后再安排大重量力量练习,则会使受伤的风险大大增加。

三、健美运动健美练习方法

健美训练的目的是使肌肉丰满、发达,减少体内多余的脂肪,达到体型健美。要使健美练习更实用、更有效、更有趣,就必须根据个人的具体情况选用不同的练习方法。下面介绍几种常用健美练习方法。

1. 循环练习法

循环练习法是根据练习的具体任务,建立若干练习站或练习点,练习者按规定顺序、路线,依次循环完成每站所规定的练习内容和要求的一种综合形式的练习方法。每个练习内容完成后休息45~60秒,每个循环可间歇两三分钟。例如,徒手深蹲—双杠臂屈伸—坐姿腿弯举—杠铃卧推—跳绳等。这种练习方法的特点是:① 练习密度大,有利于不同部位的肌肉进行交叉练习,不易疲劳;② 能够较快地全面恢复和提高身体素质,增长肌肉力量,发达肌肉;③ 因练习内容多变而比较有趣,能较好地调动练习者的积极性。

2. 金字塔法和倒金字塔法

金字塔法是指练习的重量是由轻到重，循序渐进地增加配重的安排方法。倒金字塔法是练习时的重量由重到轻，逐渐减轻配重的安排方法。

例如，深蹲练习采用金字塔法的配重安排为：40 千克×12 次×1 组—50 千克×10 次×1 组—60 千克×8 次×1 组—70 千克×6 次×1 组—80 千克×4 次×1 组—90 千克×2 次×1 组—95～100 千克×1 次×1 组。与此相反安排配重的是倒金字塔法。

3. 助力练习法

助力练习法是指为了提高自身的绝对力量或肌肉耐力而借助外力或身体其他部位的力量来完成更多次的练习数量。

这种练习方法有助于突破瓶颈，能使目标肌肉在锻炼中得到更多的刺激，对增长肌肉体积和力量、提高线条的清晰度有显著效果。

4. 优先练习法

优先练习法是指对身体某块肌肉在练习顺序上优先考虑和重点进行练习的方法。例如，胸大肌上部不发达的练习者在体力最好的时候特意把杠铃上斜卧推安排在练习内容的前面，对胸大肌上部进行重点练习，然后再进行身体其他部位肌肉的练习。

四、健美运动练习中的营养

人的生长发育、强身健体都与营养有着密切的关系。在健美练习中，如果摄入大量的营养物质而练习量偏小，就会形成脂肪堆积过多的体型；相反，光练不适当增加营养物质的摄入，就会因消耗过多而损害健康，严重影响日常的工作和生活。因此，健美练习和营养物质摄入必须相辅相成。在健美界流行着这样的一些话来说明练习与营养之间的关系：健美的成功，"一半靠练，另一半靠吃"，更夸张的说法是"三分靠练，七分靠吃"。因此，学会合理摄入营养是健美练习中很重要的一个环节。

合理的营养摄入并不是用一些小建议、小技巧就能完成的，它是通过制订计划，包括预定的饮食原则、宏量和微量营养素的摄入计划，并执行计划来实现的。

（一）营养要素的摄入原则

所有的宏量营养素（蛋白质、碳水化合物和脂肪）都是根据体重、身体成分和最终目标仔细衡量的。水的摄入量也要给予足够的重视。蛋白质摄入的最佳量对增加肌肉和防止肌肉流失非常重要。健康的脂肪对能量利用和身体激素荷尔蒙的平衡至关重要。碳水化合物的性质很复杂，经常循环使用，可以在增肌时有更好的活力，在减脂时获得更大的脂肪消耗而保持合理的体成分。

保证足量的微量营养素，如各种维生素和矿物质的摄入，也是维持健康的关键因素。

每周都要密切监测和回顾健美练习、营养和作息之间的协同进展情况，机动灵活地调整可能发生的意外情况，但每周的热量摄入和输出在总体上应努力按照计划保持不变。

休息和恢复应严格按计划进行，良好的作息可以确保所有身体系统的正常运作。

（二）营养摄入计划的制订

1. 蛋白质的摄入

在减脂期,确保每千克体重至少获得1.0～1.6克蛋白质。在增肌期,每千克体重至少获得1.2～2.0克蛋白质。关键是要持续地摄取蛋白质,以帮助减少节食时肌肉流失的风险和在增肌期因蛋白质摄入量不足而带来肌肉增长的停滞。

2. 脂肪的摄入

当碳水化合物保持在低水平时,脂肪不仅是一个很好的能量来源(在节食的情况下),还被证明在调节关键激素方面发挥着关键作用,如睾丸激素和生长激素,这在燃烧脂肪的过程中是至关重要的。

健康脂肪,如坚果和橄榄油,通常应保持在总热量的20%～30%。在极端低碳水化合物的日子里,脂肪摄入量可以略微增加,以补偿能量的损失。

3. 碳水化合物的摄入

人体应该摄入自然的、没有进行精加工的碳水化合物,如糙米、红薯和白薯、生燕麦片、藜麦等是理想、耐饿的且不会造成血糖值有快速升降变化的慢碳食物能量来源。

减少吃深度加工的碳水化合物,如甜点、谷物、面食、大多数面包和零食。这些快碳食物会使脂肪更多地堆积在体内,使腰围变得更大。

4. 微量营养素的摄入

微量营养素的摄入通常是要靠摄入的食物种类的丰富性达成的。例如,每天吃不少于12种,每周吃不少于25种的食材,而且食材的颜色要像彩虹一样。此外,烹饪手法简单、口味清淡、干净卫生为好。

（三）练习中的补液原则

1. 练习前的补液

可在练习前2小时饮用400～600毫升含电解质的饮料或白开水,也可于练习前15～20分钟补液400～700毫升,要少量、多次摄入,每次100～200毫升,分2～4次喝完。不要在短时间内大量饮水,否则会造成恶心等生理不适的反应,对接下来进行的练习或比赛不利。

2. 运动中补液

如果运动中出汗量大,练习前的补液不能满足体液平衡需求。为预防脱水情况的发生,有必要在练习中及时进行补液。补液的量要根据出汗量而定。在一般情况下,补液的总量不超过800毫升/小时。练习中的补液也必须少量、多次地进行,可以每隔15～20分钟补液150～300毫升。练习中的补液量一般为失液量或出汗量的50%～70%,使液体的进出量达到动态的平衡。

3. 运动后补液

锻炼者在练习中常常只能补充汗液丢失量的50%,体液的恢复较慢,而且不完全。因此,在练习后仍然要进行补液。补液的原则仍然是少量、多次,切忌一次喝进大量的水,给心脏造成很大的负担和带来不适的生理反应。

健美竞赛规则

第十九章 跆拳道

学习目标

思政元素

在习练跆拳道的运动过程中融入礼仪教育,在自我沉浸式参与中理解正确的礼仪、行为规范、对长辈的尊重、对他人的尊重以及日常生活的节制和自律行为规范,言行有礼,发扬中华民族的传统美德。通过规律、规范的跆拳道技术动作练习,在实践中享受各种运动情感体验,获得专注力和成就感,磨炼坚定的意志,凝练跆拳道精神。在团队配合练习中,学会合作,学会竞争,学会担当,构建合作意识、合作能力,切实提高沟通和合作素养。

身体能力

掌握跆拳道的基本步法、腿法;熟练运用步法与腿法组合、腿法与腿法组合技术;学会品势演练和专项素质练习方法;身体形态、身体机能和身体素质方面达到《国家学生体质健康标准》测试要求。

认知能力

理解跆拳道的基本知识、基本礼仪、基本技术及健身健心价值;了解竞赛规则;学会自我锻炼的科学方法;树立正确的体育健身观念、安全意识和终身体育意识。

第一节 跆拳道运动概述

一、跆拳道的含义、内容与分类

跆拳道中的"跆"指脚踢,"拳"指拳打,"道"指技术方法和精神修炼。跆拳道起源于朝鲜民族的自卫术,古称跆跟、手搏、花郎道等。

跆拳道是一项运用手足技术、重在足技进行搏击格斗的朝鲜民族传统体育项目,主要内容包括品势技术、实战(竞技)技术和表演(特技、击破、跆拳舞)技术。它是以技击格斗为核心,以修身养性为基础,以磨炼人的意志、修炼人的道德和精神为目的的一项现代竞技体育运动。

品势是经历了长时间的历史而发展起来的独特的身体锻炼方式,具有独特的动作样式。品势特有的运动方式就是动作的定型。跆拳道的品势是将拳和腿的各种攻防动作,按照反映不同等级的内容和太极、八卦图的运行路线编排,将固定的动作顺序连接起来进行练习的运动表现形式。

实战(竞技跆拳道)是两名运动员按照竞赛规则要求,以腿为主、以拳为辅进行攻防格斗,以得分多少衡量胜负的一种运动表现形式。实战(竞技跆拳道)是跆拳道的核心部分,它既是奥运会、亚运会、世界锦标赛的正式比赛项目,也是我国全运会、锦标赛的正式比赛项目,在世界范围内知名度高、影响力大。在实战(竞技跆拳道)的带动下,大众跆拳道(包括品势演练和竞技比赛)开展得十分普及。

表演技术包括击破和特技以及跆拳舞等艺术表演形式。击破和特技是跆拳道练习功力和展示功力的主要形式。功力展示一般分为四种类型:一是彰显动作击打的力度,如击破若干块木板或瓦片等硬物;二是彰显动作击打的准确性,如用刀尖插住苹果等水果,然后用腿法将水果击破;三是彰显动作击打的高度,事先将木板、水果等器物设置在具有一定高度的空中,然后助跑跳起用腿法击破;四是彰显动作击打的远度,如一人持木板或瓦片站立,中间有若干身体前俯的人相隔,另一人在另一端通过助跑腾空跳起,越过身体前俯的多人并将物体击破。

跆拳道击破是以原地的拳、肘、手刀及伴以旋转发力的腿法动作击打的跆拳道进攻动作。手部动作击打时双脚不得脱离地面,主要动作包括向下的正拳、背拳、立拳、手刀、侧面肘击等;脚步动作由后踢、横踢、后旋踢、侧踢等组成。为体现功力和威力,击破物通常为3块以上的木板、大理石、方砖或瓦片。在比赛中均以动作规范、击破数量多者为胜方。

跆拳道特技是在身体腾空的状态下应用腿、脚等技术进行攻击和击破的表演方法。腾空动作主要有直线腾空、斜线腾空、腾空旋转、腾空翻转。比赛时,要求表演者在规定时间内完成所编排的表演。

艺术表演(跆拳舞)是以跆拳道的动作为基本内容,打破品势、竞技、功力分类的格局,增加音乐、灯光、布景等舞台元素,重新进行动作艺术编排和包装,以求达到最佳观赏效果的一种表现形式。

二、跆拳道运动的礼仪

跆拳道推崇"以礼始,以礼终"的尚武精神,它贯穿了"礼仪,廉耻,忍耐,克己,百折不屈"的根本宗旨。跆拳道的礼仪是指练习者从内心深处溢出的、自然的、表现在人的行为上的、高尚的、有价值的举动。跆拳道练习者在学习技术训练之前,首先要学习的是跆拳道的礼仪知识。只有懂得了跆拳道的礼仪知识,才可以练好跆拳道,从而达到最高境界。跆拳道礼仪的学习对一个跆拳道练习者非常重要:谦虚和正确的言语,忍让和友好的态度,虚心和好学的作风,是跆拳道练习者应当遵循的重要礼仪。

(一)立姿、坐姿

立姿:双脚尖并拢、脚跟相靠,身体立直,下颚内收,双眼平视,双臂自然下垂,双手握拳,拳心贴于大腿外侧,如图 19-1 所示。

稍息:两脚分开,与肩同宽,脚尖正对前方,双手掌交叉置于腰后,挺胸收腹,目视前方,如图 19-2 所示。

坐姿:坐下或起立时不得以手扶地。盘腿坐下,脚尖往后绷,双手握拳,拳心向下,置于膝关节上。勿耸肩抬肘、上体歪斜、含胸驼背,应体现出沉稳平静的精神,自然放松,如图 19-3 所示。

图 19-1　立姿　　　图 19-2　稍息　　　图 19-3　坐姿

(二)跆拳道鞠躬礼

1. 鞠躬礼的标准身体姿势

身体面向对方,并步直立,两臂自然置于身体两侧,上体前倾约 45°,头部前倾约 30°,目视地面,稍停后还原成直立姿势,行礼完毕,如图 19-4 所示。

2. 礼仪的具体行为要求

1) 练习时的礼仪

每一位跆拳道练习者在进入训练馆之前都必须身着整洁的跆拳道道服,按照要求系好道带,光脚或穿着跆拳道鞋后进入训练场地。进入道场时,首先要向国旗和教练行跆拳道的鞠躬礼,以此来表示对祖国的热爱、对国旗的尊重和对教练的尊敬;见到队友时也应该行礼问好,以表示友好。训练课中应时刻保持道服的干净与整洁,每次需要整理服装时要先向教练行鞠躬礼,然后背对国旗、教练及队友整理服装,整理完毕时转身面向教练行鞠躬礼,以表示抱歉,其目的是使练习者养成干净整洁的习惯。训练中如果出现气势不够、注意力不集中、动作不到位、没有全力以赴等情况,在教练示意后应立即行礼以表示抱歉,目的是让练习者在训练过程中集中注意力,刻苦训练,减少不必要的伤害。队友之间应相互帮助,在脚靶训练和模拟实战等需要两个人配合的训练中,两个人应以相互敬礼开始、相互敬礼结束,必须认真负责地帮助队友做好每一个动作并及时纠正错误,两个人在交换脚靶或任何训练用品时都需用双手接送,同时行鞠躬礼(图 19-5、图 19-6),这样可以培养队友间的团队精神和相互尊重的良好情感。训练过程中,练习者应该严格按照教练的要求进行练习,教练讲话时练习者需跨立站好或端正坐好,目视教练认真听讲,不得随意打断教练讲话,如要提问,需行礼鞠躬,得到许可后才可以提出问题,得到解答后行礼鞠躬并说声"谢谢"。

图 19-4 鞠躬礼

图 19-5 交换物品

2）比赛中的礼仪

在比赛开始前，首先要向教练敬礼，然后向裁判敬礼，在每局比赛开始前听到主裁判员发出"立正"和"敬礼"的口令时互相敬礼，以表示尊重；在比赛中，如果某方使用了犯规行为攻击对方，当裁判员做出判决时，某方必须服从接受并向裁判员行礼以表示歉意；在比赛结束时，应再次向对方行礼，并向对方的教练敬礼、握手以示感谢。在比赛过程中即使出现了误判，也要等该场比赛结束后，有礼貌地向裁判员提出问题并要求改正。

三、跆拳道运动的发声

跆拳道的发声并没有严格规定发什么音才是正确的，但原则是发出的声音要给对方以威慑，提高自己的自信心和气势，并能使自己迅速进入训练或比赛状态。一般来说，跆拳道的发声有两种：

（1）发类似"扼以"的声音。这种发声一般多用于品势演练中，"扼"的声音要气沉丹田，"以"的声音是拖长的声音，也可不发。

（2）发"啊猜"的声音。这种发声一般多用于跆拳道训练和比赛中，拖的声音可以很长。

跆拳道发声的作用：

（1）跆拳道的发声正是跆拳道的气势所在，有利于将体内气呼出，同时便于集中精力。

（2）跆拳道的发声有助于提升自己的爆发力，发声使踢出腿法更有速度和力度。

（3）在跆拳道实战比赛当中，有气势的发声能给对方一种震慑。

四、跆拳道的段位级别划分

跆拳道有着严格的技术水平等级制度和晋级升段考核要求。跆拳道修炼者水平的高低，以"级""段""品"来划分。级位分为十级，段位分为九段，品位分为三品。十级选手是初学者，通过相应的时间及课程的训练，逐步上升至九级、八级、七级……直至达到较高水平的一级。一级以后进入段位，一段至三段为黑带新手的段位，四段至六段属高水平段位，七段至九段授予具有很高学识造诣和对跆拳道的发展做出重大贡献的杰出人物。如果15周岁以下的选手达到了一段至三段的水平，则授予一品、二品、三品，而不是段位。

腰带的颜色代表着练习者的水平。从低到高依次为白带（十级）、白黄带（九级）、黄带（八级）、黄绿带（七级）、绿带（六级）、绿蓝带（五级）、蓝带（四级）、蓝红带（三级）、红带（二级）、红黑带（一级或一品、二品、三品）、黑带（一段至九段）。

腰带颜色的象征意义如下：

（1）白带代表空白，练习者没有任何跆拳道知识和基础，一切从零开始。

（2）黄带是大地的颜色，就像植物在泥土中生根发芽一样，在此阶段要打好基础，并学习大地厚德载物的精神。

（3）绿带是植物的颜色，代表练习者的跆拳道技术在不断完善，开始枝繁叶茂。

（4）蓝带是天空的颜色，随着不断的训练，练习者的跆拳道技术逐渐成熟，就像大树一样向着天空生长，练习跆拳道已经完全入门。

（5）红色是危险、警戒的颜色，练习者已经具备相当的攻击能力，对对手已构成威胁，要注意自我修养和控制。

（6）黑带代表练习者经过长期艰苦的磨炼，其技术动作与思想修为均已相当成熟，也象征跆拳道黑带不受黑暗与恐惧的影响。

第二节　跆拳道基本技战术

现代跆拳道技术领域由品势、实战（竞技跆拳道）、表演特技三大领域的技术组成，在技术方面，这三个领域是相互关联的，具有共同的技术要素和理论，但也具有各自独立的要素和理论。它们以独特的方式结合成一体，形成了完整的跆拳道技术体系。

基本技术是指技术中作为核心的技术，从技术分类的观点来说，相似技术中最具代表性的技术就是这一系列技术中的基本技术。基本技术既是基础阶段的技术，也是向其他技术变化和应用的基础。跆拳道基本技术的概念不仅是指技术种类，也是名称，其中蕴含着技术动作的正确运动形式和运动原理。

一、实战（竞技跆拳道）基本技术

（一）实战姿势

跆拳道实战姿势是实战技术练习时或与对手比赛时的准备姿势，是步法的出发点。

动作方法：头部正对对手，眼睛注视对手头部或肩部，上体侧对或斜对对手，两臂肘部弯曲约90°，两手半握拳，两脚前后开立，距离比肩稍宽，两脚尖斜向前方，脚跟离地，用前脚掌承担体重，身体重心在两脚连线中间，两膝微屈，保持弹性状态，如图19-7所示。

(a)　　(b)

图19-7　实战姿势

（二）实战基本步法（动作方法以左实战姿势开始为例）

实战步法是有效使用腿法的距离调节方式，在腿法技术中发挥着非常重要的技术作用，它可以调节距离、调整击打腿的正确位置。

1. 前滑步

实战姿势开始，后脚蹬地发力，前脚向前滑动一步；此时后脚快速蹬离地面，向前跟进同样的距离,仍成实战姿势。

2. 后滑步

实战姿势开始,后脚向后滑退一步,前脚掌随即蹬离地面,后撤距离与滑退一步的距离相等,仍成实战姿势。

3. 左滑步

实战姿势开始,前脚向左移动一步半距离,后脚蹬地向左平行滑步跟上,两脚向左移动的距离相等,还原成实战姿势。

4. 右滑步

实战姿势开始,后脚向右移动一步半距离,前脚蹬地向右平行滑步同样的距离,还原成实战姿势。

5. 换　步

两脚蹬地,微离地面,身体左转约180°,两脚在空中前后交换后落地,成右实战姿势。

6. 前进步

双脚同时蹬地,使身体获得向前移动的动力,然后双脚随身体一起迅速向前移动一小步,保持实战姿势。

7. 后退步

双脚同时蹬地,使身体获得向后移动的动力,然后双脚随身体一起迅速向后移动一小步,然后保持实战姿势。

8. 上　步

以前脚脚掌为轴,后脚蹬地经前脚内侧向前迈出一步,身体左转,成右实战姿势。

9. 撤　步

以后脚脚掌为轴,前脚蹬地经后脚内侧向后撤一步,身体左转,成右实战姿势。

10. 前垫步

身体重心前移,双脚蹬地,右脚向左脚并拢,在右脚落地的同时左脚向前迈出一步,成左实战姿势。

11. 后垫步

身体重心后移,双脚蹬地,左脚向右脚并拢,在左脚落地的同时右脚向后迈出一步,成左实战姿势。

12. 弧形步

以左脚前脚掌为轴,右脚向右侧弧形移动,同时身体左转90°,右脚落地,成左实战姿势。

(三)基本拳法技术

跆拳道是以腿踢为主、拳打为辅的运动项目,实战(竞技跆拳道)中运动员使用拳法的种类不多,出现的频率也不高,但是拳法不但有用武之地,而且能够发挥很重要的作用。跆拳道的拳法主要在双方运动员距离较近且在动态的情况下,用于阻击、迎击对方的腹部。由于跆拳道的拳法不能攻击对方的头部,只能攻击对方的腹部,而且得分分值不高,因此比赛中拳法的运用率不高。但如果遵守"远用腿、近用拳"的基本规律,在比赛过程中,双方运动员出现间隔距离较近的情况时,有力的拳法攻击或防守都有较大的施展空间。实战中常用的拳法是直拳。

1. 握拳的方法

食指、中指、无名指和小指并拢卷曲,拇指放在中指和食指的上面,拳头内扣,拳峰朝着对方。从食指到小指的第一关节和第二关节成一个平面,这个部位叫做指关节部位。指关节部位的中心在中指和食指之间,要用这个关节中心,也就是通常所说的"拳峰"打击目标。

2. 前手拳

后腿用力蹬地,重心前移,前脚向前迈出约一脚长距离,左手握拳由胸部高度迅速内旋,向前冲击,力达拳面。

3. 后手拳

右手握拳,随着右脚蹬地,左脚向前移动约一脚长距离,腰部左转,右臂内旋,向前击打,用拳的正面接触目标。

(四)基本腿法技术(动作方法以左实战姿势开始为例)

跆拳道以其变幻莫测、优美潇洒的腿法闻名于世,被世人称为踢的艺术,这是跆拳道区别于其他格斗术的一个重要特点。跆拳道的腿法讲究变化多样和灵活多端,对人体的柔韧性、大脑反应的灵敏性、身体运动的稳定性都有很高的要求,它是对人体机能和体能的综合考验。

跆拳道实战中脚踢进攻时使用的部位一般包括脚前掌、脚趾、脚背、足刀、脚后跟、脚后掌(脚跟底部)。利用这些部位可以进行站立踢、跳动踢、助跑踢、转身踢和飞踢等不同形式的踢法进攻,而且每种踢法攻击的部位各有不同。实战过程中,运用脚踢时要根据具体情况,如对方所处位置、暴露的部位、防守的姿势以及双方的距离,选择不同的踢法。脚踢时要利用步法保持身体的平衡,有效接近对方并做出踢击动作。注意两臂的防守。踢击完成后马上回到准备姿势,准备下一次的进攻和防守。腿的回位动作要快,以免被对方抓住或抱住。脚踢的练习方法主要是靠平时用各种腿法踢击脚靶或悬挂的沙袋,经过反复练习提高踢的力量、速度和高度。

1. 前 踢

由实战姿势的基本姿势开始。右脚蹬地,髋关节向左旋转,双手握拳,置于体侧;同时,右腿以髋关节为轴屈膝上提。当大腿抬至水平或稍高时,关节向前送,向前顶,小腿以膝关节为轴快速向前上方踢出,力达腿背,整条腿弹直。踢击后迅速放松,右腿沿原路线弹回,落地成实战姿势。

前踢腿法

动作要领:膝关节夹紧,小腿放松,要有弹性;髋关节往前送,高踢时往上送;小腿回收与前踢的速度一样快。前踢动作的主要攻击部位有面部、下颌、腹部。前踢亦可用于防守。将前踢发力部位由脚背改为脚跟时,前踢动作就变为前蹬动作,动作方法要领相同,只是脚的形状发生了变化。

2. 侧 踢

实战基本姿势开始,右脚蹬地,右腿以髋关节为轴屈膝提起,两手握拳,置于体侧;左脚以前脚掌为轴外旋180°,髋关节向左旋转,右腿以髋关节为轴向前蹬伸,快速向前上方直线踢出,力点在脚跟。发力后放松收腿,回到实战姿势。

侧踢腿法

动作要领:起腿时大小腿、膝关节夹紧;踢出发力时头、肩、腰、髋、膝、腿和踝成一直线;大小腿直线踢出,原路线收回。侧踢动作的主要攻击部位为腹部、肋部、胸部和头面部。

3. 后 踢

实战姿势开始,以前脚掌为轴,转头转身背对对方。重心移至前脚,右脚蹬地后屈膝提起,右脚贴近左腿内侧,两手握拳置于胸前;随即右脚自左大腿内侧向正前方直线踢出,力达脚跟。踢击后沿原路线快速收回,成实战姿势。

后踢腿法

动作要领:起腿后上体和大小腿折叠收紧;后踢时动作延伸要长,用力延伸;转身、提腿、出脚动作一次性完成,不能停顿。后踢动作的主要攻击部位有腹部、胸部和头面部。

4. 下 劈

实战姿势开始,右脚蹬地,重心前移至左脚,同时右腿以髋关节为轴屈膝上提,两手握拳置于胸前;随即充分送髋,上提膝关节至胸部,右小腿以膝关节为轴向上伸直,将右腿伸直举于体前,右脚过头,放松向下以右脚后跟(或脚掌)为力点劈击,然后放松,成实战姿势。

下劈腿法

动作要领:腿尽量往高、往头上举,向上送髋,劈击后脚放松落地要有控制;劈击发力时要快速,果断。下劈的主要攻击部位有头面部和锁骨。

5. 横 踢

实战姿势开始,右脚蹬地,重心前移至左脚,右腿屈膝上提,两拳置于胸前;左脚前脚掌碾地旋转,髋关节左转,右膝内扣;随即左脚掌继续旋转至180°,右腿膝关节向前抬至水平状态,小腿快速横向踢出;击打目标后迅速放松收回小腿,左腿落回原地,成实战姿势。

横踢腿法

动作要领:膝关节夹紧,向前提膝,尽量走直线;支撑脚外旋180°;髋关节往前顺,身体与大小腿成直线;击打的力点在正脚背;踝关节放松,击打的感觉是"面团""鞭梢"。横踢攻击的主要部位有头部、胸部、腹部和肋部。

6. 推 踢

实战姿势开始,右脚蹬地,重心前移,右脚以髋关节为轴提膝前蹬,用右脚脚掌向前蹬推,力点在脚掌,推力向正前方,落地成实战姿势。

推踢腿法

动作要领:提膝后尽量收紧膝关节;重心往前移,利用身体的重量和力量;推的时候腿向前伸展,送髋;推的路线水平向前。推踢的主要攻击目标是腹部。

7. 后旋踢

实战姿势开始,以前脚脚掌为轴旋转约360°,头领先身体沿垂直轴向右转体360°,两拳置于胸前;随着身体的旋转右腿屈腿提膝,到左前方伸直,弧形摆至右侧方,然后放松回落,成实战姿势。

动作要领:转身、旋转、踢腿连贯进行,没有停顿;击打点应在正前方区域,呈水平弧线;屈膝起腿的旋转速度要快;重心在原地旋转360°。后旋踢攻击的主要部位有面额和胸部。

后旋踢腿法

8. 勾　踢

实战姿势开始,右脚蹬地,重心前移,右腿以髋关节为轴屈膝上提,两手握拳,置于体侧;左脚以前脚掌为轴外旋180°,右腿以膝关节为轴继续向左上方伸成直线,顺势右脚的脚掌用力横向屈膝鞭打,顺鞭打之势右腿屈膝回收,放松落地,成实战姿势。

动作要领:右侧屈膝鞭打动作要连贯快速,没有停顿;以脚掌为击打点;左脚旋转支撑保持平衡,踢击后迅速将腿收回。勾踢攻击的主要部位有头面部和腹胸部。

旋风踢腿法

9. 跳　踢

先跳起使身体腾空,然后在空中完成各种踢法的攻击技术。跳踢包括旋风踢、双飞踢、腾空后踢、腾空劈腿、腾空后旋踢、跳步横踢等多种,是跆拳道高难度技术动作。例如双飞踢,保持基本姿势,左脚蹬地起跳腾空,左横踢踢击对手肋部,右腿大小腿稍曲,迅速转腰,右横踢击对手的肋部,落地成基本姿势。

双飞踢腿法

二、品势基本技术

跆拳道品势是攻击和防守技术按规定的形式修炼的技术体系。每章品势都有固定形式的起势和收势,也都有各自的动作运行路线和文化涵义。跆拳道晋升级位包括太极一章至太极八章,共8章品势,晋升段位包括高丽、金刚、太白、平原、十进、地跆、天拳、汉水、一如。跆拳道品势还包括自编的品势。

(一)跆拳道品势的基本步型

1. 准备姿势

手掌伸直,从丹田开始慢慢向上握拳到胸口,然后向下旋转到丹田;动作完成后,拳和拳的距离是一立拳距离,拳和道带的距离是一拳距离;腕关节伸直;双脚自开始动作起成平行步,两脚踏实。

2. 还原姿势

手掌伸直,从丹田开始慢慢向上握拳到胸口,然后向下旋转到丹田;动作完成后,拳和拳的距离是一立拳距离,拳和道带的距离是一拳距离;腕关节伸直;双脚自开始动作起成平行步,两脚踏实;还原旋转时,利用前脚掌旋转。

3. 并步（立正姿势）

前脚尖向前方，双脚并拢；双腿膝关节伸直。

4. 并排步（平行步）

脚内侧平行，前脚尖向正前方；双脚内侧间隔宽度为一脚长宽度；双腿膝关节伸直。

5. 左、右站势（丁字步）

左脚或右脚向外侧旋转90°；双脚跟距离为一脚长距离；双腿膝关节伸直。

6. 走步（前行步）

自然走步停顿时的动作：前脚脚跟与后脚脚尖间隔为一脚长距离；前脚尖向正前方，后脚尖向正前方，形成30°角。

7. 马　步

脚内侧平行，前脚尖指向正前方；双脚内侧间隔为两脚长距离；双腿膝关节弯曲。

8. 弓　步

双脚间隔为两脚至两脚半距离，两脚掌内侧间的平行间隔为一拳距离；前脚尖向正前方，后脚尖向斜前方自然形成30°角；前腿膝关节与地面垂直；身体重心的2/3放在前腿上，后腿膝关节伸直，如图19-8所示。

9. 三七步

双脚内侧成90°角，两脚间间隔为两脚距离；身体重心的70%在后腿，30%在前腿；动作完成后前腿的小腿与大腿的角度为100°～110°。

图19-8　弓步

（二）跆拳道品势的基本格挡技术

1. 下格挡

下格挡是手臂向下进行防守的动作，可以阻挡对方的进攻。

起始动作：辅助手自然伸直至胸腹间位置，拳心向下；格挡手放在辅助手一侧的肩部，拳心向脸部，手臂放松弯曲，轻贴于胸部；双臂的腕关节伸直。

规定动作：动作完成后，格挡的手臂与大腿相距两个立拳或一立掌距离；格挡手臂在大腿的正前方，拳心向大腿，腕关节伸直；辅助手臂随动作过程放松收回，再抱拳于腰间；肩与正前方自然形成30°角；格挡动作与步法同时结束，如图19-9所示。

2. 中内格挡

中内格挡是手臂由外向内转进行格挡的动作，用于格挡对方的中段进攻或者上位进攻。

起始动作：拳握紧于体侧，拳心向外，肘关节放松下垂；辅助手臂自然伸直到胸部高度（不超过耳根）。

规定动作：格挡的拳到人体的中心线；格挡动作完成后，拳与肩部同高；动作完成后，手臂的角度约为120°；辅助手臂自然收回，抱拳于腰间。

3. 中外格挡（掌刀）

中外格挡是基本格挡技术中的代表性技术。格挡可以使用拳头或手刀，但是实际进行格挡的部分是手腕部位。

起始动作：辅助手臂自然弯曲，拳心向下放于胸前；格挡手拳心向上，放于髋关节处。

规定动作：格挡手臂从髋关节开始，经过肩部时拳心向内；动作完成后，格挡手臂的掌心向外；格挡手臂的外侧线不能超出肩部的外侧；格挡手臂的角度约为120°；辅助手臂自然收回，抱拳于腰间，如图19-10所示。

图19-10 中外格挡

4. 上格挡

上格挡是手臂向上抬起以阻挡对方进攻的动作。

起始动作：左上格挡时，左臂在右髋关节前，拳心向上；辅助手臂弯曲，放在左肩部拳心向外。

规定动作：格挡手臂的腕部到人体中心线；格挡手臂与前额相隔一拳距离；格挡手臂与前额高度相隔一拳距离；肘关节轻微弯曲，腕关节伸直。

三、跆拳道的战术

跆拳道的战术是实战中根据双方运动员的情况，为战胜对手而采取的谋略和方法。跆拳道的战术包括战术谋略和战术行动两个方面。战术谋略是指如何进行比赛的意图、计谋、策略，具体体现在制定的行动方案上。跆拳道战术行动的手段是为实现战术目的而采用的各种技术动作。在高水平运动员较量的过程中，再好的技法如果没有恰到好处的谋略来趋利避害，也很难将技术方法的作用发挥到极致。跆拳道战术的作用就在于把运动员已经获得的技能、体能、智能和心理能力的训练成果，最优化地进行综合运用。跆拳道的主要战术形式有以下四种。

（1）技术战术：变化各种技术，发挥个人优势技术，包括直接进攻、连击、防守反击、反反击等技术。

（2）心理战术：利用各种方法手段扰乱对手正常的比赛心理，使对手不能顺利完成预定的战术计划。

（3）体力战术：根据比赛实际情况，合理分配和使用自己的体力，保证比赛获得胜利。

（4）规则战术：在比赛中充分利用规则范围允许的手段获得比赛优势的策略。

第三节 跆拳道专项体能

从整体上讲，运动员技能的发展依赖于体能的发展，体能的发展可以促进技能的提高，两者是相互依赖、相互促进、共同提高的关系。跆拳道是技能类对抗性项目，其专项身体素质训练对相对力量、速度力量、力量耐力、动作速度、反应速度、柔韧性以及灵敏性要求较高。

一、跆拳道柔韧素质

柔韧素质是指人体关节在不同方向上的运动能力以及肌肉、韧带等软组织的伸展能力。柔韧性常用拉伸法进行训练,注意事项如下:

(1) 与力量素质相结合。通过准备运动来锻炼学生的腰部、下肢柔韧性和力量。发展柔韧素质与力量素质相结合,不仅可以避免或消除两者之间不良转移,还有助于两种素质的协调发展。柔韧性训练后要十分注意放松练习,以使肌肉柔而不软、韧而不僵。

(2) 柔韧性训练应经常进行。柔韧性发展快、易见效,但消失也快,停止训练时间长一些就会消失,因此柔韧性训练要经常进行。

(3) 采用多种手段发展柔韧性。在很多情况下,持续慢跑结合一些动力性练习,是跆拳道运动员柔韧性训练很好的方法。

(4) 根据个人身体结构和身体素质情况有针对性地进行训练。对于柔韧性较好的运动员,应多增加力量训练,提高踢腿时的控腿能力以及踢腿攻击的准确性。对于柔韧性较差的运动员,应循序渐进,可适当增加正压、正踢、侧压、侧踢、后压、后踢等练习,以提高踢腿幅度和速度。

发展跆拳道柔韧素质的具体练习方法如下:

(1) 拉伸和压腿,包括坐位体前屈、立位体前屈、弓步压腿、仆步压腿、前滚翻压腿、后滚翻压腿、分腿前压、横叉、竖叉等。

(2) 基本功踢腿(肌力和柔韧性同时提高),包括提膝、正踢腿(直腿向上踢)、外摆腿(直腿向外弧形摆动)、里合腿。

二、跆拳道下肢专项力量

力量训练的手段是多种多样的,要想收到良好的训练效果,就必须结合不同的技术动作选择训练方法。跆拳道运动的技术动作主要是通过腰腹的发力来完成的,因此要围绕发展下肢和腰腹肌力来安排训练方法,通过腹肌及踢腿、摆腿等练习增加腰腹的力量和灵活性,使所有参与动作的肌肉得到协调发展。根据专项动作的性质确定训练方法。除发展关节伸屈肌群外,还要发展其内收、外展、回旋等多种动作的肌肉力量。

发展跆拳道下肢力量和腰腹力量的具体练习方法有:仰卧起坐、俯卧背起、平板支撑、跆拳道基本腿法的控腿和连续踢腿、半蹲跳、屈膝跳、立卧跳、单腿提膝跳、深蹲、蛙跳、纵跳等。

三、跆拳道速度素质

跆拳道运动的步法及腿法是跆拳道技战术及制胜因素的载体,要提高跆拳道练习者腿法技术的速度,应根据跆拳道腿法技术的结构特点,选择合理的训练手段来进行相应的训练。具体训练内容为:屈髋快速力量的训练、伸髋快速力量的训练、外展快速力量的训练、内收快速力量的训练以及外旋内旋快速力量的训练、动态中的平衡能力。提高跆拳道练习者步法技术的速度,需要训练启动速度、制动速度和反应速度等。

跆拳道步法和腿法速度素质的练习方法有：多方向连续单腿跳、变向跑、单腿团身跳、连续抱膝跳、单双腿跳深、蛙跳、负重深蹲、单或双腿之字跳跨越障碍物、双腿交替向后跳跃。

四、跆拳道灵敏素质

跆拳道灵敏素质是指在各种复杂变化的条件下练习者迅速、合理、敏捷、协调地完成各种动作的能力，是其他各种运动素质的综合体现。灵敏素质训练有助于发展练习者的反应、启动、变换方向的速度，并能使练习者更快、更有效、更合理地掌握各种复杂战术。

发展跆拳道灵敏素质的训练方法包括：听信号完成动作，组合腿法快速变换方向的练习，组合步法变换不同动作和方向的练习，步法和腿法组合变换方向的练习，设置障碍练习步法的变化和移动，不同用力方向和动作方向的动作组合，在跑跳中做迅速改变方向的各种跑、躲闪、突然启动以及各种快速急停和迅速转体练习，各种调整身体方位的练习，做各种变换方向的追逐性游戏和对各种信号做出应答反应的游戏，规定时间内移动脚靶、变化方向和距离。

跆拳道
竞赛规则

第五篇

民族传统体育

第二十章 射艺

学习目标

思政元素

以正确世界观、人生观和价值观为培养理念,在运动中健全人格、锤炼意志;展现民主、文明、和谐的价值观,增强学生的道路自信、理论自信、制度自信、文化自信,坚定学生投身改革事业的信念;在赛训中,倡导自由、平等、公正、法治,相互尊重、有效互动、包容与合作,引导学生不管遇到任何挑战都能遵守规则、公平竞争、勇于担责、永不言弃、团结协作并思考作为青年所承担的历史使命,提升民族文化认同感与自豪感,厚植集体主义与家国情怀;保持开放的心态,愿意学习和分享赛场上展现爱国无私、刻苦精神和诚实、守信、善良品质的案例,践行爱国、敬业、诚信、友善的道德行为,有助于全方位提升学生的人文素养。

身体能力

心血管耐力、速度、力量、柔韧等方面达到《国家学生体质健康标准》测试要求;学会射艺运动的基本技术与动作;提高运动能力,提高手脚协调能力及上肢各肌肉群力量等多项身体素质。

认知能力

理解中华优秀传统文化的内涵与特征,了解民族精神在自身成长与社会发展方面的指引作用;理解并遵守射艺中的基本礼仪、竞赛规则,通过涵养心性培养规则意识、团队精神和顽强、果断、勇于克服困难的意志品质。

第一节 射艺运动简介

射艺是我国传统的射箭运动,由历代儒家推崇的"六艺"之一的"射"发展而来。射箭过程中所必备的姿态、礼仪、心力、修养等都能充分锻炼射手的身心。射艺是我国民族体育、艺术和文化的合体,包含了对射者品德、心境和意念进行磨炼的哲学内蕴,西周时逐渐成为礼乐文化的重要组成部分。射艺不但要求射手具有高超的射箭技术,还要求射手在德的指引下完成身、心和弓箭三者的高度和谐统一,以表达对高尚品德的追求,对力量美与准确美的向往和享受,最终融合为对真理的追求和崇拜。

一、射艺的起源与发展

1963年,在山西朔县峙峪村附近的旧石器时代晚期遗址发现了一枚石镞,它是现在所知我国最早的石镞之一。经检测,峙峪遗址距今28 900多年,石镞长约2.8厘米,用薄燧石片制成,加工精细,前锋锐利。从这枚石镞的加工精度上推算,第一支装配有石镞的箭矢的出现时间应该在28 900年以前,由此可以看出弓箭起源也在28 900年以前。

(一)原始社会时期

史前人类运用弓箭狩猎和防御,当时的弓箭为生产工具或战争武器,这一点从大量的古人类活动遗址中可以得到印证。距今15 000年至5 000年间,弓箭的发展可以从岩画中得到体现。岩画是记录人类活动的载体之一,也是人类记载自己历史的形式之一,其内容多反映生活在某时期人类的日常活动和图腾崇拜。岩画中记载了大量人类射箭活动,如贺兰山岩画群中有射虎、射羊、车猎、部落战争、习射、弓箭舞蹈、弓箭崇拜等弓箭题材的岩画。这些岩画显示,该时期弓箭在生产与战争中的地位得到进一步巩固,并具备了初级的礼器功能。

(二)先秦时期

周代是我国弓箭文化大发展时期,也是礼射文化形成时期。"三礼"(《周礼》《仪礼》《礼记》)中对周代弓箭文化进行了比较全面的阐述。《周礼·考工记·弓人》记载了不同种类的弓的制作,体现了制弓选材和用材时应顺其自然,顺应天时。《礼记·射义》记载了习射的核心技巧并阐述射以观德。《仪礼·乡射礼》对当时举行的礼射活动进行了详细记载。乡射礼在周代具有于民教化、于士修身、于国进贤的功能。《诗经》中也有很多对弓和田猎的记载,如《彤弓》《角弓》《叔于田》《驺虞》等。周公制礼作乐,使天下大治,人民以君子为榜样,修身修德,"一张一弛,文武之道"更是将礼射文化运用到治国之中,使得周王朝得以延续791年。整体来看,先秦时期是礼射的大发展阶段,其生产属性得以延续,武器属性得以提升,礼器属性得以发展。国家主导的射礼在西周走向顶峰,民间私学兴盛使得更多的人可以参与到礼射活动中。"君子之争,观德之射""发而不中,反求诸己""仁者如射""射者,仁之道也"等一系列观点将礼射与修德紧密结合在一起。习射先立德,礼射的德育功能深深地影响着后世习射者。

(三)秦汉时期

秦国尚武,军队又以强弩闻名,该时期射箭多存于军旅。汉承秦制,军中设有弩兵,后大力发展骑兵。由于常年对匈奴用兵,使得汉军骑射技艺高超,同时也带动民间习射良好风气,造就了汉代射艺兴盛的局面。

汉代射箭可分为骑射与步射两大类。骑射多出现在军队作战和贵族田猎中,步射则比较普及。汉画像石(砖)中记载的射箭类型大致可分为骑射作战、骑射狩猎、步射作战、步射狩猎和步射礼射五类。骑射要求射手能左右开弓,而且前后兼顾。步射的种类较多,通常可分为静态步射和动态步射。静态步射根据身位又可分为站立步射、跪姿步射、正坐步射;动态步射即在身体移动时将箭射出,常见有行走和疾跑两种。

(四)隋唐时期

隋唐盛世经济繁荣、国力昌盛,人民安居乐业,这为射箭活动的繁荣发展奠定了一定的社会基础,形成了相对多元、文武兼修的特点。隋唐射艺的繁荣景象主要体现在三个方面:一是为了军事人才选拔举行的"武举制";二是蕴含礼仪教化作用的"大射礼";三是具有娱乐属性的射箭活动。

史料记载可见,射箭在"武举制"测试项目中所占比重较大。当时人们可以通过精湛的射箭技术取得功名,如唐诗有"须凭弓箭得功名"的诗句,这无疑推动了射艺在当时的快速发展。隋唐时期不但重视选拔军事人才的武技之射,而且很看重育人价值的礼仪教化之射,其中最有影响力的当属"大射礼"。相对隋朝时期举行的"大射礼"活动而言,唐朝时期的"大射礼"仪式更为隆重,程序更为繁杂。盛唐时期,射艺功能不再局限于战场射敌的军事之用,而是衍生出了一些娱乐性极强的射箭活动项目。其中,具有代表性的当属皇帝及王公大臣们的"狩田"(即冬季打猎),另外还有宫廷内的射粉团等。

(五)宋元时期

为了平复"五代十国"遗留下来的政权纷争格局,以及与同时期辽、金等国不断对抗,宋朝伊始便极为重视培养武技人才,促使射艺得到进一步发展与提升。武举制被重新起用,以择取贤能之士。宋代在重视武技人才的同时,也注重射箭对人们的礼仪教化功能。此外,民间的射箭活动也得到充分发展,出现了民间射箭组织。这些射箭活动的出现构成了宋朝时期射艺的多元化格局。同时,宋代也对"大射礼"进行了复兴,名为"大射仪"。由蒙古族所建立的元朝之所以能够一统天下,其骑兵可谓立下汗马功劳。地域条件和生活习性造就了蒙古人的善射技能,特别是马上射术堪称精湛,常以骑射称霸各方,达到"人不驰弓,马不解勒"的生活状态。

(六)明清时期

明朝建立初期,明太祖朱元璋倡导"文武兼备"的人才培养理念,主张"敬德尊礼"的社会管理制度,目的是更好地巩固其统治,直接推动了射艺在军事、教育等领域的发展,尤其对于西周射礼的复兴,力度较唐宋更大。此外,明朝统治者不仅重视军事所需的骑射、步射习练,而且注重育人功能的习射教育。明初时期,统治者在"崇儒尚学"的治国思想下对学校教育格外重视。为了达到"武将知礼仪,文士懂武功"的教育目的,培养文武兼备的人才,明朝逐步恢复了西周时期的"六艺"教育,学习内容为"生员专治一经,以礼、乐、射、御、书、数设科分教",只是根据实际情况将"经义、四书代替礼、乐;用骑射代替射、御",这些政策的实施为全面培养人才奠定了基础,直接推动了射箭活动在学校领域的开展。

清朝以精锐的铁骑和弓马骑射得天下。因此,清朝前期统治者都非常重视军事武艺,特别是军事中的骑射技能。在清朝时期,武举制的测试内容仍然以骑射为主要考核项目。此外,民间射箭活动的开展也较为兴盛,但都偏向于娱乐性质的游戏活动。

(七)近现代以来

近现代以来,由于种种历史原因,射箭逐渐淡出了历史舞台,这不但对于体育界,而且对于整个社会都是莫大的损失。中华人民共和国成立前,射箭一般作为武术项目中的表演项目;中华人民共和国成立后,1955年以前射箭仍然为表演项目,1956年开始列为比赛项目,1959年才开始按照国际规则举办比赛。射箭运动先后在全国开展起来:1961年上海运动员赵素霞首次打破世界纪录;1961—1994年间,先后有赵素霞、李淑兰、徐开才等优秀运动员,共计46次打破世界纪录。李淑兰一人11次打破个人世界纪录,6次与队友打破团体世界纪录,她是我国体育史上目前打破世界纪录最多的运动员。

近年来,射箭运动逐步走向复兴。其中,学术研究是传统弓复兴的第一推动力。传统弓在过去处于逐渐销声匿迹的阶段,很少有人写关于射箭方面的文章,尤其是考古学界,这方面的专题研究论文也非常罕见,论文集更是未出现过,造成了现在对传统射箭运动的技术、文化、制度研究以及撰写稿源都不足的现象。对此,射箭运动者和一些有远见卓识的民族文化倡导者都做出了努力。由马廉祯主编的《中国传统射箭》专辑,可算作射箭运动复兴的首创书籍,徐开才先生、李淑兰女士在这近十余年来都在为射箭复兴事业做贡献,可以说他们是传统射箭复兴的领头羊。自2006年传统射箭复兴以来,无论是习射人数、赛事数量、关注度都明显增加,传统射箭运动正式进入复兴时期。直到近年,随着人们对射箭认识的逐步深入和社会发展的迫切需要,传统射箭逐渐回归到人们的视野,并出现在高校的课堂中。

射艺文化

二、射艺的价值与功能

(一)教育功能

中华射艺的重要价值在于唤醒习射者对中华民族的认同感和归属感,重塑文化价值认同与民族自信,并树立传承中华优秀传统文化的理想。射艺运动要求学生参与到具体情境中,其体悟性、实践性特点更有利于实施道德的教化。射艺自身包含丰富的德育元素,在意志品质、规则意识、尊重对手、团队精神等方面的培养上具有重要价值。

(二)礼仪文化传承功能

礼仪是人类文明的标志,是任何一种文化的不二选择。人与人见面会握手、鞠躬、拥抱或吻手,形式可能不同,但共同的核心是礼。礼是社会的秩序表达,其核心是对人的尊重、尊敬,甚至不限于人,还包括对事、对物的敬重。礼在中华传统文化中既是社会等级有序的表达,又是保障人与人之间各处其位、和谐相处的社会制度、风俗习惯。抛开中华优秀传统文化中礼制的等级色彩,中华礼仪所展现的对于人、事、物的尊敬和尊重,需要我们加以传承。礼的教化对于学生养成敬人、敬事、敬物的良好行为习惯具有重要意义。

中华射艺秉承了中华礼仪之邦的特点,进行习练时,有很高的礼仪要求,因此具备礼仪教育的功能。例如,中华射艺中的持弓礼和藏弓礼,每次习射时,有始有终,习礼修德。从体育的角度进行礼仪教育,比理论讲述、硬性要求等更有亲和力和吸引力。学生在实践性中会慢慢产生对礼仪的理解和认同,并养成一种良好的行为习惯。这种尊敬、尊重的良好行为习惯会迁移到生活中的其他方面,实现"全方位"育人的目标。

(三)强身健体功能

射箭过程中所必备的姿态、礼仪、心力、修养等都能充分锻炼射手的身心,可以帮助习射者提高力量耐力、速度耐力、呼吸耐力等。在射箭的瞄准和撒放过程中,为保持弓身的稳定和静止的状态,尤其要控制呼吸的频率和深度:一是使肺活量增加,增大胸廓的活动范围;二是使呼吸深且慢,让呼吸器官有较多的时间休息。因此,射箭运动不仅可以提高呼吸系统功能,还能使全身协调。

经常从事射箭运动,可以促进运动器官的发展,加强新陈代谢,促进肌肉性能大幅提高。它可以使肌纤维增粗、肌肉体积增大,从而使肌肉显得发达结实、匀称有力。参加射箭活动,能使大脑皮层的兴奋和抑制过程更加集中,可以增强神经系统的功能,具体表现在对肌肉的反应速度、准确性和动作的协调性上。对于大脑反应速度较慢的人来说,学习射箭可以增强应对生活中各种突发事件的应变能力。习射者肌肉收缩能力有显著提高,肌肉本身由于血液供应增加,对蛋白质等营养物质的吸收与储存能力增强。女性经常从事射箭运动,能有效塑造胸部曲线,拉伸背部线条,增强肩、臂、腰、腿部的力量,调节不良仪态,从而有效塑造体形,提升个人气质,增强气场。

(四)休闲娱乐功能

随着生产力的快速发展,社会财富的迅速增长,人们的生活水平不断提高,同时也出现了诸多负面问题,大众的生活压力不断加大,"快餐式"的生活方式使得人们身心疲惫,因此人的需要也呈现出新的发展形态。射箭的休闲价值正是人类社会在一定的历史条件下适应生产力发展而产生的一种新的社会需要。传统射箭具有独特的休闲性和娱乐性,受到大众的喜爱。射箭时精力高度集中,射完箭后压力得以释放,有利于人们从工作和社会的压力中解脱出来,身体和心理得到完全的放松,一张一弛之中调节心理状态,促进身心健康的发展。射箭简单易学、运动强度适中、不易受伤,是男女老少都可以进行的一项有益身心健康的运动项目。

第二节 射艺基本技法

一、上下弓弦

(一)单人上弦

(1)区分上下,套弦入槽。将弓分出上下,通过弓柄(把)上箭枕的位置将弦分出上下。弓与弦的上下一一对应后,将弦上的弦耳(扣)套入弓上侧弓弰上的弦槽内。

(2)两脚开立,弓弰靠腿。两脚分开,将上侧套好弦的弓弰,放在左脚脚影位置处;将弓弰和弓臂连接处,靠在左小腿正面。弓弰不要接触到地面,以免扭弰。

上弦

(3)左手持弦,右手握弓。左手捏住弦耳的根部,右手握住弓,握在弓弰与弓臂结合处。

(4)右腿跨弓,大腿抵弰。右腿跨过弓,用右腿大腿根部抵住弓柄中间,产生两个相反的力,形似回头望月。

(5)回头望月,套弦入槽。利用身体转体的力量,臀部向后,右肩前探,右手贴近身体将弓向前推。将弦耳套入弦槽内,确认另一侧弦耳仍在弦槽内,慢慢还原,抽出右腿。

(6)检查上下,轻拉确认。检查上下弓弦的位置是否上好,轻微拉弓,检查确认。

(二)单人下弦

下弦的方式与上弦的方式相反。
(1)将任意一侧的弓弰根部放在左腿小腿正下部。
(2)右腿从弓与弦的中间跨过。
(3)用右腿大腿根部顶住弓柄中部。
(4)回头望月,利用转体的力量,将弓弯曲,将弦从弦槽里面抽出。
(5)慢慢还原。

二、站 立

站立是射手最基本的身体姿势。中华射艺讲求内志正、外体直,站立是正与直的基础,射箭时身体角度的变化同站立的姿势息息相关,站姿是射好一支箭的基础。基础的改变会引起身体姿势产生一系列的变化,影响最终的动作质量。因此,初学者必须严整步位,立足稳定。站姿脚位的训练目标是建立一个一致的、稳定的、坚固的身体姿势。

就 位

(一)技术要点

(1)两脚开立,与肩同宽。两脚自然开立,脚尖连线与脚跟连线相互平行,且垂直于靶面。脚外侧与肩的外侧同宽或略宽,重心落于两脚中心,达到立足而稳。

(2)身体中轴,保持正直。身体站直,挺拔山立,中轴线从此时开始,始终保持正直,切勿弯曲。为保证前后左右力均衡,身体重心必须平均落在两脚上。

(3)两肩放松,平行地面。两肩放松下沉,平行于地面,两腿自然伸直,两膝稳固不动,重心前压,眼睛平视前方,人体形成一个十字结构。

(二)重心前压

站立时,整个身体保持正直,以踝关节为轴,略向前倾。重心落于脚前掌,感觉脚前掌和脚趾像生了根一样,扎入地面,立足千斤之重。

(三)腹式呼吸

吸气时腹部外鼓、呼气时腹部内收,可减少胸式呼吸造成的上体起伏影响,保持身体的稳定性。

三、搭　箭

搭箭是进入射箭基本技术动作之前的准备工作,要求持羽于胸前,弓体垂直于地面,身平体正。有效的搭箭是射好一支箭的必备基础,从取出箭支开始,就要静心与专注,按照固定流程完成后续动作。

搭箭

(一)取矢中段,先入前手

前手胸前持弓,后手取矢中段(切勿捏住箭尾或羽毛),递入前手,用前手食指和中指夹住,固定前手位置。挟箭时保持头容端详,身体正直,弓不晃动且始终垂直于地面。

(二)前手挟矢,顺羽正笞

前手握弓,用食指和中指夹住箭;后手顺箭身捋顺箭羽,将主羽冲外。应检查箭杆有无损伤和箭尾、箭羽的完整性,同时保证弓与地面垂直,箭与地面平行。

(三)笞入弦口,羽弦垂直

将箭尾卡入弓弦中间护弦绳的位置,上移 5～10 毫米,让箭羽的延长线垂直于弦,以免出箭时划伤前手虎口。

四、握弓钩弦

(一)握　弓

持弓是指前手握弓或推弓,持弓的主要目标是保持每次手与弓接触面的一致性,且最大限度地做到放松。持弓手和臂的位置关系到后续撒放时是否会打臂。

(1)先找上下,虎口对枕。持弓时,前手虎口对准弓柄与箭枕的连接线。

(2)再寻左右,中心相对。持弓时,用虎口中心对准弓柄中心。持弓位置不能左右滑动,做到中心相对。

(3)前臂伸直,直线前推。持弓手的中部主要是大鱼际接触弓柄。前臂肘关节不要弯曲。后续整个动作过程中,前臂都是伸直的,便于形成骨骼支撑。

(4)位置固定,准确一致。每次推弓的位置要固定一致,任何微小的变化都会引起很大的误差,破坏射箭效果的一致性。

(5)前手推弓,握而不僵。前手推住弓,要感觉并意识到手掌大鱼际与弓接触的位置。此时,手背不要完全与地面垂直,空出掌心。手指辅助握弓,不要用力,做到以前推为主,握而不僵。

(6)肘窝内旋,防止打臂。持弓时,转动持弓臂肘关节,肘窝对向一侧,形成内旋的效果。旋臂可以防止弓弦回弹时打臂。

(二)钩　弦

拇指钩弦是中国传统射法的特点之一,也是古时较为主流的钩弦方式,其在射法应用上可以适应各种静态或移动的情形,尤其是在骑射时,不容易因晃动而掉箭。钩弦最主要的目标是每次钩弦位置保持一致,并使手指足够放松。

(1) 拇指钩弦,紧而不僵。钩弦手的大拇指弯曲,钩在弦上,大拇指是主要受力点,钩弦时应做到指紧腕松,用力不僵。钩弦手钩得牢固,才能最大限度地达到放松状态。

(2) 食指压大,形成凤眼。大拇指钩弦后,食指第二指腹压住拇指第一指关节位置(指甲根部),形成凤眼状锁扣。此时食指的指尖应该在弦的外侧,不参与钩弦,以防被弦划到。

(3) 余指握拳,切勿碰弦。其余三指放松握拳,不要扰弦和用力,以免撒放时产生分力。

(4) 指在矢下,食指抵笴。大拇指钩在箭尾下方,箭在钩弦手的"凤眼"内,食指第二关节侧面轻轻靠住箭尾,以防滑动或掉落。

(5) 掌心向下,腕松且平。钩弦手掌心向下,手腕放松放平,轻微逆时针悬腕,配合食指靠箭尾;钩弦手的腕关节一定要保持放松,避免撒放时产生分力。

五、举　弓

举弓是前期所有准备环节的结束,举弓之后的引弓将开始用力。举弓是一个承上启下的重要动作,首先要求保持前面所有的动作不变形,保持放松,同时又要为后续的用力做好充足的准备。

举　弓

(1) 两臂缓举,两手齐眉。两臂匀速上抬,两手平行于地面,并与眉齐平。前臂与地面的夹角不超过30°,后臂大臂与地面的夹角大致为45°。

(2) 沉肩举臂,身正体直。举弓时,前臂手臂伸直,两肩放松下沉;保持身体中正位,身体中轴线不能弯曲。

(3) 预拉锁肩,沉胸收腹。举弓后进行预拉,将前肩下沉并趋近于射箭面,以固定住前肩。同时,不要挺胸,保持沉胸平背的情况下略收腹,为后续用力做好准备。

(4) 体位中正,十字架构。举弓后,身体中轴线应保持不变,身体重心投影应在两脚中间,头部位置固定不变,形成十字架构。固定举弓动作的基本架构,对后期射箭技术动作的定型与成绩的提高有很大帮助。

(5) 先沉后举,肘窝内旋。举弓时,要确保在沉肩的情况下举臂,切勿耸肩。保持上松下紧的状态,髋关节位置不变。举弓的同时或之前完成旋臂的动作,使持弓臂肘关节的内侧垂直于地面。

(6) 后手放松,预拉一致。举弓预拉时,后手手腕应放松放平,避免后续动作中出现手腕紧张用力的问题。预拉结束的位置应每次一致。

六、引　弓

引弓也叫开弓,是肌肉用力的第一个环节。引弓的用力主要靠身体肩背部的肌肉,而不是手臂的力量,学会放松地开弓尤为重要。在开弓用力的过程中,持弓臂保持前撑,拉弦臂由肘带动向后牵引,将弓拉满。

引　弓

(一) 基本技术

1. 肩背开弓,前撑后拉

引弓的主要力量来自肩部三角肌和背部的斜方肌、背阔肌、冈下肌、小圆肌等肌肉,表现为两个肩胛骨向脊柱靠拢。前撑主要靠骨骼支撑,预拉时基本已经完成。后拉主要靠肌肉牵引,前撑力和后拉力各占50%,身体中轴线不变。

2. *力足彀满,固定靠位*

开弓要力雄而引满,足力开弓,平缓靠位,一气呵成,形成满弓状态。后手的靠位因拉距不同而不同,但每次要固定一致。

3. *塌肩抬肘,三点一线*

拉弓臂沉肩,后肘高于后肩。开弓后,从俯视角度看,推弓点、钩弦点、后肘中心点形成一条直线,构成射箭面。

(二)重点难点

1. *直线用力,习射根本*

直线用力是射箭运动的基本用力形式。箭沿直线方向飞出,才能准确地命中目标,因此保证直线用力,尽量减少"分力",是射箭的核心技术。后肘关节中心点,通过腕关节到钩弦点,再到前手推弓点,是一个直线力,这个直线力是判断技术动作合理的重要原则。

2. *对称用力,平衡稳定*

引弓到撒放的过程中,前推力和后拉力要对称,各占50%,才能保证身体中轴线不变,呈"十"字形的稳定结构。对称用力是射箭运动的基本用力特点,也是实现直线力的重要保障。前撑力主要靠骨骼支撑,属于刚性力;后拉力主要由肌肉完成,属于柔性力。两个对称的力有不同的要求,需要刚柔并济。

3. *持续扩张,保障撒放*

引弓靠位后,为了对抗弓的"内合力",身体用力不能停顿。为了达到理想的撒放效果,身体胸腔应主动进行扩张,以保证撒放时能够实现对称的直线力。靠位后用力停顿,没有扩张力,会导致松撒、送撒等问题,是比较常见的错误动作。

(三)三种拉距

1. *小拉:弦靠鼻口,拉距较小*

弦靠在鼻尖、嘴和前胸上,手也可以进行靠位。小拉靠位特别清晰,容易感受。现代反曲弓都采用小拉。

2. *中拉:弦靠脸侧,拉距适中*

中拉拉距比小拉大,弦靠脸侧或耳边,箭羽靠嘴角,弦靠胸。钩弦手在耳根下方,靠位比较清晰。

3. *大拉:手在耳后,拉距最大*

钩弦手在耳根以后,箭羽靠嘴角,大拉动作潇洒,后手撒放后向后打开。古时为了射远通常采用这种方式。

(四)扩张技法

1. 胸腔扩张,肩胛外展

身体的扩张主要表现为胸腔向两肩方向的外扩,需要前胸和后背肌肉以及腹部肌肉的协同用力,扩张幅度为2～5毫米,肉眼几乎不可见。扩张时,靠位不能发生变化。扩张用力的感觉在身体受到两侧的外力挤压时很容易体会到,表现为肩胛骨底端略微向外扩展,形似时钟的八点二十。

2. 缓撑慢扩,伺机撒放

扩张用力是缓慢进行的,幅度不可太大,以免破坏直线力。在缓缓扩张的过程中,可以找到撒放的最佳时机。不要通过扩胸收背来进行扩张,这样会破坏撒放时的直线用力。

七、瞄 准

靠位的结束是瞄准动作的开始。瞄准是射箭能否命中目标的关键技术。较之现代反曲弓,传统弓没有瞄准器,需要射手经过长时间的训练来找到自己的瞄点或者瞄准感觉。瞄准审固时,不单是视觉上瞄准,技术动作的稳定性和一致性更为重要。

(一)基本技术

1. 单眼瞄准,三点一线

靠位以后,眼睛、弓臂上的某个参照瞄点或箭头、靶子中心点,形成三点一线。单眼瞄准适合初学时,容易找到瞄点,但不利于目标的清晰成像。

2. 双眼瞄准,靶实星虚

瞄准时,多数射手采用两眼都睁开,聚焦到目标上的方式。此时,用眼睛的余光可以看到两个虚的弓,透过两个虚的弓可以看到实的靶面。在两个虚的弓臂的中间某个位置,可以选作瞄准点,对准靶心。通过多支箭的训练,可以逐步找到瞄点。

3. 专注目标,控制节奏

找到瞄点以后,不要瞄点一到靶心就撒放。两眼盯住靶心,继续保持审固的状态,感受身体的用力扩张,通常稳定两到三秒钟,再撒放。

4. 动中寻静,动态平衡

瞄准是一个持续用力的主动静态,是像自行车或陀螺一样的动态平衡。射箭的瞄准不是一个完全静止的动作,而是要找到在动态中维持的平衡状态。这个平衡状态的建立才是撒放的时机,而非瞄点到靶心。

5. 根据靶面,调整瞄点

每个传统弓的射手都需要自己寻找不同弓和箭的瞄准点。如果以弓上的某个位置作为瞄点,那么先利用这个瞄点发射一组箭,再根据箭在靶面上的位置进行调整。如果一组箭整体偏高,就把瞄点在弓上上移,偏低就下移,偏左就左移,偏右就右移。也有选手用箭头来瞄准,不同的距离用箭头瞄准不同的靶面位置。

（二）重点难点

瞄准时，从靠位之后到撒放的过程以2～5秒为最佳时间范围，通常在3秒左右。这3秒是一支箭能够命中目标的关键阶段，也是训练过程中最为重要的环节之一，需要不断进行强化，尤其是在比赛时，即便是高水平运动员也可能在这个环节发挥失误。能否控制、把握好这3秒已经超出了技术的范畴，徐开才先生将之称为"哲学的三秒钟"。射箭中的"黄心病"也是出现在这个环节中，因此对时间节奏的把握非常重要。

八、撒　放

撒放是整个射箭技术动作中的关键环节，古人称为"前撒后放"，是射手主动进行的身体对称用力的延续。在这一环节，前期所有的技术环节都要保持或延续，只有钩弦手手指的屈指肌用力减少。

撒放

（一）基本技术

1. 前手指靶，后手滑弦

前臂用力前推，指向靶子方向，手指自然放松；后手大拇指、食指的屈指肌退让，放松，让弦从拇指处滑出，也称为滑弦撒放。前手和后手共同完成撒和放。撒放过程中前手、后手动作不分先后，也不分轻重，必须高度统一。

2. 惯性使然，后肘后移

引弓后身体持续对称用力，撒放后，弓回弹的对抗力消失，惯性的作用会将身体向前后方向打开。前手由于是支撑力，幅度极小；后肘以后肩为轴，发生后移。

3. 肘平臂紧，手藏颈后

撒放后，后肘与肩平或略低，大小臂保持角度不变，以免外撒，后手顺势停于颈后，手指、手腕自然放松。

4. 身体扩张，完成撒放

撒放动作不是依靠手臂的力量实现，而是由身体的扩张力主导完成的，手臂、手腕都要放松。撒放时，背部肌肉及胸腔保持扩张用力，前后手臂、手腕、手指则是放松的状态。注意力放在身体的扩张用力上，才能做出一个完美的撒放。

5. 屈肌退让，余指放松

后手大拇指和食指的屈指肌退让，而非伸指肌收缩。其余三指和手腕均需放松，避免分力。撒放后，整个后手手指、手腕是放松的。

6. 前推送箭，力透于指

前臂沿箭的方向送箭，前手大拇指和食指向前指，前推力透过手指向前，其余手指放松。撒放以后会自然形成凤点头或弓返的效果。

7. 停留后手，位置一致

撒放时，后手保持掌心向下，在后背肌肉主导带动后肘后移的同时，手腕、手指自然放松，停留于颈后肩上的位置。后手手指完全放松，每次都停留于同一个位置，有利于实现每次撒放的动作一致性。

8. 动作协调，前撒后放

前后手的动作要协调一致，后手撒而前手不知。所谓"不知"，是指一直在向前用力。前手推弓点的用力方向对箭的运动轨迹有重要影响。

（二）重点难点

只有沿直线用力的方向撒放，才不会产生分力。前手为撒，后手为放，其核心是对称用力。以钩弦点为中心，前后持续用力，均匀地沿原有的直线前后分开。前手前指，后手沿箭杆反方向水平向后。

九、收　势

敛弓收势是撒放的延续动作。撒放后的动作暂留阶段，射手保持与瞄准时基本一致的状态，包括身体、心理、视觉、呼吸等方面。

收势

撒放后，为保证箭的运动轨迹不受影响，需要保持撒放后的用力和姿势不变，目送箭至靶心。身体用力不能马上停顿，需要保持对称用力的平衡状态1～2秒。无论是射箭的起始还是结束，必须保证在射每一支箭的过程中身体处于正中位，不能有任何变化，特别是撒放动作以后。

动作暂留阶段，眼睛应始终盯着箭靶上的目标，跟瞄准时是一样的。保持面部的表情不变、眼神不变，呼吸的节奏也需要与之前保持一致。

习射

弦离后手之后，前手就是在发射过程中唯一还与弓有接触的点。因此，放松可以避免产生干扰的分力，而且最容易做到动作的一致。

十、射艺进退礼仪

中国古代射礼的仪规、仪式非常细致、繁多。为了方便教学，可将中华射艺的礼仪流程简化为三个，即射前的上射位礼、射后的下射位礼和靶前的验靶礼仪，这也是中国大学生射艺竞赛的礼仪规则，仪态要求展现出敬人、敬事、敬物的基本原则。

（一）上射位礼

上射位礼也称为射前礼，行执弓礼（或称执弦礼），表示对习射之事的尊重，也意味着竞赛的开始。上射位礼主要包含三个口令：

执弓礼

（1）"准备"令后，射手藏弓（弓放于身体一侧），于候射线后等待。

（2）"就位"令后，由藏弓态转为执弓态并行执弓礼（执弓向前鞠躬行礼），礼毕后执弓进入射位。

（3）"起射"令后，方可取箭。

（二）下射位礼

下射位礼为射毕礼，行藏弓礼，表示对习射之事的尊重。比赛结束，四矢射尽，执弓面向箭靶方向，后退至候射线，由执弓态改为藏弓态，行藏弓礼（藏弓于身体一侧，向前鞠躬行礼）

后等待"验靶"口令。

(三)验靶礼仪

验靶时行礼侯礼。听到"验靶"口令后,行至靶前两米处行礼后,方可上前报分。
礼侯礼行藏弓礼或鞠躬礼均可,表示对计分人员和目标的敬重。

第三节　射艺专项体能

射箭运动虽属技能主导类项目,但基础体能,尤其是专项力量的储备对于技术能力的发挥起到重要保障作用。体能训练的目标应是提升射手的心肺功能,使之拥有保持静态姿势的能力、专项肌肉力量和更好的身体平衡性。

一、有氧训练

射箭运动心肺功能的训练多采用长跑、长距离游泳等方法锻炼有氧耐力。基本的训练可以从慢跑、快走开始,时间从10分钟跑慢慢增至30～40分钟,也可以采用变速跑、间歇跑或球类比赛等多样性的方式进行训练。

首先安排15分钟匀速跑步,不计算距离,只计算时间,可以低速匀速,但中间不能停下慢走或休息。其次安排不计时2 000米跑步练习,保持匀速,中间不能走或休息。再次安排计时2 000米跑步练习,尽可能保持速度,提升成绩。最后进行2 000米计时测试。有氧能力是身体健康的重要指标,通过测试来督促练习,提升身体健康水平。

二、核心力量训练

射箭技术动作中的用力阶段要求身体始终保持中正位,此时主要依靠身体躯干、腰腹的核心肌肉用力来维持。腰腹肌肉力量的训练方式有很多,常规的训练方式如仰卧起坐、仰卧双腿屈膝前伸、仰卧直腿上举等,都是非常有效的锻炼方式。

三、肩背力量训练

射箭对上肢力量要求较高,需要较强的肩背部力量。运动员肩背部肌肉力量的强弱决定着所使用弓的磅数大小。若肩背力量不足以控制所使用的弓,则会造成弓欺人的现象,这是大忌。因此,射手的肩背力量训练是尤为重要的。

(一)肩部肌肉力量练习

肩部三角肌是完成举弓和引弓的主要肌肉。应有针对性地锻炼这部分肌肉力量,为射手掌握基本技术奠定体能基础,并为后续提高技能水平做好力量储备。可采用单臂侧撑、持弓臂侧撑、身体与地面斜撑等方法进行练习,也可根据自身能力,选择不同重量的哑铃,采用大负荷侧平举、小负荷侧平举、小负荷前平举扩胸等方法进行练习。

（二）背部肌肉力量练习

背部肌肉主要是指斜方肌和背阔肌，它们在举弓、引弓和撒放阶段起主要作用。背部肌肉的训练对于提高运动水平具有重要的意义。可采用小负荷哑铃做俯卧飞鸟练习，或采用射箭动作，通过拉弹力带、拉弓等进行专项背肌力量训练。

（三）腰腹肌肉力量练习

腰腹肌肉力量在整个射箭动作过程中起到维持身体平衡的作用，尤其是在引弓时，背部竖脊肌起到固定身体姿势的作用。可采用仰卧起坐、两头起等锻炼腹部肌肉，采用背起的方式锻炼背部肌肉。

四、身体平衡练习

射箭技术环节中，对于身体中正位的要求较高，在引弓用力阶段，需要保持身体的平衡，以便实现对称用力。因此，身体的平衡性对于射箭运动员而言尤为重要。身体平衡的训练方式较多，根据是否借助器材和外在环境大致可以分为两类。

（一）单侧支撑，闭眼调控

平衡能力最佳的训练方式是在不平衡和闭眼的情况下，进行身体平衡调节的训练。练习可以由简到难，逐步增加难度和强度。首先可以采用"一字站立式"或者"弓步式"，使两脚前后在一条直线上，然后闭上眼睛保持平衡；进而可以采用"金鸡独立式"单脚站立，然后闭上眼睛保持平衡；最后可以采用难度更高的"燕式平衡"和"反向燕式平衡"，达到一定的熟练程度以后，在保证安全的情况下可以尝试进行闭眼训练。平衡训练以每次保持一定的时间作为训练单元，例如从每次保持30秒开始，逐次增加5秒，直到能够保持1分钟。

（二）利用器械，增加难度

平衡性训练的开展可以充分利用周边地形，只要有矮台阶的地方都可以进行平衡训练。可采用双脚脚跟悬空、双脚脚前掌悬空，或者两脚前后站，侧脚掌悬空；能够稳定站立后，尝试进行闭眼训练；进一步提升难度可以采用单脚站台阶，脚跟或者脚掌悬空，单脚站立稳定后，可进行闭眼训练。此外，还可以进行单脚侧脚掌悬空练习，两个方向可以交替进行。在台阶上进行不同方向的站立练习，有助于射箭时身体姿态的保持。

可以站在平衡球或者平衡板上进行更高难度的平衡训练。平衡球通过前后、左右不稳定的因素使运动员有更强的身体控制能力，从而获得更稳定的站姿。可以采用单脚和闭眼的方式提高训练难度。

射箭专项的平衡训练是采用单脚站姿进行发射练习。这种方式既可以检验运动员站姿是否对称平衡，又可以训练运动员的专项身体平衡能力。

五、专项训练

专项体能训练能够更有针对性地改善射箭运动所需的专项体能，是射箭体能训练最重要的练习方式。射箭属于静力性项目，运动员在完成技术动作时需要进行持续稳定的支撑,专项体能训练与技术动作的实施更为接近,参与动员的肌肉更为一致。

因此,在专项训练过程中,要有针对性地对持弓臂、拉弓臂以及控弓保持能力进行训练,以下从这三个方面分别进行介绍。

(一)单臂支撑,专项模仿

单臂支撑是射箭专项体能训练中较为常见的方式,主要用于训练运动前臂的支撑能力。要求运动员单臂撑地,手臂与躯干保持90°的夹角,身体侧对地面;另一臂做开弓的动作,强化射箭十字构架的基本姿态,脚、膝、颈、头在一条直线上。此动作练习除强化前臂支撑外,还可以很好地强化腰腹力量,建立更好的身体稳定姿势。

(二)增加负荷,反复开弓

增强拉弓能力是射箭专项力量中第三个需要重点强化的方面。为了满足远距离竞赛的需要,运动员需要具备拉开一定磅数弓的能力。训练时,可以用比平时使用的弓磅数更大一些的弓来进行体能训练。通常可以用比平时增加3～5磅(1磅=0.4536千克)的弓进行反复开弓训练,也可以在弓上面绑上一根弹力带,增加负荷。每次拉开保持3～5秒,然后重复进行开弓训练。拉弓时,要按照规范的技术动作进行,切忌蛮力开弓,破坏动作。

(三)延长时间,控弓练习

射箭专项体能练习中,除了增加前撑力和后拉力之外,主要需要提升运动员的控弓能力,也就是能够保持足够长时间的稳定控弓,从而寻找最佳的撒放时机。这在射箭运动中是极为重要的专项体能。控弓练习就是将弓拉开后,保持不要撒放,同时用力保持稳定的状态。这种练习通过增加保持时间来达到提高控弓稳定性的目的。首先保持开满弓姿势10秒,休息10秒,重复10次;然后保持开满弓姿势20秒,休息20秒,重复3次;最后保持开满弓姿势30秒,休息1分钟。以上作为一组训练。训练时也可用拉力器代替拉弓,根据不同选手的能力,选择不同负荷的拉力器进行训练。

控弓体能训练可以与射箭训练结合进行。例如:运动员进行发射练习,第一组每支箭控弓8秒,然后发射,练习5支箭;第二组每支箭控弓12秒,练习4支箭;第三组每支箭控弓16秒,练习3支箭;第四组每支箭控弓20秒,练习2支箭;第五组每支箭控弓25秒,练习1支箭;第六组每支箭控弓20秒,练习2支箭;第七组每支箭控弓16秒,练习3支箭;第八组每支箭控弓12秒,练习4支箭;第九组每支箭控弓8秒,练习5支箭。这种专项的控弓训练还能够有效地解决"黄心病"的问题。

第四节 射艺器材与场地

一、器具介绍

(一)弓

可从材质、朝代等方面对弓进行分类。从材质方面可分为竹木弓、角弓、现代传统弓(包含玻片弓、层压弓)等,从朝代方面可划分为汉弓、唐弓、宋代小梢弓、清弓等。

传统弓(图 20-1)的构造大致可分为:弓柄(把),把上有箭枕;弓臂;弓弰,弰上有弦槽;弓弦,有弓弭(扣)、护弦绳、箭口。

(二) 箭

箭支的构成可分为箭镞、箭杆、箭羽、箭筈四大部分,如图 20-2 所示。三片箭羽中,与弦槽垂直的一片羽毛称为主羽。

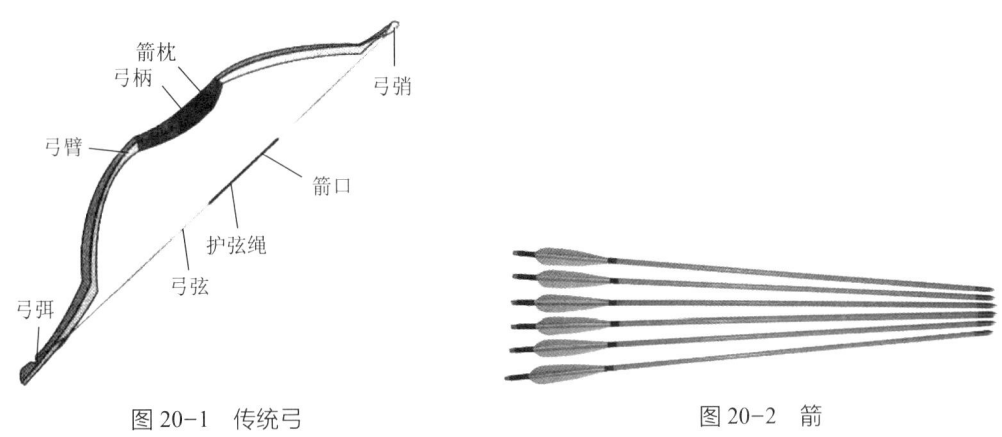

图 20-1　传统弓　　　　　　　　图 20-2　箭

中华射艺的箭杆一般用竹、木、碳素三种材质制作而成。平时习练可以碳素箭为主,比赛时一般要求使用竹箭或木箭。

(1) 竹箭。

优点:耐撞性能较高。

缺点:直度较差,易变形;每支箭重量不统一;每支箭重心不统一,不利于精准习射。

(2) 木箭。

优点:直度较好;每支箭重量较为统一;每支箭重心较为相同,有利于精准习射。

缺点:耐撞性能较差,易损坏。

(3) 碳素箭。

优点:直度好,不易变形;每支箭的重量几乎相同;挠度一致性高;耐撞击;每支箭重心相同,有利于精准习射;成本较低。

缺点:重量偏轻,不适宜大磅数弓练习;不符合一些传统射箭比赛的规则。

竹箭、木箭作为天然材料制作而成的箭支,每支箭之间的一致性差异较难避免,特别是竹箭,几乎每支箭每节之间的长度和直径都有差异。与竹箭、木箭相比,在每支箭的重量、重心、挠度等各方面,碳素箭的性能都要更优,更有利于精准习射。

(三) 靶

靶按照使用性质可以分为环靶、侯靶、萨仁靶、布隆靶等,按照箭靶的材质大致可分为草靶和现代材料靶两大类型。

1. 草　靶

草靶是指利用烘干的稻草制作而成的箭靶,如图 20-3 所示。比赛所用草靶的尺寸一般是

1.2米×1.2米×0.2米。优点：成本低，比较重，不易被风吹动。缺点：不便运输，遇水易霉变。

图 20-3　草靶

2. 现代材料靶

现代材料靶主要是指由 EVA 和 XPE 等化学塑料材质做成的箭靶。XPE 即化学交联聚乙烯发泡材料，是用低密度聚乙烯树脂加交联剂和发泡剂经过高温连续发泡而成，与 EPE（俗称珍珠棉）相比，抗拉程度更高，泡孔更细。优点：重量较小，易于携带、移动，防水性能好，柔韧性好，恢复性强。缺点：防风效果差，易穿透。

（四）护　指

因传统弓要求使用拇指钩弦，所以拇指承受拉力较大，为防止长期习射而导致拇指损伤，习射者均采用护指保护拇指。护指（图 20-4）主要保护后手钩弦的拇指，其形状、材质繁多。从软硬度上划分，护指可分为硬扳、皮扳。从形状上划分，硬扳又可分为筒扳、坡板。从材质上划分，硬扳有玉质、铜质、银质、树脂、牛角等多种材质；而皮扳一般用牛皮制作而成。

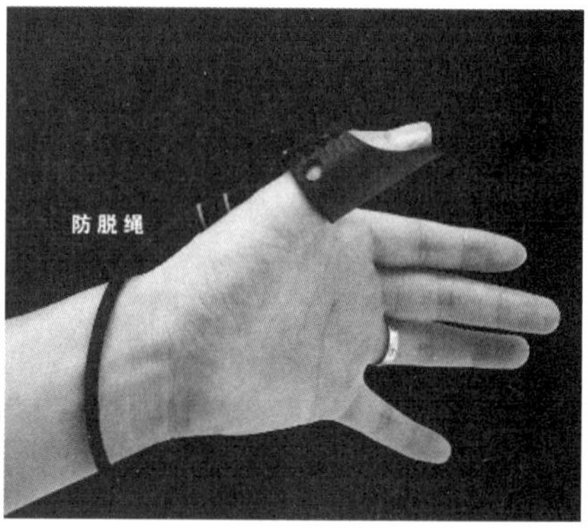

图 20-4　护指

（五）护　臂

护臂主要佩戴在习射者持弓手的小臂内侧，以防止弓弦打臂而造成损伤。常用的护臂（图 20-5）有两种：一种是用皮革制成的护臂，另一种是用塑料制成的护臂。两者各有优缺点：前者柔韧度较高，防护面积较大，但皮革较厚，易松散，不透气；后者更为牢固，不易变形，但防护面积相对较小，质感较差。

（六）护　手

护手（图 20-6）是保护持弓手虎口的护具，佩戴在持弓手大拇指和食指上，覆盖持弓手的虎口，防止撒放时箭羽伤及虎口处皮肤。护手一般用人工皮革制成。

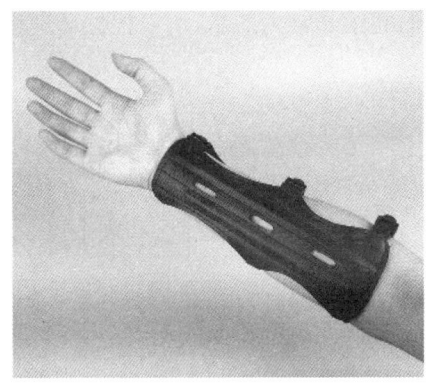
图 20-5　护臂
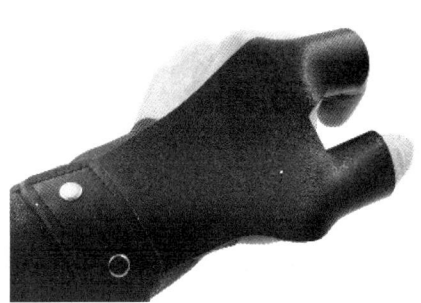
图 20-6　护手

二、场地介绍

（一）准备线

准备线又称限制线,是场地中距离箭靶最远的一条线;准备线以外的区域称为休息区。比赛时,准备线距离起射线 5 米。上课时可以根据场地大小进行调整,一般距离起射线不小于 3 米。轮流练习时,轮空者可以在准备线之外等候,教师可以在准备线之内巡回指导。比赛或练习时,听到"准备"口令后,射手从准备线进入场地,站在候射线上等待。

（二）候射线

候射线位于准备线以内,是等候射箭的线,候射线与准备线之间的区域为准备区。比赛时,裁判员位于准备区之内;教学时,教师可在准备区内进行巡回指导。候射线通常距离准备线 2~4 米,候射线距离起射线 1 米,与之构成起射区。比赛或练习时,听到"就位"口令后,射手行礼,然后从候射线进入起射线。

（三）起射线

起射线是射箭时确定距离的基准线之一,要求射手两脚分别跨在起射线的前后。起射线与靶位线的距离是射箭的实际距离。起射线位于候射线之内 1 米,起射线与候射线构成起射区,与靶位线构成飞矢区。比赛或练习时,听到"就位"口令之前,不得提前进入起射区。比赛或练习时,除非有裁判或教师的口令,否则不得跨过起射线进入飞矢区。乡射礼中,起射线和一条与之垂直的短线共同构成"物",射手站在"物"上发射。

（四）靶位线

靶位线是确定箭靶位置的基准线之一,靶位线与起射线构成射箭的实际距离。比赛或教学时,靶位线离起射线的距离可以根据需要而定。初学者练学时,可以从 7 米的距离开始,逐渐增加距离。

（五）靶道线

靶道线与起射线垂直,用于帮助区分射手靶位、标识射箭区域的若干条直线。靶道线的条数取决于参赛选手人数和靶位数。靶道线的间距通常为 5 米,可以根据场地进行调整。比赛时,两条靶道线之间放置 3 个箭靶。

(六)休息区

休息区是指准备线之外的区域。比赛时,教练员、媒体人员、观众都需要在休息区内,器材也放在休息区内。大型比赛时,休息区内会单独设置器材区、媒体区和观众区。教学轮流练习时,轮空的学生可以在休息区等候准备。

(七)准备区

准备区由准备线和候射线构成。听到"准备"口令后,将要开始练习或竞赛时,可以进入准备区。比赛时,裁判员在准备区内监控比赛;教学时,教师在准备区内进行指导。

(八)起射区

起射区由候射线和起射线构成。听到"就位"口令后,方可进入起射区。教学或竞赛时,射手不得提前进入起射区;团体赛时,前一位队员退出起射区之前,后一位队员不得跨入。在起射区内,听到"起射"口令之后,方可取箭。

(九)飞矢区

飞矢区由起射线和靶位线构成。此区域为箭矢飞行的区域,属于危险区域。练习或竞赛时,必须确保此区域及安全区内无人。除非有停止发射的口令或者"验靶"的口令,否则无论发生什么情况,禁止任何人进入该区域。

(十)安全区

安全区为靶位线之后的区域。此区域为箭脱靶后可能飞行到的区域,属于危险区域。练习或比赛时,必须确保此区域内无人。室内场地不需要设置安全区,室外场地必须留有安全区。不同的弓种对安全区的要求不同。就传统弓而言,安全区通常需要 50 米,并在最远端安装一定高度的挡箭墙或挡箭布。挡箭墙或挡箭布足够高时,安全区域的距离可适当减小。

三、安全事项

(一)场地安全

1. 室内场地安全事项

(1)对于室内场地,靶位的放置一定要固定,防止拔箭时箭靶倒塌,造成人身伤害。
(2)箭靶应放在无房门一侧的区域内,防止习射过程中有人误入而造成误伤。
(3)室内由于高度有限,需在箭靶前方 3~5 米处的房顶上方悬挂硬质塑料挡板或薄布,防止初学者的箭支射到房顶而反生反弹,危及人身安全。

2. 室外场地安全事项

(1)由于室外区域广阔,开放性较高,需在箭靶后方适当距离处设置足够高的挡箭墙、布或网,或者留出足够大的安全隔离区域。

(2)室外习射不同距离时,起射线应为同一条线,且统一射箭,统一取箭,确保习射过程的安全性。

(3)初学者在室外习射时应以短距离练习为主,还应配以指导人员,确保安全。

(4)靶后留出安全隔离区域,如果是草地,至少留出 50 米以上的区域;如果是硬地,由于箭支在地面上滑行的距离不可控,必须设置挡箭墙。

(二)箭支安全检查

在习射过程中,习射人员每射一支箭,都要对所射箭支进行安全检查。主要在两个环节进行箭支安全检查:第一,习射前,搭箭正筈时,这个过程也是检查箭支的过程;第二,习射后,验靶取箭时,拔箭的过程也是检验箭支有无受损的过程。

(三)拔箭要求

拔箭时,应站在箭支的一侧,一手推住靶,一手向外拔,即一只手按住箭头所在的靶面,另一只手从箭头的根部,靠近靶面的位置,将箭向后拔出。拔箭时,务必注意箭尾后方一米内不能有人,以免拔出的箭尾伤到人。每次拔箭时,一定要检查箭支是否有裂纹,一旦发现有损坏,则不得再次使用。

拔　箭

射艺竞赛规则

第二十一章 舞龙

学习目标

思政元素

落实立德树人的根本任务,将价值塑造、知识传授和能力培养融为一体,在运动中健全人格、锤炼意志,践行爱国、敬业、诚信、友善的道德行为;增进学生对传统文化、历史的了解,引导学生全面发展;开阔学生视野,提升学生的使命担当、家国情怀,使之能够相互尊重、有效互动、包容与合作,展现民主、文明、和谐的价值观;在赛训中,倡导自由、平等、公正、法治,注重团结协作、追求卓越,注重遵守规则、公平竞争、勇于担责、永不言弃,激发自强不息的爱国情怀和使命担当;引领学生将爱国情、强国志、报国行自觉融入坚持和发展中国特色社会主义事业、建设社会主义现代化强国、实现中华民族伟大复兴的奋斗之中。

身体能力

在耐力、速度、力量、柔韧等方面达到《国家学生体质健康标准》测试要求;学会舞龙运动的基本技术与动作,发展舞龙运动中必要的走、跑、跳、翻、腾、滚等基础能力。

认知能力

在不同文化情境中思考、理解中国龙文化的内涵与特征,了解民族精神在自身成长与社会发展方面的指引作用;理解并遵守舞龙运动中的基本礼仪、竞赛规则,培养解决困难的基本能力;能够清晰表达舞龙运动所带来的益处,并具备传播中国龙文化的意识与能力。

第一节 舞龙运动简介

舞龙运动是舞龙者在龙珠的引导下,手持龙具,随鼓乐伴奏,通过人体运动和姿势的变化,完成龙的游、穿、腾、跃、翻、滚、戏、缠、组图造型等动作和套式,充分展示龙的精气、神韵等的一项传统体育项目。舞龙运动是一项人体美与龙体美相结合、动态美与静态美相融合的运动项目,它通过人体的动作把龙千变万化的姿态表现出来。它不但要求从动作上体现出力量和刚健,而且要求运动员的形体丰满矫健,有发达的肌肉和敏捷的身手,这对舞龙运动员在身体素质、体能方面提出了很高的要求。

中国是舞龙运动的发源地,在中国的文化中,龙有着重要的影响。数千年来,龙已经渗透到中国社会的各个方面,成为一种文化的凝聚和积淀。中华民族繁衍生息的广袤土地被称为"龙的故乡",中华儿女被称为"龙的传人"。龙是中华民族的图腾,是一种精神、一种寄托、一种祝福,是中华民族勤劳、勇敢、奋进、坚毅、拼搏精神的象征。千百年来,象征着吉祥喜庆、欢乐幸福的舞龙运动已经成为我国广大城乡喜庆佳节时最具代表性的民俗活动,同时也是目前我国推行全民健身计划、增强人民群众身心健康的重要大众体育项目之一。

中国的龙文化

一、舞龙运动的起源

(一)源于祭祀求雨

舞龙又称"龙舞""玩龙灯""龙灯会"等。中国的舞龙是观念的凸现,是一方水土之祭奠的寄托。伴随着千百年来的风和雨,舞龙走过了特殊的历程。舞龙的起源与龙的起源密切相关,但又有自己的特殊领域。

舞龙的起源至今仍是一个悬而未决的问题。龙的形象一直与求雨有十分密切的联系,祈龙求雨最早可见于西汉董仲舒撰写的《春秋繁露》卷十六《春旱求雨》,这也是最早有文字记载的舞龙。后世的祈龙求雨仪式显得更加庄严肃穆,舞龙在规模上比前代更盛。

清代末期的祈龙求雨仪式除了有舞龙外,还有狮、虎、鱼、虾等舞蹈。清代时事画报《点石斋画报》戌集四期志瀛《赛灯求雨》载:"前导有牌灯数对,上书祈求雨泽等字。此则龙灯一条,盘旋夭矫,飞舞街衢。继以狮虎鱼虾各式灯彩,钩心斗角,踵事增华。"

(二)源于娱神娱己

以娱神娱己为目的的舞龙可追溯到汉代的"鱼龙曼延"。《汉书·西域传赞》载:"孝武之世……设酒池肉林以飨四夷之客,作巴俞都卢、海中砀极、曼衍鱼龙、角抵之观以观视之。"颜师古解释说,巴俞都卢、海中砀极都是歌舞名,而"鱼龙"则是由人装扮成的一种来自西域的巨型珍兽——舍利之兽。先在庭前舞蹈戏乐,然后到殿前激水,水花飞溅中,化作一条巨大的比目鱼,"跳跃漱水,作雾障目"。之后化作身长八丈的黄龙,"出水敖戏于庭,炫耀日光",故又名"黄龙变"。由此看来,"鱼龙"当是一种由人装扮成巨鱼和巨龙进行表演的大型舞蹈。由于巨鱼和巨龙之间有一个"变"的问题,因此在表演时,可能还需要幻术、布景、烟雾等配合。

东汉张衡的《西京赋》、李尤的《平乐观赋》中都有对"鱼龙曼延"集合了当时最高水平的演员阵容以及布景、道具和特技的记录,可谓规模宏大,幻想纷呈。除中心节目"巨鱼变巨龙"外,还有由人装扮的熊、虎、猿猴、大象、大雀、大龟、大蟾蜍及其他不知名的奇兽参与演出。史料之外,还可以从汉代画像石上找到"鱼龙曼延"的影子。如铜山洪楼发现的乐舞百戏画像石、山东沂南出土的角抵百戏画像石,上面都有鱼龙作舞的图像。"鱼龙曼延"从汉到唐延续了七八百年的时间,唐以后,整体上逐渐失传,后世传留下来的只是其中的部分节目。民间的龙舞、狮子舞、麒麟舞等,可视作对"鱼龙曼延"的传承和演变。

二、舞龙运动的功能与价值

(一) 娱乐功能

舞龙与中国的节日、民俗、宗教等文化有着密切的联系,能够承载这些文化所要体现的文化精神和价值要求,并具有深厚的传统文化内涵,舞龙运动是中国各种节日、庆典文化中必不可少的娱乐项目。在节日里,在喜庆的日子里,在盛大的典礼上,舞龙是常见的庆祝方式。在苦难、悲愤的时候,人们也常常以舞龙的方式向上天诉说,以求得到心灵的安抚。

舞龙是一种集武术、舞蹈艺术、民族鼓乐等多种元素于一体的体育项目,娱乐功能是舞龙的显性功能。在锣鼓、鞭炮声中,人们观赏跳跃翻滚的巨龙,身心能够获得愉悦与放松。很多舞龙的舞球者和龙头、龙尾的表演者要使用一些舞蹈动作。这对表演者来说,是一种身体和精神的双重锻炼,同时对于观赏者来说,也是一种健康休闲、调节身心的方式。在变化多端的节奏中,舞龙的表演和比赛精彩激烈,充满吉祥和欢乐,为节日增添喜庆,给生活增添欢乐。在现代都市,舞龙是一道绚丽的、充满浓郁民俗文化色彩的独特景观;在农村,它是庆祝丰收及其他各种喜庆活动不可或缺的运动。

(二) 健身功能

舞龙是一项体力加智慧同时投入的创作和表演活动。舞龙者利用人体多种姿态,在动态行进和静态造型中将力度、幅度、速度、耐力等糅合于舞龙技巧当中,完成各种高难、优美的动作。为了舞出龙的神韵,舞出龙的精神状态,龙头、龙尾和各节龙身之间要默契配合,技巧性很强,表演者须经过长期演练、磨合,要练得"耳听六路,眼观八方",才能把龙的潜跃翻滚、蜿蜒游动舞得浑然一体。

舞龙运动属于大负荷强度的有氧运动项目,要求参加者具备良好的心肺功能和优良的身体素质,舞龙套路训练的生理负荷处于增进的最大摄氧量强度有效感受带,即发展人体有氧工作能力的有效心率范围内。舞龙运动能发展参与者的力量、速度、耐力、柔韧、灵敏等身体素质,促进参与者身体健康。现代舞龙运动在全民健身计划推广中起到越来越重要的作用,成为全民健身过程中不可缺少的、群众喜闻乐见的一项民族传统体育运动项目。

(三) 文化功能

龙文化丰富的内涵,神奇、威武的表征,是励志的号角。龙是中华民族的图腾,每一个中华儿女都是"龙的传人"。舞龙活动是民族意识的认同和唤醒,这在海外华侨华人那里体现得更为突出。龙以其刚毅强悍、无所畏惧、勇往直前的艺术形象,成为中华民族奋发图强、坚毅拼搏的精神写照和独特标志。在精神层面上,神化的"龙"能通三界,体现了中华民族追求天、地、人的沟通和统一,是振奋民族精神、弘扬民族浩然正气的旗帜。舞龙运动作为一项典型的民族传统体育活动和宝贵的传统文化遗产,之所以一直深受各族人民的喜爱,是因为它具有显著的民族特色,它的产生与发展是与中华民族的传统文化一脉相承的,它与人们的生活息息相关,是历代劳动人民对宗教信仰、民族文化、风俗习惯的一种寄托和表达方式。

近年来,以弘扬龙文化为主题的各种文化节、艺术节、民俗节遍布全国各地,龙文化走进了庙会、花会、文化广场等各种文化艺术场合,传统龙文化活动特别是舞龙活动的固定程式和封闭性被冲开,注入了新的思维方式和价值观念的龙文化活动与爱国主义教育有机结合起来,不但积淀和弘扬了传统中国文化,增强了民族凝聚力,而且极大地丰富了群众的文化生活,使广大群众在这些活动中得到了多方面的精神文化。

(四)教育功能

舞龙运动是我国民族传统体育,不仅促进了各民族之间的团结,凝聚了各民族人民之间的感情,还体现了中华民族团结合力的精神内涵,是中华民族团结凝聚、奋发向上的象征和标志。舞龙以其古老的文化积淀和强烈的民族风格,唤起中华儿女的民族意识,形成了强大的民族凝聚力,对于新时期学生的培养具有重要的教育功能。

欢庆吉祥、颇有难度的舞龙表演和比赛也是一种热爱生活、积极进取、勇于竞争精神的体现。在舞龙的系列活动中,各成员之间密切协作、相互配合,内部人际关系密切。团队之间互访联谊,增进了解,加强团结。因此,舞龙是组织和凝聚社区成员的方式之一,正确引导和发挥它在精神文明建设中的作用,能起到安定团结的效果。

第二节 舞龙基本技术

一、握 法

(一)龙 珠

持龙珠者,即为龙队指挥者,在鼓乐伴奏下,引导舞龙者完成龙的游、穿、腾、跃、翻、滚、戏、缠、组图造型等动作和套式动作。整个过程要生动、顺畅、协调。

目的:引导出场,认清出场方向;了解比赛场地的大小,熟悉表演动作的方位,避免比赛时出现方位不正或场地利用不充分等问题;必须熟悉本队比赛套式中的各种队形变化,培养场上的应变能力。

要求:眼随时注视龙珠,并环视整队及周边环境的变化;与龙头保持1米左右的距离;与龙头保持协调配合;龙珠应不停地旋转。

(1)举珠:双手持杆将龙珠向上举起,杆与地面接近垂直。一手肘微弯曲,手握于杆位末端,与胸同高,另一臂自然伸直,手握于杆的上端,如图21-1所示。

要点:挺胸,塌腰。手握杆要平衡,杆位离胸距离为一拳。

(2)端珠:双手持杆,使龙珠处于水平位置,与腰同高,如图21-2所示。

要点:挺胸,塌腰。手握杆要平衡,杆位离胸距离为一拳。

(3)拖珠:双手持杆,使之与膝同高,如图21-3所示。

要点:屈膝,弯腰。手握杆要平衡。

(4)擎珠:两手持杆,向上高举,接近垂直,高于头部。

要点:挺胸,塌腰。

(5)亮相:双手持杆,将龙珠向上斜举。一手肘微弯曲,手握于杆位末端,与胸同高,另一臂伸直,手握于杆的上端。

要点:挺胸,塌腰。手握杆要平衡,杆位离胸距离为一拳。

图 21-1　举珠　　　　　　图 21-2　端珠　　　　　　图 21-3　拖珠

（二）龙　头

持龙头者须身材高大魁梧、动作有力,舞动时龙头动作紧随着龙珠移动,龙嘴与龙珠相距 1 米左右,似吞吐之势。注意协调配合,龙头应不停地摆动,展现出龙的生气有力、威武环视之势。

目的:在龙珠引导下,紧随其后移动,从而带动龙身摆动;龙头左右摆动时,一定要以嘴领先,显示出追珠之势。

要求:龙头体积较大,在左右摆动时不得碰擦龙身或舞龙者;与龙珠保持约 1 米的距离。

（三）龙　身

舞龙身者必须随时与前后保持一定的距离,眼观四方,紧跟前者,走定位,空中换手时尽量将龙身抬高,甚至可跳起;舞低时,尽量放低,但千万不要使龙身触地。在高低左右舞动中,龙翻腾之势即展现其中。同时,必须随时保持龙身游动,造成生龙活虎之势。在跳与穿的动作中,应特别注意杆的握法,杆下端不可多出,以免刮伤别人。

目的:舞龙身者将龙身舞动起来,展现龙翻腾之势。同时,必须随时保持龙身游动,以成生龙活虎之势。

要求:左右舞动时,龙身运动轨迹要圆滑、顺畅;龙身不可触地、脱节;龙体不可出现不合理的打结。

（1）举龙:双手持杆向上举起,接近垂直。一手肘微弯曲,手握于杆位末端,与胸同高,另一臂伸直,手握于杆的上端。

要点:挺胸,塌腰。手握杆要平衡,杆位离胸距离为一拳。

（2）擎龙:两手持杆,向上高举,接近垂直,高于头部。

要点:挺胸,塌腰。

（3）端龙:双手持杆,使之处于水平位置,与腰同高。

要点:挺胸,塌腰。手握杆要平衡,杆可靠近或贴住腹部。

（4）拖龙:双手持杆,使之处于水平位置,与膝同高。

要点:屈膝,弯腰。手握杆要平衡。

（四）龙　尾

持龙尾者须身材轻巧、速度快。龙尾也是主要部位，因为龙尾时常有翻身的动作。龙尾舞动时翻尾要轻巧生动，不拖泥带水，否则容易使龙尾打地，造成器材损坏，而且会让人感到呆板。龙尾亦时时成为带头者，因为有些动作必须龙尾引首。龙尾是整条龙舞动弧度大小的控制者，持龙尾在穿和跳的动作里，应注意勿使尾部被碰撞或碰撞别人，最重要的是随时保持龙身的摆动。

目的：随着龙身的带动，龙尾时刻摆动着，体现出龙的轻巧生动。

要求：龙尾舞动时不可触地；龙尾在舞动过程中始终保持左右晃动；控制左右舞动弧度的大小。

二、把　法

（一）滑　把

一手握把端不动，另一手握把上下滑动。

要点：滑动要连续均匀。

滑　把

（二）换　把

结合滑把动作，在滑动手接近固定手位时，双手转换，滑动手位变成固定手位，固定手位变成滑动手位。

要点：换把手位时，要保持平稳，并随龙体轨迹运行。

换　把

三、步　法

（一）圆场步

沿圆线行进，左脚上一步，脚跟靠在右脚尖前，脚跟先着地，再移至前脚掌，同时右脚跟提起。右脚做法同左脚，两脚保持在一条线上。

要点：上腿部分要相互靠拢，膝微屈放松，快走与慢走时都要保持身体平稳。

圆场步

（二）矮　步

两腿半屈，勾脚尖，迅速连续地以脚跟到脚尖滚动向前行进，每步大小约为本人的一个脚长。

要点：挺胸，塌腰，身形正直。身体重心要平稳，不要有上下起伏现象。落步时，由脚跟迅速过渡到全脚掌，并注意步幅。

（三）小跑步

跑动过程中，小腿自然后撩，大腿尽量保持竖直，脚尖着地，身体保持正直，快速前进。

要点：挺胸，塌腰，身形正直。身体重心要平稳，不要有上下起伏现象。

小跑步

落步时主要以前脚掌着地,注意步幅。

四、舞龙运动常见套路动作

舞龙运动大部分是在行进动态中完成龙的游弋、起伏、翻滚、缠绞、穿插等动作,利用人体多种姿态将力度、幅度、速度、耐力等糅于舞龙技巧之中,或动或静,组成优美形象的龙的形态,展现龙的精气、神韵。

(一)舞龙运动动作分类

1. 按形态特征分类

舞龙动作按形态特征可分类为"8"字舞龙动作、游龙动作、穿腾动作、翻滚动作、组图造型动作。

2. 按技术难度分类

按动作技术难度分为 A 级难度动作、B 级难度动作、C 级难度动作。

(1)A 级难度动作:舞龙的基本动作和技术,是较为简单的技巧动作。

(2)B 级难度动作:在舞龙基本动作上有所发展、有所提高,具有一定难度,必须经过严格的训练才能完成的舞龙技巧动作。

(3)C 级难度动作:必须具备较高的身体专项素质和专项技能才能完成的高难度舞龙技巧动作、高难度舞龙组合动作,有较高的锻炼价值和审美价值。

(二)舞龙运动常见技术动作

1. 游龙类技术动作

游龙类技术动作是舞龙者以较大幅度奔跑游走,通过龙体快慢、高低、左右的起伏行进,展现龙的婉转回旋、左右盘翻、屈伸绵延的形体特征。

要求:龙体运动循着圆弧线的运动规律,人体姿态协调地随着龙体的起伏游动行进,形成一幅幅圆曲美的活动画面。

(1)曲线行进:队员执龙行进步前进,沿圆弧线前进,完成龙身沿一定弧形线路的游动。

(2)起伏行进:队员以行进步沿圆线(直线)前进,通过执龙、换把、滑把等技术动作完成龙身在身体左侧、右侧、上方的高低缓慢变化,达到龙身在空中起伏前进的效果。

(3)单侧起伏小圆场:龙珠引龙头逆时针走圆场,同时龙体在舞龙者右侧快速窄幅度上下起伏;小圆场两周,龙体起伏六次。

单侧起伏小圆场

要求:① 前后保持一臂距离;② 眼睛跟随龙身移动;③ 向下时要利用膝盖下蹲弯曲的力量,用身体带动龙身运动。

(4)斜圆场。

龙珠带领龙头以逆时针方向快速跑圆场,同时龙体呈前低后高的斜圆盘状,跑两圈以上。在行进过程中,各节快速跑动时,随龙体的升降不断改变自身的姿态,做好快而不乱。队员游走路线为圆形,斜圆盘状的低点和高点位置保持一致。

要求:① 龙体运动轨迹要圆顺、流畅;② 动作速度要一致;③ 龙体与人体不能脱节;

④ 龙身不能触地、脱节、打折。

（5）快速游龙。

龙体随龙珠从右侧到左侧以大 S 形曲线快速游龙两次，然后从右后向左前擎龙直线行进。大幅度游龙时速度要快，人体要协调地随龙起伏，高低明显，S 形拐点要送把到最高点，换把时动作要连贯。

要求：① 弄清动作方向路线，初步掌握所学动作；② 力求动作规范、连贯、协调。

快速游龙

2. 穿腾类技术动作

穿腾类技术动作是龙体运动路线呈纵横交叉形式。龙珠、龙头、龙节依次在龙身下穿过，称为"穿越"；龙珠、龙头、龙节依次在龙身上越过，称为"腾越"。

（1）穿龙尾：龙珠引龙体沿逆（顺）时针方向跑圆场成圆后，带领龙体依次在第 8 节龙身下穿过。

要求：龙体保持饱满，速度均匀，运动轨迹流畅，穿龙尾动作轻松利索，不拖地、不停顿。

穿龙尾

（2）越龙尾：龙珠引龙体沿逆（顺）时针跑圆（斜圆），龙珠引龙体依次跨越第 8 节龙身。

要求：龙体保持饱满，速度均匀，运动轨迹流畅，越过时不碰踩龙体。

越龙尾

（3）首尾穿肚接首尾内侧起伏：龙珠引龙头带领 2、3、4 把队员从第 4 节龙身下穿过，同时 9 把队员带领 8、7、6 把队员从第 5 节龙身下穿过，5 把队员顺势越过龙身，并迅速解开疙瘩。龙珠引龙头带领 2、3、4 把队员做右手侧快速大幅度上下起伏，同时 9 把队员带领 8、7、6 把队员做左手侧快速大幅度上下起伏。

要求：龙体保持饱满，速度均匀，运动轨迹流畅，不拖地、不停顿。

首尾穿肚 + 单侧起伏

（4）连续穿腾：龙珠从第 4 节龙身下穿过，龙头从第 5 节龙身下穿过，2、3、4 把队员分别从第 6、7、8 节龙身下穿过，6、7、8、9 把队员分别腾跃第 1、2、3、4 节龙身。

要求：龙体保持饱满，速度均匀，运动轨迹流畅，越过时不碰踩龙体。

连续穿腾

（5）连续穿越行进：龙珠带领龙头和 2、3、4 把队员依次从第 4、5、6、7、8 节龙身下穿越，连续穿越 3 次。

（6）龙穿身：龙珠带领龙头从 4 把队员身后穿过之后，龙尾带领第 8、7、6、5 节龙身依次从 4 把队员身后穿过，顺势带圆。

连续穿越行进

（7）穿八五节：龙珠带领龙头、龙身从外侧先后穿越第 8 节龙身、第 5 节龙身，顺势将龙身带圆。穿过第 5 节龙身后，6 把队员越过第 1 节龙身，7、8 把队员依次越过第 2、3 节龙身。

龙穿身

要求：① 龙珠带领龙头从外侧穿越第 8 节龙身，然后从内侧穿越第 5 节龙身；② 穿越时要矮步拖龙，保证队友可顺利跳跃龙身；③ 穿越时，9 把队员保持高举龙尾，尽量保持原地转动，不要有大的位移，直至穿越动作结束。

3. "8"字舞龙类技术动作

"8"字舞龙是运动员将龙体置于身体左右两侧,做"8"字形环绕的舞龙动作。该动作可快、可慢,可原地、可行进,可利用人体做成多种形态、多种方法的"8"字形舞动,是舞龙技术的基础动作。无论在表演还是比赛中,它都是使用较多的动作。

"8"字舞龙

(1) 原地"8"字舞龙:全体队员呈纵队排列,队员前后之间隔一臂,每节龙在龙头带动下成"8"字形舞龙并带有前后交叉的"8"字形运动轨迹。舞龙的速度由慢至快,再由快至慢。

要求:① 队员前后间隔不能太大;② 舞动时要保持龙形圆润饱满。

(2) 横移(跳)步舞龙:在原地"8"字舞龙基础上,全体队员依次增加左右方向移动,以加大舞龙的幅度和力度。

要求:① 龙头移动时左脚先向右迈步,再迅速回位,紧接着右脚迅速向左迈出,然后迅速回位;② 2～9把队员注意跟随龙头移动方向和步幅,依次跟进移动;③ 眼睛跟随龙把移动。

横移步舞龙

(3) 靠背"8"字舞龙。

在原地"8"字舞龙基础上,3把、5把、7把、9把队员向前迈步,逆时针转动身体后分别与2把、4把、6把、8把队员背靠背站立,进行"8"字舞龙。

要求:① 靠背"8"字舞龙要求交叉把舞龙;② 舞龙时要注意右手滑把;③ 3把、5把、7把、9把队员向前跨步时先跨右脚。

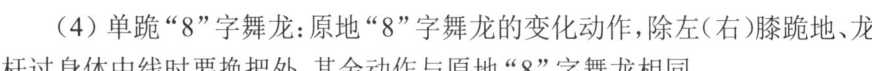
靠背舞龙

(4) 单跪"8"字舞龙:原地"8"字舞龙的变化动作,除左(右)膝跪地、龙杆过身体中线时要换把外,其余动作与原地"8"字舞龙相同。

要求:① 单腿跪地要统一、齐整;② 龙杆过身体中线时要灵活换把。

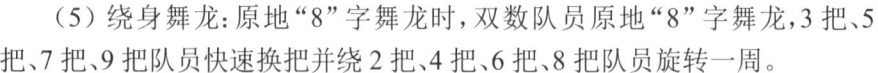
单跪舞龙

(5) 绕身舞龙:原地"8"字舞龙时,双数队员原地"8"字舞龙,3把、5把、7把、9把队员快速换把并绕2把、4把、6把、8把队员旋转一周。

要求:轨迹要圆顺,绕身动作不影响龙形的美感。

(6) 摇船舞龙:龙珠带领龙头准备做"8"字舞龙,当龙头向右侧摇龙时,2把队员顺势向身体左侧躺下,双手握把在身体上方随龙头动作做摇船舞龙;后面3把、5把、7把、9把队员依次向身体右侧躺下,随前一把队员动作做摇船舞龙;4把、6把、8把队员依次向身体左侧躺下,做摇船舞龙动作。

摇船舞龙

要求:① 龙形要饱满,运行轨迹要圆顺、流畅;② 躺地、起立要迅速、干净利索;③ 躺地"8"字舞龙时,龙体不可触地,不可出现停顿现象;④ 队员团身仰腹,双脚交叉,通过前后大幅度起伏状舞龙,呈滚动状动作。

4. 翻滚类技术动作

翻滚类技术动作是龙体呈立圆或斜圆运动,展现龙的腾跃、缠绞动势。龙体做立圆或斜圆状连续运动,当龙身运动到舞龙者脚下时,舞龙者迅速向上腾起,依次跳过龙身,称"跳龙动作";龙体同时或依次做360°翻转,舞龙者利用滚翻、手翻等方法越过龙身,称"翻滚动作"。

翻滚类技术动作主要包括正反腾跃行进、穿尾腾身、原地螺旋跳龙、连续跳龙行进等,其中原地螺旋跳龙是比较简单、易于练习的技术动作。

原地螺旋跳龙是龙头面对龙节沿顺时针方向舞立圆,当龙身到脚下时各节队员迅速从龙身依次跳过。

要求:① 跳步时身体略微向左转动,左脚先迈步,右脚迅速跟进;② 龙身要尽量保持在身体平面内,高点尽量往高处举把;③ 眼睛跟随龙把移动;④ 龙头要注意右手活把,其他队员跳龙时要注意左手活把。

5. 造型类技术动作

造型类技术动作是龙体在运动中组成活动的图案和相对静止的龙体造型。

1)龙出宫

龙体基本上呈斜圆状,龙头高昂于中央,龙尾微翘。龙珠在第5节龙身上方做滚珠动作,龙头横卧于龙珠之后,并随龙珠做戏珠状。之后,龙头跨越第5节龙身,与龙珠呼应,6把、7把、8把、9把队员迅速从第1节龙身下连贯穿过。

龙出宫

要求:① 注意保持斜圆状;② 龙头跳出时,5把、6把队员要及时放低龙身;③ 龙头跳完后,以3把为轴心,依次从第1节龙身下穿出。

2)"中国龙"造型

"中国龙"造型属舞龙组图造型系列动作中的 A 级难度动作,主要是指龙体在运动中组成"中国龙"三个字的造型图案。

中国龙

要求:

(1)"中":龙头带动跑,造型成型后前排队员下蹲。4把、5把、6把队员组成一条线,为"中"字上横;3把、4把队员和6把、7把队员组成的竖分别在"中"字两侧;3把、2把、7把队员组成"中"的下横;龙珠在龙头前方做并步双手握珠。

(2)"国":龙头带动跑,造型成型后前排队员下蹲。1把、2把队员为"国"字上横,龙头在左侧;2把、3把、4把队员为"国"字右竖,4把、5把队员为"国"字下横,5把、6把、7把队员为"国"字左竖,8把、9把队员在内侧成型,龙珠在"国"字前站位。

(3)"龙":第3把穿过第一节龙身。4把、5把、6把、7把、8把、9把队员依次围成方框队形,其中,6把回到方框中间位置,9把到最前端;1把、2把队员组成"龙"字上横;3把队员在最上方,4把、5把队员组成左撇;6把队员在"龙"字中间,6把、7把组成"龙"字右捺;8把、9把队员组成中间小撇。龙珠在"龙"字右上方做"点"。

3)花开造型

1把、3把、5把、7把、9把上举,2把、4把、6把、8把贴地放置龙身,形成花开造型。

要求:① 龙珠站在圆心位置,随花瓣开合起蹲;② 龙头、龙尾重合放置。

4)龙舟造型

龙头、龙尾重合高举;2把、8把队员龙把重合,横架与肩同高;3把、7把队员和4把、6把队员的动作与2把、8把队员一致;5把队员龙把斜朝后方;龙珠引导龙舟向前方移动3次并呐喊。

龙舟造型

要求:① 2把、3把、4把、6把、7把、8把队员高度要一致;② 龙头、龙尾重合放置。

5）立龙+龙脱衣

龙头定位后,3把、5把、7把、9把队员依次站在龙头左侧,成一竖排直线;2把、4把、6把、8把队员站在龙头右侧,拉直龙身后,向正前方竖直放下,形成立龙造型。

从立龙造型开始,龙头拖龙带领后面的队员从龙身下穿过。

要求:① 8把、6把、4把、2把要注意越过龙身;② 脱衣过程中所有队员要向后缓慢移动。

立龙+龙脱衣

6）圆潭卧龙+团龙起伏

队员下蹲,龙身与肩同高,龙体呈平圆状,龙头、龙珠藏于圆中,7把位于龙头外侧,龙珠蹲于龙头身后。之后,圆潭卧龙动作开始,龙尾主导起伏动作并逐渐传递到2把,龙头、龙珠位置保持不动,慢起伏3次,龙身呈波浪状起伏。

要求:① 圆潭卧龙时,队员要尽量低头藏于龙身之后;② 团龙起伏时,靠手臂力量举龙身起伏,运动轨迹要保持顺畅。

圆潭卧龙+团龙起伏

7）龙盘柱尾起伏

由团龙起伏动作开始,龙珠高举,龙头高起呈盘柱状,2~9把队员矮身端龙。之后,龙尾主导,沿顺时针方向矮步单侧起伏8次,走圆场约2周,以龙珠为圆心,龙头顺势缓慢移动,保持龙头呈开合状,龙珠缓慢转动。

要求:① 龙珠最高,龙头在下,呈咬珠状,2~9把队员端龙在腰部高度;② 龙尾起伏时,队员要躬身保持龙形,不能太高。

龙盘柱尾起伏

(三)舞龙新增项目动作技术

新增项目主要包括竞速舞龙、障碍舞龙与抽签舞龙。

竞速舞龙是参赛队用娴熟的技术、规范的标准,以最快的速度,在规定的场地内完成规定的舞龙竞赛内容与动作数量。它是检验舞龙队专项技术、身体素质和舞龙技能水平的一种竞赛项目。

障碍舞龙是参赛队以娴熟的技术,用舞龙动作中的游、翻、腾、穿等形式,绕过、穿过或跃过场内所设障碍物,完成特定竞赛内容的一种竞赛项目。

抽签舞龙是指在临场比赛前,抽取规定动作签,即时编成组合,完成规定数量,计算用时多少。它是检验舞龙队专项技术组合能力、基本技能以及素质的一种竞赛项目。

第三节　舞龙专项体能

舞龙运动专项体能训练是指采用与舞龙运动特点相一致的专门性的练习方法和手段,提高舞龙运动员身体机能的训练或练习。它一般包括舞龙运动所需的耐力、力量、速度、柔韧以及灵敏等运动素质练习。

一、力量素质训练

(一)舞龙运动力量素质的特点及要求

1. 特 点

舞龙运动员的力量素质决定了舞龙难度动作的质量。舞龙运动的许多动作都需要一定的力量来完成,如果没有一定的力量作为保障,舞龙难度动作的质量就保证不了。例如快速"8"字舞龙动作,如果没有力量,速度上不去,其动作性质就会发生改变。因此,提高舞龙运动员的力量素质,可以更好地保证舞龙难度动作的质量。

2. 要 求

舞龙运动的力量素质要求有快速的爆发力和良好的力量耐力。舞龙运动规则要求,在8～9分钟内完成20～30个动作,并且整个套路编排中要完成游弋、起伏、翻浪、腾越、缠绞、穿插等动作,因此在舞龙的运动过程中,必须表现出一定的速度,有时甚至需要竭尽全力。这时力量耐力就成为十分重要的因素,它是高质量完成整套动作的基本保障。

(二)舞龙运动力量素质的训练方法

1. 一般力量素质训练方法

(1)俯卧类训练方法,如俯卧撑、卧推杠铃、两人"推小车"、仰卧起坐、两头起等。
(2)手倒立类训练方法,如手倒立、手倒立爬行等。
(3)持重类训练方法,如抱队员跑、持重物跑等。
(4)悬拉类训练方法,如引体向上、爬绳、肋木举腿等。
(5)纵跳类训练方法,如原地连续纵跳、负杠铃深蹲跳、定时定量跳绳、负重跳台阶等。

2. 专项力量素质训练方法

结合舞龙的基本动作进行专项力量素质练习,如在手臂、小腿上绑沙袋或在身上穿沙衣,进行舞龙基本动作练习;手持较重的龙杆进行练习,等等。专项力量素质训练主要是为了提高舞龙的专门力量。

二、速度素质训练

(一)舞龙运动速度素质的特点及要求

1. 动作速度和移动速度

舞龙运动的速度素质重点体现在动作速度和移动速度的紧密结合上。动作速度主要是指运动员手持龙具快速完成舞龙动作的能力,移动速度则是指运动员在完成舞龙动作时步法快速移动的能力。在舞龙运动中,这两者是相互关联、相互影响的,任何一方面的速度受到影响,都会影响到整个舞龙运动的速度。因此,在舞龙运动的速度素质训练中,应将舞龙运动的动作速度和移动速度作为提高速度素质的重点。

2. 速度素质的要求

(1)运动员的集体协调配合是提高舞龙速度的基本保证。舞龙运动是一项集体性的项目,舞龙速度的提高,不仅要求提高运动员个人的速度素质,还强调集体的配合。如果没有集体的配合,个人的速度再快,不仅不能提高整体的舞龙速度,反而容易造成舞龙整体的混乱。因此,在提高舞龙运动员速度素质方面,要做到个人与集体共同发展。

(2)提高舞龙运动的动作速度应与掌握和保持正确的技术动作紧密结合。为了更好地提高舞龙运动的专项速度素质,通常结合舞龙运动的基本动作进行专项速度训练,并且在训练中强调完成动作的正确姿势。例如,普遍采用快速"8"字舞龙动作来提高舞龙的速度,这就要求在"8"字舞龙过程中,在保持正确姿势的基础上,力争让运动员发挥出最快的速度。

(二)舞龙运动速度素质的训练方法

1. 一般速度素质训练方法

(1)各种距离(30米、50米、60米、100米、200米)的快速跑或10~15米往返折回跑(要求快速转身)。

(2)快速左右抡臂练习。

(3)高频率跑楼梯台阶。

(4)快速立卧撑。

(5)单、双摇跳绳,两脚交替跳绳。

2. 专项速度素质训练方法

结合舞龙的基本动作进行专项速度练习,如采用重复法,针对舞龙运动的基本动作,进行快速重复练习,提高舞龙基本动作的速度和队员之间的协调配合。

在提高专项速度练习过程中,不仅要提高运动员个人的速度素质,还要强调集体的配合,这是提高舞龙基本动作速度的关键。

三、耐力素质训练

(一)舞龙运动耐力素质的特点及要求

舞龙运动要求的耐力素质既要有一定的有氧代谢能力,又要有一定的无氧代谢能力。因此,在训练中要综合提高舞龙运动员的耐力素质,为保证舞龙技术动作的完美表现奠定基础。

舞龙运动专项耐力素质主要是指以最佳的技术完成高强度比赛套路的能力。因此,在训练中必须多次重复完成舞龙运动的成套动作或完成1/2套以上的专项练习,以提高舞龙运动员的专门耐力素质。

(二)舞龙运动耐力素质的训练方法

1. 发展一般耐力(即有氧耐力)

有氧耐力是一般耐力的基础,运动员有氧耐力的发展水平主要取决于三方面因素:一是供给运动中所必需的能源物质的储存;二是为肌肉工作不断提供ATP(三磷酸腺苷)所必需的有氧代谢能力;三是肌肉、关节、韧带等支撑运动器官承受长时间耐力工作的能力。因此,通过提高运动员的摄氧、输氧和用氧能力,保持体内适宜的糖原和脂肪含量,以及提高肌肉、关节、韧带等支撑运动器官承受长时间负荷的能力,是发展舞龙运动员有氧耐力的基本途径。

在安排舞龙运动员有氧耐力训练时,应该主要考虑的两个因素是练习强度与练习时间。

1）练习强度

单纯发展有氧耐力的练习强度相对要小一些,一般应低于最大强度的70%,并以有氧系统供能为主。练习强度通常可用心率负荷来控制。例如,一般运动员练习时心率可控制在140～160次/分,训练有素的运动员可控制在160～180次/分。根据这个强度进行长时间的训练可使有氧系统供能得到改善,心肺系统的机能水平、肌肉供血和直接吸收氧气的能力得到提高。由于人与人之间的耐力水平发展不平衡,因此发展有氧耐力的适宜心率可以用公式推算来确定:

$$适宜心率 = 安静时心率 + （最大心率 - 安静时心率）\times（60\% \sim 70\%）$$

心率控制在这个水平,可使心血输出量增加,吸氧量达到最大值的80%左右。练习能使心脏容量增大,有利于促进骨骼肌、心肌的毛细血管增生。若练习强度超过这一水平,心率达170次/分以上,就会产生氧债,从而使练习向无氧代谢方向转化。若练习强度过低,心率在150次/分以下,提高有氧能力的有效性就会降低。

2）练习时间

有氧耐力的练习时间一般可根据训练水平而定。对于受过训练的运动员,有氧耐力训练的时间可以长一些,有时可用45分钟来安排有氧耐力训练。但无论训练对象如何,有氧耐力训练至少要维持20分钟以上。时间越长,对机体有氧代谢过程的刺激就越大。只有维持较长时间,才能使全身血量和红细胞增加,提高每搏输出量和机体的摄氧、输氧、用氧能力,达到发展有氧耐力的目的。在舞龙运动的一般性耐力训练中,通常以持续性耐力跑为主,以提高运动员的有氧耐力。

2. 发展专项耐力

无氧耐力是专项耐力的基础。运动员无氧耐力的发展水平主要取决于三个因素:一是无氧代谢能力,这是构成无氧耐力最重要的因素;二是能源物质（ATP、CP、糖原）的储备;三是肌肉、关节、韧带等支撑运动器官承受大强度工作的能力。因此,提高舞龙运动员的无氧代谢能力和肌肉活动时必需的能源物质储备以及支撑运动器官的功能,是发展无氧耐力的主要途径。在舞龙运动训练中,发展专项耐力主要采用结合舞龙套路中的某一组合动作或以半套、整套练习为主的大运动量间歇训练的形式。

四、柔 韧

(一)舞龙运动柔韧素质的特点及要求

由于舞龙运动的技巧性比较高,许多难度动作对运动员的柔韧素质提出了很高的要求。良好的柔韧素质不但可以加大动作的幅度,提高关节的灵活性,对舞龙运动技术的掌握与提高发挥着重要的作用,而且对运动员自身来说,可以防止或减少伤害事故的发生,延长运动寿命。

舞龙运动员的柔韧素质发展应与力量素质发展相适应,因为舞龙运动不仅对柔韧素质提出一定的要求,更要求具备良好的速度力量。力量练习能发展肌肉的收缩能力,柔韧练习能发展肌肉的伸展能力,因此力量结合柔韧的练习对于提高肌肉质量最为有效,它既能实现力量和柔韧的同时增长,又能保证关节灵活性的稳固。

在进行舞龙运动员柔韧素质的训练时,要兼顾相互关联的各个身体部位。有些舞龙动作中,柔韧性不但表现为一个关节或某个身体部位的伸展性,而且牵涉几个相互关联的部位。

(二)舞龙运动柔韧素质的训练方法

1. 主动或被动的静力性拉伸方法

静力性拉伸方法是指缓慢地将肌肉、肌腱、韧带拉伸到有一定酸、胀、痛感觉的位置并略有超过,然后停留一定时间的练习方法。这种方法可减少或消除超过关节伸展能力的危险性,防止拉伤,而且由于拉伸缓慢,因此不会激发牵张反射。一般要求在有酸、胀、痛感觉的位置停留6～8秒,重复6～8次。

2. 主动或被动的动力性拉伸方法

动力性拉伸方法是指有节奏的、速度较快的、幅度逐渐加大的、多次重复一个动作的拉伸方法。在运用该方法时用力不宜过猛,幅度一定要由小到大,先做几次小幅度的预备拉伸,然后加大幅度,从而避免拉伤。每个练习重复5～10次(重复次数可根据专项技术需要而增加)。主动的动力性拉伸方法是靠自己的力量拉伸,被动的动力性拉伸方法是靠同伴的帮助或负重,借助外力的拉伸,但外力应与运动员被拉伸的可能伸展能力相适应。

上述方法可单独采用也可混合运用,练习时间根据需要确定。

五、灵 敏

(一)舞龙运动灵敏素质的特点及要求

舞龙运动是一项多人参与、共同舞动龙具的民族传统体育项目,它不但要求运动员在运动中表现出对三维时空的准确定向、定时能力,而且要表现出准确完成动作、迅速变换的能力。因此在舞龙运动中,灵敏素质是非常重要的素质之一。

舞龙运动员的灵敏素质与其所掌握的舞龙技术动作的数量有着密切的关系。实践证明,掌握基本技术越多、越熟练,不仅新的运动技能学习得更快,而且技术运用得更灵活,更富有创造力,表现出的灵敏素质也就更高。运用各种舞龙技术动作来提高运动技能,可以不断地丰富运动员的舞龙运动实践经验,增加身体素质和技术动作储备,从而促进灵敏素质水平的不断提高。

(二)舞龙运动灵敏素质的训练方法

舞龙运动灵敏素质的训练方法很多,常用的方法有:

(1)做迅速改变方向的各种跑、躲闪、突然起动、各种快速急停和迅速转体练习等。

(2)做各种调整身体方位的练习。

(3)做专门设计的各种复杂多变的练习,如由"之"字跑、躲闪跑、穿梭跑和立卧撑组成的综合性练习。

(4)做以非常规姿势完成的练习,如侧向或倒退跳远、跳深等。

(5)做限制完成动作的空间练习,如在缩小的运动场地进行舞龙练习。

(6)做改变完成动作的速度或速率的练习,如变换动作频率或逐步增加动作的频率。

(7)做各种变换方向的追逐性游戏和对各种信号做出应答反应的游戏。

舞龙竞赛通则

第二十二章　太极运动

学习目标

思政元素

在太极运动中体验到自信、自尊、身心合一，感知运动带来的舒适与积极情绪变化；通过习练体验武德中的尊重、包容、合作、公平等道德行为。

身体能力

心血管耐力、速度、力量、柔韧等方面达到《国家学生体质健康标准》测试要求；学会太极运动中的基本身法与技术，掌握以腰为轴，上下、左右肢体协同控制的能力，以促进练习者脑神经系统长期持续健康发展。

认知能力

能认知攻与防、柔与刚、快与慢、身与心的对立与统一；遵守习武先习德的通用规范和每个套路的独特风格特征及健身效果。

第一节　太极扇

一、太极扇概述

太极扇初创于民间，后经加工提炼逐渐成熟定型。太极扇是在太极拳的基础上融合扇术特点而形成的，因而具有拳、扇双重风格。它是武术范畴中的一种扇技，一招一式都与攻防技击有关，只是将攻防技击动作做了虚化处理，形成了一种具有独特风格的太极器械。在器械风格上，主要体现为利用扇器的开合、旋转、翻、扫、刺、截、击、撩、切等方法击打对手。在演练上，讲求以意导扇、扇身合一、刚柔相济、内外兼修等，也与内家拳器械相合。其中，五十二式太极功夫扇是由北京老年体协为支持申办2008年奥运会，大力开展全民健身运动而创编的，其特点是快慢相间、刚柔相济、有声有色、变化灵活、造型优美，既有杨氏太极拳的特点，又有陈氏太极拳的风格，还吸取了太极剑中的一些元素，整个套路的动作与中国功夫歌曲的节奏完美结合在一起,跟上了现代社会大众健身的潮流,在国内掀起了练习太极扇的热潮。

二、常用基本技法介绍

随着太极运动的繁荣发展,其种类越来越多,各家各派武术运动的各种技法也都逐步渗透在其中,但由于拳种的不同,套路体裁的不同,各有不同的要求。下面讲解最基本的技法,概括为四击、八法、十二型,总称为"二十四要"。

(一)四 击

"四击"就是武术中的踢、打、摔、拿四种技击法则。凡是含有技击动作组成部分的武术运动,在技击内容方面都离不开这四种技击法则的范畴。这四种法则各有各的运动规律以及内容与方法。例如,踢的法则有蹬、踹、分、摆、弹、缠、扫、挂等许多种不同的运动内容,打的法则有冲、撞、挤、靠、崩、劈、挑、砸、撑、扠、搂、拦、采、捌、勾、抄等,摔的法则有掤、巩、揣、滑、倒、爬、拿、捋、捣、勾等,拿的法则有刁、拿、锁、扣、封、闭、错、截等。这些内容都有它们规定的运动方法,如踢法中的蹬、踹、铲都是屈伸性的腿法。然而,蹬的运动方法规定脚尖朝上、脚心朝前,力点在脚跟;踹的运动方法规定脚尖横向、脚心朝前,力点在脚心;铲的运动方法规定脚尖横向、脚心朝下,力点在脚外侧的边缘部。不允许蹬踹不分,方法不明,模糊不清。

(二)八 法

"八法"是"手眼身法步,精神气力功",它关系着人体的上肢、头部、躯干、下肢、精神、呼吸、力量和技术的"手法、眼法、身法、步法、精神、气息、劲力和功夫"八个部分。中国的武术运动对这八个部分在运动方式和方法上的要求是:"拳如流星,眼似电;腰如蛇行,步赛粘;精要充沛,气宜沉;力要顺达,功宜纯。"

(三)十二型

"十二型"是武术运动里的动、静、起、落、站、立、转、折、快、缓、轻、重十二种运动方式的定型。武术运动中有活动性动作、静止性动作、跳起动作、落下动作、两脚站的动作、单脚立的动作、转动动作、扭折动作、快动作、慢动作、轻动作、重动作。在中国武术运动的发展过程中,人们不断地从对各种事物的观察和体验中演化、创造富于形象化的一套套武术动作,形成了动如涛、静如岳、起如猿、落如鹊、立如鸡、站如松、转如轮、折如弓、轻如叶、重如铁、缓如鹰、快如风的不同节奏组合风格特征。

八法和十二型

三、太极扇基本技术

(一)扇器介绍

扇子是由竹子和绸布做成的,扇子的两侧叫扇柄,也叫扇骨。合扇时,上为扇顶,下为扇根。扇子打开后,平面叫扇面。扇面中间有 10 根竹条,叫扇颈,也叫小扇骨;扇子的上边弧线叫扇沿;扇子光滑的一面叫正面,小扇骨突出的一面叫反面。图 22-1 所示为太极扇结构。

图 22-1 太极扇

(二)太极扇动作要领介绍与演示

1. 太极扇第一段的讲解与演练

预备:身体保持自然并步直立,右手握扇柄根部,扇顶向下,贴于右腿侧。

1)起势(开步抱扇)

左脚向左开半步,两脚平行,与肩同宽;同时两手向前捧于体前,高与肩平,扇柄竖直,扇顶向上,举抱于胸前。

太极扇全套动作演练

2)斜飞势(侧弓步举扇)

(1)分手划弧,提脚抱手。两臂绕转,右手向右从上向下划弧,左手方向相反,屈蹲提腿,呈左丁步,身体面向前方(假设面向南)。

(2)右脚向右侧伸,呈侧开步,向西开步,两手交叉,左手在上右手在下。

(3)侧弓步举扇。重心右移,呈侧弓步,右手向上举扇,扇子送至右前方,手与肩平,身体略向右倾斜,左手向下,按掌于左髋旁,眼看左前方。

太极扇第一段

要求:含胸沉肩顶头,步型是侧弓步,东南亮相。

3)白鹤亮翅(虚步亮扇)

(1)转腰摆扇。向左转腰,同时带动右臂向左摆动,至身体正前方。

(2)穿手转腰。腰向右转,左掌在右手上方穿出,掌心向上,右手持扇向身体后方牵拉。

(3)虚步亮扇。左脚前脚掌点地,呈虚步,扇子从头右后方向下抖腕侧立开扇,主扇骨竖直向下,扇面正向前方,手略高于肩,面向正南。

4)黄蜂入洞(进步刺扇)

(1)右手扬腕合扇,收于右肩前;收脚摆扇,左脚提起,向左转腰,扇顶摆向北,再向右转腰,左手随扇顶向后拉,绕至右肩前,掌心向下;转身上步,左脚上步,呈左弓步,左掌向前向下再向上划弧,与胸同高。

(2)弓步刺扇。右脚再上一步,呈右弓步,方向正东,右手持扇从腰间向前刺出,力点在扇顶,高与肩平,左手举于头侧上方。

5)哪吒探海(转身下刺扇)

(1)后坐收扇。身体重心后移,扇子横于腰间,左手与右手合掌。

(2)扣脚转身。右脚内扣,左腿屈膝抬起,左后转至右前方。

转身下刺扇

(3) 弓步下刺扇。左脚向东南方向(约45°)落步,呈左弓步,左手驾于头上,右手向身体前下方刺扇,身体微向前探。

6) 金鸡独立(独立撩扇)

(1) 收脚绕扇。左脚收于右足弓处,呈丁字步,右手后绕至右胸前,左掌立掌于右手腕内侧。

(2) 上步分手绕扇。左脚上步,脚跟着地,左手向下向前划弧至体前,右手持扇于腰间。

(3) 独立撩开扇。右手经体侧绕立圆,由下向前向上撩起,力点在扇顶,绕至腹前时直立开扇,主扇骨水平,扇沿竖直向上呈立扇,左手驾掌于头的左侧上方,右腿屈膝提起,左腿直立撑地,目视前方,方向正东。

7) 力劈华山(翻身劈扇)

(1) 落脚合扇。右脚外展下落于左脚前,向右转腰,左手向前推掌合扇。

(2) 盖步转身按扇。左脚向右脚的右前方盖步,两臂从体侧上举至头上方,左手搭于右手腕,同时身体下蹲,两手下按至膝前。

(3) 翻身举扇。身体继续右转并逐渐抬起,呈开步直立,两手随之上举至头上。

翻身劈扇

(4) 弓步劈扇。右脚向前上半步,呈右弓步,右手向前下落,与肩同高,向下前劈,倒立开扇,扇骨水平向前,扇沿向下,左掌驾于头上,掌心向上,目视前方。

8) 灵猫捕蝶(翻身轮压扇)

(1) 转身摆掌。从右弓步左后转身变成左弓步,左掌沿右胸前经左大腿内侧向前穿掌,两臂侧平举。

(2) 上步翻身轮扇。右脚向左上步扣脚,两臂随翻腰动作呈立圆转摆,扇面由下向前向上转摆,呈立圆,仰头挺胸。

翻身轮压扇

(3) 退步弓步压扇。左脚后撤,呈右弓步,两臂继续转摆,扇面向下平压,斜向下略低于肩,左掌斜向上向后伸,略高于肩。

(4) 翻手反压扇。右手外翻至掌心向上,扇面与地面平行,向下压扇,略高于膝关节,后手斜向上,与前手成一条斜线。

9) 坐马观花(马步亮扇)

(1) 虚步推掌合扇。重心后移,右脚后撤,呈右虚步,左掌前推并推主扇骨,辅助合扇,右手拉于腰间。

马步亮扇

(2) 退步抢扇。右手持扇,从下向后向上于头的右前方盖扇,右脚后撤一步,呈左弓步,同时左掌在左腰间向后穿出。

(3) 反身刺扇。右手经右腰间继续向右穿扇,呈右弓步,两臂侧平举。

(4) 马步亮扇。重心后移,左手上举至头侧上方,右手于体前右前方开扇,马步要两脚平行,方向正南,略带八字,扇根停于右膝上方,扇面向西偏南30°,眼看扇沿。

2. 太极扇第二段的讲解与演练

1) 野马分鬃(弓步削扇)

(1) 转腰合手合扇。身体左转,呈左弓步,同时两手相合,右手左摆,顺势合扇,左手立掌于右臂内侧。

太极扇第二段

(2) 转身弓步削扇。重心右移,呈右弓步,扇子从左下方向右上方削出,扇顶略高于头,方向正西,眼看右手。

2) 雏燕凌空(并步亮扇)

(1) 扣脚穿掌。向左转腰扣脚,同时带动右臂向左摆动,至身体正前方。

(2) 穿手转腰。腰向右转,左掌在右手上方穿出,掌心向上,右手持扇并向身体后方牵拉。

(3) 并步亮扇。右臂伸直,上举抖腕,侧立开扇,左手握拳,收于腰间,甩头目视左前方。动作要干脆利落、明快有力,两腿膝部挺直,并步站立。

3) 黄蜂入洞(进步刺扇)

(1) 收扇上步。右手扬腕合扇,向左转腰,左手随左脚上步向左撩掌,扇收于右腰间。

(2) 弓步直刺。右脚向前上步,呈右弓步,方向正东,同时右手持扇向前直刺,与肩同高,左手驾于头上,目视前方。

4) 猛虎扑食(震脚推扇)

(1) 震脚。右手持扇,回收至腰间,虎口斜向上,同时左掌变拳收于腰间,右脚提起回收,并于左脚处震脚,左脚迅速提起。

(2) 弓步推扇。左脚向前上步,呈左弓步,左手侧立掌,右手立扇,同时两臂迅速向前推出,弓步和推掌方向都是正东,与肩同高,腰要挺直。

震脚推扇

5) 螳螂捕蝉(戳脚撩扇)

(1) 转腰绕扇。重心后移,左脚尖翘起,两臂经体前向后向上绕行,停于右胸前,扇顶向东,左掌腹前撩掌。

(2) 分手绕扇。左掌向下向前撩掌,扇到腰间,重心前移,呈左弓步。

(3) 戳脚撩扇。重心继续前移,落于左腿,右脚脚跟向前戳地成虚步,右手从下向上向前划弧,绕至腹前斜立开扇,扇骨与右臂平行,斜向下方,左手合于右臂内侧。注意:脚跟擦地,短促有力,然后呈虚步。

6) 勒马回头(盖步按扇)

(1) 合扇转身。左手向前推掌,并辅助右手合扇,腰右转90°,面向正南,右脚外展,右手向下向外划弧,两臂侧平举。

(2) 盖步按扇。两手头上相合,左手搭于右手腕上,扇顶向东,左脚向右脚右前方盖步,下蹲,呈歇步,两手随之下按,与膝同高。

7) 鹞子翻身(翻身藏扇)

(1) 翻身绕扇。向右转腰,同时身体慢慢抬起,转至面向正北,左右手持续相合。

(2) 腕花绕扇。右手持扇,在腕关节的外侧绕一个小腕花,向外翻腕绕转。注意握扇要松活,腕关节翻转缠绕要灵活。

翻身藏扇

(3) 退步藏扇。右脚后退呈左弓步,左掌前推,扇子回拉并藏于腰间,方向正东。

8) 坐马观花(马步亮扇)

(1) 抡臂举扇。左掌在腰间向后穿出,右手持扇从下向后向上于头的右前方盖扇。

(2) 反身穿刺。与第一段第9个动作中的(3)相同。

(3) 马步亮扇。与第一段第9个动作中的(4)相同。

3. 太极扇第三段的讲解与演练

1）举鼎推山（马步推扇）

（1）转腰收扇收脚。身体右转90°，右脚回收半步，脚尖点地，右手持扇，与左拳收于两侧腰间，拳面向下。

（2）马步推扇。右脚向右（向西）跨步，呈马步，向右推扇发力，两脚尖平行向前，向西推扇，与肩同高，扇竖直向上，左掌驾于头侧上方，掌心向上。注意：掌根要上顶，动作要短促发力。

太极扇第三段

2）神龙回首（转身刺扇）

（1）转身收扇。向左转身两手握扇，左脚微向后撤。

（2）弓步平刺。左脚向左上步，呈左弓步，两手持扇，向前平刺，两臂伸直，高与胸齐，方向正东，力达扇顶。

3）挥鞭策马（叉步反撩扇）

（1）撤脚收扇。身体重心后移，左手前摆至腹前，右手从上向后绕至肩上，左脚尖翘起。

（2）上步绕扇。右脚上步，呈开步站立，右臂从下向上撩扇，略高于肩，左拳收于腰间，面向正北。

叉步反撩扇

（3）叉步反撩扇。身体左转，左脚经右腿的后方向右伸出，脚跟离地，前腿弓，后腿稍微屈，塌腰，向右后转腰扭头，眼看左脚跟；持扇手经上向前向下绕行至身后，反手斜立开扇，右臂斜向后下方，扇骨与右臂平行，扇沿斜向上方，左手驾于头上方，掌心向上。

4）立刀扬鞭（点步挑扇）

（1）挑扇。重心前移，右手持扇上举，臂伸直，侧立举扇，扇沿向西，主扇骨贴于手臂，左掌侧立掌于右胸前。

（2）点步推掌。上左脚，脚尖点地，呈高虚步，同时左掌向前（西）推出，侧立掌。注意：两腿要挺膝伸直，重心在右腿，目视左掌。

5）怀中抱月（歇步抱扇）

转身歇步抱扇：向左转腰，左脚外展，两腿屈膝下蹲呈歇步，把扇子横立并抱于胸前，高不要超过下颚，眼看前方，臀部坐于脚跟上，方向正南。注意：两腿要交叠贴紧，后腿在前腿的腘窝外侧，臀部贴近后脚跟，后脚跟提起。

6）迎风撩衣（并步贯扇）

（1）上步合扇分手。两手合扇，右脚向右跨一步，与肩同宽，上体立起，两臂向两侧划弧。

（2）并步贯扇。右手握扇，经过一个侧摆的弧线停于右肩前，抖腕发力，扭腰甩头，目视左斜前方，扇顶向左，即向东，高与肩平，挺胸塌腰，左掌变拳并收于腰间。

7）翻花舞袖（云手劈扇）

（1）摆扇穿手。左手向右臂下叉掌，右手向内旋腕，再向头左侧绕行，扇顶向下。

（2）云扇摆掌。仰头挺胸，左手向前向左划弧，右手绕头逆时针方向划弧，在头顶交叉像个云形。

云手劈扇

(3) 侧弓步劈扇。右脚向右后撤步,呈左弓步,右手用扇骨向斜前方劈扇,左掌立掌合于右臂内侧。

8) 霸王扬鞭(歇步亮扇)

(1) 分手摆扇。两手划圆,左手向上绕,右手向下绕。

(2) 歇步亮扇。左脚向右脚右后方叉步,左手绕至右胸前立掌,右手上举,臂伸直,侧立开扇,扇沿向左,身体侧向正东,头转向正东。

9) 抱扇过门(开步抱扇)

(1) 开扇托抱。右手外旋,下落于胸前,左掌合于右手腕内侧。

(2) 合扇举抱。合扇,两手向两侧划弧并合抱于胸前,方向正南。步型是平行开立步,与肩同宽。

4. 太极扇第四段的讲解与演练

1) 野马分鬃(弓步削扇)

(1) 转腰合手合扇。右臂下绕,呈抱球动作,右脚提起,向左脚靠拢,呈右丁步。

(2) 弓步削扇(方向转向正西)。右脚向正西上步,呈右弓步,扇由左下向右上沿斜线削出,两手分别向右上左下撑开。

弓步削扇

2) 雏燕凌空(并步亮扇)

动作同第二段动作2。

3) 黄蜂入洞(进步刺扇)

动作同第二段动作3。

4) 猛虎扑食(震脚推扇)

动作同第二段动作4。

5) 螳螂捕蝉(戳脚撩扇)

动作同第二段动作5。

6) 勒马回头(盖步按扇)

动作同第二段动作6。

7) 鹞子翻身(翻身藏扇)

动作同第二段动作7。

8) 坐马观花(马步亮扇)

动作同第二段动作8。

5. 太极扇第五段的讲解与演练

1) 顺鸾肘(马步顶肘)

(1) 马步合扇。合扇,两臂前伸并于体前交叉,左手在上、右手在下,于胸前相叠。

太极扇第五段

(2) 马步顶肘。肘关节向侧后方用力顶撞,动作要发力,也可发声,两手握扇握拳,拳心斜向下。

2) 裹鞭炮(马步翻砸)

(1) 转腰合臂。两臂于胸前交叉,上体微向右转,右拳在下,左拳在上,

顺鸾肘、裹鞭炮

两拳交叉相叠。

(2) 抡臂叠拳。左拳从右向左抡,右臂跟后随行,于体前左侧相叠,左手在下、右手在上,身体微左转。

(3) 马步翻抖拳。身体转回正中,面向正南,两臂同时向身体两侧翻抡,力达拳背,目视左拳,动作要发力。

3) 前招式(虚步拨扇)

(1) 转身摆掌。向右微转腰,重心右移,左手内旋,经下向上绕行,掌心向前。

(2) 虚步拨扇。身体左转,左脚外撇,上右步,呈右虚步,两手随身体左转,向左平带,左手驾于头的左侧上方,右手持扇向前下方拨开,手心向上。

4) 双震脚(震脚拍扇)

(1) 虚步分手。两手向外向下划弧,同时两腿下蹲。

(2) 蹬跳托扇。两手里合上托,两掌翻至掌心向上,腿与臂同时上提,身体腾空。摆臂摆腿时,两臂要外旋上裹,带动身体向上纵跳;同时,左脚蹬地,右腿屈膝上提,两手臂助势。

双震脚

(3) 震脚拍扇。当身体到达最高点开始下落时,两掌心翻向下,同时震脚按掌。震脚时,抖撣发力两响,方向正东。

5) 龙虎相交(蹬脚推扇)

(1) 提膝收扇。右腿提膝,与髋同高,左掌推扇,右扇收于腰间,左腿直立。

(2) 蹬脚推扇。左掌驾于头侧上方,掌心向上,右脚前蹬,脚跟发力,腿伸直,右手推扇,扇竖直。该动作为短促发力动作。

6) 玉女穿梭(后举腿亮扇)

(1) 落脚合臂。右脚外展前落,左手搭于右手腕上。

(2) 叉步展臂。身体右转90°,左脚上步,右脚紧跟着向左脚左后方叉步,两臂展开,呈侧平举。

后举腿亮扇

(3) 后举腿亮扇。左脚单脚撑地,右小腿向后叠起,大小腿夹角约90°,左手立掌,右手侧立开扇,塌腰扭头,成一个反弓形,脚面绷平,目视左斜前方,方向正东。

7) 天女散花(云扇合抱)

(1) 开步抱扇。右脚落地,与肩同宽,右手持扇外旋,掌心向上,左手横按掌于右手内侧。

天女散花、
霸王扬旗

(2) 舞花云扇。两手经两侧平举、上举,然后翻挽、扬头、翘腕、悬臂,扇子在头顶上平云一圈。

(3) 叉步抱扇。扇子落于怀中,横立开扇,两手相合,左手扶于右手腕内侧,左脚向右后叉步。

8) 霸王扬旗(歇步亮扇)

(1) 开步展臂。右脚向右开步,与肩同宽,合扇展臂,呈侧平举。

(2) 歇步亮扇。左脚向右后插,下蹲呈歇步,左臂上绕于右胸前立掌,右臂从下向上绕至肩上,侧立开扇,掌心向左。

9）行步过门（托扇行步）

（1）转身穿扇。向左后转身,扇子向西偏北方向,平扇穿出。

（2）叉步抱扇。右脚上步,扭腰抱扇,左手举在头上,两脚斜向西北,头看东北,扇绕至胸前,掌心向上。

（3）抱扇行步。走五步,走出一个小的圆形,第五步扣脚,头和胸转向西北方向,背向起势,左手按于右手腕上。

（4）开步合扇。上体右后转180°,右脚向右后撤步,呈开立步,左手辅助右手合扇,两臂展开,呈侧平举,面向南。行步要求:轻灵平稳,没有起伏。

行步过门

6. 太极扇第六段的讲解与演练

1）七星手（虚步掤扇）

（1）两臂前平举。两臂从身体两侧前合于体前,平行前举。

（2）屈蹲下按。两手按到胯两旁,然后两手向外向前划弧。

（3）虚步掤扇。右手持扇前掤,在腹前斜立开扇,左手扶于右腕内侧,左脚向前上步,脚跟着地,脚尖翘起,呈左虚步,方向正南。

太极扇第六段

2）揽扎衣（弓步掤扇）

（1）收脚抱手。左掌向外向上划弧,同时右手从上向下划弧,两手合抱于身体左侧,右脚提起,收于左脚足弓处,脚尖点地。

（2）弓步掤扇。转身上步,身体右转,上右脚,脚跟着地,方向正西;重心前移,呈弓步,右手持扇向前掤出,与肩同高,左掌按于左胯旁,眼睛目视前方。

3）捋挤势（后捋前挤）

（1）摆臂翻扇。左手前送,同时掌心慢慢翻向上,右臂前送,翻扇,掌心向下,两手心上下相对。

（2）坐腿转腰后捋。身体微左转,重心后移,右脚脚尖翘起,同时两臂向后捋。

（3）转身搭手,弓步前挤。微向右转身,右臂屈于胸前,左手向后划弧,左手搭于右手腕上;随后,重心前移,呈弓步,两臂向前挤出,扇子竖直向内,力点在扇骨和前手的前臂、手背上。

4）苏秦背剑（并步背扇）

（1）后坐平云。重心后移,身体微右转,右手顺时针方向平云一圈至右胸前,拇指一侧在下,掌心向外。

（2）转腰推扇。右脚内扣,身体微左转,右手向前推扇,腕内旋再向外向后推扇。

（3）并步背扇。背扇于腰部,左掌的左前方前推,与肩同高,左脚向右脚靠拢,并步站立,目视左掌。

并步背扇

5）搂膝拗步（弓步戳扇）

（1）摆掌合扇。右臂向侧提起,与肩同高,扇沿向下。

（2）弓步戳扇。扬腕合扇,转身上步,身体左转,上左脚,脚跟着地,重心前移,呈左弓步,左手绕左膝搂手,至大腿外侧按掌,右手持扇,扇根向前,扇子驾于虎口之上并向前戳出,方向正东,目视前方。

6) 单鞭下势(仆步穿扇)

（1）扣脚转身。勾手上提，重心后移，左脚内扣，左手提勾，右手持扇横于左胸前。

（2）仆步穿扇，亮扇。左腿全蹲，右脚移动半步，呈右仆步，右手持扇沿大腿内侧穿扇，穿到顶时抖腕直立开扇，扇沿向上，主扇骨贴于手臂上。

仆步穿扇

7) 弯弓射虎(弓步架打)

（1）弓腿起身举扇。重心前移，身体上起，呈左弓步，右手于体前举扇，左手于身后勾手，勾尖向上。

（2）转腰摆臂。上体右转，右手持扇向后平云，左臂屈臂于胸前，左勾变拳，头随扇走。

（3）架扇打拳。右前臂屈曲上举扇，扇面竖直向前，头慢慢左转向前，左拳微内旋，向前冲出，面向正南。

弯弓射虎

8) 白鹤亮翅(虚步亮扇)

（1）坐腿扣脚合扇。扬腕合扇，身体后坐，向左转腰，右臂前摆，左掌收于腰间，掌心向上。

（2）转腰分手。右转腰，左掌于右臂上方前穿，右手向后拉扇。

（3）白鹤亮翅。右臂从后向上绕，至头右上方侧立开扇，左掌按于左胯旁，左脚向前上步，脚尖点地呈虚步。

9) 收势(抱扇还原)

（1）抖腕合扇。手腕上扬合扇，左脚收回，呈开步站立，两臂经体侧上举，呈侧平举。

（2）并步收势。收左脚，两脚并步站立，两手抱扇于胸前，扇竖直，随后垂臂还原，恢复成预备姿势。

四、太极扇基本功

(一)腿部训练

1. 压　腿

1) 正压——按腿

动作：① 面对训练器具(桌、凳、墙壁、窗台或肋木，以下均同)，离开两小步站立。② 右腿提起，脚跟搁在器具上，脚尖上翘，膝部挺直，高度齐腹；左腿支撑站立，膝部挺直，脚尖正对训练器具。③ 两手五指交叉按在右膝上，眼看右脚尖。④ 两臂屈肘，上身前俯下压，略停片刻，然后上身直起还原，接着再前俯下压。右腿经数次俯身按压之后，换左腿搁上(以下各种腿部训练，均须左右轮换，不再另述)。

正压腿

正压腿的目的是锻炼股二头肌、半腱肌、半膜肌及腓肠肌等，增强肌腱的伸展机能，并锻炼膝关节内外侧的韧带，增强韧带的坚韧性，为将来的踢腿动作做好准备，为蹬腿或踢腿时膝关节内外两侧韧带所必须担负的力量打好基础。

说明：① 上半身俯压要求挺胸、直背、挺膝、坐胯，腿搁在训练器具上，胯部向后下坐，身前探，脚勾紧。② 上半身俯压的次数可以根据自己的具体情况来决定，一般来说，在初练阶段压10～20次,然后逐渐增加(以下各种动作均同此,不再另述)。③ 对于上半身俯压的程度,初练阶段不要压得过低,过低很可能拉断肌肉纤维;锻炼一个时期后,自己感到可以俯低时再压低。④ 经过一个时期的正压腿锻炼后,搁脚的高度也可渐渐加高,但不应超过胸部,否则就不是压腿了。

2) 侧压——压腿

动作:① 身体右侧对训练器具,离开两小步站立。② 右腿提起,脚跟搁在器具上,脚尖上翘,膝部挺直,高度齐腹;左腿支撑站立,膝部挺直,脚内侧正对训练器具。③ 左手叉腰,右手握拳,臂压在胯部上面。④ 上身向右侧屈下压,略停片刻,然后上身直起还原,接着再侧屈下压。

侧压腿

侧压腿的目的除了继续锻炼正压腿动作中的各组肌腱及韧带外,对髂股韧带、腹股沟韧带、股阔筋膜及梨状肌、长收肌的伸长和外展都能起到有效的锻炼,为将来的外摆腿、侧踢、侧蹬等动作创造肌肉和韧带伸缩条件。同时,上身的侧屈还可锻炼腹外斜肌和腰肌以及腰背部的筋膜。

说明:① 侧压腿要求挺胸、直背、挺膝、开胯(髋关节外展),身侧屈,脚勾紧。② 经过一个时期的侧压腿锻炼之后,支撑腿的脚尖应逐渐外展,加大开胯的幅度,这样能增强髋关节外展的机能。③ 侧压腿练到后期,在增加高度时,左臂变为屈肘上举,右臂则垂于裆前,上身尽量侧屈,用左手去碰或握右脚尖,这会使肌腱、韧带、筋膜的锻炼水平相应提高。

3) 反压——反抬腿

动作:① 面对训练器具站立,两手扶住器具,上身略前俯。② 右腿提起并伸向身后,由助手握住,膝和脚尖都要伸直、绷直;左腿支撑站立,膝部挺直,脚尖正对器具。③ 助手将右腿慢慢向上抬举,至一定的高度时略停片刻,然后徐徐放下,接着再慢慢向上举。

反压腿

反压的目的是锻炼髋关节向后反转的灵活性,加强大小腿前面的股直肌、股四头肌、缝匠肌、髂腰肌以及腹股沟韧带的伸展性,并使阔筋膜张肌的扩张性加大。

说明:① 反压要求在助手抬腿上举时,练习者必须抬头、挺胸、腰后弯,身正、肩平、眼上看,借以锻炼腰脊的柔软性。② 助手右手握住练习者的右脚,左手托住练习者的右腿膝部,这样可以防止腿弯曲。③ 助手向上举腿时,要防止练习者支撑腿的脚跟离地掀起。④ 如果没有助手,可以找一件较高的家具和两件较矮的家具,两手扶住较矮的家具,把腿搁在较高的家具上,伸臂、仰身、向后弯腰。

2. 扳　腿

1) 吻　靴

动作:① 并步站立,右腿屈膝略蹲,左腿伸向身前,膝部挺直,脚尖翘起,脚跟着地;上身前俯,右手握住左脚内侧,左手握住左脚外侧;眼看左脚尖。② 两臂屈肘,两手用劲向后拉,上身尽量前俯,用嘴触及脚尖。③ 略停片刻,上身直起,两臂伸直,接着再做第二遍。

吻　靴

吻靴的目的主要是锻炼小腿后部的腓肠肌、比目鱼肌及跟腱的伸长性,同时锻炼小腿前部的胫骨前肌和肌腱的收缩性。另外,屈膝下蹲可锻炼腿部肌肉的力量与弹性。

说明：① 吻靴要求挺胸、直背、塌腰、身前探、挺膝、坐胯、收肘、咬脚尖。② 扳腿吻靴的锻炼比较艰苦，初练阶段可以先使头顶试图"顶"到脚尖，待练到头顶能够碰及脚尖后，再试图以前额"叩"脚尖，继而进一步以嘴"吻"脚尖，最后要练到以下巴颏儿"拂"脚尖。《华拳谱》中有"顶、叩、吻、拂腿练到，筋长一分力量巧"。③ 扳腿吻靴也可以在器具上进行练习，支撑腿伸直，不必屈蹲，其他动作均同上。

2) 卧靴（左右卧）

右卧靴动作：① 并步站立，左腿屈膝略蹲，右腿伸向身前，膝部挺直，脚尖翘起，脚跟着地；上身前俯；右手满握右脚，手心与脚心相合，左手反叉腰部；眼看右脚尖。② 上身左转，以身体右侧倒向右腿，右臂屈肘。③ 略停片刻，上身直起，右臂伸直，接着做第二遍。

卧靴

左卧靴动作：① 并步站立，右腿屈膝略蹲，左腿伸向左斜前方，膝部挺直，脚尖翘起，脚跟着地；上身稍右转；右臂屈肘上举；眼看左脚尖。② 上身以左侧倒向左腿，左手抓住左脚。③ 略停片刻，上身直起，接着再做第二遍。

卧靴一方面锻炼腿部的肌腱和韧带，另一方面锻炼腹外斜肌、背阔肌、冈下肌等肌肉群，间接地锻炼腰部的柔软性。《华拳谱》中有"左右把靴卧，练腿又练腰"。

说明：① 扳腿卧靴必须以身体的侧面倒卧在腿上，不能用胸部俯在腿上；② 先做一种侧卧练习，连续做几次后再换做另一种，不要做一次左侧卧接着做右侧卧。

3) 抱 靴

动作：① 右腿支撑站立，膝部挺直；左腿屈膝，在身前提起。② 左手抱住左腿胫骨；右手握住左脚，手心与脚心相合。③ 两手像抱东西那样把左腿尽量向上抱起，使左膝内侧能够紧贴到左胸上。④ 略停片刻后，两手放下，回至第②动，接着再向上抱起。

抱靴

抱靴的目的是扩大髋关节的运动面，并锻炼平衡感官的性能。

说明：① 向上抱腿时，要求挺胸、直背，支撑腿挺直，站稳；② 向上抱腿，停顿的时间要稍长一些，借以增强单腿独立的平衡能力。

3. 踢 腿

1) 前 踢

动作：① 并步站立，双手叉腰；② 右脚向前一步，左腿膝部挺直，脚尖勾紧，从后向前、向上、向前额处踢起；③ 左脚落下，与右脚并拢；④ 左脚向前一步，右脚向前额处踢起。左右轮换连续前踢。

前踢

说明：① 前踢腿要求头正、顶平、胸挺、背拔、腰塌、胯收、腿直、脚勾；② 防止上身前俯、后仰，防止支撑腿弯曲、拔跟（脚跟离地掀起）；③ 前踢时应以小腿用力上摆来带动大腿，不要以大腿带动小腿，这样才能保证踢腿的速度和力量；④ 踢腿时可以不叉腰，而将两臂侧平举，这样比较容易保持身体的平衡。

2) 侧 踢

动作：① 右手握拳（或掌），右臂屈肘上举，左手握拳垂于裆前；两脚丁字步（右脚尖正对身前方，左脚跟靠在右脚内侧且脚尖正对左侧方）站立。② 右脚向左迈一步，左腿膝部挺直，脚尖勾紧，从后向左、向上、向脑后踢起。

侧踢

③左脚落下成丁字步。④左脚向前一步,脚尖外展;上身随之向左后转,左手变拳(或变掌),左臂屈肘上举,右拳垂于裆前。⑤右腿从后向上踢起。左右轮换连续侧踢。

说明:侧踢腿常容易形成前踢,因此两脚一定要保持丁字状,上身要防止踢左腿时左转、踢右腿时右转。

3)外　摆

动作:① 并步站立,两手侧平举;② 左脚上一步,右腿膝部挺直,脚尖勾紧,从后向身体左侧踢起,经面部向右侧外摆;③ 右脚从身体右侧落下,并步;④ 右脚上一步,左腿向右侧踢起做外摆。左右轮换连续外摆。

外　摆

说明:① 外摆腿很容易使小腹内缩、上身前倾,这样就不能使髋关节的灵活性得到充分锻炼,因此腰腹必须挺直;② 外摆的幅度要大,应使腿与体侧成180°的直面,不要摆到斜前方时就落下,否则就不能扩大肌肉的振幅。

4)里　合

动作:① 并步站立,两手侧平举;② 左脚上一步,右腿膝部挺直,脚尖勾紧,从后向前踢起,高不过腰;③ 上动未停,右腿向下、向后摆荡,上身趁势右转;④ 右腿继续从身体右侧向上,经面部向里回环踢摆,上身趁势左转,正对前方;⑤ 右脚落地并步;⑥ 换左腿做。

里　合

说明:① 里合腿向前踢摆时不要像"前踢"那样用力,而向后摆荡时要趁摆荡的惯性迅速用力,使腿向上踢起;上身的转动必须与腿的后摆协调一致。② 经面部向里回环时要有意识地使腿的内收肌很快地收缩,这样才有里合的力量。③ 里合腿在上身转动时,支撑腿的脚不可移动,要使脚尖始终正对前方。

(二)腰部训练

1. 前俯腰

动作:① 并步站立,两臂伸直上举,两手手心朝上,五指交叉握住;② 上身前屈,两手在脚尖前贴地;③ 两手松开向后抄抱,握住小腿下方,使面部紧贴胫骨前面;④ 上身直起还原,两手再交握上举,做第二遍。

前俯腰锻炼腰椎的关节、软骨和韧带的柔软性,使腰椎在运动中能够达到前屈的极度。

前俯腰

说明:① 两腿必须并拢,挺膝伸直;② 面部要贴紧胫骨,如有可能,最好使头顶碰及脚面;③ 初练阶段可做10~15次。

2. 侧俯腰

动作:① 并步站立,两臂伸直上举,两手手心朝上,五指交叉握住;② 上身左转,下肢不动;③ 上身向左腿外侧方俯下,两手在脚外侧贴地;④ 上身直起,回至第②动;⑤ 上身右转,向右腿外侧方俯下。左右轮换连续侧俯腰。

侧俯腰

侧俯腰锻炼腰椎的柔软性和腹斜肌。

3. 转　腰

动作:① 开步站立,上身前俯,两臂在身前自然下垂;② 上身开始从前向左、向后回环转腰,两臂随身摆动;③ 上动未停,上身继续向右回环转腰;④ 左手随腰的转动从右侧向下扳握右腿脚踝,上身下俯以左耳贴于右小腿的外侧,右手顺势撮拢五指成钩手并在身后上举;⑤ 略停片刻,左手松开右踝,上身开始向右、向后、向左回环转腰。

转腰锻炼腰椎的灵活性,使其在运动中能够自然旋转。

4. 翻　腰

动作:① 左腿在前,右腿在后,两腿交叉左臂侧平举,手心朝下;右臂屈肘平举于胸前,手心也朝下;上身前俯使胸部接近膝部。② 上身从右向上、向后翻转,两臂随身转动。③ 上动未停,上身继续向左、向下翻转,变成右腿在前、左腿在后的歇步。④ 开始向左翻腰。

翻腰锻炼腰椎的灵活性,使其在运动中能够自然旋转。

说明:翻腰时,上身必须前俯构成翻转的横轴,翻转要猛且快,防止缩腹。

(三) 裆步训练

1. 马　步

动作:① 开步站立,中间距离约等于本人身长的二分之一;② 两腿屈膝半蹲,两手握拳侧平举(或者伸掌),拳心朝下,目视前方。

马步主要锻炼股直肌、缝匠肌、内外侧肌、胫骨肌、腓骨肌和比目鱼肌等肌腱的力量。

说明:① 马步要求挺胸、直背、塌腰,大腿屈平,脚尖正对前方,两膝不能超出脚尖,也不要像真的骑马那样向里扣拢;② 下蹲静止的时间按自己的具体情况决定,要使两腿有些酸痛的感觉才有效。

2. 弓　步

动作:① 并步站立,两手叉腰;② 左脚向前跨一步,左腿屈膝半蹲,右腿在后,挺膝伸直,上身微前倾,目视前方。

弓步主要锻炼股直肌、腓肠肌、比目鱼肌、胫骨前肌和腓骨长肌等肌腱的力量。

说明:① 弓步也叫弓箭步,它要求:前弓腿的大腿必须屈平,大小腿之间约成 45°～50° 的锐角;膝与脚尖要正对前方,上下约成垂直线,膝部不能超出脚尖;防止臀部向外侧凸出,防止脚跟离地掀起;后箭腿必须挺膝蹬直,脚尖尽力向内扣紧,髋臀部要向下沉,防止臀部向上凸出或脚外侧离地掀起。② 左右两腿都要锻炼弓步,不能只练一侧。

3. 虚　步

动作:① 并步站立,两手叉腰;② 右脚尖外展 45°,上身随之半面向右转,左脚不动;③ 两腿屈膝半蹲,左脚朝着脚尖的方向迈出一步,以脚尖虚点地面,重心完全移到右腿上,目视前方。两腿轮换练习。

虚步锻炼臀大肌、股二头肌、缝匠肌、腓肠肌、胫骨前肌和胫骨肌腱等肌群的力量。

说明:① 虚步必须以后面的腿支持全身的重量,做到前虚后实、虚实分明;② 支撑腿的膝部必须正对脚尖,防止向里跪腿;③ 上身保持挺胸、直背、塌腰。

4. 丁　步

动作:① 并步站立,两手握拳抱于两腰侧,拳心朝上;② 左脚脚面绷直,屈膝,将脚尖虚点在右脚内侧二分之一的地面上,靠紧右脚;③ 两腿均屈膝下蹲,身体的重量七分在右腿,三分在左腿,目视前方。两腿轮换练习。

丁步锻炼臀大肌、股二头肌、缝匠肌、腓肠肌、胫骨前肌和胫骨肌腱等肌群的力量。

说明:丁步下蹲,两腿一定要并拢,上身不能前俯。

5. 仆 步

动作:① 并步站立,两手握拳,抱于两腰侧,拳心朝上;② 右腿屈膝全蹲,使臀部接近右脚跟;③ 左腿向左侧挺膝伸出,脚尖向里扣紧,脚掌紧贴地面,上身微微前倾;④ 头向左转,目视左侧前方。左右两腿轮换练习。

仆步锻炼下肢肌腱的力量。

说明:① 仆步的另一种方式叫作"仆步单鞭",左手五指撮拢成钩手,反臂斜举于身后,右手做掌,屈肘上举于头上,掌指朝左,这种方式也须加以练习。② 仆步全蹲腿的脚尖要外展45°,膝部不能向里跪腿,脚跟不能离地掀起;仆步伸出的铺腿髋关节一定要向下沉,脚尖要扣紧,防止屈膝和脚外侧掀起。③ 上身必须保持挺胸、直背、塌腰,防止向左、右倾斜。

6. 歇 步

动作:① 两脚前后开步站立,左脚在前,右脚在后,两腿伸直;两手叉腰,目视前方。② 两腿屈膝下蹲,使臀部坐在右小腿上,左腿叠在右大腿上,左脚尖外展45°,右脚跟离地掀起。③ 略停片刻,两腿直起,脚掌碾地,使上身从右向后转,变成右脚在前、左脚在后。④ 两腿屈膝下蹲,使臀部坐在左小腿上,右腿叠在左大腿上,变成右歇步。左右轮换练习。

说明:① 下蹲时,两脚之间的距离不要过大,必须使两腿靠近叠拢,臀部与后脚的脚跟贴近;② 练习时,转身、下蹲的动作要快,蹲坐要稳。

裆步训练各动作如图 22-2～图 22-7 所示。

图 22-2 马步　　　　图 22-3 弓步　　　　图 22-4 虚步

图 22-5 丁步　　　　图 22-6 仆步　　　　图 22-7 歇步

（四）手眼训练

1. 松　肩

1）上耸下沉

动作：① 两脚开立，两手贴在两腿侧，两肩放松；② 两肩同时向上耸起；③ 恢复原状；④ 两肩同时向下沉；⑤ 恢复原状，再做上耸动作，如此轮换。

说明：肩胛上耸时，头颈保持不动，不要有耸肩缩颈的现象。

松　肩

2）前拢后张

动作：① 两脚开立，两手贴在两腿侧，两肩放松；② 两肩同时向前凸出抱拢，使胸部收缩；③ 恢复原状；④ 两肩同时向后张展，使胸部挺出；⑤ 恢复原状，再做前拢动作，如此轮换。

说明：① 向前抱拢时，肩关节只是前移，不能上耸；② 向后张展时，颈部不可前伸。

3）前转肩

动作：① 两脚开立，两手贴在两腿侧，两肩放松；② 两肩同时向前回环转动。

说明：转肩时，颈部不能移动。

4）后转肩

动作：① 两脚开立，两手贴在两腿侧，两肩放松；② 两肩同时向后回环转动。

5）左右交叉前后转肩

动作：① 两脚开立，两手贴在两腿侧，两肩放松；② 两肩一先一后地向前转动；③ 向前转动数次之后，两肩再一先一后地向后转动。

说明：两肩交叉前后转动之后，可以再做几次两臂向前、向后、向里、向外抡转的回环动作。

松肩训练是锻炼肩关节灵活性的主要项目，也是鼎臂训练以后所必须做的活动性练习。《华拳谱》曾说："臂有力而肩僵，拳之挥动何能自如？犹如角弓之无弦，箭从何出？"因此，松肩训练和腰腿训练有着同等重要的意义。松肩训练也能够锻炼胸锁关节的灵活性，扩大肩胛带的活动范围，有益于振臂挥拳的动作。

2. 活　腕

1）分　腕

动作：① 两臂侧平举，两手五指并拢，侧屈腕竖起；② 屈腕向下、向内、向上转动一周至屈腕竖起；③ 再做第二遍。

说明：在转动时，肘关节可以略微屈一些，以助于腕关节转动。

活　腕

2）挑　腕

动作：① 两臂侧平举，两手五指并拢，侧屈腕竖起；② 臂外旋，使手心朝上，屈腕向里、向下、向外、向上转动一周成竖掌；③ 再做第二遍。

说明：转动一周后成竖掌时，要略略停顿一会儿，然后再做第二遍。

3）翘　腕

动作：① 两臂侧平举，两手五指并拢，手心朝下；② 两手猛力屈腕向上翘起；③ 恢复①后再做第二遍。

说明：翘腕后的手掌心应正对侧方。

4）抖腕（附眼的训练，也就是手眼配合的训练）

动作：① 右手五指并拢，屈肘举在左胸前，手心朝上，目视右手；② 右手屈腕从左胸前向下、向右、向上直臂绕环举起，两眼始终随着右手转动；③ 右手猛然向拇指一侧屈腕一抖，肘关节随势略屈，在抖腕的同时猛然向左转脸注视左前方；④ 右手从头上下降至①的部位，继续做第二遍。数次后换左手。

说明：① 抖腕的第①②动不必用力，至第③动抖腕时，手臂肌肉也不要紧张，只用腕关节猛然一屈即可；② 左右手可轮换练习 5~10 次；③ 武术运动中的眼法训练一般都是随着手的移动或动作的变化而进行的，并没有独立的训练动作。

3. 领　眼

领眼

动作：① 两手垂于两腿侧。② 左手五指并拢，从下向左侧直臂绕环举起，拇指一侧朝上，眼随左手。③ 上动未停，左手继续直臂向上、屈肘向右绕环，屈腕使手心朝右，手指朝上，眼仍随左手。④ 右臂屈肘向上，右手经左手背直臂上穿，手心朝左，此时抬头看右手；左手同时下降到右腋处，手背贴靠右腋。⑤ 上动微停，右手继续向右绕环至平举部位，拇指一侧朝上，头右转，眼随右手。⑥ 上动未停，左手从右腋处直臂向下、向左绕环至平举部位，拇指一侧朝上，眼随左手转动。⑦ 左手下垂于左腿侧，右臂向上举起，换右手做领眼练习。

说明：① 左右手做领眼训练可使颈椎和肩臂得到回环锻炼；② 做领眼练习，手臂绕环、上穿的动作要快一些，手臂一快才能训练眼法的灵活。

手眼训练的活腕运动（分、挑、翘、抖）是武术基本功中的腕关节锻炼，锻炼的目的是加强桡腕关节和腕骨关节的桡侧屈腕肌腱、尺侧韧带、桡腕背侧韧带、掌骨底背侧韧带、腕骨间背侧韧带等肌腱和韧带的柔韧性，使手掌的硬、软、紧、松都能适应武术动作的需要。

（五）冲拳训练

1. 马步冲拳

马步冲拳

动作：① 两脚开步站立，两腿屈膝半蹲，呈马步；两手握拳抱于两腰侧，拳心朝上，拳眼朝外。② 右拳从腰部向前平伸冲出，变拳心朝下，拳眼朝左，目视正前方。③ 右拳收回腰侧，左拳同时向前平伸冲出。

说明：① 拳从腰侧冲出时拳心朝上，当肘部靠近腰侧时臂内旋，使拳在螺旋运动中向前冲出，变拳心朝下；冲拳、旋臂、变拳心朝下必须连贯起来，不可分割。② 冲拳时，两肩必须向下沉，出拳一侧的肩还须顺势向前送，抱拳一侧的肩则须同时微向后拉，这样才能使拳冲击有力。③ 初练马步冲拳，每次可做 20~40 次。

2. 弓步冲拳

弓步冲拳

动作：① 并步站立，两手握拳，抱于两腰侧，拳心朝上。② 右脚向前上步，右腿屈膝，左腿伸直，呈右弓箭步；右拳随即从腰侧向前平伸冲出，变拳心朝下；左拳不动；目视正前方。③ 左脚向前上步，呈左弓步；右臂屈肘，右拳收抱于右腰侧，拳心朝上；左拳同时向前平伸冲出。

说明：① 弓步冲拳不要在做弓步时就将拳冲出，应该在弓步形成之后再冲拳，但这两部分的动作也不要分割开来，必须一前一后地成为一个整体。② 如果场地小，则上步没有余地时便转身继续练习;如果场地大,也不要一直冲到头,一般冲 8～10 拳便可转身。

太极扇
竞赛规则

第二节　太极拳

一、太极拳概述

太极拳是我国优秀的民族传统体育项目,集各家拳法之长,结合呼吸吐纳,动作柔和缓慢、连贯圆活,具有很好的健身功效。如今流传较广的太极拳有陈氏、杨氏、孙氏、吴氏、武氏五大流派。24 式简化太极拳也叫简化太极拳,是原国家体委(现为国家体育总局)于 1956 年组织太极拳专家,汲取杨氏太极拳之精华编制而成的,具有典型的杨氏太极拳风格,相比传统的太极拳套路而言,其内容更显精练、规范,浓缩了传统太极拳的精华,具有强身健体的功效。

二、太极拳基本技术

(一)24 式简化太极拳基本技术及要点

1. 手　型

掌:拇指与四指分开,手指自然弯曲。拳:四指自然卷曲,拇指扣于中指与食指第二关节处,拳松握。勾:五指指尖轻轻捏拢,屈腕。

掌、拳、勾

2. 步　型

弓步(图 22-8):两脚前后开立,前脚脚尖朝前,前腿屈膝,大腿接近水平,膝关节的投影落在脚背上,后腿膝关节伸直,脚尖内扣 45°,全脚掌着地。

仆步(图 22-9):两脚左右开立,一腿屈蹲,大小腿靠拢,身体重心放于屈蹲腿上,膝关节外展,全脚掌着地,另一腿伸直,脚尖内扣。

虚步(图 22-10):两脚前后开立,后脚脚尖外展 45°,后腿屈蹲,接近水平,前腿微屈,前脚置于后脚正前方,脚面绷直,脚尖虚点地。

抱球:两臂微屈,上下分开,上臂与肩同高,下臂置于腹前,拇指与四指分开,自然弯曲,两臂离身体约 30 cm。

抱　球

(a)左弓步

(b)右弓步

图 22-8　弓步

（a）左仆步　　　　　　　　　　　　　（b）右仆步

图 22-9　仆步

（a）左虚步（侧面）　　　　　　　　　（b）左虚步（正面）

图 22-10　虚步

3. 太极拳动作要领

（1）虚领顶劲：要求头向上顶，但颈部肌肉不要僵直，头部动作应与身体位置和方向的转换协调一致。

（2）沉肩坠肘：沉肩首先要放松两肩关节，使其不耸起，进而以意识舒展肩部肌肉和韧带，使两肩向下沉坠。坠肘是指除肘部须高于和平于肩部的动作外，肘尖都应垂向下方。

（3）舒指坐腕：舒指是将掌自然伸展，坐腕是将腕关节向手背、虎口一侧自然屈起。

（4）含胸实腹：胸部自然放松，有舒宽的感觉。练拳时深吸一口气，然后慢慢吐出，有"气沉丹田"之意。

（5）松裆圆胯：两胯撑开，膝关节向里合，裆部自然撑圆。

4. 太极拳基本动作

1）太极步

高弓步站立，后腿蹬直（以右弓步为例），双手掌心重叠并置于腹前，两臂微屈。屈左膝，重心后移至左腿，右脚脚尖随重心后移并慢慢翘起，上体以腰为轴右转45°。重心前移，右脚慢慢踏实，左脚收至右脚处，脚尖点地，然后向正前方迈步，脚尖指向正前方，重心过渡到两腿之间。动作相同、方向相反重复练习。

太极步

2）野马分鬃

高弓步站立，后腿蹬直（以左弓步为例），右掌按于左胯旁，掌心向下；左臂屈肘，掌心面向自己，用力点在小臂上。重心后移时，左脚脚尖随重心后移并慢慢翘起。展左脚时翻左掌，重心前移，收右脚，同时收右掌，掌心翻向

野马分鬃

上,与右手呈抱球状。左手与肩同高,右手在腹前,右脚上步,上体以腰为轴将身体转正。同时右手向斜上方运行至身体正前方,高与鼻尖齐;左手向斜下方运行,掌心向下按至胯旁;两掌心斜相对分开,右小臂外旋用力。动作相同、方向相反重复练习。

3) 搂膝拗步

高弓步站立,后腿蹬直(以左弓步为例),左掌按于左胯旁,掌心向下;右掌掌心向前,与鼻尖同高。重心后移,左脚脚尖随重心后移并慢慢翘起。展左脚时翻左掌,重心前移;收右脚时,左手自腰间向斜后方引臂,掌心向上,右手同时落于左肩上。屈左肘,掌心向前,按右掌至左腹前,掌心向下。同时右脚迈步,脚尖向前,重心前移,右手在右膝前平搂至右胯旁,掌心向下,左手自耳旁向前正推。动作相同、方向相反重复练习。

(二) 24 式简化太极拳动作要领

1. 起 势

身体自然直立,两脚并拢,脚尖向前;两臂自然下垂,两手放在大腿外侧;眼平看前方。左脚向左迈一步,两脚间距离与肩同宽,重心放在两腿之间。两臂慢慢向前平举,与肩同宽,手心向下;上体保持正直,两腿屈膝下蹲,同时两掌轻轻下按,两肘下垂,与两膝相对,眼平看前方。上体微向右转,身体重心移至右腿上;同时右臂收在胸前,平屈,手心向下,左手经体前向右下划弧至右手下,手心向上,两手心相对,呈抱球状。

起势

2. 左右野马分鬃

右野马分鬃:左脚收到右脚内侧,脚尖点地,眼看右手。上体微向左转,左脚向左前方迈出,右脚跟后蹬,右腿自然伸直,呈左弓步;同时上体继续向左转,左右手随转体慢慢分别向左上、右下分开,左手与眼平(手心斜向上),肘微屈;右手落在右胯旁,手心向下,指尖向前,眼看左手;上体慢慢后坐,身体重心移至右腿,左脚尖翘起,微向外撇(约 45°),随后脚掌慢慢踏实,左腿慢慢前弓,身体左转,身体重心再移至左腿;同时左手翻转向下,左臂收在胸前,平屈,右手向左上划弧至左手下,两手心相对,呈抱球状,右脚随即收到左脚内侧,脚尖点地,眼看左手。右腿向右前方迈出,左腿自然伸直,呈右弓步;同时上体右转,左右手随转体分别慢慢向左下、右上分开,右手与眼平(手心斜向上),肘微屈;左手落在左胯旁,手心向下,指尖向前,眼看右手。动作相同、方向相反,做左野马分鬃。

野马分鬃

3. 白鹤亮翅

右脚跟进半步,两手左上、右下,掌心相对,呈抱球状,重心后移至右腿,上体右转,右手自腹前划弧至右斜上方,左手搭在右臂上;上体左转,两手右上、左下分开,右手停于右上方,掌心向后,左手掌心向下,落于左胯旁;同时左脚前移,呈左虚步。

白鹤亮翅

4. 左右搂膝拗步

右搂膝拗步:上体微左转,右手自左斜前方落下,上体微右转,左手自右手下落位置向上挑起,右手经腹前引臂至斜后方,掌心向上,高与肩齐,左手落于右肩上;收左脚至右脚内侧,屈右肘至耳侧,左掌按至右腹前,迈左脚,

搂膝拗步

脚尖向前;左掌心向下,随重心前移至左膝前,平搂一周至左胯旁,同时右手自耳旁向前正推;随后屈右膝,重心移至右腿,左脚脚尖随重心后移并慢慢翘起,然后外展45°;同时左掌慢慢往前探出,翻左掌(与展脚尖同时),重心前移,左掌经左胯旁引至斜后方,掌心向上,右手弧形下落至左肩上;右脚收至左脚内侧,脚尖点地(左手向后引臂,与右手落、右脚收同步),然后屈左肘至耳旁,右手按至左胯旁,迈右脚,脚尖向前,右掌心向下随身体重心前移至右膝前,平搂一周至右胯旁,左手自耳旁向前正推(同时做屈左肘、按右掌、迈右脚,同时做前移重心、搂膝推掌)。动作相同、方向相反,做左搂膝拗步。

5. 手挥琵琶

右脚跟进半步,身体微左转,右手微向左移,收至左胸前,左手自下向上,指尖向上挑起,身体重心移至后腿,左脚抬起,脚后跟落地,呈左虚步。

6. 左右倒卷肱

上体右转,右手翻掌(手心向上)经腹前由下向斜后方划弧平举,左手随即翻掌向上;左脚变作脚尖点地。眼的视线随转体向右看,然后转向前方看左手;屈右肘,右手收至耳旁,掌心向前,收左脚至右脚内侧,然后慢慢向左后方撤一步;同时右掌掌心向前自左手上方推出,左手经身体正前方收至左胯旁,掌心向上;轻挪右脚,脚尖点地,呈右虚步;上体微向左转,同时左手随转体向后上方划弧平举,手心向上,右手随即翻掌,掌心向上;眼随转体先向左看,再转向前方看右手。屈左肘,左手至耳旁,收右脚至左脚内侧,然后慢慢向右后方撤一步,同时左掌掌心向前自右手上方推出,右手经身体正前方收至右胯旁,掌心向上;轻移左脚,脚尖点地,呈左虚步。左右倒卷肱各做1次,结束时,上体右转,收左脚至右脚内侧,两臂随转体呈起势时抱球状。

倒卷肱

7. 左右揽雀尾

左脚向左前方迈一步,身体转正,成左弓步,同时右手下按至右胯旁,左臂呈弧形向正前方掤出。身体微向左转,右手经跨旁弧形移至左手下,两手同时翻掌,掌心斜相对,屈右膝,重心后坐,上体向右转,两手经腹前向右后上方划弧,直至右手手心向上,高与肩齐,左臂平屈于胸前,掌心向后,眼看右手。屈右肘,右掌跟搭在左掌跟上,左手心向右,右手心向前,双手同时向前慢慢挤出,左前臂保持半圆,重心前移到左腿,成左弓步,眼看左手腕部。左手翻掌,手心向下,右手经左腕上方向前、向右伸出,高与左手齐,手心向下,两手左右分开,与肩同宽;右腿屈膝,上体慢慢后坐,身体重心移至右腿上,左脚尖翘起,同时两手屈肘回收,与肩同高,落至腹前,手心均向前下方,眼向前平看。上式不停,身体重心慢慢前移,同时两手向前、向上按出,掌心向前,左腿前弓呈左弓步,眼平看前方。重心后移,身体右转,左脚尖内扣,两手随转体至右侧,身体重心继而后坐至左腿,两手呈左上、右下抱球状,右脚同时收至左脚内侧,脚尖点地。右脚向前方迈一步,呈右弓步,左手下按至左胯旁,右臂呈弧形向正前方掤出,其余动作与左揽雀尾动作相同,方向相反。

揽雀尾

8. 单　　鞭

上体后坐,身体重心移至左腿,右脚尖内扣;同时上体左转,两手(左高右低)向左弧形运转,直至左臂平举,置于身体左侧,手心向左,右手经腹前运至左肋前,手心向后上方;两手同时翻掌,左右手上下交换位置,右手在内,左手在外,上体右转,身体重心移至右腿,左脚向右脚靠拢,脚尖点地,同时右手向右上方划弧,掌心由里转向外,至右侧方时变勾手,高与肩平;左手经腹前向下划弧搭在右腕上,掌心向里,眼看右手。左脚向左前方迈一步,成左弓步;上体微向左转,同时左掌随上体左转慢慢翻转,手心向前,手指与眼齐平,臂微屈,眼看左手。

单　鞭

9. 云手、单鞭

重心后坐,左脚尖内扣,指向前方,左手掌心向下并自腹前向右上划弧至右肩前,掌心向后;同时右手变掌,下按至腹前,身体重心左移,上体左转,两手以腰为轴慢慢向左转至左斜前方,两手同时翻掌,左掌向外,右掌向后,右脚跟进半步,两脚成平行状。两手上下交换位置,身体重心右移,两手以腰为轴慢慢向右移至右斜前方,左脚向左撤一步,脚尖落地时两手掌翻掌。以右脚移动为单位,待右脚移动三次后,脚停住不动,双手停在身体左侧,左手在上,掌心向外,右手在下,掌心向后。两手继续向右做云手,右手到达右肩斜上方时翻腕成勾手,左手自腹前上升搭在右腕上,左脚脚尖点地,然后左脚向左前方迈一步,成左弓步,左手随着身体重心左移,慢慢翻转,成单鞭式。

云手、单鞭

10. 高探马

右脚跟进半步,重心移至右腿,右勾手变掌,掌心向上,眼看右手,然后屈右肘,眼看左手,右手自耳旁向前推出,左手顺势自右手下收至腰间,掌心向上,同时左脚向前移动半步,成左虚步。

高探马

11. 右蹬脚、双峰贯耳

左手自腰间向右斜前方穿出,左手在上,右手在下,手背贴手背;左脚向左斜前方挪一步,左手掌心翻向下,身体重心前移,两手自然分开并向两侧划弧,待右手贴近右腿时,右腿蹬地屈膝,成左独立步;两臂屈肘,左手在内,右手在外,两臂左右划弧,分开平举,肘部微屈,手心均向外;同时右脚勾脚尖,向右斜前方蹬出,右臂与右腿肘膝相对,左臂与右臂自然成一线,眼看右手。右腿屈膝,左手右移至体前,两手掌心向上,右脚向右斜前方落地,两手掌心向上,收于腰间变拳,左腿慢慢伸直,成右弓步,两拳自腰间弧形向上打出,高与耳齐,拳心斜向下,眼看前方。

右蹬脚、双峰贯耳

12. 转身左蹬脚

左腿屈膝后坐,身体重心移至左腿,上体左转,右脚尖内扣;同时两拳变掌向下划弧,身体重心移至右腿,左脚收到右脚内侧,脚尖点地;同时两手由外圈向里圈划弧,合抱于胸前,左手在外,手心均向后。两臂左右划弧分开平举,肘部微屈,掌心均向外;同时左腿屈膝提起,左脚向左前方慢慢蹬出,眼看左手。

转身左蹬脚

13. 左右下势独立

左腿屈膝,右掌变成勾手,左掌收至右胸前,掌心向外,右腿屈膝下蹲,左腿向左后侧伸出,呈左仆步;左掌下落,掌心向外,沿左腿向前穿出,身体重心前移,左脚尖外展,指向正前方,右腿蹬地,成左弓步,右手在体后,钩尖向上,左脚再次外展,右腿蹬地,呈左独立步,右膝弯曲,脚尖自然下垂;右手挑掌,与右腿同时起,置于右膝上方,掌心向左,左掌自然下按于左胯旁,掌心向下。右脚下落于左脚前,上体左转,右手摆至左肩上,掌心向外,左手勾手向后平举。右下势独立动作与左下势独立动作相同,方向相反。

左右下势独立

14. 左右穿梭

左脚向左斜前方迈步,右脚跟步抱球,左手在上,右手在下,然后右脚右斜前方迈步,呈右弓步;同时左臂向下划弧,右臂向上划弧,当左掌到达腰间时,向斜前方推出,右手翻掌,掌心向上;重心后坐,右脚尖稍内扣,重心前移,左脚跟步于右脚内侧,脚尖点地,呈右手上、左手下的抱球状,左脚左斜前方迈步,成左弓步,右手向下划弧,左手向上划弧,当右手到达右侧腰间时向左斜前方推出,左手翻掌,掌心向上。

左右穿梭

15. 海底针

右脚跟进半步,身体右转,右手先落至右腿一侧,然后上提至耳旁,指尖向下;同时左手自上按至右腿前,身体左转,左脚向前挪一步,成左虚步,右手自右耳旁斜向前下方插出,掌心向左,指尖斜向下,左手随身体左转划弧,落于左胯旁。

海底针

16. 闪通背

两手上提至头上方,掌心相对,左脚向前迈一步,呈左弓步,左手向前推掌,掌心向前,右手翻掌,掌心向上,眼看左手。

闪通背

17. 转身搬拦捶

右腿屈膝后坐,左脚尖内扣,上体右转180°,继而重心移至左腿,两手划弧至头上方,左手掌心向下按至左胯旁,右手至身体正前方时变拳下落到跨旁,继而升至腹前、胸前,拳背砸于身体正前方,右腿同时轻抬,脚后跟落地,翘脚尖,脚尖外展,身体重心前移,右拳变掌,向后划弧,左手向前划弧,两手同时到达身体前、后方,左脚上步,与左手划弧同步;右拳收至腰间,左掌成立掌,重心前移,呈左弓步,右拳从腰间冲出,左掌立掌拉回至右胸前。

转身搬拦捶

18. 如封似闭

左手由右臂下向前伸出,右拳变掌,两手手心逐渐翻转向上并慢慢分开回收;同时身体后坐,左脚尖翘起,身体重心移至右腿;眼看前方。两手在胸前翻掌,向下经腹前再向上、向前推出,腕部与肩平,手心向前;同时左腿前弓呈左弓步;眼看前方。

如封似闭

19. 十字手、收势

屈膝后坐,身体重心移至右腿,左脚尖内扣,向右转体;右手随着转体动作向右平摆划弧,与左手成两臂侧平举,掌心向前,肘部微屈;同时右脚尖随着转体稍向外撇,呈右侧弓步,身体重心慢慢移至左腿,右脚尖内扣,随即向左收回,两脚距离与肩同宽,两腿逐渐蹬直,呈开立步;同时两手向下经腹前向上划弧,交叉合抱于胸前,两臂撑圆,腕与肩平,右手在外,呈十字手,手心均向后;眼看前方。两手向外翻掌,手心向下,两臂慢慢下落,停于身体两侧,眼看前方,左脚慢慢收至右脚旁。

十字手、收势

太极拳竞赛规则与太极扇竞赛规则基本相同,不同之处是太极拳比赛时间为5~6分钟,5分钟时裁判长应鸣哨示意(基层比赛可设24式太极拳,比赛时间为4~5分钟,4分钟时裁判长应鸣哨示意)。

参考文献

[1] 邢登江,刘国庆,尹宝玉. 大学体育[M]. 3版. 北京:北京航空航天大学出版社,2008.
[2] 张瑞林,张伟. 体育与健康[M]. 济南:山东大学出版社,2008.
[3] 李健康. 新思维高校体育教程[M]. 北京:北京体育大学出版社,2010.
[4] 钱北军,顾久贤,刑希强. 体育与健康[M]. 天津:南开大学出版社,2012.
[5] 蒋宁,关正春,何德福. 大学生体育与健康教程[M]. 天津:南开大学出版社,2012.
[6] 杨文轩,杨霆. 体育概论[M]. 北京:高等教育出版社,2006.
[7] 蔡晓波. 大学体育理论教程[M]. 南京:东南大学出版社,2001.
[8] 季浏. 体育与健康[M]. 上海:华东师范大学出版社,2006.
[9] 邓树勋,陈小蓉. 现代大学体育理论教程[M]. 广州:广东高等教育出版社,2006.
[10] 季成叶. 体质自我评价和健康运动处方[M]. 北京:北京体育大学出版社,2002.
[11] 陈晨. 自由式轮滑教程[M]. 北京:高等教育出版社,2017.
[12] [美]张蕙兰,柏忠言,蕙兰. 瑜伽1:生活方式与自然疗愈[M]. 南京:江苏科学技术出版社,2012.
[13] [美]张蕙兰,柏忠言,蕙兰. 瑜伽3:基础姿势与技法攻略[M]. 南京:江苏科学技术出版社,2012.
[14] 王崇喜. 球类运动——足球[M]. 北京:高等教育出版社,2018.
[15] 中国足球协会. 足球竞赛规则[M]. 北京:人民体育出版社,2021.
[16] 中国网球协会. 网球竞赛规则[M]. 北京:人民体育出版社,2018.
[17] 赵晓玲. 排舞教程[M]. 重庆:重庆大学出版社,2016.
[18] 国家体育总局职业技能鉴定指导中心组. 健身教练[M]. 北京:高等教育出版社,2009.
[19] 董艳艳. 运动康复指南[M]. 北京:人民邮电出版社,2017.
[20] [英]唐佳怀亚特. 做自己的健身教练[M]. 长沙:湖南科学技术出版社,2005.
[21] [法]德拉威尔. 肌肉健美训练图解[M]. 济南:山东科学技术出版社,2007.
[22] 陈方灿. 运动拉伸使用手册[M]. 北京:北京体育大学出版社,2008.
[23] 王吉生,刘林,王旭. 乒乓球启蒙训练[M]. 北京:人民体育出版社,2020.
[24] 中国乒乓球协会. 乒乓球竞赛规则[M]. 北京:人民体育出版社,2016.
[25] 朱建国. 羽毛球运动教学与训练教程[M]. 2版. 北京:清华大学出版社,2021.
[26] 彭美丽,叶莱. 羽毛球专修课教材[M]. 北京:北京体育大学出版社,1998.
[27] 中国羽毛球协会. 羽毛球竞赛规则(2021)[M]. 北京:人民体育出版社,2021.
[28] 张晓威. 定向越野[M]. 北京:机械工业出版社,2019.

[29] 王翔,彭光辉,梁方勇,等. 定向运动[M]. 北京:高等教育出版社,2009.

[30] 国家体育总局职业技能鉴定指导中心. 攀岩[M]. 北京:高等教育出版社,2012.

[31] 张波. 中华射艺[M]. 上海:华东师范大学出版社,2021.

[32] 林友标,章舜娇. 舞龙[M]. 广州:暨南大学出版社,2013.

[33] 雷军蓉. 舞龙运动[M]. 北京:北京体育大学出版社,2004.

[34] 曾于久. 竞技跆拳道训练[M]. 北京:人民体育出版社,2014.

[35] 李育林,李亚楠. 啦啦操运动[M]. 北京:高等教育出版社,2021.

[36] 匡小红. 健美操[M]. 北京:高等教育出版社,2019.

[37] 蔡云龙. 武术运基本训练[M]. 北京:人民体育出版社,2020.

[38] 杨丽. 太极扇[M]. 北京:北京体育大学出版社,2013.

[39] 姜桂萍. 体育舞蹈[M]. 2版. 北京:高等教育出版社,2017.